当代学术棱镜译丛 《德意志意识形态》与文献学系列

丛书主编 张一兵 副主编 周宪 周晓虹

MEGA：陶伯特版
《德意志意识形态·费尔巴哈》

[德] 英格·陶伯特 编　李乾坤 毛亚斌 鲁婷婷等 编译　张一兵 审订

MEGA: Feuerbach.
Die deutsche Ideologie

南京大学出版社

《当代学术棱镜译丛》总序

　　自晚清曾文正创制造局，开译介西学著作风气以来，西学翻译蔚为大观。百多年前，梁启超奋力呼吁："国家欲自强，以多译西书为本；学子欲自立，以多读西书为功。"时至今日，此种激进吁求已不再迫切，但他所言西学著述"今之所译，直九牛之一毛耳"，却仍是事实。世纪之交，面对现代化的宏业，有选择地译介国外学术著作，更是学界和出版界不可推诿的任务。基于这一认识，我们隆重推出《当代学术棱镜译丛》，在林林总总的国外学术书中遴选有价值篇什翻译出版。

　　王国维直言："中西二学，盛则俱盛，衰则俱衰，风气既开，互相推助。"所言极是！今日之中国已迥异于一个世纪以前，文化间交往日趋频繁，"风气既开"无须赘言，中外学术"互相推助"更是不争的事实。当今世界，知识更新愈加迅猛，文化交往愈加深广。全球化和本土化两极互动，构成了这个时代的文化动脉。一方面，经济的全球化加速了文化上的交往互动；另一方面，文化的民族自觉日益高涨。于是，学术的本土化迫在眉睫。虽说"学问之事，本无中西"（王国维），但"我们"与"他者"的身份及其知识政治却不容回避。但学术的本土化决非闭关自守，不但知己，亦要知彼。这套丛书的立意正在这里。

　　"棱镜"本是物理学上的术语，意指复合光透过"棱镜"便分解成光谱。丛书所以取名《当代学术棱镜译丛》，意在透过所选篇什，折射出国外知识界的历史面貌和当代进展，并反映出选编者的理解和匠心，进而实现"他山之石可以攻玉"的目标。

　　本丛书所选书目大抵有两个中心：其一，选目集中在国外学术界新近的发展，尽力揭橥域外学术 20 世纪 90 年代以来的最新趋向和热点问题；其二，不忘拾遗补缺，将一些重要的尚未译成中文的国外学术著述囊括其内。

　　众人拾柴火焰高。译介学术是一项崇高而又艰苦的事业，我们真诚地希望更多有识之士参与这项事业，使之为中国的现代化和学术本土化作出贡献。

丛书编委会
2000 年秋于南京大学

文献学与马克思主义基本理论研究的科学立场

（代译序）

张一兵

2005 年年初，我所主持编译的日本当代思想大师广松涉①之《文献学语境中的〈德意志意识形态〉》中译本②，终于在长时间的严谨斟酌之下译毕出版了。作为编译者，我们自己固然也的确对此书的译介寄予了厚望，这么厚的一本大部头，能够在短短几个月内就售罄加印，并且一经问世立即引发国内外学界如此广泛而深入的关注，却是我们始料未及的。2005 年至今，时日其实尚短，但已经出现了一大批与这部译著相关的文献和研究性的讨论文章，甚至可以说是围绕该书出现了一种近年来马克思主义哲学研究中鲜见的、令人振奋的深度研究态势。在此之后，我又主持编译了苏联学者梁赞诺夫③ 1926 年出版的第一个原文版《德意志意识形态》④，苏联著名文献学专家巴加图利亚⑤ 1965 年编辑的《德意志意识形态》⑥，韩国著名马克思学

① 广松涉(Hiromatsu Wataru，1933—1994)：当代日本著名的新马克思主义哲学家和思想大师。广松涉 1933 年 8 月 1 日生于日本的福冈柳川。1954 年，广松涉考入东京大学，1959 年，在东京大学哲学系毕业。1964 年，广松涉在东京大学哲学系继续博士课程学习。1965 年以后，广松涉先后任名古屋工业大学讲师（德文）、副教授（哲学和思想史），1966 年，他又出任名古屋大学文化学院讲师和副教授（哲学与伦理学）。1976 年以后，广松涉出任东京大学副教授、教授直至 1994 年退休。同年 5 月，获东京大学名誉教授。同月，广松涉因患癌症去世。代表著作：《唯物史观的原像》（1971 年，中译本即将由南京大学出版社出版）、《世界的交互主体性的结构》（1972 年），《文献学语境中的〈德意志意识形态〉》（1974 年，中译本已由南京大学出版社出版），《资本论的哲学》（1974），《事的世界观的前哨》（1975 年，中译本已由南京大学出版社出版），《物象化论的构图》（1983 年，中译本已由南京大学出版社出版），《存在与意义》（全二卷，1982—1993 年，中译本已由南京大学出版社出版）等等。
② 广松涉的这本重要论著已经由南京大学出版社于 2005 年初正式出版发行。2005 年、2007 年和 2009 年，我们分别在南京大学和东京召开了第二、三、四届广松涉哲学国际研讨会，其主题中就有广松版的这本《德意志意识形态》。这三次会议的主要论文大都在国内杂志上公开发表，其中中日双方的部分重要论文由日本情况出版社的《情况》杂志全部译成日文，分多期刊出。
③ 梁赞诺夫(David Rjasanov，1870—1938)，前苏联著名马克思主义文献学家。
④ 此书已经由南京大学出版社 2008 年出版。
⑤ 巴加图利亚(G. A. Bagaturija，1929—)，俄罗斯著名马克思主义文献学家和哲学家。
⑥ 2008 年 8 月，应我的邀请前来南京大学访问的巴加图利亚教授主动将此书的著作权赠送与南京大学出版社，此书已经由南京大学出版社 2011 年出版。

家郑文吉①关于《德意志意识形态》的文献学研究成果②,这些重要的文献学文本和论著都已经陆续翻译出版,已经为国内正在兴起的马克思文本学研究提供了进一步的第一手文献支撑。而现在读者面前的这本由德国学者陶伯特③主持编辑的MEGA的文献版《德意志意识形态》,则是相关文本中比较重要的一本。至此,关于《德意志意识形态》第一卷第一章编辑出版史上的几种最重要的版本都由我们译介给中国马克思主义学术界了。在此文中,我想就关于马克思、恩格斯文献的整理,特别是标志着历史唯物主义科学方法形成的《德意志意识形态》一书的地位和研究方法,以及文献学与整个马克思主义基本理论研究的重要关系等问题,谈一谈自己的看法,与各位同人探讨。

放在读者面前的这本书,其实由**同一个**编辑者陶伯特在不同时期,在不同的意识形态引导下建构出来的两个完全异质的文本构成:一个是作为本书附录的文本,即1972年由苏联、东欧马克思主义编译机构内部出版的标志着马克思、恩格斯新世界观创立的重要文本《德意志意识形态》第一卷第一章的MEGA2**试行本**,这一文本比较接近我们过去马克思主义研究传统的编译逻辑。二是本书的主体文本,即2004年由国际马克思、恩格斯基金会(IMES)出版的同一文本《德意志意识形态》的MEGA2**先行版**,可是,这一次,文本作者不再只是马克思和恩格斯,而是增加了魏特迈(赫斯);更重要的不同,是我们已经熟悉的马克思、恩格斯创立历史唯物主义的《德意志意识形态》不再是一本独立著作的未完成手稿,而成了一个多人合作的文集。发生了什么?

当然,我们首先应该客观地承认,这个2004年出版的《德意志意识形态》的MEGA2先行版,在文献整理和文本考证的工作上,为我们更真切地面对《德意志意识形态》的相关文本,提供了更加可靠和坚实的文献基础。这也是我将其作为《德意志意识形态》文献史上的一个重要文本的原因。但是,作为一名马克思主义者,我显然不能简单赞同这一先行版编者的治学立场,即**西方马克思学**的文献学方法。我坚持认为,我们与西方马克思学者在如何处理马克思主义经典文献的问题上,有着**根本性的原则差别**。众所周知,西方马克思学(Marxologie)是不同于西方马克思**主义**的一种学术思潮。这一术语是由法国著名学者马克西米里安·吕贝尔(Marximili-em Rubel)首创的。在1959年,他用这个术语作为自己倡议创办并出任主编的刊物

---

① 郑文吉(CHUNG, Moon-Gil 1941—　):当代韩国著名马克思学家。1941年11月20日出生于韩国庆尚南道陕川郡;1960—1964年就读于大邱大学(现岭南大学)政治系,1964—1970年为首尔大学政治学研究生,获博士学位;1971年起,任教于高丽大学,1975年任副教授,1978年任教授;2007年,从高丽大学的教职上退休。1998—2000年间,郑文吉任高丽大学政治科学与经济学院院长。郑文吉的代表性论著包括:《异化理论研究》(1979年);《青年黑格尔派与马克思》(1987年);《马克思的早期论著及思想生成》(1994年);《韩国的马克思学视域》(2004年);《尼伯龙的宝藏》(2008年)等。

② 此书已经在郑文吉教授的授权和直接指导下,已经完成从韩文到中文的翻译,由南京大学出版社2010年出版。此外,他关于马克思文献思想史的重要著作《尼伯龙的宝藏》,也已经完成中文翻译,由南京大学出版社2012年出版。

③ 陶伯特(Inge Taubert, 1928—2009),前东德文献学家,德国西方马克思学的重要代表人物,主持MEGA2第一部分第五卷《德意志意识形态》的编辑工作。

命名,这就是后来在西方享有盛誉的《马克思学研究》。这一术语,旨在倡导一种研究立场,它强调把马克思的学说**与马克思主义区分开来**,以所谓**中性**的"科学"的态度来对待马克思的著作。因此,它被理解为在马克思研究中一种"超党派"或"超意识形态"的学术态度。其实,是马克斯·韦伯最早论证了这种所谓"价值中立"的布尔乔亚社会科学方法论和立场。西方的"马克思学",是随着20世纪30年代之后马克思的早期著作的出版而兴起的马克思重新解释的热潮而诞生的,它甚至与西方马克思主义在起源、政治立场、学术立场、理论旨趣等基本方面有着重大的差异。其中最根本的异质性,就是西方马克思学的学者**并不信仰马克思主义**。特别是在苏联解体、东欧剧变后,西方马克思学文献学的阵营中又接纳了一大批新成员,其中,东德的陶伯特等人则是著名的转型文献专家。这里所讲的转型,即是从信仰马克思主义的共产党人,转变为一个"客观"研究马克思文本的学者。

我以为,我们研究马克思,并非将马克思主义的经典论著作为已经死去的文本,只要客观地"不加外来主观意愿"的对待它,以得到历史的"真实"就行了,相反,我们研究马克思文献的初衷首先因为我们是坚定的马克思主义者,我们认真面对马克思、恩格斯、列宁和毛泽东,恰是因为我们意图通过对他们的科学理解来真正地**信仰马克思主义**,进而以其为武器,解决我们时代所面临的问题与困惑。于是,我们从来不回避自己作为马克思主义者的政治立场。以上,是我们与西方马克思学文献学学者的第一个区别。故而,对马克思所创立的历史唯物主义以及其他科学理论的深入研究,对我们来说并不只是意味着简单地用所谓历史证据来对经典文本进行僵化和冰冷的客观处理,而是应通过正确的解读使之成为一种具有重要质性内容的科学方法和思想理论系统,指导我们的理论和实践。因此,毋庸置疑,对真正的马克思主义者而言,1845年以后马克思的经典文本及其中所体现的科学思想应当被视为**走向人类解放的科学思想武器**。此为我们与西方马克思学者之间横亘的第二个根本立场上的区别。其实,非马克思主义者的西方马克思学与**自指马克思主义者**的西方马克思主义之间的分水岭也正是在对马克思主义信仰与否这个问题上。

在我看来,我们中国马克思主义者的任何研究,都只能在马克思主义科学方法的指导下,建立在我们自己独立思考和研究的基础上,对任何国外的研究性文献,都必须在进行认真的理论鉴别之后,才可能作为我们研究的一种参考文献。更不要说是西方马克思学的非马克思主义的文献学研究**结果**。对于西方马克思学的文献研究,我们当然要关注他们的研究进展,但也不得不警惕他们在编纂中简单随意地处理文献的做法。因为,许多马克思主义重要经典文本的理解和基本编排方式,对于西方马克思文献学学者来说,可能只是文献的结构问题,可对于我们马克思主义者来说,结果就完全不一样了。在我们所看到的这本出版于《马克思恩格斯年鉴2003》上的《德意志意识形态》的**先行版**中,读者会发现,编辑者的理论目的却是要"发掘在意识形态时代之后通过对马克思进行的文本学解构而可能重新发现的东西"。① 那么,什么是他们对马克思的"文本学解构"呢?

首先,与我们的立场相反,他们明确反对将马克思、恩格斯的文献学研究基于宣传马克思主义的"意识形态目的",即过去"在柏林和莫斯科的党属研究机构在政治控制之下"的文献工作,因此,马克思学的文献学方针是"后意识形态时代"中彻底摆脱共产党控制的价值中立的"自律的学术目标"。② 实际上,有一些马克思主义基本理论常识的人都会知道,这种"无罪的"价值中立的方法恰恰是布尔乔亚意识形态的本质,没有意识形态实质上就是最大的**看不见的**隐性意识形态。也就是说,在已经出版的 *MEGA2* 中,出现了两种相互反对的编译逻辑,一个是马克思主义研究构架主导下的 *MEGA2*,另一个则是反对马克思主义的西文马克思学的 *MEGA2*。

其次,依后面这种马克思学的文献学方法,具体到《德意志意识形态》这一文本的编纂来说,编辑者竟然发现,"无论在 1845 年的春季还是秋季都不存在两卷本《德意志意识形态》的计划",所以,试图将《德意志意识形态》事后编纂成一本独立著作的"早期诸版本多半打上了政治意向的烙印,即在《德意志意识形态》中证明历史唯物主义的体系表述"。③于是,在新的陶伯特版的《德意志意识形态》第一、二部分文本中:

> 留传下来的 7 个部分在这里首次呈现为 7 篇单独的文稿,并且按照马克思和恩格斯遗留下来的原状进行编辑。不再建构"Ⅰ. 费尔巴哈"章,不再继续从事未完成的事后编辑工作。不再把未完成部分的 7 个小部分(Ⅰ/5—3 至 Ⅰ/5—9)连缀成一个单独的文稿;计划写但没有写的新稿"Ⅰ. 费尔巴哈"的准备稿。④

这也就是说,这些编纂者的摆脱意识形态控制之后对马克思、恩格斯《德意志意识形态》文献学的客观编辑结果,是将作为历史唯物主义科学世界观形成的基本文献解构为一堆杂质同生共存的文本。现在,我们看到的《德意志意识形态》第一、二部分先行版的文本构成如下:

1. 答布鲁诺·鲍威尔(马克思)
2. 费尔巴哈和历史。草稿和笔记(马克思、恩格斯)
3. 费尔巴哈(马克思、恩格斯)

---

① "《马克思恩格斯年鉴·2003》发刊词",见《马克思恩格斯年鉴·2003》,柏林学术出版社(Akademie Verlag)2004 年版。参见本书第 11 页。

② "《马克思恩格斯年鉴·2003》发刊词",见《马克思恩格斯年鉴·2003》,柏林学术出版社(Akademie Verlag)2004 年版。参见本书第 9 页。

③ "《马克思恩格斯年鉴·2003》发刊词",见《马克思恩格斯年鉴·2003》,柏林学术出版社(Akademie Verlag)2004 年版。参见本书第 10 页。

④ 《德意志意识形态。手稿和刊印稿(1845 年 11 月至 1846 年 6 月)》先行版绪言,见《马克思恩格斯年鉴·2003》,柏林学术出版社(Akademie Verlag)2004 年版。参见本书第 5 页。

4. Ⅰ. 费尔巴哈。A. 意识形态一般,特别是德意志的(马克思、恩格斯)

5. Ⅰ. 费尔巴哈。1. 意识形态一般,特别是德国哲学(马克思、恩格斯)

6. Ⅰ. 费尔巴哈。导言(马克思、恩格斯)

7. Ⅰ. 费尔巴哈。残篇1(马克思、恩格斯)

8. Ⅰ.费尔巴哈。残篇2(马克思、恩格斯)

9. 莱比锡宗教会议(马克思、恩格斯)

10. Ⅱ.圣布鲁诺(马克思、恩格斯)

11. 布鲁诺·鲍威尔及其辩护士(约瑟夫·魏德迈)①

如果再加上第二卷中赫斯的文本,那么,新编 *MEGA*2 第一部分第 5 卷中,《德意志意识形态》将不再是一本马克思、恩格斯**独立撰写的**论著,而变成了一部由多人参加撰写的**论文集**,这部文集由马克思、恩格斯、赫斯等人共同撰写,编排方式也按合作文集的结构独立为 19 篇文献的集合,并以《德意志意识形态。手稿和刊印稿(1845 年 11 月至 1846 年 6 月)》为书名出版。据说,陶伯特等人认为,自梁赞诺夫1926 年第一次发表《德意志意识形态》的文献以来,传统所有关于这一手稿的编排方式都是将其作为"一部著作加以编辑、评述",而陶伯特等人在上述新的编排方式中,"将力图避免将自己的诠释抬高为绝对真理,并因此排除其他有道理的观点"。② 因为如果我们要将此手稿"编成一部著作《德意志意识形态》,那就意味着要去完成马克思、恩格斯所没有完成的工作。由于缺少足够的线索和根据,这样做的结果将是一种随意编成的结构"。③ 我们听起来,陶伯特等人的方案似乎真是一种**排除了任何主观猜测**的纯客观的文献处理方式。果真如此吗?

据我知道,这一方案一出台,就遭到了部分韩国学者、日本学者以及俄国学者特别是巴加图利亚的反对。为什么?我们仔细看陶伯特的编辑方案所依从的新的客观依据,无非有三:一是以当时马克思、恩格斯本人或相关当事人在其他论著、信件和回忆文献中的直接指认;二是文本当时所处社会中的出版物、出版日期以及相关信件提供的评论信息;三是手稿留下的各种文献信息,特别是马克思、恩格斯及他人的页码编号、题名、调序、修改、删除、笔迹、纸张、墨迹重新辨识等。这些信息对于文本结构的重新认证的确都有着重要的意义,依据这些信息,当然也可以对过去 80 多年**马克思主义**文献专家们的基本认识提出一定的修订,但是这些修订必须是在**不破坏马克思主义思想史的内在逻辑**为前提下才是可行的。因为我们不难发现,陶伯特等人的文字在最新文本信息搜集的工作上几乎是无可指责的,可是,唯独我们看不

① 《德意志意识形态。手稿和刊印稿(1845 年 11 月至 1846 年 6 月)》先行版绪言,见《马克思恩格斯年鉴·2003》,柏林学术出版社(Akademie Verlag)2004 年版。参见本书第 3 页。

② 参见[德]赫尔穆特·埃斯纳特:《特里尔马克思故居研究所〈德意志意识形态〉的编纂工作》,见《马克思主义与全球化》,北京大学出版社 2003 年版,第 7 页。

③ [德]陶伯特:《〈德意志意识形态〉手稿和刊印稿的问题和结果》,见《马克思、恩格斯列宁斯大林研究》2001 年第 2 期,第 35 页。

到他们对**文本思想内容即历史唯物主义生成过程**的理解线索！因为他们不再是马克思主义者，所以他们不会觉得《德意志意识形态》（包括《关于费尔巴哈的提纲》）是马克思主义形成中的关键性文本，这些文本结构和基本逻辑的变化直接可能影响到我们对马克思主义产生、形成和发展等重大理论问题的理解。这是我们与他们研究立场之间的根本区别。

在陶伯特等人的《德意志意识形态》新处理方案中，《德意志意识形态》不再是马克思、恩格斯的一部独立的著作，基本理论逻辑结构也不再是他们最后确定的用新世界观全面批判"德意志意识形态"的科学著作，而是一部马克思、恩格斯、赫斯三人仅仅为了反击在报刊上攻击他们的鲍威尔、施蒂纳的争吵之作的论文集。陶伯特等人完全根据《维干德季刊》第三卷的出版日期来确认《德意志意识形态》的写作时间，以鲍威尔、施蒂纳的论文内容来确认马克思、恩格斯的写作意图，他们根本看不到马克思从 1844 年《巴黎笔记》就开始的经济学研究的深刻学术影响，看不到《1844 年经济学—哲学手稿》中马克思思想逻辑的内在矛盾运动，看不到马克思在《评李斯特》一文中的思想变化，看不到《关于费尔巴哈的提纲》中的思想革命以及这一革命与《神圣家族》之间的质性逻辑差异，看不到《布鲁塞尔笔记》和《曼彻斯特笔记》对马克思、恩格斯思想的实质性影响，看不到现实工人运动对马克思、恩格斯理论思想的深刻作用，因此，《关于费尔巴哈的提纲》和《德意志意识形态》才成了可以随意处置的历史文献，马克思、恩格斯与赫斯等人成了同等地位的独立论文的作者。

更致命的问题还在于：第一，据说是马克思、恩格斯写下的《答布鲁诺·鲍威尔》[①]成了开篇之作，显然，这篇文章并没有什么重要的学术价值和思想内容。从这篇文献中，我们看到马克思和恩格斯竟然还在维护《神圣家族》中在人本主义话语框架中对鲍威尔等人的批判。我个人对这篇没有署名的文献是否为马克思、恩格斯所写深表怀疑。如果这一编排方案得到普遍确认，那历史唯物主义的形成**逻辑起点**将被改写，因为《德意志意识形态》的起点竟然是以肯定《神圣家族》的理论逻辑为前提的。这一点，倒是与陶伯特等人贬低马克思的《关于费尔巴哈的提纲》的想法一致。在陶伯特那里，《关于费尔巴哈的提纲》的写作时间被推延至 1845 年 7 月以后，并被判定成是"《神圣家族》唯物主义思想的延续"。我们都知道，《神圣家族》中的唯物主义思想可以精确地分为两个部分：一是出现在具体讨论中的关于欧洲唯物主义的历史性研究；二是马克思、恩格斯此时仍然运用的费尔巴哈式的哲学唯物主义立场和隐性逻辑构架。说《关于费尔巴哈的提纲》仅仅是《神圣家族》中唯物主义思想的延续，实际上也就否定了马克思在《关于费尔巴哈的提纲》中开始的马克思主义**思想革命**，这直接抹杀了《关于费尔巴哈的提纲》在整个马克思主义思想史上原有的不可替代的重要地位。如果《德意志意识形态》都与《神圣家族》同质，那么何况《关于费尔巴哈的提纲》呢？

第二，把马克思、恩格斯最终确定为批判对象的赫斯放到《德意志意识形态》的

---

① 参见《马克思恩格斯全集》（中文第 1 版），第 42 卷，人民出版社 1956—1986 年版，第 364—367 页，本书第 16 页。

作者之中,这就等于承认了马克思、恩格斯理论逻辑的混乱。因为,马克思、恩格斯创立的历史唯物主义,特别是这种新世界观对整个德意志意识形态和所谓"真正的社会主义"的批判,特别是对费尔巴哈式人本主义话语的批判当然包括对赫斯哲学的直接否定。这种根本性的思想决裂从马克思与赫斯的最终分手已经可以清楚地看到,这已是不争的事实,当把赫斯的文本(哪怕是经过马克思修改的东西)再放进《德意志意识形态》中,将是可怕的**引起内部爆炸的逻辑炸弹**。这些问题,都是作为西方马克思学者的陶伯特等人看不到或者在他们看来根本无足轻重的东西。我以为,在西方马克思学的文献专家那里,这只是文献处理的一种方式,可是,这对马克思主义者来说,将是一件大事。

在西方马克思学的理论视域中,他们看不见马克思主义科学方法论的形成的特殊历史意义,看不见马克思的历史唯物主义作为无产阶级革命思想武器的批判意义,看不见马克思主义者对马克思共产主义解放理论和科学思想的信仰和热爱。他们不能理解,马克思的《关于费尔巴哈的提纲》和他们合作完成的《德意志意识形态》,绝不是可以一般"中性"处理的历史文献,而是我们马克思主义者从事科学研究的最重要的方法论依据。

说到这里,我觉得有一些问题不得不认真严肃地讨论一下,即如何正确看待文献研究的方法以及文献研究与马克思主义基本理论研究,特别是文献学与文本学研究的关系问题。近年来,中国国内的马克思主义基本理论研究,已经越来越背离了那种假、大、空的叙事模式,重读马克思经典文本的研究成为中国年轻一代马克思主义理论工作者的共同学术旨趣。于是,基于对第一手文本原始信息和原初逻辑结构的文献学考证研究,已开始逐步引起中国学者的注意。但是,由于特殊的历史原因,我们马列主义编译机构没有拥有足够多的**第一手的经典文献原稿**,也没有培养出专业的**文献辨识专家**,在相当长一个历史时段中,我们的马列主义文献编译和出版工作主要依据了前苏联、东欧学术界的现成成果。这使我们在经典文献整理和编译工作上始终不可能有太大的自主性和独立性。特别是在苏联解体、东欧剧变后,国际马列主义文献整理的主体已经从国家意识形态机构转型为民间的基金组织,从马克思主义者的专家队伍转向西方马克思学的专家群体,我个人觉得,至少目前我们也没有能找到与这种新情况、新状态具体结合的路向。

我认为,一方面,我们应该像十月革命刚刚胜利时的列宁那样①,高度重视马列主义基本文献的专业研究队伍的建设,应该立即着手建设马列主义文献原文(拷贝)的基本数据库,积极培养自己的原文辨识专家,哪怕是从零开始,也要独立自主的开展真正意义上的文献学研究,而不是在二手文献上做所谓的**伪文献考据**。说到底,这种不是基于原文辨识和原始信息的文献考据和版本研究是一种变形的抄袭和**非法挪用**。另一方面,积极关注西方学者、俄罗斯以及日本等国学者在马克思、恩格

---

① 早在20世纪前期,十月革命刚刚胜利,列宁就立即指示阿多拉茨基和梁赞诺夫等人调用一切可能的资金和人力全面收集和整理马克思恩格斯的全部第一手的文献,着手建立马克思主义文献档案馆和编译机构。这奠定了后来整个苏联、东欧社会主义国家中的马克思列宁主义著作的编译事业的重要基础。

斯、列宁文献学上的重要研究进展,谨慎小心地辨识其中的积极内容,特别是客观考据其中的新发现,但必须要批判性地思考他们处理文献中的基本结论和所谓"新观念"。这只有一个目的,真正使这种研究结果**有益于**中国的马克思主义的理论建设和当代发展,而绝不是破坏和损害这种学术事业的进程。

我还觉得,要正确处理好**文献学**研究与当前马克思主义**文本学**理论研究的关系。文献学研究,特别是基于经典文献原稿的历史考证研究,的确是我们开展学术研究的一般基础,但是在基本文献信息准确的情况下,在如何理解文本与马克思主义科学理论的学术关系中,我们还是有很大的能动性空间,这个空间就是文本学理论研究的领域。这里我所讲的文本学,就是对文本思想内容的学术理解和深层逻辑结构的认识,这是**基于文献学又超越文献学**的一种科学努力。文本学不同于文献学的本质性差异,就在于文本学的基础是从主要文献事实出发的**创造性的独立思考**。当然,在这一点上,马克思主义的文本学有其自身很强的意识形态性和科学性。因此,我们的基本立场、研究方法和学术思想的本质都会根本异质于西方马克思学。

所以,文献学研究,特别是西方马克思学的文献学研究与我们马克思主义的文本学者研究有着十分复杂的关系,是我们必须认真谨慎处理的问题。这个关系,既是学术关系也是重要的政治立场关系。西方马克思学的文献专家们不了解的是,他们所关心的文字辨识、版本细节、字母后缀和版本差别,固然是十分重要的东西,但对马克思主义研究者解读文本来说并不是至关重要的内容。我们关心的东西,是影响到马克思主义思想史发展和整个马克思主义科学理论本质的思想内容。我们在当代要发展马克思主义基本理论,除去新的文献信息,更重要的是深化我们对马克思主义内在的理论逻辑的认识,以及用当代中国改革的新现实、自然科学实践的新进展以及社会实践新发展中最重要的实践成果推进这一科学思想运动。这一事业任重道远。

最后,再说明一下本书编译的基本情况。实际上,此书一出版,我就通过南京大学出版社直接购买了版权,但是,编译工作始终不顺利。在李乾坤最终将此书的正文部分编译完成之后,面对主要是针对德文原文本说明的副卷的处理问题,我们立即陷入到一个十分困窘的处境之中,将其译成中文,则失去了德文语境具体细节的直接性,如果完全不译,对不懂德文的读者来说,这一重要的文献学副卷则如同不存在。最后的折中方案,是译出副卷中的文字说明部分,舍去德文文献细解的部分。之所以这样做,也是因为我们国内大部分重要的马克思主义研究基地都先后购买了MEGA2的原版纸质图书,需要直接阅读和查阅原始文献的读者可以获得直接的文本数据。在副卷的翻译中,毛亚斌和鲁婷婷等同学付出了大量的时间和心血。此外,戴晖教授翻译了《布鲁诺·鲍威尔及其辩护士》一文,在此致以诚挚的谢意。

感谢南京大学出版社的领导和编辑们。在长期的合作中,我们已经建立了相互的信任和很好的默契。这项重要的编译事业还有很长的路要走,无论如何艰难,我们都会齐心协力地走下去。

2013 年 11 月 21 日于南京大学

《马克思恩格斯年鉴·2003》发刊词

新出版的《马克思恩格斯年鉴·2003》(*Marx-Engels-Jahrbuch*)不但继承了《马克思恩格斯文库》(*Marx-Engels-Achive*, 1928)、《马克思恩格斯年鉴》(1978—1991)和《MEGA 版研究》(*MEGA-Studien*)杂志(1994—2002)的传统,而且是焕然一新的新开端。它连接起了这样一些意图,第一个《马克思恩格斯全集》历史考证版(MEGA1)的出版人、俄国学者大卫·梁赞诺夫(David Rjazanov)在其配套杂志《马克思恩格斯文库》的"前言"里已经表达出这些意图[①]:这些论文应该有助于研究那些对"马克思恩格斯的完整生平"有着重要意义的因素,这些论文应该服务于对"马克思和恩格斯阐述的**历史**问题"所作的"批判的"、"严肃的科学研究",期刊应该伴随和促进《马克思恩格斯全集》(MEGA 版)的研究工作——它的翻印使"马克思恩格斯手稿可以在全集出版之前就获得科学的批评"——这一点也正是我们这册"年鉴"所做的。这本"**历史性质的杂志**"曾坚决排除了对现实政治问题的讨论,这一高标准严要求的计划只进行了两卷就中止了。随后,《马克思恩格斯文库》其出版人梁赞诺夫和他的同事以及"MEGA1"成为斯大林暴政的牺牲品。[②]

在 1978 年到 1990 年间,当时在柏林和莫斯科的党属研究机构在政治控制之下出版了 13 卷《马克思恩格斯年鉴》,为的是"传播"马克思主义并取得"意识形态的胜利"[③]。虽然这个标准并不一定破坏个别研究成果的权威性,但是就总体而言,该计划不承认任何自律的学术目标。

在《马克思恩格斯年鉴》设定的意识形态目标告终以后,从 1994 年到 2002 年由国际马克思恩格斯基金会(IMES)出版的《MEGA 研究》涉及对《马克思恩格斯全集》(MEGA2)结构的重新调整,并无条件服务于对它的重新编排以及对历史问题的重新讨论。这里,在阿姆斯特丹编辑的《MEGA 研究》成绩卓著。它开拓了以事实为指向的马克思研究和编辑道路——即后意识形态时代之来的各卷新 MEGA 版。

---

① 《马克思恩格斯文库》,莫斯科马恩研究院的杂志,大卫·梁赞诺夫主编,美茵河畔法兰克福,1 至 2 卷,1928 年(中文版编者按:此处德文版有误,《马克思恩格斯文库》首次出版应为 1926 年)。引文出自梁赞诺夫写的前言,第 1 卷,第 1—3 页。

② 此处中的"MEGA1",即指 20 世纪 30 年代之后由苏联马列主义编译机构组织出版的《马克思恩格斯全集》(*Marx-Engels-Gesamtausgabe* 历史考证第一版)。MEGA 版将马克思恩格斯的文稿分为四个部分,第一部分为成熟的文本,第二部分主要为《资本论》及手稿,第三部分为书信等文献,第四部分为笔记类文献。在 MEGA 研究的习惯用法上,人们通常将第一部分第 1 卷简写为"I/1",本书作者的做法基本类似。关于 MEGA 的出版情况可参见张一兵:《回到马克思——经济学语境中的哲学话语》,江苏人民出版社 2009 年版,附录。——审注

③ 《马克思恩格斯年鉴》,柏林,1 至 13 卷,1978—1990 年。引自第 1 卷《导言》第 12 页。

杂志的隐秘标题:"为 MEGA 版量身定做的机构及其贡献",已经透露了为此付出了怎样的代价。

现在这部《马克思恩格斯年鉴》超出了《MEGA 研究》,并标志着一个新的开端:在 MEGA2 的编辑工作得到加强之后,在国际学界对自 1998 年以来出版的 9 卷新MEGA 版作出了广泛的评论之后,国际马克思恩格斯基金会打算重新出版科学地讨论关于马克思的各种问题的新"年鉴",以建立一个学术论坛,并为进一步从思想上解读两位作者的全集作出贡献。对 MEGA 版的重新接受表明,在历史和学术语境的新的指导原则下,马克思的全集获得了全新的面貌——这里只想提起它的百科全书式的特性,专家们发表的论文对此做了特别的评论——在政治命令的彼岸,它能够获致全新的接受和解读。① 在马克思的思想中一直没有竭尽的潜能可能会表现出来,而这也许会积极地推动当代的社会哲学、政治或经济理论的形成。在各种论文之外,现实的马克思研究水平也应该在会议报告、国家报告和评论中得到评定。在历史视野中,这些贡献将会重构马克思的思想、其时代和问题域的思考范围,重构其生活和作品的诸源泉。在这个关联中,解释和评论 MEGA 版的编辑工作的语境,当然仍然是"年鉴"的任务。将出版补遗文稿、勘误材料、补充证据和文献——也将包括 MEGA 版的历史,并将解释编辑工作的问题,至于可比较的编纂工作和作者方面,这里也应该涉及各种比较性的观点。

总而言之,这里宣告的计划处在双重期望之下:历史批评编辑和研究的结果同样应该激发科学讨论,激发对马克思的理论及其新评价的普遍观点的研究,它们会从自身方面有力地反作用于编辑工作。

※

这里出版的《马克思恩格斯年鉴》第一卷是 2003 年的年鉴,是特地为《德意志意识形态》手稿的出版而先行面世的。由于文本学材料的苛刻要求,为方便起见,分为两个分册出版。在预计于 2008 年完整出版的马克思恩格斯全集历史批评版第 I 部类第 5 卷面世之前,它是适合于国际研究的必备资料,并且已经提供了对黑格尔之后的哲学所作批判的一部分重要资料。

这里出版的文稿表明,无论在 1845 年的春季还是秋季都不存在两卷本《德意志意识形态》的计划。相反,马克思和恩格斯用反对鲍威尔的文章开始批判黑格尔之后的哲学,这篇文章的草稿可以从流传下来的原始手稿中部分地重构出来。在迄今的编辑工作里,草稿、笔记和誊写的残篇连同出版人的假定和评论构成了题为"I. 费尔巴哈"的第一章,并且已经编辑为各个不同的版本;而在这里,它们第一次作为独立的文本而出现,并且如作者们所遗留下来的那样被编辑起来。这一卷的"绪言"证明了:早期诸版本多半打上了政治意向的烙印,即在《德意志意识形态》中证明历史唯物主义的体系表述。与此相反,这里不再对作者没有完成的东西负责任,或者试

---

① 参见[德]葛拉德·胡伯曼(Gerald Hubmann)、赫甫里德·蒙科勒(Herfried Munkler)、曼弗雷德·诺伊豪斯(Manfred Neuhaus):《问题在于改变世界——为马恩全集(MEGA2)重启而作》,载《德国哲学杂志》(*Deutsche Zeitschrift fuer Philosophie*),柏林,2001 年,第 2 期,第 299—311 页。

图继续完成它。因此,为研究和评价唯物主义历史观开辟了新的道路。

它还表明,对残篇的文本分析已经弄清楚,最终文形曾在什么地方得到了暗示;另一方面,为当代的文本研讨提供了多方面的新的文本关联。这一结论不仅对于《德意志意识形态》有效,而且同样也适用于《资本论》。就此,这里出版的《德意志意识形态》文本获得一种纲领性的意义:这些文本可能呈现一种率先行动,发掘在意识形态时代之后通过对马克思进行的文本学解构而可能重新发现的东西。

赫甫里德·蒙科勒
国际马克思恩格斯基金会

葛拉德·胡伯曼
《马克思恩格斯年鉴》编辑部

目　录

卡尔·马克思、弗里德里希·恩格斯、约瑟夫·魏德迈 德意志意识形态(正文)

卡尔·马克思、弗里德里希·恩格斯、约瑟夫·魏德迈 德意志意识形态(副卷)

卡尔·马克思、弗里德里希·恩格斯、约瑟夫·魏德迈

德意志意识形态

Ⅰ.费尔巴哈和Ⅱ.圣布鲁诺
文章、刊印稿、草稿、誊清稿和笔记

正　文

英格·陶伯特和汉斯·佩尔格　主编
玛格丽特·狄茨恩、葛拉德·胡伯曼、
克劳蒂亚·莱希尔　协助编辑

绪　言
（先行版）

英格·陶伯特

先行版包含《马克思恩格斯全集》（MEGA2①）第一部分第 5 卷——卡尔·马克思、弗里德里希·恩格斯、莫泽斯·赫斯：《德意志意识形态。手稿和刊印稿（1845年 11 月至 1846 年 6 月）》，在编辑中存在的一组有关联的文稿：

 Ⅰ/5—1 马克思：《答布鲁诺·鲍威尔》；
 Ⅰ/5—3 马克思、恩格斯：《费尔巴哈和历史。草稿和笔记》；
 Ⅰ/5—4 马克思、恩格斯：《费尔巴哈》；
 Ⅰ/5—5 马克思、恩格斯：《Ⅰ. 费尔巴哈　A. 一般意识形态，特别是德意志的》；
 Ⅰ/5—6 马克思、恩格斯：《Ⅰ. 费尔巴哈　1. 一般意识形态，特别是德国哲学》；
 Ⅰ/5—7 马克思、恩格斯：《Ⅰ. 费尔巴哈　导言》；
 Ⅰ/5—8 马克思、恩格斯：《Ⅰ. 费尔巴哈　残篇1》；
 Ⅰ/5—9 马克思、恩格斯：《Ⅰ. 费尔巴哈　残篇2》；
 Ⅰ/5—10 马克思、恩格斯：《莱比锡宗教会议》；
 Ⅰ/5—11 马克思、恩格斯：《Ⅱ. 圣布鲁诺》；
 附录：约瑟夫·魏德迈与卡尔·马克思合作：《布鲁诺·鲍威尔及其辩护士》。

文本的排列，依照已公开的"MEGA2 第一部分第 5 卷的结构"。② 约瑟夫·魏德迈的文章是新收录的。这一组文稿证明，马克思和恩格斯在 1845 年的 11 月底 12 月初，并没有开始写作 1845 年春计划的两卷本著作《德意志意识形态》，而是撰写了一篇与布鲁诺·鲍威尔的《论路德维希·费尔巴哈》展开辩论的论战文章的草稿③。留传下来的未完成稿包含了一些以独立撰写的草稿《圣布鲁诺》为基础的段落。

---

　① 这里的"MEGA2"，是指 1975 年以来，东德与苏联共产党中央委员会所属的"马克思列宁主义研究所（Institut für Marxismus-Leninismus beim Zentralkomitee der Kommunistischen Partei der Sowejetunion und Sozialistischen Einheitspartei Deutschland）负责主持《马克思恩格斯全集》历史考证第二版（Karl Marx/Friedrich Engels, *Gesamtausgabe*，简称 MEGA2）。——审注
　② ［德］英格·陶贝特、汉斯·培尔格、雅克·格朗尚：《MEGA2 第一部分第 5 卷〈马克思、恩格斯、赫斯：德意志意识形态，手稿和刊印稿（1845 年 11 月至 1846 年 6 月）〉的结构》，载《MEGA 版研究》，阿姆斯特丹，1997 年第 2 期，第 49—102 页。文稿Ⅰ/5—2 是为计划出版的两卷本中的第一卷所写的"序言"，最早是在马克思写完了付印稿《Ⅲ. 圣麦克斯》之后写的（同上，第 62—64 页）。
　③ ［德］英格·陶贝特：《马克思和恩格斯的〈德意志意识形态〉如何产生的？新认识、问题和分歧》，载《卡尔·马克思故居丛书》，第 43 辑，特里尔，1990 年，第 10—50 页。加里娜·加洛维娜：《1845—1846 年的季刊计划。论〈德意志意识形态〉手稿的最初出版计划》，载《马克思恩格斯年鉴》，柏林，第 3 卷，1980 年，第 260—274 页。

此外，迄今为止，对《Ⅰ.费尔巴哈。唯物主义观点和唯心主义观点的对立》这一章的逻辑的、系统的结构，已经有了 6 种不同的尝试。我们的版本则将 7 份手稿保持马克思和恩格斯遗留下来的原状。这只不过实现了一个寻找并找到了的全新开端：将手稿收录为 7 份独立的文稿，并按照时间顺序排列。

这样一来，对《德意志意识形态》的这些有激烈争议部分的研究和解释，就将在新的基础上进行，是为能够追溯到与马克思和恩格斯的观点和立场相一致的"唯物史观的内容和概念"。

文本包含了马克思和恩格斯与布鲁诺·鲍威尔的文章《论路德维希·费尔巴哈》进行的辩论，那篇文章的最后一部分"费尔巴哈和唯一者。费尔巴哈的后继者及其对批判和唯一者的斗争"，有几页涉及恩格斯和马克思的《神圣家族》以及莫泽斯·赫斯的《晚近的哲学家》。马克思和恩格斯以此来继续推进《神圣家族》中开始的对黑格尔以后的哲学的批判性研究。

文本也表明，马克思和恩格斯对费尔巴哈哲学有了新的评价，尤其是通过对《神圣家族》的文献反响所引起的。

这些批判中，产生了对德国哲学的"唯心主义历史观"和它的要求的思考，为历史描述奠定一个"唯物主义的基础"的要求（与一个定义相联系，"这种历史观点"以这个定义为依据），还给出了"这种历史观"的前提，但并没有使用"唯物史观"这个概念。[①] 这些阐述，直接内嵌于黑格尔左派同一时期关于他们在黑格尔以后的哲学中的立场所进行的争论。同时，也反映出马克思和恩格斯在那几个月广泛阅读了德国的、尤其是法国的和英国的政治经济学原理和基本问题的文献，尽管这并不是很容易看出来。至于他们吸收的重点，可参见首次完全收录于 MEGA2 第四部分第 3 卷和第 4 卷中的摘录笔记（巴黎笔记 1844—1845，布鲁塞尔笔记 1845，曼彻斯特笔记 1845）。

文稿Ⅰ/5—3 至Ⅰ/5—11 来自计划出版的两卷本的第一卷。1846 年 6 月，在手稿应该交给出版社的时候，马克思和恩格斯在出版前做了系统的分章。第一卷包括：《Ⅰ.费尔巴哈》、《莱比锡宗教会议》、《Ⅱ.圣布鲁诺》、《Ⅲ.圣麦克斯》、《莱比锡宗教会议闭幕》。当时，莫泽斯·赫斯与马克思合写的《Ⅳ.格拉齐安诺博士》也属于其中。计划中的第一卷的送交出版稿没有留传下来，留传下来的是《德意志布鲁塞尔人报》上按照送交出版稿的重印版。[②] 文本没有命名第一卷的标题，第二卷则冠以《真正的社会主义》的标题。

从 1846 年春天就计划写作的《Ⅰ.费尔巴哈》部分并不包含在 1846 年 6 月的送交刊印稿之中，它仍未完成。留传下来的 7 个部分在这里首次呈现为 7 篇单独的文稿，并且按照马克思和恩格斯遗留下来的原状进行编辑。不再建构《Ⅰ.费尔巴哈》章，不再继续从事未完成的事后编辑工作。不再把未完成部分的 7 个小部分（Ⅰ/

---

① 见本书的第 35 页。

② 《MEGA2 第一部分第 5 卷的结构》，第 81—85 页。另见［德］英格·陶贝特：《〈德意志意识形态〉手稿和刊印稿的问题和结果》第 3 节"吸收莫泽斯·赫斯的文章"，载《MEGA 版研究》，1997 年第 2 期，第 26—28 页。

5—3 至Ⅰ/5—9)连缀成一个单独的文稿:计划写但没有写的新稿《Ⅰ. 费尔巴哈》的准备稿。

7个文稿按时间顺序排列,将Ⅰ/5—3分为4个独立单元主要依据的是估计的时间,这样就可以搞清楚这些单元与文稿Ⅰ/5—4至Ⅰ/5—9产生的不同时间和不同的联系(相对的时间顺序)。这样,也能说明《Ⅲ. 圣麦克斯》的草拟对于计划写但没有写完的新稿《Ⅰ. 费尔巴哈》的各篇文稿的写作总过程具有怎样的意义。

古斯塔夫·迈尔和大卫·梁赞诺夫的首次出版

古斯塔夫·迈尔于1921年8月首次出版了《莱比锡宗教会议》和《Ⅱ. 圣布鲁诺》两部分手稿(即Ⅰ/5—10和Ⅰ/5—11)。两份手稿当时在马克思遗稿中,自劳拉·拉法格去世(1911)之后,它们就保管在社会民主党的档案馆里,而不在爱德华·伯恩斯坦保管的恩格斯遗稿中。古斯塔夫·迈尔以弗里德里希·恩格斯和卡尔·马克思的名义出版了这两份手稿,首次将它列为《德意志意识形态》第一卷"对黑格尔以后的哲学的批判",并且把它和伯恩斯坦从1903年1月开始首次出版的《Ⅲ. 圣麦克斯》(1904年无声无息地中止)联系起来。①

*MEGA*1 的编者大卫·梁赞诺夫②于1923年8月和10月之间在柏林逗留了四个星期,忙于处理保留在伯恩斯坦那里的手稿。此外,他也调查了既没有被恩格斯也没有被伯恩斯坦归于"德意志意识形态"名下的那些手稿③。梁赞诺夫完成了对手稿的摄影复制,并获得了出版的权利。1923年11月20日,梁赞诺夫在莫斯科的社会科学院做报告说,详细地介绍了"费尔巴哈"部分的情况,并预告了首次出版。该报告的德译文刊登在卡尔·格律恩堡1925年的《社会主义和工人运动史文库》上。④梁赞诺夫认为,是他发现了《德意志意识形态》,并毫无理由地贬低佛朗茨·梅林、爱德华·伯恩斯坦,尤其是古斯塔夫·迈尔的研究和编辑工作。迈尔在他的文章《〈德意志意识形态〉手稿的"发现"》中轻而易举地驳斥了梁赞诺夫的声称。⑤这种自以为

---

① [德]英格·陶贝特:《〈德意志意识形态〉手稿的留传过程和原文的首次出版》,载《MEGA研究》,阿姆斯特丹,1997年第2期,第42—43页和40—42页。

② 参见[德]于尔根·罗阳:《马恩研究的草创期:从梁赞诺夫与IISG的通信看他1907—1917年的研究》,载《MEGA研究》,阿姆斯特丹,1996年第1期,第3—65页。《大卫·梁赞诺夫——马恩研究者、人道主义者、持不同政见者》,弗尔克·库罗夫和安德烈·雅罗斯拉夫斯基编(附传记文章),柏林,1993。

③ 同上,第34—37页。

④ [苏联]大卫·梁赞诺夫:《卡尔·马克思和弗里德里希·恩格斯遗稿的最新情况》,载《社会主义史和工人运动史文库》,卡尔·格律恩堡编,第11年卷,莱比锡,1925年,第385—391页。第390页:"我将力求在编辑完整个著作之前就把它(关于费尔巴哈的部分)尽快出版。"

⑤ 古斯塔夫·迈尔:《〈德意志意识形态〉手稿的"发现"》,载《社会主义史和工人运动史文库》,卡尔·格律恩堡编,第12年卷,莱比锡,1926年,第284—287页。参见《卡尔·格律恩堡、大卫·梁赞诺夫、古斯塔夫·迈尔、费力克斯·维尔和恩斯特·卓贝尔通信集,1925年1月—6月(22—34号)》,载《马克思恩格斯研究通报。新系列》,特刊第2辑:《成果丰硕的合作。法兰克福社会研究所和莫斯科马克思恩格斯研究院(1924—1928)》,第198—222页。另见罗尔夫·黑克尔:《关于〈德意志意识形态〉手稿"发现"问题的争论》,同上,第68—74页。

是非常不利于 MEGA 的编辑工作与古斯塔夫·迈尔之间必不可少的合作。

《Ⅰ. 费尔巴哈》首次用原文出版,是在 1926 年初的《马克思恩格斯文库》第 1 卷上。① 虽然编者署名为大卫·梁赞诺夫,但文本是在恩斯特·卓贝尔(Ernst Czóbel)的主持下编竣的。首次出版是那个时代的一件相当重要的科学编排的成就,到今天也依然是这样。恩格斯在 1888 年的《路德维希·费尔巴哈和德国古典哲学的终结》中坚持认为:"关于费尔巴哈的一章没有写完。已写好的部分是阐述唯物主义历史观的;这种阐述只是表明当时我们在经济史方面的知识还多么不够。旧稿中缺少对费尔巴哈学说本身的批判;……"②首次出版的编者评价道:"《德意志意识形态》的第一部分既没有写到底,而且并没有完成为一个统一的整体。"③他们将留传下来的手稿分成所谓"主手稿"(Ⅰ/5—3)和"誊清稿"(Ⅰ/5—5 至 Ⅰ/5—9),"尽管主手稿和誊清稿并不构成一个整体。"④对留传稿的这一说明到今天还有效。

"主手稿"缺少了 12 页(至少缺少了 8 个半张)⑤,照相复制的清晰度不够,也无法运用原始手稿进行判读——这一切都使编辑工作变得更为困难。编者试图尽可能多地判读马克思留传下来的所有笔迹,并且判读文稿内部的修改过程,以便为合理地展现文本的留传情况提供依据。

"主手稿"和"誊清稿"按以下顺序出现:编者用一篇导论性的评论(Ⅰ/5—7)开头,被竖线删除的草稿和已经被誊清的若干段落(Ⅰ/5—6 的一部分内容)作为其后续,与之编在一起。接下来是《A. 意识形态一般,特别是德意志的》(Ⅰ/5—5)和《1. 意识形态一般,特别是德国哲学》(Ⅰ/5—6)两部分,并且把它们依次作为主标题和小标题。随后是《Ⅰ. 费尔巴哈。残篇 2》(Ⅰ/5—9)。"主手稿"按照马克思编的页码排列,在马克思做的笔记之后紧接着排印了《Ⅰ. 费尔巴哈。残篇 1》(Ⅰ/5—8),作为全部文本的结束。

恩格斯在"主手稿"的最后一页上做的标记成了全部文本的标题:《Ⅰ. 费尔巴哈。唯物主义观点和唯心主义观点的对立》。对标题的位置进行了准确的说明,但是没有告诉人们,这是在马克思去世之后加上的。⑥

编者对文本的章节划分是成问题的:

A. 意识形态一般,特别是德意志的。

1. 意识形态一般,特别是德国哲学。

标题确实来自文本,但不是来自同一份手稿。随后编排了马克思所编页码的第 8—35 页。

---

① 《留传情况》,第 44—46 页。

② [德]恩格斯:《路德维希·费尔巴哈和德国古典哲学的终结·前言》,MEGA2 第一部类第 31 卷,第 123 页。

③ 《马克思和恩格斯论费尔巴哈。〈德意志意识形态〉第一部分。手稿和修改稿》,载《马克思恩格斯文库》,大卫·梁赞诺夫编,第 1 卷,法兰克福(1926),第 217 页。该卷出版于 1926 年 1 月。

④ 同上,第 219 页。

⑤ 同上,第 217、218 页。

⑥ 同上,第 233 和 302 页。

［B. 唯物主义观点中的经济、社会、个人及其历史］

在编者所加的这一标题下面，编排了马克思所编页码的第40—68页。

［C.］国家和法同所有制的关系。

标题是从文本中提取出来的，但在文本中并非小标题。其下包括了马克思所编页码的第68—72页和马克思做的笔记。

编者为文本最后的残篇加上了《分工和所有制形式》的标题。

在脚注中说明了上述章节划分纯属推测。

右栏的文字要么归并到正文中，或者在脚注中给出，通常都附有对手稿的判读结果的说明。

首次出版的编者所要解决的困难，也是后续版本都要面临的。这也说明了为什么迄今为止已经有了6种不同的《Ⅰ. 费尔巴哈》编排方式。

MEGA1 第一部分第5卷中费尔巴哈章的结构

这里首先声称："我们按照所附的马克思笔记，重新编排了文本的各个部分。" [①] 然后又解释说："编辑的指导方针是按照马克思和恩格斯本人在手稿中做的笔记、边注以及其他关于材料形式的说明。问题在于，如何在单个文本之间找出符合撰写者之叙述形式的辩证联系。" [②] 最终的结果是："问题在于：如何将这些看起来浑然一体的草稿分开？答案在于马克思和恩格斯用无数的分隔线划分了许多或长或短的段落，其次标注了很多括号里的内容，再次是脚注（用"注意"表示）。——实际的修订过程同样返回到他们的叙述过程。整体按照分隔线分成若干组成部分，并且根据边注和编辑性的注解加以重新编排。" [③]

编者确定了在他们看来"无法分辨"的"材料的三个层次"。他们否认马克思所编页码是一个独立的层次。而誊清稿的各个片断被指认为"誊清稿草案"和"试誊清稿"以及"真正的誊清稿"。[④] 这就开始对分层做出了解释。

编者用文本中的两个标题、一个被归为"作废的"小标题、马克思在右栏的四个边注和编者加的两个标题，制造了一个内容结构，在其中编者排除了马克思编的页码和留传情况来编排文本。

　　［A.］意识形态一般，特别是德意志的。

　　　　［1.］历史。

　　　　［2.］论意识的生产。

　　［B. 意识形态的现实基础。］

---

① ［德］卡尔·马克思、弗里德里希·恩格斯：《德意志意识形态。对以费尔巴哈、布·鲍威尔和施蒂纳为代表的近来的德国哲学和以形形色色先知为代表的德国社会主义的批判》，*MEGA*1 第一部分第5卷，第6页。

② 同上，第561页。

③ 同上，第563页。

④ 同上，第561页。

［1.］交往和生产力。

［2.］国家和法同所有制的关系。

［3. 自然形成的和文明的生产工具和所有制形式。］

［C.］共产主义——交往形式本身的生产。①

编者通过对留传下来的手稿的大量干预，构成了"费尔巴哈"章，他们在没有足够的证据的情况下完成了马克思和恩格斯的工作。

德文版《马克思恩格斯全集》第3卷采纳了 MEGA1 的文本编排，并加以下列说明："费尔巴哈章中的标题的确定和文本的排列是以马克思和恩格斯在手稿上的边注为根据的。"②——而编辑方针和马克思编的页码均未言明，对手稿判读的说明也少得可怜，因此对文本的干预仍然是非常任意和武断的。

马克思在"主手稿"末尾做的笔记在 MEGA1 第一部分第5卷中作为"附录"，在德文版《马克思恩格斯全集》第3卷中编为副卷。

为什么 MEGA1 第一部分第5卷的编者要建构费尔巴哈章呢？这是不是直到1931年2月15日被逮捕之前一直担任该卷编者的梁赞诺夫已经有的意图呢？责任编辑巴威尔·韦勒（Pawel Weller）在其中又扮演了何种角色呢？③梁赞诺夫在1930年9月底10月初宣布，俄文版全集第4卷将于1931年1月1日出版，MEGA1 第一部分第5卷将于1931年底出版。④ 这两卷都包含了《德意志意识形态》。1931年1月，梁赞诺夫决定将 MEGA1 第一部分第5卷编为两个分册，第2分册通过 MEGA1 第一部分第4卷的文本来补充。这个决定在梁赞诺夫被逮捕之后就废弃了⑤，第一部分第5卷的编者成了弗拉基米尔·阿多拉茨基。该卷1932年出版于柏林。

MEGA1 第一部分第5卷根本没有提及在《马克思恩格斯文库》中的首次出版的《Ⅰ. 费尔巴哈》，这肯定是其编者梁赞诺夫不愿意看到的。阿多拉茨基在1932年6月15日作的"导言"中声称，他的版本才是《德意志意识形态》手稿的首次出版："在他们（马克思和恩格斯）逝世之后出版了不同的片断，使人们对出版的科学性提出了要求。"⑥

有三个原因也许能够说明，为什么要隐瞒《Ⅰ. 费尔巴哈》的首次出版并建构

---

① ［德］卡尔·马克思、弗里德里希·恩格斯：《德意志意识形态。对以费尔巴哈、布·鲍威尔和施蒂纳为代表的近来的德国哲学和以形形色色先知为代表的德国社会主义的批判》，MEGA1 第一部分第5卷，第562、563页。

② ［德］卡尔·马克思、弗里德里希·恩格斯：《德意志意识形态。对以费尔巴哈、布·鲍威尔和施蒂纳为代表的近来的德国哲学和以形形色色先知为代表的德国社会主义的批判》，见《马克思恩格斯全集》德文版（MEW）第3卷，第548页，注释2。

③ 《MEGA 编辑工作（卓贝尔，1931年3—4月）的立场和观点》，载《马克思恩格斯研究通报。汉堡，新系列》，特刊第1辑，1997，第135页。

④ 《梁赞诺夫主编谈马恩院1930—1931年的任务》，载《马克思恩格斯研究通报。汉堡，新系列》，特刊第1辑，1997，第112页。

⑤ 《MEGA 编辑工作（卓贝尔，1931年3—4月）的立场和观点》，第137页。MEGA1 第一部分第4卷包括两部分：一是《英国工人阶级状况》，二是"1844年8月至1846年6月之间发表的著作"。

⑥ ［苏联］弗·阿多拉茨基：《马克思恩格斯：德意志意识形态·导言》，MEGA1 第一部分第5卷，第Ⅺ页。

"费尔巴哈"章。

梁赞诺夫确认:"……在我们开始工作的时候,我们想把德文版作为俄文版的基础;但事情颠倒了过来:我们利用俄文版来编辑德文版。对俄文版来说是鲜活的东西,对德文版来说却是死的和倒错的;俄文版的编辑工作没有那么学究气,我们期待的是一个要求不那么高的版本……我们充分利用了有利的条件,在俄文版中,所有不通顺的修改都消失了。在这个意义上说,俄文翻译更容易一些……因为我们无须为表达方式的变化而犯难。俄文版成了德文版的基础。"[1]

对马克思恩格斯研究院及其领导人梁赞诺夫的批评与日俱增。1931 年 4 月 1 日,阿多拉茨基在共产国际执行局全体会议上做报告时说到马克思恩格斯研究院:"梁赞诺夫没有和社会民主党做斗争。他为马克思著作写的《前言》充满了学术味道,一种抽象的、无党派的掉书袋,在我们的革命环境中,这一定导向对无产阶级事业的**直接背叛**……在马克思和恩格斯的著作出版中,梁赞诺夫主要局限在马克思恩格斯的早期著作,及唯心主义者的黑格尔派时期,或者是处在向辩证唯物主义的过渡阶段,并且写下了新世界观的第一份文件。尽管前一种风格的著作对于描述马克思和恩格斯的思想发展也有好处,在今天却并非当务之急,特别是和马克思恩格斯后来的著作相比。这些著作纯属马克思和恩格斯与那些原来和他们思想倾向相同的人们,即左翼黑格尔派之间的笔墨官司,对现在的研究几乎没什么用。"[2]"梁赞诺夫的最严重的一条罪状,就是他对马克思和恩格斯著作的国际通行版消极怠工。"[3]

MEGA1 第一部分第 5 卷的"导言"以及俄文版《马克思恩格斯全集》第 4 卷的"导言"(德文版《马克思恩格斯全集》的"导言"是其译文)都把《德意志意识形态》特别是"费尔巴哈"章视为所谓辩证唯物主义和历史唯物主义的主要证明。"……在他们的其他早期著作中我们找不到对辩证唯物主义的基本问题的如此全面、如此详尽的阐述。……《Ⅰ. 费尔巴哈》包含了对人类经济发展史的历史哲学观点的第一次系统论述。"[4]"马克思和恩格斯的世界观结合了辩证法和唯物主义,构成了一个统一的、不可分割的整体,以此奠定了全新的辩证唯物主义的基础。"[5]《德意志意识形态》使得"马克思和恩格斯在那个时代的伟大的革命性变革,即他们创造的关于自然和社会的发展规律的真正科学,得到了清晰的表达。《德意志意识形态》最重要的地位在于历史唯物主义的拟定,其基本原理在该著作的第一章中首次加以详细的叙

---

① 《梁赞诺夫主编……》,前揭,第 118 页。

② 弗拉基米尔·维克多罗维奇·阿多拉茨基 1931 年 4 月 1 日就列宁研究院和马恩研究院问题向共产国际执行委员会全体会议所作的报告:《列宁研究院和马克思恩格斯研究院情况汇报》,载《马克思恩格斯研究通报。汉堡,新系列》,特刊第 3 辑,2001,第 114、115 页。

③ 同上,第 116 页。

④ [苏联]弗·阿多拉茨基:《马克思恩格斯:德意志意识形态·导言》,MEGA1 第一部分第 5 卷,第 Ⅹ 页。

⑤ 苏联共产党中央委员会马列主义研究院:《马克思恩格斯 1845—1846 年的著作·前言》,MEW 第 3 卷,第 Ⅶ 页。

述。"①

IISG② 发现的手稿残页和《Ⅰ. 费尔巴哈》的四种"新编辑版"

三页手稿"加上了错误的标签,封面上印着'国会议员伯恩斯坦先生的印刷品',并且有伯恩斯坦写的'被遗漏的《圣麦克斯》已于社会主义文献第Ⅲ/Ⅳ卷刊印'。"齐格弗里德·巴纳于1962年发现了这三页手稿。③

残页的其中两张属于"主手稿"。第一页包含有马克思编的页码1)和2)和带有处理标记1和2的文本,第二页包含有马克思编的第29页和带有已处理标记3和4的文本。带有已处理标记的文本属于一篇文章的草稿,其中三段文本属于《Ⅱ. 圣布鲁诺》的草稿。新发现的手稿带来的新信息,未能得到后续的新编辑版本的充分考虑,其价值被低估了。

三页手稿的首次公开,为修正 MEGA1 和《马克思恩格斯全集》对《Ⅰ. 费尔巴哈》的编辑方式提供了机会。一共出版了四种不同的编撰方式:俄文的新编辑版(1965,1966)和新德文版(1966)、MEGA2 的试本、广松涉的新编辑版(1974)和英文版《马克思恩格斯全集》中的版本(1976)。④

这些版本的区别主要表现在"主手稿"页码的排列、"主手稿"的编排、"誊清稿"的编排和归类、右栏文字的处理、文本修改过程的描述、已处理的文本的编辑和手稿的章节划分等方面。所有的新编辑版本都把恩格斯在"主手稿"最后一页标记的"唯物主义观点和唯心主义观点的对立"作为《Ⅰ. 费尔巴哈》的标题。

新俄文版纠正了俄文版《马克思恩格斯全集》第4卷和 MEGA1 第一部分第5卷(比俄文版全集先出版)中对文本的调换,按照"誊清稿"和"主手稿"的顺序编排,并且把所有的"誊清稿"置于[Ⅰ]下面,作为本章的开始。第[Ⅰ]手稿分为四个小部分,其中第一个标题来自手稿[1.]"意识形态一般,特别是德意志的"。"主手稿"的三个相对独立部分则依次成为第[Ⅱ]、[Ⅲ]、[Ⅳ]手稿,编者为第[Ⅱ]手稿和第

---

① 苏联共产党中央委员会马列主义研究院:《马克思恩格斯 1845—1846 年的著作·前言》,MEW 第 3 卷,第Ⅵ页。

② 这里指的是荷兰皇家科学院所属的"国际社会史研究所(Internationales Institut Für Sozialgeschichte in Amsterdam,简称 IISG)"。目前,马克思恩格斯全部手稿的原始文献中的 70% 都保存在那里。——审注

③ [德]齐格弗里德·巴纳:《马克思和恩格斯的〈德意志意识形态〉。文本补缺》,载《国际社会史评论》,第Ⅶ卷,1962,第 1 部分,第 94 页。

④ [德]卡·马克思和弗·恩格斯:《费尔巴哈。唯物主义观点和唯心主义观点的对立》。莫斯科 1966 年版。一个公开版本在 1965 年就已经刊登在《哲学问题》杂志上了。[德]卡尔·马克思、弗里德里希·恩格斯:《德意志意识形态》,见《马克思恩格斯全集》英文版(MECW)第 5 卷,莫斯科 1976 年版,第 19—539 页。《卡尔·马克思和弗里德里希·恩格斯著〈德意志意识形态〉第一卷第一章新编辑版》,载《德国哲学杂志》,第 14 年卷,1966 年,第 1192—1254 页。

[德]卡尔·马克思、弗里德里希·恩格斯:《德意志意识形态。第一卷第一章。费尔巴哈。唯物主义观点和唯心主义观点的对立》,试行本,第 31—119 页和第 399—507 页。卡尔·马克思、弗里德里希·恩格斯:《德意志意识形态。对费尔巴哈、布·鲍威尔和施蒂纳所代表的现代德国哲学以及各式各样先知所代表的德国社会主义的批判》,第一卷第一篇,附有文本考证注疏的新编辑版,广松涉编,东京 1974 年版。

［Ⅲ］手稿加上了小标题，为第［Ⅳ］手稿加了 12 个小标题。马克思的笔记则加上了"社会意识形式"的标题。右栏的文字被归并到基底稿当中，带有处理标记的文字则未予理会。

英文版全集第 5 卷的编排方式沿用了俄文版。①

新德文版和新俄文版一样，没有对原始手稿进行审阅。誊清稿被归为第［1］手稿，然而各个单篇手稿按照留传情况却无法辨认。"主手稿"被划分为第［2］、［3］和［4］手稿，马克思的笔记编入了最后一部分手稿。但是编者不再人为添加标题和小标题来划分章节。

1972 年出版的 MEGA2 试行本是第一个按照原始手稿编排的版本。对原始手稿的新判读、两栏的印刷版式、文本修改过程的完全呈现、《异文详情》中对带有处理标记文字的编辑、对笔迹和留传情况的叙述——这一切使得《Ⅰ. 费尔巴哈》的出版质量达到了新的高度。

"誊清稿"的四个独立的手稿和"主手稿"的四个独立的部分，被编者用空白分隔开，并不再进行章节划分的尝试。"这个版本按照马克思和恩格斯对"费尔巴哈"章的撰写工作结束时的底稿状况进行编辑。从这个形式中可以看到手稿的片断性特征，并且可以了解到已经开始却没有完成的手稿修改过程中的各种实际情况和可能性。这样就能够看清手稿的写作停留在哪个阶段。第 1 至第 4 部分，即章开头部分的准备稿，被排列在主手稿之前。马克思和恩格斯没有为各个部分（除了"导论"之外）的排列提供明确的线索。这个版本并不打算根据推测出来的马克思和恩格斯的意图来建构章的开头，而是以手稿的判读为依据。首先是章开头部分的两种异文。尽管没有删除两处章标题和两个小标题，但除此之外，马克思和恩格斯并没有留下任何线索，没有告诉我们"导论"之后的文本该如何建构。同样，没有合并第 1 部分和第 2 部分，而是按照推测的时间顺序依次排列。第 3 部分和第 4 部分的排列利用了恩格斯的纸张编号以及两部分的共同特征。"主手稿"的文本（第 5 部分至第 7 部分）根据马克思编的页码排列。……相对独立的各部分用空白彼此隔开。"②

试行本《Ⅰ. 费尔巴哈》的编辑原则可以被 MEGA2 第一部分第 5 卷的结构继续沿用。但是其编排顺序不能令人满意，无论是章开始的编排还是"主手稿"的合并，或是用《德意志意识形态第 1 卷第 1 章。费尔巴哈。唯物主义观点和唯心主义观点的对立》的标题统摄全部手稿的做法，因为这又部分背离了所声称的编辑意图。把誊清稿聚拢到一块儿，把"主手稿"合而为一，就掩盖了一个问题：虽然马克思和恩格斯的论战对象基本上能够确定是黑格尔以后的哲学的"唯心史观"，但是在解析他们自身的观点时存在很大的困难。试行本使得理解手稿的形成过程变得尤为困难，尽管有了与此相反的说明。

MEGA2 试行本的印数很少，主要是送给有关机构和专家，故而不易获得。对

---

① ［德］英格·陶贝特：《〈德意志意识形态〉手稿和刊印稿的问题和结果》，前揭，第 8 页。

② MEGA2 试行本，第 416 页。英格·陶贝特：《〈德意志意识形态〉手稿和刊印稿的问题和结果》，前揭，第 8 页。

《Ⅰ.费尔巴哈》的这个编辑版本也未能获得广泛的利用。

广松涉编辑的《新编辑版德意志意识形态第1卷第1篇》以《Ⅰ.费尔巴哈。唯物主义观点和唯心主义观点的对立》为标题,1974年出版于东京。它利用了试行本对《Ⅰ.费尔巴哈》的编辑以及所有对文本和改稿过程的新判读结果,同时采用了一种新型的编辑方式,代表了《Ⅰ.费尔巴哈》编辑史上的一项科学编辑的成果。

编者说明了他的意图是照手稿原样复制排印,因此,手稿每新开始一页,印刷版也就重新开始一页。印刷时,左边的页对应手稿左栏的文字,右边的页对应手稿右栏的文字。最终文形(编定的文本)和改稿过程(异文详情)展现在同一个文本之中。改稿过程也用脚注的形式加以描述和补充。所有马克思的手迹都用黑体字印刷。带有处理标记的文字也按照手稿留传下来的状况,出现在原来的位置上。

编者声称的"忠实于原稿"的方针,被他在文本编排中的人为干预所破坏。《1.意识形态一般,特别是德国哲学》(Ⅰ/5—6)出现在右边的页上,与马克思所编的第11和12页并行编排;《Ⅰ.费尔巴哈。残篇2》(Ⅰ/5—9)则与马克思所编的第13—16页并行编排,出现在右边的页上;《Ⅰ.费尔巴哈。残篇1》(Ⅰ/5—8)被当作手稿缺失了的马克思所编的第36—39页;马克思编的第1和第2页和两份带有处理标记的文本,作为更早计划中的部分被放在了末尾。① 广松涉的文稿编排完全基于假设和多多少少有根据的猜测,总的说来,对留传文本的这些干扰缺乏说服力。

这个版本的科学编排的价值得到了公认,但那只属于"忠实于原稿"、"客观性"和"准确性",如我们在讨论MEGA2第一部分第5卷的结构时所表明的那样,这是一项富有争议的任务。②

MEGA2第一部分第5卷和先行版的编辑

所有文本无一例外,均按照马克思和恩格斯留下的样子编辑。不折不扣地贯彻了MEGA2试行本所述的相关要求。这意味着,对《Ⅰ.费尔巴哈》的文本进行逻辑的系统编排是违背MEGA2编辑原则的。

留传下来的首先是"主手稿"(Ⅰ/5—3),在它的最后一稿中马克思编上了1)到72)的页码。它包含着一个可分辨的先前的层次,由更早的三份稿本构成。"主手稿"是有很多注解的草稿,分为四个独立的部分:第1—29页,是反驳布鲁诺文章《论路德维希·费尔巴哈》的一篇草稿的一部分,第30—35页是《圣麦克斯。旧约。教阶制》一稿的一部分,第36—72页是《圣麦克斯。新约。作为资产阶级社会的社会》一稿的一部分,最后是马克思的笔记。

此外留传下来的是"誊清稿",包括《Ⅰ.费尔巴哈》开始部分的两种异文(Ⅰ/

---

① [德]英格·陶贝特:《〈德意志意识形态〉手稿和刊印稿的问题和结果》,前揭,第8页。

② [德]英格·陶贝特、汉斯·培尔格、雅克·格朗尚:《编辑文本和异文详情中的原稿描述:评1972年的MEGA2试行本与1993年的MEGA2编辑准则之差异》,载《MEGA研究》,阿姆斯特丹,1997年第2期,第170—173页。

5—5 ～Ⅰ/5—7)以及两个残篇(Ⅰ/5—8 和Ⅰ/5—9)。两个残篇上有编号 3)和5. 。只有编号5. 是恩格斯在"基底稿"的写作阶段标注的。与其他手稿相比,5. 可能是页码,也可能是纸张编号。而作者并没有提供将章开始部分的两种异文合并起来的依据。

此外,包括留传下来的《Ⅱ. 圣布鲁诺》和《Ⅲ. 圣麦克斯》手稿在内,一共有三个可分辨的层次。

第一层次:"主手稿"的单个组成部分分别来自批判布鲁诺《论路德维希·费尔巴哈》一文的文章草稿、《圣布鲁诺。旧约》的一部分和《圣布鲁诺。新约》的一部分(H^{1a}、H^{1b}、H^{1c})。

第二层次:H^{1a} 部分被分为"鲍威尔"及"费尔巴哈"和"历史",H^{1b} 部分被分为"费尔巴哈和历史"及"圣麦克斯",H^{1c} 部分成为"费尔巴哈和历史"的一部分,这样手稿就变成了由马克思编上页码 1)—72)的《费尔巴哈和历史。草稿》(H^2)以及《圣布鲁诺》和《圣麦克斯。旧约。教阶制》的草稿($H^2(E)$)。后两份草稿也就是有文本处理标记 1 至 8 的文本。

第三层次:《Ⅰ. 费尔巴哈》片断的誊清稿、《圣布鲁诺》的付印样稿和《圣麦克斯。旧约》的付印样稿。

最后留传下来的是在右栏上写的文字,这些文字不是被马克思或恩格斯在基础层面上编排的,或者,关于这些文字是由谁编排的并没有确切的证据。

为了正确地对待手稿留传下来的状况,我们将留传下来的 7 份手稿(Ⅰ/5—3 ～Ⅰ/5—9)作为独立的文稿进行编辑。誊清稿的不同部分具有其独立性,既不将其合并或混合为一个章的开始部分,也不将其放置在"主手稿"之前。各个文稿依照时间顺序排列。

排在最前面的文稿是马克思编有页码的手稿,编者加上了标题"费尔巴哈和历史。草稿和笔记"。手稿的四个相对独立的部分可以在编辑好的文本中通过参阅其产生关联而曾现出来,从这些手稿和参考资料中能够把它们产生的四个不同时间推断出来(参阅"副卷")。

誊清稿的排列首先考虑了产生过程的实际情况,最早在 1846 年 4 月中旬,很有可能是在 6 月初,也就是说,它是 1845 年 11 月底(草稿第一部分写作时)的认识水准的另一次反映。把它与"主手稿"脱离开来,就防止人们将一种手稿并不具有的成熟程度间接地赋予它。"主手稿"的第三部分尤其证明了这种不成熟程度。

带有文本处理标记的文本,在《费尔巴哈和历史。草稿和笔记》的"副卷"中专门刊登出来。

《费尔巴哈和历史。草稿和笔记》采用两栏印刷。这样无需注释就可以一目了然地再现留传情况。

文稿Ⅰ/5—3 ～Ⅰ/5—9 的改稿过程得以展现,对马克思和恩格斯留传下来的文本来说是一个极为重要的扩充。

按照原始手迹排印的文本、对文本修改的确认以及对引用和典故来源的大量推断,极大丰富了这个"德意志意识形态"的最新版本。

手稿《费尔巴哈》(Ⅰ/5—4)首次直接列入手稿《费尔巴哈和历史》的上下文之中。

魏德迈写的文章《布鲁诺·鲍威尔及其辩护士》首次编为附录,该文是他和马克思合作写成的,可能来自《Ⅱ. 圣布鲁诺,5. 圣布鲁诺在他的"凯旋进军"中》——那个章节只留传下了第一行。

编辑符号说明

〔〕   编者补充或原文缺失

〔〕   原文不是德语的词句的译文,或译文注解

|1| "基底稿"有编号页的开始

| "基底稿"无编号页的开始,或页的结束

/   编辑文本的开始和结束(不是手稿页的开始或结束)

x   附注文本标记

F   插入标记

m   马克思修改的或独立撰写的文本,马克思编的页码

e   恩格斯的纸张编号

b   伯恩斯坦编的页码

马克思、恩格斯

德意志意识形态。手稿和刊印稿

（1845 年 11 月至 1946 年 6 月）

马克思

答布鲁诺·鲍威尔

《社会明镜》杂志
第 2 卷,第 7 期,1846 年 1 月

|6|* 布鲁塞尔,11 月 20 日。布鲁诺·鲍威尔在《维干德季刊》第 3 卷第 138 页及以下各页对恩格斯和马克思的著作《神圣家族,或对批判的批判所作的批判。1845》作了几句结结巴巴的回答。首先鲍威尔宣称恩格斯和马克思对他不理解,他极其天真地重弹他那些自命不凡的早已变成毫无价值的空话的老调,并且抱怨这两位作者不知道他的那些警句,如"批判的无尽的斗争和胜利,破坏和建设",批判是"历史的唯一动力","只有批判家才摧毁了整个宗教和具有各种表现的国家","批判家过去工作而且现在还工作",以及诸如此类的响亮的誓言和感人的表露。鲍威尔的回答本身就直接提供了一个关于"批判家过去如何工作而且现在还如何工作"的新的令人信服的样板。就是说,"勤劳的"批判家认为,不以恩‖7|格斯和马克思的著作,而以《威斯特伐里亚汽船》(5月号第 208 页及以下各页)所载的对这本书的平庸而混乱的评论作为他感叹和引证的对象才更符合他的目的——这是他抱着批判的谨慎态度不让他的读者知道的一种把戏。鲍威尔在抄写《汽船》杂志时,只是用默默的然而意味深长的耸肩来中断抄写的"艰巨的工作"。一当批判的批判没有什么好说了,它就耸耸肩。它求救于两片肩胛骨,尽管它憎恨感性,它只知道把感性想象成一种"棍子"(见《维干德季刊》第 130 页),一种对它的神学的贫乏进行惩罚的工具。威斯特伐里亚的评论员浮皮潦草地给他评论的书作了一个可笑的、直接同这本书相矛盾的概括。"勤劳的"批判家把评论员编造的东西抄下来,强加于恩格斯和马克思,然后对非批判的群众——他用一种眼色置他们于死地,又用另一种眼色向他们卖弄风情——得意扬扬地喊道:"请看,我的反对者就是这个样!"现在我们逐字逐句比较一下记录下来的这些材料。这位评论员在《威斯特伐里亚汽船》上写道:"为了杀害犹太人,他(布·鲍威尔)把他们变成神学家,把政治解放的问题变成人类解放的问题;为了消灭黑格尔,他把黑格尔变成辛利克斯先生;为了摆脱法国革命、共产主义、费尔巴哈,他就叫嚷'群众,群众,群众!'并且一再叫嚷'群众,群众,群众!'为了赞美精神,他把群众钉在十字架上,在这里精神就是批判,就是绝对观念在沙洛顿堡的布鲁诺身上的真实体现。"(《威斯特伐里亚汽船》,同上,第 212 页)"勤劳的批判家"写道:"对批判的批判进行批判的人最后"变得"幼稚了","在世界舞台上扮演小丑",并且"想使我们相信","他十分严肃地断言,为了杀害犹太人,布鲁诺·鲍威尔,云云"——后面是一整段从《威斯特伐里亚汽船》上逐字逐句抄来的,在《神圣家族》中

根本找不到的话(《维干德季刊》第 142 页)。请拿这些和下面的论述相比较:在《神圣家族》中关于批判的批判对犹太人问题的态度和对政治解放的态度,主要是第163—185 页;关于它对法国革命的态度,第 185—195 页;关于它对社会主义和共产主义的态度,第 22—74 页、第 211 页及以下各页,第 243—244 页和关于盖罗尔斯坦公爵鲁道夫所体现的批判的批判一整章,第 258—333 页。关于批判的批判对黑格尔的态度,见"思辨结构"的秘密和以下的叙述,第 79 页和以下各页以及第 121 和122、126—128、136—137、208—209、215—227 和 304—308 页,关于批判的批判对费尔巴哈的态度,见 138—141 页,最后,关于对法国革命、唯物主义和社会主义进行批判斗争的结果和趋向,见第 214—215 页。从这些引证中可以看出,威斯特伐里亚的评论员给这些论述作了一个完全歪曲的、荒唐可笑的、纯粹臆想的概括,这个概括是"纯粹的"和"勤劳的"批判家用"建设和破坏"的巧妙手法强加于原著的。不仅如此,这位评论员在《威斯特伐里亚汽船》上写道:"他(即布·鲍威尔)打算用庸俗的自我礼赞来证明,凡是在他过去受群众的偏见束缚的地方,这种束缚都只不过是批判所必需的外表。对他的庸俗的自我礼赞,马克思答应写以下的烦琐的论文《为什么正是必须由布鲁诺·鲍威尔先生来证明圣母马利亚怀了孕》来予以回答,云云。"(《汽船》第 213 页)"勤劳的批判家"写道:"他(对批判的批判进行批判的人)'要向我们证明',并且最后他自己也'相信'自己的欺骗:凡是在鲍威尔过去受群众的偏见束缚的地方,鲍威尔都想把这种束缚说成只不过是‖8|批判所必需的外表,而不是相反地说成批判的必然发展的结果,因此,他愿写以下的烦琐的论文《为什么圣母玛利亚怀了孕……》来回答这种'庸俗的自我礼赞'。"(《维干德季刊》第 142—143 页)在《神圣家族》第 150—163 页读者可以找到专门论布鲁诺·鲍威尔的自我申辩的一节,遗憾的是在那里烦琐的论文连影子都没有,因此根本谈不上像威斯特伐里亚的评论员所臆想的那样,用它去回答布鲁诺·鲍威尔的自我申辩,而鲍威尔却把这些当作引文从《神圣家族》抄下来,甚至把有些话加上了引号。实际上这一论文在另外一节中而且是在联系到别的问题时提到的(见《神圣家族》第 164 和 165 页)至于在那里是什么意思,读者可以自己去研究,并且会再次对"勤劳的批判家"的"纯粹的"狡猾感到惊讶。最后"勤劳的批判家"大叫道:"这些东西(指布鲁诺·鲍威尔从《威斯特伐里亚汽船》摘抄下来并强加于《神圣家族》的作者的那些引证)当然驳得布鲁诺·鲍威尔哑口无言,并使批判恢复了理智。相反,马克思却为我们演了一出戏。他自己最后扮演了滑稽的喜剧演员。"(《维干德季刊》第 143 页)要理解这个"相反",就必须知道,布鲁诺·鲍威尔在威斯特伐里亚评论员那里是当抄写员的,威斯特伐里亚的评论员向他的批判的和勤劳的抄写员口述如下:"世界历史性的戏剧(指鲍威尔的批判反对群众的斗争)不需要许多技巧就变成了最滑稽的喜剧。"(《威斯特伐里亚汽船》第 213 页)在这里不幸的抄写员跳起来了:去抄写他自己的判决,那他可力不胜任。"相反!"——他打断了正在口述的威斯特伐里亚的评论员,——"相反……马克思……是最滑稽的喜剧演员!"他擦了擦额上的冷汗。布鲁诺·鲍威尔乞灵于玩得最拙劣的把戏和最可怜的魔术,却最终证实了恩格斯和马克思在《神圣家族》中给他作的死刑判决。|

马克思、恩格斯

费尔巴哈和历史 草稿和笔记

[草稿第1—29页，其中第3—7页没有留传下来。原来是以下一篇文章的一部分：对布·鲍威尔《评路德维希·费尔巴哈》一文的批判。]

/1/ 当然，我们不想花费精力去启发我们的聪明的哲学家，使他们懂得：如果他们把哲学、神学、实体和一切废物消融在"自我意识"中，如果他们把"人"从这些词句的统治下——而人从来没有受过这些词句的奴役——解放出来，那么"人"的"解放"也并没有前进一步；只有在现实的世界中并使用现实的手段才能实现真正的解放；没有蒸汽机和珍妮走锭精纺机就不能消灭奴隶制；没有改良的农业就不能消灭农奴制；当人们还不能使自己的吃喝住穿在质和量方面得到充分保证的时候，人们就根本不能获得解放。"解放"是一种历史活动，不是思想活动，"解放"是由历史的关系，是由工业状况、商业状况、农业状况、交往状况促成的[……]‖2‖其次，还要根据它们的不同发展阶段，清除实体、主体、自我意识和纯批判等无稽之谈，正如同清除宗教和神学的无稽之谈一样，而且在它们有了更充分的发展以后再次清除这些无稽之谈。当然，在像德国这样一个具有微不足道的历史发展的国家里，这些思想发展，这些被捧上了天的、毫无作用的卑微琐事弥补了历史发展的不足，它们已经根深蒂固，必须同它们进行斗争，但这是具有**地域性**意义的斗争。/

费尔巴哈。

哲学的和真正的解放。
一般人。唯一者。个人。

地质、水文等等条件。
人体。需要和劳动。

词句的和现实的运动。

词句对德国的意义。

[……]|8|实际上,而且对**实践的唯物主义者**即**共产主义者**来说,全部问题都在于使现存世界革命化,实际地反对并改变现存的事物。如果在费尔巴哈那里有时也遇见类似的观点,那么它们始终不过是一些零星的猜测,而且对费尔巴哈的总的观点的影响微乎其微,以致只能把它们看作是具有发展能力的萌芽。费尔巴哈对感性世界的"理解"一方面仅仅局限于对这一世界的单纯的直观,另一方面仅仅局限于单纯的感觉。费尔巴哈设定的是"**一般人**",而不是"**现实的历史的人**"。"**一般人**"实际上是"**德国人**"。在前一种情况下,在对感性世界的**直观**中,他不可避免地碰到与他的意识和他的感觉相矛盾的东西,这些东西扰乱了他所假定的感性世界的一切部分的和谐,特别是人与自然界的和谐。为了排除这些东西,他不得不求助于某种二重性的直观,这种直观介于仅仅看到"眼前"的东西的普通直观和看出事物的"真正本质"的高级的哲学直观之间。他没有看到,他周围的感性世界决不是某种开天辟地以来就直接存在的、始终如一的东西,而是工业和社会状况的产物,是历史的产物,是世世代代活动的结果,其中每一代都立足于前一代所达到的基础上,继续发展前一代的工业和交往,并随着需要的改变而改变它的社会制度。甚至连最简单的"感性确定性"的对象也只是由于社会发展、由于工业和商业交往才提供给他的。大家知道,樱桃树和几乎所有的果树一样,只是在数世纪以前由于商业才移植到我们这个地区。由此可见,樱桃树只是‖9|由于一定的社会在一定时期的这种活动才为费尔巴哈的"感性确定性"所感知。此外,只要这样

费尔巴哈。

注意:费尔巴哈的错误不在于他使眼前的东西即感性**外观**从属于通过对感性事实作比较精确的研究而确认的感性现实,而在于他要是不用哲学家的"眼睛",就是说,要是不戴**哲学家**的"眼镜"来观察感性,最终会对感性束手无策。

费尔巴哈。

按照事物的真实面目及其产生情况来理解事物,任何深奥的哲学问题——后面将对这一点作更清楚的说明,都可以十分简单地归结为某种经验的事实。人对自然的关系这一重要问题(或者如布鲁诺所说的(第110页)"自然和历史的对立",好像这是两种互不相干的"事物",好像人们面前始终不会有历史的自然和自然的历史),就是一个例子,这是一个产生了关于"实体"和"自我意识"的一切"高深莫测的创造物"的问题。然而,如果懂得在工业中向来就有那个很著名的"人和自然的统一",而且这种统一在每一个时代都随着工业或慢或快的发展而不断改变,就像人与自然的"斗争"促进其生产力在相应基础上的发展一样,那么上述问题也就自行消失了。工业和商业、生活必需品的生产和交换,一方面制约着分配,不同社会阶级的划分,同时它们在自己的运动形式上又受着后者的制约。这样一来,打个比方说,费尔巴哈在曼彻斯特只看见一些工厂和机器,而100年以前在那里只能看见脚踏纺车和织布机;或者,他在罗马的坎帕尼亚只发现一些牧场和沼泽,而在奥古斯都时代在那里只能发现罗马资本家的葡萄园和别墅。费尔巴哈特别谈到自然科学的直观,提到一些只有物理学家和化学家的眼睛才能识破的秘密,但是如果没有工业和商业,哪里会有自然科学呢? 甚至这个"纯粹的"自然科学也只是由于商业和工业,由于人们的感性活动才达到自己的目的和获得自己的材料的。这种活动、这种连续不断的感性劳动和创造、这种生产,正是整个现存的感性世界的基础,它哪怕只中断一年,费尔巴哈就会看到,不仅在自然界将发生巨大的变化,而

费尔巴哈。

且整个人类世界以及他自己的直观能力，甚至他本身的存在也会很快就没有了。当然，在这种情况下，外部自然界的优先地位仍然会保持着，而整个这一点当然不适用于原始的、通过自然发生的途径产生的人们。但是，这种区别只有在人被看作某种与自然界不同的东西时才有意义。此外，先于人类历史而存在的那个自然界，不是费尔巴哈生活其中的自然界；这是除去在澳洲新出现的一些珊瑚岛以外今天在任何地方都不再存在的、因而对于费尔巴哈来说也是不存在的自然界。诚然，费尔巴哈 ‖ 10 ｜ 比"纯粹的"唯物主义者有很大的优点：他承认人也是"感性对象"。但是，他把人只看作"感性对象"，而不是"感性活动"，因为他在这里也仍然停留在理论的领域内，没有从人们现有的社会联系，从那些使人们成为现在这种样子的周围生活条件来观察人们——这一点且不说，他还从来没有看到现实存在着的、活动的人，而是停留于抽象的"人"，并且仅仅限于在感情范围内承认"现实的、单个的、肉体的人"，也就是说，除了爱与友情，而且是观念化了的爱与友情以外，他不知道"人与人之间"还有什么其他的"人的关系"。他没有批判现在爱的关系。可见，他从来没有把感性世界理解为构成这一世界的个人的全部活生生的感性**活动**，因而比方说，当他看到的是大批患瘰疬病的、积劳成疾的和患肺痨的穷苦人而不是健康人的时候，他便不得不求助于"最高的直观"和观念上的"类的平等化"，这就是说，正是在共产主义的唯物主义者看到改造工业和社会结构的必要性和条件的地方，他却重新陷入唯心主义。

费。

费尔巴哈。

24

当费尔巴哈是一个唯物主义者的时候，历史在他的视野之外；当他去探讨历史的时候，他不是一个唯物主义者。在他那里，唯物主义和历史是彼此完全脱离的。这一点从上面所说的看来已经非常明显了。//11/我们谈的是一些没有任何前提的德国人，因此我们首先应当确定一切人类生存的第一个前提，也就是一切历史的第一个前提。这个前提是：人们为了能够"创造历史"，必须能够生活。但是为了生活，首先就需要吃喝住穿以及其他一些东西。因此，第一个历史活动就是生产满足这些需要的资料，即生产物质生活本身，而且这是这样的历史活动，一切历史的一种基本条件，人们单是为了能够生活就必须每日每时去完成它，现在和几千年前都是这样。即使感性在圣布鲁诺那里被归结为像一根棍子那样微不足道的东西，它仍然必须以生产这根棍子的活动为前提。因此任何历史观的第一件事情就是必须注意上述基本事实的全部意义和全部范围，并给予应有的重视。大家知道，德国人从来没有这样做过，所以他们从来没有为历史提供**世俗**基础，因而也从来没有过一个历史学家。法国人和英国人尽管对这一事实同所谓的历史之间的联系了解得非常片面——特别是因为他们受政治思想的束缚——，但毕竟作了一些为历史编纂学提供唯物主义基础的初步尝试，首次写出了市民社会史、商业史和工业史。—第二个事实是，/ |12|已经得到满足的第一个需要本身、满足需要的活动和已经获得的为满足需要而用的工具又引起新的需要，而这种新的需要的产生是第一个历史活动。从这里立即可以明白，德国人的伟大历史智慧是谁的精

历史。

黑格尔。

地质、水文等等的条件。
人体。需要，劳动。

25

神产物。德国人认为，凡是在他们缺乏实证材料的地方，凡是在神学、政治和文学的谬论不能立足的地方，就没有任何历史，那里只有"史前时期"；至于如何从这个荒谬的"史前历史"过渡到真正的历史，他们却没有对我们作任何解释。不过另一方面，他们的历史思辨所以特别热衷于这个"史前历史"，是因为他们认为在这里他们不会受到"粗暴事实"的干预，而且还可以让他们的思辨欲望得到充分的自由，创立和推翻成千上万的假说。——一开始就进入历史发展过程的第三种关系是：每日都在重新生产自己生命的人们开始生产另外一些人，即繁殖。这就是夫妻之间的关系，父母和子女之间的关系，也就是**家庭**。这种家庭起初是唯一的社会关系，后来，当需要的增长产生了新的社会关系，而人口的增多又产生了新的需要的时候，这种家庭便成为从属的关系了（德国除外）。这时就应该根据现有的经验材料来考察和阐明家庭，而不应该像通常在德国所做的那样，根据"家庭的概念"来考察和阐明家庭。此外，不应该把社会活动的这三个方面看作三个不同的阶段，而只应该看作三个方面，或者，为了使德国人能够了解，把它们看作三个"因素"。从历史的最初时期起，从第一批人出现时，这三个方面就同时存在着，而且现在也还在历史上起着作用。——这样，生命的生产，无论是通过劳动而达到的自己生命的生产，或是通过生育而达到的他人生命的生产，就立即表现为双重‖13‖关系——一方面是自然关系，另一方面是社会关系——社会关系的含义在这里是指许多个人的共同活动，至于这种活动在什么条件下、用什么方式和为了什么

目的而进行，则是无关紧要的。由此可见，一定的生产方式或一定的工业阶段始终是与一定的共同活动方式或一定的社会阶段联系着的，而这种共同活动方式本身就是"生产力"；由此可见，人们所达到的生产力的总和决定着社会状况，因而，始终必须把"人类的历史"同工业和交换的历史联系起来研究和探讨。但是，这样的历史在德国是写不出来的，这也是很明显的，因为对于德国人来说，要做到这一点不仅缺乏理解能力和材料，而且还缺乏"感性确定性"；而在莱茵河彼岸之所以不可能有关于这类事情的任何经验，是因为那里再没有什么历史。由此可见，一开始就表明了人们之间是有物质联系的。这种联系是由需要和生产方式决定的，它和人本身有同样长久的历史；这种联系不断采取新的形式，因而就表现为"历史"，它不需要有专门把人们联合起来的任何政治的或宗教的呓语。——只有现在，在我们已经考察了原初的历史的关系的四个因素、四个方面之后，我们才发现：人还具有"意识"。但是这种意识并非一开始就是"纯粹的"意识。"精神"从一开始‖14|就很倒霉，受到物质的"纠缠"，物质在这里表现为振动着的空气层、声音，简言之，即语言。语言和意识具有同样长久的历史；语言是一种实践的、既为别人存在因而也为我自身而存在的、现实的意识。语言也和意识一样，只是由于需要，由于和他人交往的迫切需要才产生的。因而，意识一开始就是社会的产物，而且只要人们存在着，它就仍然是这种产物。当然，意识起初只是对**直接的**可感知的环境的一种意识，是对处于开始意识到自身的个人之外的其他人和其他物的**狭隘**联系的

人们之所以有历史，是因为他们必须**生产**自己的生活，而且必须用**一定的**方式来进行：这是受他们的肉体组织制约的，人们的意识也是这样受制约的。

凡是有某种关系存在的地方，这种关系都是为我而存在的；动物不对什么东西发生"**关系**"，而且根本没有"关系"。对于动物来说，它对他物的关系不是作为关系存在的。

一种意识。同时，它也是对自然界的一种意识，自然界起初是作为一种完全异己的、有无限威力的和不可制服的力量与人们对立的，人们同自然界的关系完全像动物同自然界的关系一样，人们就像牲畜一样慑服于自然界，因而，这是对自然界的一种纯粹动物式的意识（自然宗教）。

这正是因为自然界几乎还没有被历史的进程所改变

但是，另一方面，意识到必须和周围的个人来往，也就是开始意识到人总是生活在社会中的。这个开始，同这一阶段的社会生活本身一样，带有动物的性质；这是纯粹的畜群意识，这里，人和绵羊不同的地方只是在于：他的意识代替了他的本能，或者说他的本能是被意识到了的本能。

这里立即可以看出，这种自然宗教或对自然界的这种特定关系，是由社会形式决定的，反过来也是一样。这里和任何其他地方一样，自然界和人的同一性也表现在：人们对自然界的狭隘的关系决定着他们之间的狭隘的关系，而他们之间的狭隘的关系又决定着他们对自然界的狭隘的关系。

由于生产效率的提高，需要的增长以及作为二者基础‖15｜的人口的增多，这种绵羊意识或部落意识获得了进一步的发展和提高。与此同时分工也发展起来。分工起初只是性行为方面的分工，后来是由于天赋（例如体力）、需要、偶然性等等才自发地或"自然形成"分工。分工只是从物质劳动和精神劳动分离的时候起才真正成为分工。从这时候起意识才能现实地想象：它是和现存实践的意识不同的某种东西；它不用想象某种现实的东西就能现实地想象某种东西。

与此相适应的是玄想家的、**僧侣**的最初形式。

从这时候起，意识才能摆脱世界而去构造"纯粹的"理论、神学、哲学、道德等等。但是，如果这种理论、神学、哲学、道德等等和现存的关系发生矛盾，那么，这仅仅是因为现存的社会关系和现存的生产力发生了矛盾。不过，在一定民族的各种关系的范围内，这也可能不是因为现在该民族范围内出现了矛盾，而是因为在该民族意识和其他民族的实践之间，亦即在某一民族的民族意识和普遍意识之间出现了矛盾（就像目

宗教。具有真正的**意识形态**的德国人。

28

前德国的情形那样）——既然这个矛盾似乎只表现为民族意识范围内的矛盾，那么在这个民族看来，斗争也就限于这种民‖16‖族废物，因为这个民族就是废物本身。但是，意识本身究竟采取什么形式，这是完全无关紧要的。我们从这一大堆赘述中只能得出一个结论：上述三个因素即生产力、社会状况和意识，彼此之间可能而且一定会发生矛盾，因为**分工**不仅使精神活动和物质活动、享受和劳动、生产和消费由不同的个人来分担这种情况成为可能，而且成为现实，而要使这三个因素彼此不发生矛盾，则只有再消灭分工。此外，不言而喻，"怪影"、"枷锁"、"最高存在物"、"概念"、"疑虑"显然只是孤立的个人的一种唯心的、思辨的、精神的表现，只是他的观念，即关于真正经验的束缚和界限的观念；生活的生产方式以及与此相联系的交往形式就在这些束缚和界限的范围内运动着。

分工包含着所有这些矛盾，而且又是以家庭中自然形成的分工和以社会分裂为单个的、互相对立的家庭这一点为基础的。与这种分工同时出现的还有**分配**，而且是劳动及其产品的**不平等的**分配（无论在数量上或质量上），因而产生了所有制，‖17‖它的萌芽和最初形式在家庭中已经出现，在那里妻子和儿女是丈夫的奴隶。家庭中这种诚然还非常原始和隐蔽的奴隶制，是最初的所有制，但就是这种所有制也完全符合现代经济学家所下的定义，即所有制是对他人劳动力的支配。其实，分工和私有制是相等的表达方式，对同一件事情，一个是就活动而言的，另一个是就活动的产品而言的。——其次，随着分工的发展也产生了单个人的利益或单个

11，12，13，14，15，16。

正是由于特殊利益和共同利益之间的这种矛盾，共同利益才采取**国家**这种与实

29

家庭的利益与所有互相交往的个人的共同利益之间的矛盾；而且这种共同利益不是仅仅作为一种"普遍的东西"存在于观念之中，而首先是作为彼此有了分工的个人之间的相互依存关系存在于现实之中。最后，分工立即给我们提供了第一个例证，说明只要人们还处在自然形成的社会中，就是说，只要特殊利益和共同利益之间还有分裂，也就是说，只要分工还不是出于自愿，而是自然形成的，那么人本身的活动对人来说就成为一种异己的、同他对立的力量，这种力量压迫着人，而不是人驾驭着这种力量。原来，当分工一出现之后，任何人都有自己一定的特殊的活动范围，这个范围是强加于他的，他不能超出这个范围：他是一个猎人、渔夫或牧人，或者是一个批判的批判者，只要他不想失去生活资料，他就始终应该是这样的人。而在共产主义社会里，任何人都没有特殊的活动范围，而是都可以在任何部门内发展，社会调节着整个生产，因而使我有可能随自己的兴趣今天干这事，明天干那事，上午打猎，下午捕鱼，傍晚从事畜牧，晚饭后从事批判，这样就不会使我老是一个猎人、渔夫、牧人或批判者。‖18｜社会活动的这种固定化，我们本身的产物聚合为一种统治我们、不受我们控制、使我们的愿望不能实现并使我们的打算落空的物质力量，这是迄今为止历史发展的主要因素之一。受分工制约的不同个人的共同活动产生了一种社会力量，即扩大了的生产力。因为共同活动本身不是自愿地而是自然形成的，所以这种社会力量在这些个人看来就不是他们自身的联合力量，而是某种异己的、在他们之外的强制力量。

际的单个利益和全体利益相脱离的独立形式，同时采取虚幻的共同体的形式，而这始终是在每一个家庭集团或部落集团中现有的骨肉联系、语言联系、较大规模的分工联系以及其他利益的联系的现实基础上——特别是在我们以后将要阐明的已经由分工决定的阶级的基础上产生的，这些阶级是通过每一个这样的人群分离开来的，其中一个阶级统治着其他一切阶级。从这里可以看出，国家内部的一切斗争，民主政体、贵族政体和君主政体相互之间的斗争，争取选举权的斗争等等，不过是一些虚幻的形式——普遍的东西一般说来是一种虚幻的共同体的形式——在这些形式下进行着各个不同阶级间的真正的斗争（德国的理论家们对此一窍不通，尽管在《德法年鉴》和《神圣家族》中已经十分明确地向他们指出过这一点）从这里还可以看出，每一个力图取得统治的阶级，即使它的统治要求消灭整个旧的社会形式和一切统治，就像无产阶级那样，都必须首先夺取政权，以便把自己的利益又说成是普遍的利益，而这是它在初期不得不如此做的。正因为各个人所追求的**仅仅是**自己的特殊的——对他们来说是同他们的共同利益不相符合的利益——所以他们认为，这种共同利益是"异己的"和‖18｜"不依赖"于他们的，即仍旧是一种特殊的独特的"普遍"利益，或者说，他们本身必须在这种不一致的状况下活动，就像在民主制中一样。另一方面，这些始终**真正地**同共同利益和虚幻的共同利益相对抗的特殊利益所进行的**实际**斗争，使得通过国家这种虚幻的"普遍"利益来进行**实际的**干涉和约束成为必要。／

关于这种力量的起源和发展趋向,他们一点也不了解,因而他们不再能驾驭这种力量;相反地,这种力量现在却经历着一系列独特的、不仅不依赖于人们的意志和行为反而支配着人们的意志和行为的发展阶段。ˣ否则,例如财产一般怎么能够具有某种历史,采取各种不同的形式,例如地产怎么能够像今天实际生活中所发生的那样,根据现有的不同前提而发展呢?——在法国,从小块经营发展到集中于少数人之手,在英国,则是从集中于少数人之手发展到小块经营。或者贸易——它终究不过是不同个人和不同国家的产品交换,——怎么能够通过供求关系而统治全世界呢?用一位英国经济学家的话来说,这种关系就像古典古代的命运之神一样,遨游于寰球之上,用看不见的手把幸福和灾难分配给人们,把一些王国创造出来,‖19‖又把它们毁掉,使一些民族产生,又使它们衰亡,但随着基础即随着私有制的消灭,随着对生产实行共产主义的调节以及这种调节所带来的人们对于自己产品的异己关系的消灭,供求关系的威力也将消失,人们将使交换、生产及他们发生相互关系的方式重新受自己的支配?——

/18/共产主义对我们来说不是应当确立的**状况**,不是现实应当与之相适应的**理想**。我们所称为共产主义的是那种消灭现存状况的**现实的**运动。这个运动的条件是由现有的前提产生的。/

/18/ˣ这种“**异化**”(用哲学家易懂的话来说)当然只有在具备了两个**实际**前提之后才会消灭。要使这种异化成为一种“不堪忍受的”力量,即成为革命所要反对的力量,就必须让它把人类的大多数变成完全“没有财产的”人,同时这些人又同现存的有钱有教养的世界相对立,而这两个条件都是以生产力的巨大增长和高度发展为前提的。另一方面,生产力的这种发展(随着这种发展,人们的**世界历史性的**而不是地域性的存在同时已经是经验的存在了)之所以是绝对必需的实际前提,还因为如果没有这种发展,那就只会有**贫穷**\\极端贫困的普遍化;而在**极端贫困**的情况下,必须重新开始争取必需品的斗争,全部陈腐污浊的东西又要死灰复燃。其次,生产力的这种发展之所以是绝对必需的实际前提,还因为:只有随着生产力的这种普遍发展,人们的**普遍**交往才能建立起来;普遍交往,一方面,可以产生一切民族中同时都存在着“没有财产的”群众这一现象(普遍竞争),使每一民族都依赖于其他民族的变革;最后,地域性的个人为**世界历史性的**、经验上普遍的个人所代替。不这样,1)共产主义就只能作为某种地域性的东西而存在;2)交往的**力量**本身就不可能发展成为一种**普遍的**因而是不堪忍受的力量:它们会依然处于地方的、笼罩着迷信气氛的“状态”;3)交往的任何扩大都会消灭地域性的共产主义。共产主

过去一切历史阶段上受生产力制约同时又制约生产力的交往形式,就是**市民社会**。从前面已经可以得知,这个社会是以简单的家庭和复杂的家庭,即所谓部落制度作为自己的前提和基础的。关于市民社会的比较详尽的定义已经包括在前面的叙述中了。从这里已经可以看出,这个市民社会是全部历史的真正发源地和舞台,可以看出过去那种轻视现实关系而局限于言过其实的历史事件的历史观何等荒谬。

到现在为止,我们主要只是考察了人类活动的一个方面——**人改造自然**。另一方面,是**人改造人**——

国家的起源和国家同市民社会的关系。|

|20| 历史不外是各个世代的依次交替。每一代都利用以前各代遗留下来的材料、资金和生产力;由于这个缘故,每一代一方面在完全改变了的环境下继续从事所继承的活动,另一方面又通过完全改变了的活动来变更旧的环境。然而,事情被思辨地扭曲成这样:好像后期历史是前期历史的目的,例如,好像美洲的发现的根本目的就是要促使法国大革命的爆发。于是历史便具有了自己特殊的目的并成为某个与"其他人物"(像"自我意识"、"批判"、"唯一者"等等)"并列的人物"。其实,前期历史的"使命"、"目的"、"萌芽"、"观念"等词所表示的东西,终究不过是从后期历史中得出的抽象,不过是从前期历史对后期历史发生的积极影响中得出的抽象。——各个相互影响的活动范围在这个发展进程中越是扩大,各民族的原始封闭状态由于日益完善的生产方式、交往以及因交往而自然

义只有作为占统治地位的各民族"一下子"同时发生的行动,在经验上才是可能的,而这是以生产力的普遍发展和与此相联系的世界交往为前提的。|

|19| **共产主义**。

此外,许许多多人**仅仅**依靠自己劳动为生——大量的劳力与资本隔绝或甚至连有限地满足自己的需要的可能性都被剥夺——从而由于竞争,他们不再是暂时失去作为有保障的生活来源的工作,他们陷于绝境,这种状况是以**世界市场**的存在为前提的。因此,无产阶级只有在**世界历史意义上**才能存在。就像共产主义——它的事业——只有作为"世界历史性的"存在才有可能实现一样。而各个人的世界历史性的存在,也就是与世界历史直接相联系的各个人的存在。|交往和生产力。

形成的不同民族之间的分工消灭得越是彻底,历史也就越是成为世界历史。例如,如果在英国发明了一种机器,它夺走了印度和中国的无数劳动者的饭碗,并引起这些国家的整个生存形式的改变,那么,这个发明便成为一个世界历史性的事实;同样,砂糖和咖啡是这样来表明自己在19世纪具有的世界历史意义的:拿破仑的大陆体系所引起的这两种产品的匮乏推动了德国人|/21/起来反抗拿破仑,从而就成为光荣的1813年解放战争的现实基础。由此可见,历史向世界历史的转变,不是"自我意识"宇宙精神或者某个形而上学怪影的某种纯粹的抽象行动,而是完全物质的、可以通过经验证明的行动,每一个过着实际生活的,需要吃、喝、穿的个人都可以证明这种行动。——单个人随着自己的活动扩大为世界历史性的活动,越来越受到对他们来说是异己的力量的支配(他们把这种压迫想象为所谓宇宙精神等等的圈套)受到日益扩大的、归根结底表现为世界市场的力量的支配,这种情况在迄今为止的历史中当然也是经验事实。但是,另一种情况也具有同样的经验根据,这就是:随着现存社会制度被共产主义革命所推翻(下面还要谈到这一点)以及与这一革命具有同等意义的私有制的消灭,这种对德国理论家们来说是如此神秘的力量也将被消灭;同时,每一个单个人的解放的程度是与历史完全转变为世界历史的程度一致的。至于个人的真正的精神财富完全取决于他的现实关系的财富,根据上面的叙述,这已经很清楚了。只有这样,单个人才能摆脱种种民族局限和地域局限而同整个世界的生产(也同精神的生产)发生实际联系,才能

关于意识的生产。

获得利用全球的这种全面的生产(人们的创造)的能力。各个人的**全面的**依存关系、他们的这种自然形成的**世界历史性的**共同活动的最初形式,‖22‖由于这种共产主义革命而转化为对下述力量的控制和自觉的驾驭,这些力量本来是由人们的相互作用产生的,但是迄今为止对他们来说都作为完全异己的力量威慑和驾驭着他们。这种观点仍然可以被思辨地、唯心地,即幻想地解释为"类的自我产生"("作为主体的社会"),从而把所有前后相继、彼此相联的个人想象为从事自我产生这种神秘活动的唯一的个人。这里很明显,尽管人们在肉体上和精神上**互相**创造着,但是他们既不像圣布鲁诺胡说的那样,也不像"唯一者"、"被创造的"人那样创造自己本身。

最后,我们从上面所阐述的历史观中还可以得出以下的结论:1)生产力在其发展的过程中达到这样的阶段,在这个阶段上产生出来的生产力和交往手段在现存关系下只能造成灾难,这种生产力已经不是生产的力量,而是破坏的力量(机器和货币)—— 与此同时还产生了一个阶级,它必须承担社会的一切重负,而不能享受社会的福利,它被排斥于社会之外,‖23‖因而不得不同其他一切阶级发生最激烈的对立;这种阶级形成全体社会成员中的大多数,从这个阶级中产生出必须实行彻底革命的意识,即共产主义的意识,这种意识当然也可以在其他阶级中形成,只要它们认识到这个阶级的状况;2)那些使一定的生产力能够得到利用的条件,是社会的一定阶级实行统治的条件,这个阶级的由其财产状况产生的社会权力,每一次都在相应的国家形式中获得**实践的**观念的表现,

这些人所关心的是维持现在的生产状况。

因此一切革命斗争都是针对在此以前实行统治的阶级的；3）迄今为止的一切革命始终没有触动活动的性质，始终不过是按另外的方式分配这种活动，不过是在另一些人中间重新分配劳动，而共产主义革命则针对活动迄今具有的**性质**，消灭**劳动**，并消灭任何阶级的统治以及这些阶级本身，因为完成这个革命的是这样一个阶级，它在社会上已经不算是一个阶级，它已经不被承认是一个阶级，它已经成为现今社会的一切阶级、民族等等的解体的表现；4）无论为了使这种共产主义意识普遍地产生还是为了实现事业本身，使人们普遍地发生变化是必需的，这种变化只有在实际运动中，在**革命**中才有可能实现；因此，革命之所以必需，不仅是因为没有任何其他的办法能够推翻**统治**阶级，而且还因为**推翻统治阶级**的那个阶级，只有在革命中才能抛掉自己身上的一切陈旧的肮脏东西，才能成为社会的新基础。|

/24/由此可见，这种历史观就在于：从直接生活的物质生产出发阐述现实的生产过程，把同这种生产方式相联系的、它所产生的交往形式即各个不同阶段上的市民社会理解为整个历史的基础，从市民社会作为国家的活动描述市民社会，同时从市民社会出发阐明意识的所有各种不同理论的产物和形式，如宗教、哲学、道德等，而且追溯它们产生的过程。这样当然也能够完整地描述事物（因而也能够描述事物的这些不同方面之间的相互作用）。这种历史观和唯心主义历史观不同，它不是在每个时代中寻找某种范畴，而是始终站在现实历史的**基础**上，不是从观念出发来解释实践，而是从物质实践出发来解释观念的形

费尔巴哈。

成，由此还可得出下述结论：意识的一切形式和产物不是可以通过精神的批判来消灭的，不是可以通过把它们消融在"自我意识"中或化为"幽灵"、"怪影"、"怪想"等来消灭的，而只有通过实际地推翻这一切唯心主义谬论所产生的现实的社会关系，才能把它们消灭；历史的动力以及宗教、哲学和任何其他理论的动力是革命，而不是批判。这种观点表明：历史不是作为"产生于精神的精神"消融在"自我意识"中而告终的，而是历史的每一阶段都遇到一定的物质结果，一定的生产力总和，人对自然以及个人之间历史形成的关系，都遇到前一代传给后一代的大量生产力、资金和环境，尽管一方面这些生产力、资金和环境为新的一代所改变，但另一方面，它们也预先规定新的一代本身的生活条件，使它得到一定的发展和具有特殊的性质。由此可见，这种观点表明：人创造环境，同样，‖25｜环境也创造人。每个个人和每一代所遇到的现成的东西：生产力、资金和社会交往形式的总和，是哲学家们想象为"实体"和"人的本质"的东西的现实基础，是他们神化了的并与之斗争的东西的现实基础，这种基础尽管遭到以"自我意识"和"唯一者"的身份出现的哲学家们的反抗，但它对人们的发展所起的作用和影响却丝毫也不因此而受到干扰。各代所遇到的这些生活条件还决定着这样的情况：历史上周期性地重演的革命动荡是否强大到足以摧毁现存一切的基础；如果还没有具备这些实行全面变革的物质因素，就是说，一方面还没有一定的生产力，另一方面还没有形成不仅反抗旧社会的个别条件，而且反抗旧的"生活生产"本身、反抗旧社会所依据的"总和活动"的革命群众,那么,正如共产主义的历史所证明的,尽管这种变革的**观念**已经表述过千百次,但这对于实际发展没有任何意义。

迄今为止的一切历史观不是完全忽视了历史的这一现实基础,就是把它仅仅看成与历史过程没有任何联系的附带因素。因此,历史总是遵照在它之外的某种尺度来编写的;现实的生活生产被看成是某种非历史的东西,而历史的东西则被看成是某种脱离日常生活的东西,某种处于世界之外和超乎世界之上的东西。这样,就把人对自然界的关系从历史中排除出去了,因而造成了自然界和历史之间的对立。因此,这种历史观只能在历史上看到政治历史事件,看到宗教的和一般理论的斗争,而且在每次描述某一历史时代的时候,它都不得不**赞同这一时代的幻想**。例如,某一时代想象自己是由纯粹"政治的"或"宗教的"动因所决定的——尽管"宗教"和"政治"只是时代的现实动因的形式——,那么它的历史编纂学家就会接受这个意见。这些特定的人关于自己的真正实践的"想象"、"观念"变成一种唯一起决定作用的和积极的力量,支配和决定这些人的实践。印度人和埃及人借以实现分工的粗陋形式在这些民族的国家和宗教中产生了等级制度,所以历史学家便认为似乎等级制度‖26‖是产生这种粗陋的社会形式的力量。法国人和英国人至少抱着一种毕竟是同现实最接近的政治幻想,而德国人却在"纯粹精神"的领域中兜圈子,把宗教幻想推崇为历史的动力。黑格尔的历史哲学是整个这种德国历史编纂学的最终的、达到自己"最纯粹的表现"的成果。对于德国历史编纂学来说,问题完全不在于现实的利益,甚至不在于政治的利益,而在于纯粹的思想。这种历史哲学后来在圣布鲁诺看来也一定是一连串的"思想",其中一个吞噬一个,最终消失于"自我意识"中。圣麦克斯·施蒂纳更加彻底,他对全部现实的历史一窍不通,他认为历史进程必定只是"骑士、强盗和怪影"的历史,他当然只有借助于"不信神"才能摆脱这种历史的幻觉而得救。这种观点实际上是宗教的观点:它把宗教的人假设为全部历史起点的原人,它在自己的想象中用宗教的幻想生产代替生活资料和生活本身的现实生产。整个这样的历史观及其解体和由此产生的怀疑和顾虑,仅仅是德国人**本民族的**事情,而且对德国来说也只有**地域性**的意义。例如,近来不断讨论着如何能够"从神的王国进入人的王国"这样一个重要问题:似乎这个"神的王国"除了存在于想象之中,还在其他什么地方存在过,而学识渊博的先生们不是一直生活在(他们自己并不知道)他们目前想要找到去路的那个"人的王国"之中——似乎旨在说明这个理论上的空中楼阁的奇妙性的科学娱乐(因为这不过是一种娱乐)恰恰不在于证明这种空中楼阁是从现实的尘世关系中产生的。通常这些德国人总是只关心把既有的一切无意义的论调**变为** ‖ 27 ∣ 某种别的胡说八道,就是说,他们假定,所有这些无意义的论调都具有某种需要揭示的特殊意义,其实全部问题只在于从现存的现实关系出发来说明这些理论词句。如前所说,要真正地、实际地消灭这些词句,从人们意识中消除这些观念,就要靠改变了的环境而不是靠理论上的演绎来实现。对于人民大众即无产阶级来说,这

所谓**客观的**历史编纂学正是脱离活动来考察历史关系。

反动的性质。

38

些理论观念并不存在,因而也不用去消灭它们。如果这些群众曾经有过某些理论观念,如宗教,那么现在这些观念也早已被环境消灭了。—/

|27|上述问题及其解决方法所具有的纯粹民族的性质还表现在:这些理论家们郑重其事地认为,像"神人"、"人"等这类幻象,支配着各个历史时代;圣布鲁诺甚至断言:只有"批判和批判者创造了历史"——而当这些理论家亲自虚构历史时,他们会急匆匆地越过先前的一切,一下子从"蒙古人时代"转到真正"内容丰富的"历史,即《哈雷年鉴》和《德国年鉴》的历史,转到黑格尔学派退化为普遍争执不休的历史。所有其他民族和所有现实事件都被遗忘了,世界舞台局限于莱比锡的书市,局限于"批判"、"人"和"唯一者"的相互争吵。如果这些理论家们一旦着手探讨真正的历史主题,例如18世纪,那么他们也只是提供观念的历史,这种历史是和构成这些观念的基础的事实和实际发展过程脱离的,而他们阐述这种历史的目的也只是把所考察的时代描绘成一个真正历史时代即1840—1844年德国哲学斗争时代的不完善的预备阶段、尚有局限性的前奏时期。他们抱的目的是为了使某个非历史性人物及其幻想流芳百世而编写前期的历史,与这一目的相适应的是:他们根本不提一切真正历史的事件,甚至不提政治对历史进程的真正历史干预,为此他们的叙述不是以研究而是以虚构和文学闲篇为根据,如像圣布鲁诺在他那本已被人遗忘的18世纪历史一书中所做的那样。这些唱高调、爱吹嘘的思想贩子以为他们无限地超越于任何民族偏见之上,其实他们比梦想德国统一的啤酒店庸人带

有更多的民族偏见。他们根本不承认其他民族的业绩是历史的;他们生活在德国,依靠德国‖28|和为着德国而生活;他们把莱茵河颂歌变为圣歌并征服阿尔萨斯和洛林,其办法不是剽窃法兰西国家,而是剽窃法兰西哲学,不是把法兰西省份德国化,而是把法兰西思想德国化。费奈达先生,同打着理论的世界统治这面旗帜而宣布德国的世界统治的圣布鲁诺和圣麦克斯相比较,是一个世界主义者。/

|28|**费尔巴哈**。
从这些分析中还可以看出,费尔巴哈是多么错误,他(《维干德季刊》1845 年第 2 卷)竟借助于"共同人"这一规定宣称自己是共产主义者,把这一规定变成"**一般**"人的谓语,以为这样一来又可以把表达现存世界中特定革命政党的拥护者的"共产主义者"一词变成一个纯范畴。费尔巴哈关于人与人之间的关系的全部推论无非是要证明:人们是互相需要的,而**且过去一直是互相需要的**。他希望确立对这一事实的理解,也就是说,和其他的理论家一样,只是希望确立对**存在的**事实的正确理解,然而一个真正的共产主义者的任务却在于推翻这种存在的东西。不过,我们完全承认,费尔巴哈在力图理解这一事实的时候,达到了理论家一般所能达到的地步,他还是一位理论家和哲学家。然而值得注意的是:圣布鲁诺和圣麦克斯立即用费尔巴哈关于共产主义者的观念来代替真正的共产主义者,这样做的目的多少是为了使他们能够像同"产生于精神的精神"、同哲学范畴、同势均力敌的对手作斗争那样来同共产主义作斗争,而就圣布鲁诺来说,这样做也还是为了实际的利益。我们举出

《未来哲学》中的一个地方作为例子说明既承认存在的东西，同时又不了解存在的东西——这也还是费尔巴哈和我们的对手的共同之点。费尔巴哈在那里阐述道：某物或某人的存在同时也就是某物或某人的本质；一个动物或一个人的一定生存条件、生活方式和活动，就是使这个动物或这个人的"本质"感到满意的东西。任何例外在这里都被肯定地看作不幸的偶然事件，是不能改变的反常现象。这样说来，如果千百万无产者根本不满意他们的生活条件，如果他们的"存在"同他们的 ‖ 29 ∣ "本质"完全不符合，那么，根据上述论点，这是不可避免的不幸，应当平心静气地忍受这种不幸。可是，这千百万无产者或共产主义者所想的完全不一样，而且这一点他们将在适当时候，在实践中，即通过革命使自己的"存在"同自己的"本质"协调一致的时候予以证明。因此，在这样的场合费尔巴哈从来不谈人的世界，而是每次都求救于**外部**自然界，而且是尚未置于人的统治之下的自然界。但是，每当有了一项新的发明，每当工业前进一步，就有一块新的地盘从这个领域划出去，而能用来说明费尔巴哈这类论点的事例借以产生的基地，也就越来越小了。现在我们只来谈谈一个论点：鱼的"本质"是它的"存在"，即水。河鱼的"本质"是河水。但是，一旦这条河归工业支配，一旦它被染料和其他废料污染，河里有轮船行驶，一旦河水被引入只要简单地把水排出去就能使鱼失去生存环境的水渠，这条河的水就不再是鱼的"本质"了，对鱼来说它将不再是适合生存的环境了。把所有这类矛盾宣布为不可避免的反常现象，实质上，同圣麦克斯·施蒂纳对不满者的安

抚之词没有区别。施蒂纳说，这种矛盾是他们自己的矛盾，这种恶劣环境是他们自己的恶劣环境，而且他们可以或者安于这种环境，或者忍住自己的不满，或者以幻想的方式去反抗这种环境——同样，这同圣布鲁诺的责难也没有区别。布鲁诺说，这些不幸情况的发生是由于那些当事人陷入"实体"这堆粪便之中，他们没有达到"绝对自我意识"，也没有认清这些恶劣关系产生于自己精神的精神。|

［草稿第30—35页。原来是《圣麦克斯·旧约》的"教阶制"一节的一部分。］

/30/统治阶级的思想在每一时代都是占统治地位的思想。这就是说,一个阶级是社会上占统治地位的**物质**力量,同时也是社会上占统治地位的**精神**力量。支配着物质生产资料的阶级,同时也支配着精神生产资料,因此,那些没有精神生产资料的人的思想,一般是隶属于这个阶级的。占统治地位的思想不过是占统治地位的物质关系在观念上的表现,不过是以思想的形式表现出来的占统治地位的物质关系,因而,这就是那些使某一个阶级成为统治阶级的关系在观念上的表现,因而这也就是这个阶级的统治的思想。此外,构成统治阶级的各个人也都具有意识,因而他们也会思维;既然他们作为一个阶级进行统治,并且决定着某一历史时代的整个面貌,那么不言而喻,他们在这个历史时代的一切领域中也会这样做,就是说,他们还作为思维着的人,作为思想的生产者进行统治,他们调节着自己时代的思想的生产和分配;而这就意味着他们的思想是一个时代的占统治地位的思想。例如,在某一国家的某个时期,王权、贵族和资产阶级为夺取统治而争斗,因而,在那里统治是分享的,那里占统治地位的思想就会是关于分权的学说,于是分权就被宣布为"永恒的规律"。——我们在上面(页)已经说明分工是迄今为止历史的主要力量之一,现在,分工也以精神劳动和物‖31|质劳动的分工的形式在统治阶级中间表现出来,因此在这个阶级内部,一部分人是作为该阶级的思想家出现的,他们是这一阶级的积极的、有概括能力的玄想家,他们把编造这一阶级关于自身的幻

想当作主要的谋生之道，而另一些人对于这些思想和幻想则采取比较消极的态度，并且准备接受这些思想和幻想，因为在实际中他们是这个阶级的积极成员，很少有时间来编造关于自身的幻想和思想。在这一阶级内部，这种分裂甚至可以发展成为这两部分人之间的某种程度的对立和敌视，但是一旦发生任何实际冲突，即当阶级本身受到威胁的时候，当占统治地位的思想好像不是统治阶级的思想而且好像拥有与这一阶级的权力不同的权力这种假象也趋于消失的时候，这种对立和敌视便会自行消失。一定时代的革命思想的存在是以革命阶级的存在为前提的，关于这个革命阶级的前提所必须讲的，在前面（页 ）已经讲过了。

然而，在考察历史进程时，如果把统治阶级的思想和统治阶级本身分割开来，使这些思想独立化，如果不顾生产这些思想的条件和它们的生产者而硬说该时代占统治地位的是这些或那些思想，也就是说，如果完全不考虑这些思想的基础——个人和历史环境，那就可以这样说：例如，在贵族统治时期占统治地位的概念是荣誉、忠诚，等等，而在资产阶级统治时期占统治地位的概念则是自由、平等，等等。总之，统治阶级自己为自己编造出诸如此类的幻想。所有历史编纂学家，主要是 18 世纪以来的历史编纂学家所共有的这种历史观，必然会||32|碰到这样一种现象：占统治地位的将是越来越抽象的思想，即越来越具有普遍性形式的思想。因为每一个企图取代旧统治阶级的新阶级，为了达到自己的目的不得不把自己的利益说成是社会全体成员的共同利益，就是说，这在观念上的表达就是：赋予自己的思想以普遍性

的形式,把它们描绘成唯一合乎理性的、有普遍意义的思想。进行革命的阶级,仅就它对抗另一个**阶级**而言,从一开始就不是作为一个阶级,而是作为全社会的代表出现的;它俨然以社会全体群众的姿态反对唯一的统治阶级。它之所以能这样做,是因为它的利益在开始时的确同其余一切非统治阶级的共同利益还有更多的联系,在当时存在的那些关系的压力下还不能够发展为特殊阶级的特殊利益。因此,这一阶级的胜利对于其他未能争得统治地位的阶级中的许多个人来说也是有利的,但这只是就这种胜利使这些个人现在有可能升入统治阶级而言的。当法国资产阶级推翻了贵族的统治之后,它使许多无产者有可能升到无产阶级之上,但是只有当他们变成资产者的时候才达到这一点。由此可见,每一个新阶级赖以实现自己统治的基础,总比它以前的统治阶级所依赖的基础要宽广一些;可是后来,非统治阶级和正在进行统治的阶级之间的对立也发展得更尖锐和更深刻。这两种情况使得非统治阶级反对新统治阶级的斗争在否定旧社会制度方面,又要比过去一切‖33|争得统治的阶级所作的斗争更加坚决、更加彻底。

（普遍性符合于:1) 与等级相对的阶级;2) 竞争、世界交往等等;3) 统治阶级的人数众多;4) 共同利益的幻想,起初这种幻想是真实的;5) 玄想家的欺骗和分工。）

只要阶级的统治完全不再是社会制度的形式,也就是说,只要不再有必要把特殊利益说成是普遍利益,或者把"普遍的东西"说成是占统治地位的东西,那么,一定阶级的统治似乎只是某种思想的统治这整个假象当然就会自行消失。

把占统治地位的思想同进行统治的个人分割开来,主要是同生产方式的一定阶段所产生的各种关系分割开来,并由此作出结论说,历史上始终是思想占统治地位,这样一来,就很容易从这些不同的思想中抽象出"一般思想"、观念等,并把它们当作历史上占统治地位的东西,从而把所有这些个别的思想和概念说成是历史上发展着的一般概念的"自我规定"。思辨哲学就是这样做的。黑格尔本人在《历史哲学》的结尾承认,他"所考察的仅仅是一般概念的前进运动",他在历史方面描述了"真正的神正论"(第446页)。现在又可以重新回复到"概念"的生产者,回复到理论家、玄想家和哲学家,并作出结论说:哲学家、思维着的人本身自古以来就是在历史上占统治地位的。这个结论,如我们所看到的,早就由黑格尔表述过了。这样,证明精神在历史上的最高统治(施蒂纳的教阶制)的全部戏法,可以归结为以下三个手段。/

/34/ 第一,必须把进行统治的个人——而且是由于种种经验的原因、在经验的条件下和作为物质的个人进行统治的个人——的思想同这些进行统治的个人本身分割开来,从而承认思想或幻想在历史上的统治。

第二,必须使这种思想统治具有某种秩序,必须证明,在一个承继着另一个而出现的占统治地位的思想之间存在着某种神秘的联系,而要做到这一点就得把这些思想看作"概念的自我规定"(所以能这样做,是因为这些思想凭借自己的经验的基础,彼此确实是联系在一起的,还因为它们被仅仅当作思想来看待,因而就变成自我差别,变成由思维产生的差别)。

第三,为了消除这种"自我规定着的概念"的神秘外观,便把它变成某种人物——"自我意识";或者,为了表明自己

在这种情况下,从人的概念、想象中的人、人的本质、一般人中能引伸出人们的一切关系,也就很自然了。

是真正的唯物主义者，又把它变成在历史上代表着"概念"的许多人物——"思维着的人"、"哲学家"、玄想家，而这些人又被看作是历史的制造者、"监护人会议"、统治者。这样一来，就把一切唯物主义的因素从历史上消除了，就可以任凭自己的思辨之马自由奔驰了。/

/35/在日常生活中任何一个小店主都能精明地判别某人的假貌和真相，然而我们的历史编纂学却还没有获得这种平凡的认识，不论每一时代关于自己说了些什么和想象了些什么，它都一概相信。/

一般人："思维着的人的精神。"

要说明这种曾经在德国占统治地位的历史方法，以及说明它为什么主要在德国占统治地位的原因，就必须从它与一切玄想家的幻想，例如，与法学家、政治家（包括实际的国务活动家）的幻想的联系出发，必须从这些家伙的独断的玄想和曲解出发。而从他们的实际生活状况、他们的职业和分工出发，是很容易说明这些幻想、玄想和曲解的。

[草稿第36—72页,其中第36—39页没有留传下来。原来是《圣麦克斯·新约》的《作为市民社会的社会》一节的一部分。]

[……]|40|从前者产生了发达分工和广泛贸易的前提,从后者产生了地域局限性。在前一种情况下,各个人必须聚集在一起,在后一种情况下,他们本身已作为生产工具而与现有的生产工具并列在一起。因此,这里出现了自然形成的生产工具和由文明创造的生产工具之间的差异。**耕地**(水,等等)可以看作自然形成的生产工具。在前一种情况下,即在自然形成的生产工具的情况下,各个人受自然界的支配,在后一种情况下,他们受劳动产品的支配。因此在前一种情况下,财产(地产)也表现为直接的、自然形成的统治,而在后一种情况下,则表现为劳动的统治,特别是积累起来的劳动即资本的统治。前一种情况的前提是,各个人通过某种联系——家庭、部落,或者甚至是土地本身,等等——结合在一起;后一种情况的前提是,各个人互不依赖,仅仅通过交换集合在一起。在前一种情况下,交换主要是人和自然之间的交换,即以人的劳动换取自然的产品,而在后一种情况下,主要是人与人之间进行的交换。在前一种情况下,只要具备普通常识就够了,体力活动和脑力活动彼此还完全没有分开;而在后一种情况下,脑力劳动和体力劳动之间实际上应该已经实行分工。在前一种情况下,所有者对非所有者的统治可以依靠个人关系,依靠这种或那种形式的共同体;在后一种情况下,这种统治必须采取物的形式,通过某种第三者,即通过货币。在前一种情况下,存在着小工业,但这种工业决定于自然形成的生产工具的使用,因此这

里没有不同的个人之间的分工；在后一种情况下，工业只有在分工的基础上和依靠分工才能存在。|

|41|到现在为止我们都是以生产工具为出发点的，这里已经表明了在工业发展的一定阶段上必然会产生私有制。在采掘工业中私有制和劳动还是完全一致的；在小工业以及到目前为止的整个农业中，所有制是现存生产工具的必然结果；在大工业中，生产工具和私有制之间的矛盾才是大工业的产物，这种矛盾只有在大工业高度发达的情况下才会产生。因此，只有随着大工业的发展才有可能消灭私有制。——

物质劳动和精神劳动的最大的一次分工，就是城市和乡村的分离。城乡之间的对立是随着野蛮向文明的过渡、部落制度向国家的过渡、地域局限性向民族的过渡而开始的，它贯穿着文明的全部历史直至现在（反谷物法同盟）。——随着城市的出现，必然要有行政机关、警察、赋税等，一句话，必然要有公共的政治机构，从而也就必然要有一般政治。在这里，居民第一次划分为两大阶级，这种划分直接以分工和生产工具为基础。城市已经表明了人口、生产工具、资本、享受和需求的集中这个事实；而在乡村则是完全相反的情况：隔绝和分散。城乡之间的对立只有在私有制的范围内才能存在。城乡之间的对立是个人屈从于分工、屈从于他被迫从事的某种活动的最鲜明的反映，这种屈从把一部分人变为受局限的城市动物，把另一部分人变为受局限的乡村动物，并且每天都重新产生两者利益之间的对立。在这里，劳动仍然是最主要的，是**凌驾**于个人之上的力量；只要这种力量还存在，私有制也

就必然会存在下去。消灭城乡之间的对立,是共同体的首要条 ‖ 42 ‖ 件之一,这个条件又取决于许多物质前提,而且任何人一看就知道,这个条件单靠意志是不能实现的(这些条件还须详加探讨)。城市和乡村的分离还可以看作资本和地产的分离,看作资本不依赖于地产而存在和发展的开始,也就是仅仅以劳动和交换为基础的所有制的开始。

在中世纪,有一些城市不是从前期历史中现成地继承下来的,而是由获得自由的农奴重新建立起来的。在这些城市里,每个人的唯一财产,除开他随身带着的几乎全是最必需的手工劳动工具构成的那一点点资本之外,就只有他的特殊的劳动。不断流入城市的逃亡农奴的竞争;乡村反对城市的连绵不断的战争,以及由此产生的组织城市武装力量的必要性;共同占有某种手艺而形成的联系;在手工业者同时又是商人的时期,必须有在公共场所出卖自己的商品以及与此相联的禁止外人进入这些场所的规定;各业手工业间利益的对立;保护辛苦学来的手艺的必要性;全国性的封建组织——所有这些都是各行各业的手艺人联合为行会的原因。这里我们不打算详细地谈论以后历史发展所引起的行会制度的多种变化。在整个中世纪,农奴不断地逃入城市。这些在乡村遭到自己主人迫害的农奴是只身流入城市的,他们在这里遇见了有组织的团体,对于这种团体他们是没有力量反对的,在它的范围内,他们只好屈从于由他们那些有组织的城市竞争者对他们劳动的需要以及由这些竞争者的利益所决定的处境。这些只身流入城市的劳动者根本不可能成为一种力量,因为,如果他们的劳动带有

行会的性质并需要培训，那么行会师傅就会使他们从属于自己，并按照自己的利益来组织他们；或者，如果这种劳动不需要培训，因而不带有行会的性质，而是日工，那么劳动者就根本组织不起来，始终是无组织的平民。城市对日工的需要造成了平民。这些城市是真正的"联盟"，这些"联盟"的产生是由于直接的‖ 43 |需要，由于对保护财产、增加各成员的生产资料和防卫手段的关心。这些城市的平民是毫无力量的，因为他们都是只身流入城市的彼此素不相识的个人，他们无组织地同有组织、有武装配备并用忌妒的眼光监视着他们的力量相抗衡。每一行业中的帮工和学徒都以最适合于师傅的利益组织起来；他们和师傅之间的宗法关系使师傅具有双重力量：第一，师傅对帮工的全部生活有直接的影响；第二，帮工在同一师傅手下做工，对这些帮工来说这是一根真正的纽带，它使这些帮工联合起来反对其他师傅手下的帮工，并使他们与后者分隔开来；最后，帮工由于关心自己也要成为师傅而与现存制度结合在一起了。因此，平民至少还举行暴动来反对整个城市制度，不过由于他们软弱无力而没有任何结果，而帮工们只在个别行会内搞一些与行会制度本身的存在有关的小冲突。中世纪所有的大规模起义都是从乡村爆发起来的，但是由于农民的分散性以及由此而来的不成熟，这些起义也毫无结果。——

这些城市中的资本是自然形成的资本；它是由住房、手工劳动工具和自然形成的世代相袭的主顾组成的，并且由于交往不发达和流通不充分而没有实现的可能，只好父传子，子传孙。这种资本和现代资本不同,它不是以货币计算的资本——用货币计算,资本体现为哪一种物品都一样——而是直接同占有者的特定的劳动联系在一起、同它完全不可分割的资本,因此就这一点来说,它是**等级资本**。——

在城市中各行会之间的分工 ‖ 44 ‖ 还是非常少的,而在行会内部,各劳动者之间则根本没有什么分工。每个劳动者都必须熟悉全部工序,凡是用他的工具能够做的一切,他必须都会做;各城市之间的有限交往和少量联系、居民稀少和需求有限,都妨碍了分工的进一步发展,因此,每一个想当师傅的人都必须全盘掌握本行手艺。正因为如此,中世纪的手工业者对于本行专业劳动和熟练技巧还是有兴趣的,这种兴趣可以达到某种有限的艺术感。然而也是由于这个原因,中世纪的每一个手工业者对自己的工作都是兢兢业业,安于奴隶般的关系,因而他们对工作的屈从程度远远超过对本身工作漠不关心的现代工人。——

分工的进一步扩大是生产和交往的分离,是商人这一特殊阶级的形成。这种分离在随历史保存下来的城市(其中有住有犹太人的城市)里被继承下来,并很快就在新兴的城市中出现了。这样就产生了同邻近地区以外的地区建立贸易联系的可能性,这种可能性变为现实,取决于现有的交通工具的情况,取决于政治关系所决定的沿途社会治安状况(大家知道,整个中世纪,商人都是结成武装商队行动的)以及取决于交往所及地区内相应的文化水平所决定的比较粗陋或比较发达的需求。——随着交往集中在一个特殊阶级手里,随着商人所促成的同城市近郊以外地区的通商的扩大,在

生产和交往之间也立即发生了相互作用。城市**彼此**建立了联系,新的劳动工具从一个城市运往另一个城市,生产和交往间的分工随即引起了各城市‖45|间在生产上的新的分工,不久每一个城市都设立一个占优势的工业部门。最初的地域局限性开始逐渐消失。——

某一个地域创造出来的生产力,特别是发明,在往后的发展中是否会失传,完全取决于交往扩展的情况。当交往只限于毗邻地区的时候,每一种发明在每一个地域都必须单独进行;一些纯粹偶然的事件,例如蛮族的入侵,甚至是通常的战争,都足以使一个具有发达生产力和有高度需求的国家处于一切都必须从头开始的境地。在历史发展的最初阶段,每天都在重新发明,而且每个地域都是独立进行的。发达的生产力,即使在通商相当广泛的情况下,也难免遭到彻底的毁灭。关于这一点,腓尼基人的例子就可以说明。由于这个民族被排挤于商业之外,由于它被亚历山大征服以及继之而来的衰落,腓尼基人的大部分发明都长期失传了。再如中世纪的玻璃绘画术也有同样的遭遇。只有当交往成为世界交往并且以大工业为基础的时候,只有当一切民族都卷入竞争斗争的时候,保持已创造出来的生产力才有了保障。

不同城市之间的分工的直接结果就是工场手工业的产生,即超出行会制度范围的生产部门的产生。工场手工业的初期繁荣——先是在意大利,然后是在佛兰德——的历史前提,是同外国各民族的交往。在其他国家,例如在英国和法国,工场手工业最初只限于国内市场。除上述前提外,工场手工业还以人

口——特别是乡村人口——的不断集中和资本的不断积聚为前提。资本开始积聚到个人手里，一部分违反行会法规积聚到行会中，一部分积聚到商人手里。|

|46|那种一开始就以机器，尽管还是以具有最粗陋形式的机器为前提的劳动，很快就显出它是最有发展能力的。过去农民为了得到自己必需的衣着而在乡村中附带从事的织布业，是由于交往的扩大才获得了动力并得到进一步发展的第一种劳动。织布业是最早的工场手工业，而且一直是最主要的工场手工业。随着人口增长而增长的对衣料的需求，由于流通加速而开始的自然形成的资本的积累和运用，以及由此引起的并由于交往逐渐扩大而日益增长的对奢侈品的需求，——所有这一切都推动了织布业在数量上和质量上的发展，使它脱离了旧有的生产形式。除了为自身需要而一直在继续从事纺织的农民外，在城市里产生了一个新的织工阶级，他们所生产的布匹被指定供应整个国内市场，而且大部分还供给国外市场。织布是一种多半不需要很高技能并很快就分化成无数部门的劳动，由于自己的整个特性，它抵制行会的束缚。因此，织布业多半在没有行会组织的乡村和小市镇上经营，这些地方逐渐变为城市，而且很快就成为每个国家最繁荣的城市。——随着摆脱了行会束缚的工场手工业的出现，所有制关系也立即发生了变化。越过自然形成的等级资本而向前迈出的第一步，是受商人的出现所制约的，商人的资本一开始就是活动的，如果针对当时的情况来讲，可以说是现代意义上的资本。第二步是随着工场手工业的出现而迈出的，工场手工业又运用了大量自然形成

54

的资本,并且同自然形成的资本的数量比较起来,一般是增加了活动资本的数量。同时,工场手工业还成了农民摆脱那些不雇用他们或付给他们极低报酬的行会的避难所,就像在过去行会城市是农民‖47‖摆脱土地占有者的避难所一样。

随着工场手工业的产生,同时也就开始了一个流浪时期,这个时期的形成是由于:取消了封建侍从,解散了拼凑起来并效忠帝王、镇压其诸侯的军队,改进了农业以及把大量耕地变为牧场。从这里已经可以清楚地看出,这种流浪现象是和封建制度的瓦解密切联系着的。早在13世纪就曾出现过的个别类似的流浪时期,只是在15世纪末和16世纪初才成为普遍而持久的现象。这些流浪者人数非常多,其中单单由英王亨利八世下令绞死的就有72 000人,只有付出最大的力量,只有在他们穷得走投无路而且经过长期反抗之后,才能迫使他们去工作。迅速繁荣起来的工场手工业,特别是在英国,渐渐地吸收了他们。——

随着工场手工业的出现,工人和雇主的关系也发生了变化。在行会中,帮工和师傅之间的宗法关系继续存在,而在工场手工业中,这种关系由工人和资本家之间的金钱关系代替了;在乡村和小城市中,这种关系仍然带有宗法色彩,而在比较大的、真正的工场手工业城市里,则早就失去了几乎全部宗法色彩。

随着美洲和通往东印度的航线的发现,交往扩大了,工场手工业和整个生产运动有了巨大的发展。从那里输入的新产品,特别是进入流通的大量金银完全改变了阶级之间的相互关系,并且沉重地打击了封建土地所有制和劳动者;冒

随着工场手工业的出现,各国进入竞争的关系,展开了商业斗争,这种斗争是通过战争、保护关税和各种禁令来进行的,而在过去,各国只要彼此有了联系,就互相进行和平的交易。从此以后商业便具有了政治意义。

险的远征,殖民地的开拓,首先是当时市场已经可能扩大为而且日益扩大为世界市场,——所有这一切产生了历史发展的一个新阶段,‖48‖关于这个阶段的一般情况我们不准备在这里多谈。新发现土地的殖民地化,又助长了各国之间的商业斗争,因而使这种斗争变得更加广泛和更加残酷了。

商业和工场手工业的扩大,加速了活动资本的积累,而在那些没有受到刺激去扩大生产的行会里,自然形成的资本却始终没有改变,甚至还减少了。商业和工场手工业产生了大资产阶级,而集中在行会里的是小资产阶级,现在它已经不再像过去那样在城市里占统治地位了,而是必须屈从于大商人和手工工场主的统治。由此可见,行会一跟工场手工业接触,就衰落下去了。

小资产者
中间等级
大资产阶级。

在我们所谈到的这个时代里,各国在彼此交往中建立起来的关系具有两种不同的形式。起初,由于流通的金银数量很少,这些金属是出口的;另一方面,工业,即由于必须给不断增长的城市人口提供就业机会而不可或缺,大部分是从国外引进的工业,没有特权不行。当然,这种特权不仅可以用来对付国内的竞争,而且主要是用来对付国外的竞争。通过这些最初的禁令,地方的行会特权便扩展到全国。关税产生于封建主对其领地上的过往客商所征收的捐税,即客商交的免遭抢劫的买路钱。后来各城市也征收这种捐税,在现代国家出现之后,这种捐税便是国库进款的最方便的手段。— 美洲的金银在欧洲市场上的出现,工业的逐步发展,贸易的迅速高涨以及由此引起的不受行会束缚的资产阶级的兴旺发达和货币的活跃流通,——所有这一切都使上述各种措施具有另外的意义。国家日益不可缺少货币,为充实国库起见,它现在仍然禁止输出金银;资产者对此完全满意,因为这些刚刚投入市场的大量货币,成了他们进行投机买卖的主要对象;过去的特权成了政府收入的来源,并且可以用来卖钱;在关税法中有了出口税,这种税只是阻碍了工业的发展,‖49‖纯粹是以充实国库为目的。—

第二个时期开始于17世纪中叶,它几乎一直延续到18世纪末。商业和航运比那种起次要作用的工场手工业发展得更快;各殖民地开始成为巨大的消费者;各国经过长期的斗争,彼此瓜分了已开辟出来的世界市场。这一时期是从航海条例和殖民地垄断开始的。各国间的竞争尽可能通过关税率、禁令和各种条约来消除,但是归根结底,竞争的斗争还是通过战争(特别是海战)来进行和解决的。最强大的海上强国英国在商业和工场手工业方面都占据优势。这里已经出现商业和工场手工业集中于一个国家的现象。对工场手工业一直是采用保护的办法:在国内市场上实行保护关税,在殖民地市场上实行垄断,而在国外市场上则尽量实行差别关税。本国生产的原料的加工受到鼓励(英国的羊毛和亚麻,法国的丝)F进口原料的[加工]仍受到歧视或压制(如棉花在英国)。在海上贸易和殖民实力方面占据优势的国家,自然能保证自己的工场手工业在数量和质量上得到最广泛的发展。工场手工业一般离开保护是不行的,因为只要其他国家发生任何最微小的变动都足以使它失去市场而遭到破产。只要在稍微有利的条件下,工场手工业就可以很容易地在某

F国内出产的原料禁止输出(英国的羊毛)

个国家建立起来,正因为这样,它也很容易被破坏。同时,它的经营方式,特别是18世纪在乡村里的经营方式,使它和广大的个人的生活条件结合在一起,以致没有一个国家敢于不顾工场手工业的生存而允许自由竞争。因此,工场手工业就它能够输出自己的产品来说,完全依赖于商业的扩大或收缩,而它对商业的反作用,相对来说是很微小的。这就决定了工场手工业的次要作用和18世纪商人的影响。‖50|正是这些商人,特别是船主最迫切地要求国家保护和垄断;诚然,手工工场主也要求保护并且得到了保护,但是从政治意义上来说,他们始终不如商人。商业城市,特别是沿海城市已达到了一定的文明程度,并带有大资产阶级性质,而在工厂城市里仍然是小资产阶级势力占统治。18世纪是商业的世纪。平托关于这一点说得很明确:"贸易是本世纪的嗜好。"他还说:"从某个时期开始,人们就只谈论经商、航海和船队了。"——

虽然资本的运动已大大加速了,但相对来说总还是缓慢的。世界市场分割成各个部分,其中每一部分都由单独一个国家来经营;各国之间的竞争的消除;生产本身的不灵活以及刚从最初阶段发展起来的货币制度——所有这一切都严重地妨碍了流通。这一切造成的结果就是当时一切商人和一切经商方式都具有斤斤计较的卑鄙的小商人习气。当时的商人同手工工场主,特别是同手工业者比较起来当然是大市民——资产者,但是如果同后一时期的商人和工业家比较起来,他们仍旧是小市民。见亚·斯密。——

这一时期还有这样一些特征:禁止金银外运法令的废除,货币经营业、银

58

行、国债和纸币的产生,股票投机和有价证券投机,各种物品的投机倒把等现象的出现以及整个货币制度的发展。资本又有很大一部分丧失了它原来还带有的那种自然性质。

在17世纪,商业和工场手工业不可阻挡地集中于一个国家——英国。这种集中逐渐地给这个国家创造了相对的世界市场,因而也造成了对这个国家的工场手工业产品的需求,这种需求是旧的工业生产力所不能满足的。这种超过了生产力的需求正是引起中世纪以来私有制发展的第三个时期‖51|的动力,它产生了大工业——把自然力用于工业目的,采用机器生产以及实行最广泛的分工。这一新阶段的其他条件——国内的自由竞争,理论力学的发展(牛顿所完成的力学在18世纪的法国和英国都是最普及的科学)等——在英国都已具备了。(国内的自由竞争到处都必须通过革命的手段争得——英国1640年和1688年的革命,法国1789年的革命。)竞争很快就迫使每一个不愿丧失自己的历史作用的国家为保护自己的工场手工业而采取新的关税措施(旧的关税已无力抵制大工业了),并随即在保护关税之下兴办大工业。尽管有这些保护措施,大工业仍使竞争普遍化了(竞争是实际的贸易自由;保护关税在竞争中只是治标的办法,是贸易自由范围内的防卫手段),大工业创造了交通工具和现代的世界市场,控制了商业,把所有的资本都变为工业资本,从而使流通加速(货币制度得到发展)、资本集中。它首次开创了世界历史,因为它使每个文明国家以及这些国家中的每一个人的需要的满足都依赖于整个世界,因为它消灭了各国以往自然

大工业通过普遍的竞争迫使所有个人的全部精力处于高度紧张状态。它尽可能地消灭意识形态、宗教、道德等,而在它无法做到这一点的地方,它就把它们变成赤裸裸的谎言。

形成的闭关自守的状态。它使自然科学从属于资本,并使分工丧失了自己自然形成的性质的最后一点假象。它把自然形成的性质一概消灭掉,只要在劳动的范围内有可能做到这一点,它并且把所有自然形成的关系变成货币的关系。它建立了现代的大工业城市(它们的出现如雨后春笋)来代替自然形成的城市。凡是它渗入的地方,它就破坏手工业和工业的一切旧阶段。它使城市最终战胜了乡村。它的[……]是自动化体系。[它造]成了大量的生产力,对于这些生产力来说,私有制成了它们发展的桎梏,‖52‖正如行会成为工场手工业的桎梏和小规模的乡村生产成为日益发展的手工业的桎梏一样。在私有制的统治下,这些生产力只获得了片面的发展,对大多数人来说成了破坏的力量,而许多这样的生产力在私有制下根本得不到利用。一般说来,大工业到处造成了社会各阶级间相同的关系,从而消灭了各民族的特殊性。最后,当每一民族的资产阶级还保持着它的特殊的民族利益的时候,大工业却创造了这样一个阶级,这个阶级在所有的民族中都具有同样的利益,在它那里民族独特性已经消灭,这是一个真正同整个旧世界脱离而同时又与之对立的阶级。大工业不仅使工人对资本家的关系,而且使劳动本身都成为工人不堪忍受的东西。

当然,在一个国家里,大工业不是在一切地域都达到了同样的发展水平。但这并不能阻碍无产阶级的阶级运动,因为大工业产生的无产者领导着这个运动并且引导着所有的群众,还因为没有卷入大工业的工人,被大工业置于比在大工业中做工的工人更糟的生活境遇。同样,大工业发达的国家也影响着或多或少非工业的国家,因为非工业国家由于世界交往而被卷入普遍竞争的斗争中。

这些不同的形式同时也是劳动组织的形式,从而也是所有制的形式。在每一个时期都发生现存的生产力相结合的现象,因为需求使这种结合成为必要的。

——

生产力和交往形式之间的这种矛盾——正如我们所见到的,它在迄今为止的历史中曾多次发生过,然而并没有威胁交往形式的基础,——每一次都不免要爆发为革命,同时也采取各种附带形式,如冲突的总和,不同阶级之间的冲突,意识的矛盾,思想斗争,政治斗争,等等。从狭隘的观点出发,可以从其中抽出一种附带形式,把它看作是这些革命的基础,而且因为革命所由出发的各个人都根据他们的文化水平和历史发展的阶段对他们自己的活动本身产生了种种幻想,这样做就更容易了。

——

因此,按照我们的观点,一切历史冲突都根源于生产力和交往‖53‖形式之间的矛盾。此外,不一定非要等到这种矛盾在某一国家发展到极端尖锐的地步,才导致这个国家内发生冲突。由广泛的国际交往所引起的同工业比较发达的国家的竞争,就足以使工业比较不发达的国家内产生类似的矛盾(例如,英国工业的竞争使德国潜在的无产阶级显露出来了)。

——

尽管竞争把各个人汇集在一起,它却使各个人,不仅使资产者,而且更使无产者彼此孤立起来。因此这会持续很长时间,直到这些个人能够联合起来,更不用说,为了这种联合——如果它不仅仅是地域性的联合——大工业应当首先创造出必要的手段，即大工业城市和廉价而便利的交通。因此，只有经过长期的斗争才能战胜同这些孤立的、生活在每天都重复产生着孤立状态的条件下的个人相对立的一切有组织的势力。要求相反的东西，就等于要求在这个特定的历史时代不要有竞争，或者说，就等于要求各个人从头脑中抛掉他们作为被孤立的人所无法控制的那些关系。

——

住宅建筑。不言而喻，野蛮人的每一个家庭都有自己的洞穴和茅舍，正如游牧人的每一个家庭都有独自的帐篷一样。这种单个分开的家庭经济由于私有制的进一步发展而成为更加必需的了。在农业民族那里，共同的家庭经济也和共同的耕作一样是不可能的。城市的建造是一大进步。但是，在过去任何时代，消灭单个分开的经济——这是与消灭私有制分不开的——是不可能的，因为还没有具备这样做的物质条件。组织共同的家庭经济的前提是发展机器，利用自然力和许多其他的生产力，例如自来水、‖54｜煤气照明、蒸汽采暖等，以及消灭城乡之间的［对立］。没有这些条件，共同的经济本身将不会再成为新生产力，将没有任何物质基础，将建立在纯粹的理论基础上，就是说，将是一种纯粹的怪想，只能导致寺院经济。——还可能有什么呢？——这就是城市里的集中和为了各个特定目的而进行的公共房舍（监狱、兵营等）的兴建。不言而喻，消灭单个分开的经济是和消灭家庭分不开的。

——

［在圣桑乔那里常见的一个说法是：每个人通过国家才完全成其为人。这实质上

在哲学家们看来，阶级是预先存在的。

62

等于说,资产者只是资产者这个类的一个标本;这种说法的前提是:资产者这个阶级在构成该阶级的个人尚未存在之前就已经存在了。〕在中世纪,每一城市中的市民为了自卫都不得不联合起来反对农村贵族;商业的扩大和交通道路的开辟,使一些城市了解到有另一些捍卫同样利益、反对同样敌人的城市。从各个城市的许多地域性市民团体中,只是非常缓慢地产生出市民阶级。各个市民的生活条件,由于同现存关系相对立并由于这些关系所决定的劳动方式,便成了对他们来说全都是共同的和不以每一个人为转移的条件。市民创造了这些条件,因为他们挣脱了封建的联系;同时他们又是由这些条件所创造的,因为他们是由自己同既存封建制度的对立所决定的。随着各城市间的联系的产生,这些共同的条件发展为阶级条件。同样的条件、同样的对立、同样的利益,一般说来,也应当在一切地方产生同样的风俗习惯。资产阶级本身只是逐渐地随同自己的生存条件一起发展起来,由于分工,它又重新分裂为各种不同的集团,最后,随着一切现有财产被变为工业资本或商业资本,它吞并了在它以前存在过的一切有财产的阶级(同时资产阶级把以前存在过的没有财产的阶级的大部分和原先有财产的阶级的一部分变为新的阶级——无产阶级)。单个人所以组成阶级,只是因为‖55‖他们必须为反对另一个阶级进行共同的斗争;此外,他们在竞争中又是相互敌对的。另一方面,阶级对各个人来说又是独立的,因此,这些人可以发现自己的生活条件是预先确定的:各个人的社会地位,从而他们个人的发展是由阶级决定的,他们隶属于阶级。

资产阶级首先吞并直接隶属于国家的那些劳动部门,接着又吞并了一切±〔或多或少的〕思想等级。

这同单个人隶属于分工是同类的现象，这种现象只有通过消灭私有制和消灭劳动本身才能消除。至于个人隶属于阶级怎样同时发展为隶属于各种各样的观念，等等，我们已经不只一次地指出过了。——

个人的这种发展是在历史地前后相继的等级和阶级的共同生存条件下产生的，也是在由此而强加于他们的普遍观念中产生的，如果用哲学的观点来考察这种发展，当然就很容易设想，在这些个人中，类或人得到了发展，或者这些个人发展了人；这样设想，是对历史的莫大侮辱。这样一来，就可以把各种等级和阶级看作普遍表达方式的一些类别，看作类的一些亚种，看作人的一些发展阶段。

个人隶属于一定阶级这一现象，在那个除了反对统治阶级以外不需要维护任何特殊的阶级利益的阶级形成之前，是不可能消灭的。

——

个人力量（关系）由于分工而转化为物的力量这一现象，不能靠人们从头脑里抛开关于这一现象的一般观念的办法来消灭，而是只能靠个人重新驾驭这些物的力量，靠消灭分工的办法来消灭。没有共同体，这是不可能实现的。只有在共同体中，个人 ‖ 56 ｜ 才能获得全面发展其才能的手段，也就是说，只有在共同体中才可能有个人自由。在过去的种种冒充的共同体中，如在国家等等中，个人自由只是对那些在统治阶级范围内发展的个人来说是存在的，他们之所以有个人自由，只是因为他们是这一阶级的个人。从前各个人联合而成的虚假的共同体，总是相对于各个人而独立的；由于这种共同体是一个阶级反对另一个阶级的联

（费尔巴哈：存在和本质）

64

合,因此对于被统治的阶级来说,它不仅
是完全虚幻的共同体,而且是新的桎梏。
在真正的共同体的条件下,各个人在自
己的联合中并通过这种联合获得自己的
自由。—— 各个人的出发点总是他们自
己,不过当然是处于既有的历史条件和
关系范围之内的自己,而不是玄想家们
所理解的"纯粹的"个人。然而在历史发
展的进程中,而且正是由于在分工范围
内社会关系的必然独立化,在每一个人
的个人生活同他的屈从于某一劳动部门
以及与之相关的各种条件的生活之间出
现了差别。这不应当理解为,似乎像食
利者和资本家等已不再是有个性的个人
了。而应当理解为,他们的个性是由非
常明确的阶级关系决定和规定的,上述
差别只是在他们与另一阶级的对立中才
出现的,而对他们本身来说,上述差别只
是在他们破产之后才产生的。在等级中
(尤其是在部落中)这种现象还是隐蔽
的:例如,贵族总是贵族,平民总是平民,
不管他的其他关系如何;这是一种与他
的个性不可分割的品质。有个性的个人
与阶级的个人的差别,个人生活条件的
偶然性,只是随着那本身是资产阶级产
物的阶级的出现才出现。只有个人相互
之间的竞争和斗争才产生和发展了
‖57‖这种偶然性本身。因此,各个人在
资产阶级的统治下被设想得要比先前更
自由些,因为他们的生活条件对他们来
说是偶然的;事实上,他们当然更不自
由,因为他们更加屈从于物的力量。等
级的差别特别显著地表现在资产阶级与
无产阶级的对立中。当市民等级、同业
公会等起来反对农村贵族的时候,它们
的生存条件,即在它们割断了封建的联
系以前就潜在地存在着的动产和手艺,

表现为一种与封建土地所有制相对立的积极的东西,因此起先也具有一种特殊的封建形式。当然,逃亡农奴认为他们先前的农奴地位对他们的个性来说是某种偶然的东西。但是,在这方面,他们只是做了像每一个挣脱了枷锁的阶级所做的事,此外,他们不是作为一个阶级解放出来的,而是零零散散地解放出来的。其次,他们并没有越出等级制度的范围,而只是形成了一个新的等级,在新的处境中也还保存了他们过去的劳动方式,并且使它摆脱已经和他们所达到的发展阶段不相适应的桎梏,从而使它得到进一步的发展。—— 相反地,对于无产者来说,他们自身的生活条件、劳动,以及当代社会的全部生存条件都已变成一种偶然的东西,单个无产者是无法加以控制的,而且也没有任何**社会**组织能够使他们加以控制。单个无产者的个性和强加于他的生活条件即劳动之间的矛盾,对无产者本身是显而易见的,特别是因为他从早年起就成了牺牲品,因为他在本阶级的范围内没有机会获得使他转为另一个阶级的各种条件。——

——|

|58|注意。不要忘记,单是维持农奴生存的必要性和大经济的不可能性(包括把小块土地分给农奴),很快就使农奴对封建主的赋役降低到中等水平的代役租和徭役地租,这样就使农奴有可能积累一些动产,便于逃出自己领主的领地,并使他有希望上升为市民,同时还引起了农奴的分化。可见逃亡农奴已经是半资产者了。由此也可以清楚地看到,掌握了某种手艺的农奴获得动产的可能性最大。——

——

由此可见，逃亡农奴只是想自由地发展他们已有的生存条件并让它们发挥作用，因而归根结底只达到了自由劳动；而无产者，为了实现自己的个性，就应当消灭他们迄今面临的生存条件，消灭这个同时也是整个迄今为止的社会的生存条件，即消灭劳动。因此，他们也就同社会的各个人迄今借以表现为一个整体的那种形式即同国家处于直接的对立中，他们应当推翻国家，使自己的个性得以实现。

———

从上述一切可以看出，某一阶级的各个人所结成的、受他们的与另一阶级相对立的那种共同利益所制约的共同关系，总是这样一种共同体，这些个人只是作为普通的个人隶属于这种共同体，只是由于他们还处在本阶级的生存条件下才隶属于这种共同体；他们不是作为个人而是作为阶级的成员处于这种共同关系中的。而在控制了自己的生存‖59‖条件和社会全体成员的生存条件的革命无产者的共同体中，情况就完全不同了。在这个共同体中各个人都是作为个人参加的。它是各个人的这样一种联合（自然是以当时发达的生产力为前提的），这种联合把个人的自由发展和运动的条件置于他们的控制之下。而这些条件从前是受偶然性支配的，并且是作为某种独立的东西同单个人对立的。这正是由于他们作为个人是分散的，是由于分工使他们有了一种必然的联合，而这种联合又因为他们的分散而成了一种对他们来说是异己的联系。过去的联合决不像《社会契约》中所描绘的那样是任意的，而只是关于这样一些条件的必然的联合（参阅例如北美合众国和南美诸共和国的形成），在这些条件下，各个人有可能利用偶然性。这种在一定条件下不受阻碍地利用偶然性的权利，迄今一直称为个人自由。——这些生存条件当然只是现存的生产力和交往形式。——

——

共产主义和所有过去的运动不同的地方在于：它推翻一切旧的生产关系和交往关系的基础，并且第一次自觉地把一切自发形成的前提看作前人的创造，消除这些前提的自发性，使它们受联合起来的个人的支配。因此，建立共产主义实质上具有经济的性质，这就是为这种联合创造各种物质条件，把现存的条件变成联合的条件。共产主义所造成的存在状况，正是这样一种现实基础，它使一切不依赖于个人而存在的状况不可能发生，因为这种存在状况只不过是各个人之间迄今为止的交往的产物。这样，共产主义者实际上把迄今为止的生产和交往所产生的条件看作无机的条件。然而他们并不以为过去世世代代的意向和使命就是给他们提供资料，也不认为这些条件对于创造它们的个人来说是无机的。‖60‖有个性的个人与偶然的个人之间的差别，不是概念上的差别，而是历史事实。在不同的时期，这种差别具有不同的含义，例如，等级在 18 世纪对于个人来说就是某种偶然的东西，家庭或多或少地也是如此。这种差别不是我们为每个时代划定的，而是每个时代本身在它所发现的各种不同的现成因素之间划定的，而且不是根据概念而是在物质生活冲突的影响下划定的。一切对于后来时代来说是偶然的东西，对于先前时代来说则相反，亦即在先前时代所传下来的各种因素中的偶然的东西，是与生产力发展的一定水平相适应的交往形式。生产力与交往形式的关系就是交往形式与个人的行动或活动的关系（这种活动的基本形式当然是物质活动，一切其他的活动，如精神活动、政治活动、宗教活动等取决于它。当然，物质生活的这样或那样的形式，每次都取决于已经发达的需求，而这些需求的产生，也像它们的满足一样，本身是一个历史过程，这种历史过程在羊或狗那里是没有的〔这是施蒂纳顽固地提出来反对人的主要论据〕，尽管羊或狗的目前形象无疑是历史过程的产物——诚然，不以它们的意愿为转移）。个人相互交往的条件，在上述这种矛盾产生以前，是与他们的个性相适合的条件，对于他们来说不是什么外部的东西；它们是这样一些条件，在这些条件下，生存于一定关系中的一定的个人独力生产自己的物质生活以及与这种物质生活有关的东西，因而这些条件是个人的自主活动的条件，并且是由这种自主活动产生出来的。这样，‖61｜在矛盾产生以前，人们进行生产的一定条件是同他们的现实的局限状态，同他们的片面存在相适应的，这种存在的片面性只是在矛盾产生时才表现出来，因而只是对于后代才存在。这时人们才觉得这些条件是偶然的桎梏，并且把这种视上述条件为桎梏的意识也强加给先前的时代。—这些不同的条件，起初是自主活动的条件，后来却变成了它的桎梏，它们在整个历史发展过程中构成一个有联系的交往形式的序列，交往形式的联系就在于：已成为桎梏的旧交往形式被适应于比较发达的生产力，因而也适应于进步的个人自主活动方式的新交往形式所代替；新的交往形式又会成为桎梏，然后

交往形式本身的生产。

69

又为别的交往形式所代替。由于这些条件在历史发展的每一阶段都是与同一时期的生产力的发展相适应的,所以它们的历史同时也是发展着的、由每一个新的一代承受下来的生产力的历史,从而也是个人本身力量发展的历史。

由于这种发展是自发进行的,就是说它不服从自由联合起来的个人的共同计划,所以它是以各个不同的地域、部落、民族和劳动部门等为出发点的,其中的每一个起初都与别的不发生联系而独立地发展,后来才逐渐与它们发生联系。其次,这种发展非常缓慢;各种不同的阶段和利益从来没有被完全克服,而只是屈从于获得胜利的利益,并在许多世纪中和后者一起延续下去。由此可见,甚至在一个民族内,各个人,即使撇开他们的财产关系不谈,都有各种完全不同的发展;较早时期的利益,在它固有的交往形式已经为属于较晚时期的利益的交往形式排挤之后,仍然在长时间内拥有一种相对于个人而独立的虚假共同体(国家、法)的传统权力,一种归根结底只有通过革命才能被打倒的权力。由此也就说明:为什么在某些可以进行更一般的概括的问题上,‖62‖意识有时似乎可以超过同时代的经验关系,以致人们在以后某个时代的斗争中可以依靠先前时代理论家的威望。——相反地,有些国家,例如北美的发展是在已经发达的历史时代起步的,在那里这种发展异常迅速。在这些国家中,除了移居到那里去的个人而外没有任何其他的自发形成的前提,而这些个人之所以移居那里,是因为他们的需要与老的国家的交往形式不相适应。可见,这些国家在开始发展的时候就拥有老的国家的最进步的个人,因而也就拥有与这些个人相适应的、在老的国家里还没有能够实行的最发达的交往形式。这符合于一切殖民地的情况，只要它们不仅仅是一些军用场所或交易场所。迦太基、希腊的殖民地以及11世纪和12世纪的冰岛可以作为例子。类似的关系在征服的情况下也可以看到，如果在另一块土地上发展起来的交往形式被现成地搬到被征服国家的话。这种交往形式在自己的祖国还受到以前时代遗留下来的利益和关系的牵累，而它在这些地方就能够而且应当充分地和不受阻碍地确立起来，尽管这是为了保证征服者有持久的政权（英格兰和那不勒斯在被诺曼人征服之后，获得了最完善的封建组织形式）——

〔征服这一事实看起来好像是同整个这种历史观矛盾的。到目前为止，暴力、战争、掠夺、抢劫等被看作历史的动力。这里我们只能谈谈主要之点，因此，我们举一个最显著的例子：古老文明被蛮族破坏，以及与此相联系重新开始形成一种新的社会结构（罗马和蛮人，封建制度和高卢人，东罗马帝国和土耳其人）。‖63‖对进行征服的蛮族来说，正如以上所指出的，战争本身还是一种通常的交往形式；在传统的、对该民族来说唯一可能的粗陋生产方式下，人口的增长越来越需要新的生产资料，因而这种交往形式越来越被加紧利用。相反地，在意大利，由于地产日益集中（这不仅是由购买和负债引起的，而且还是由继承引起的，当时一些古老的氏族由于生活放荡和很少结婚而逐渐灭亡，他们的财产转入少数人手里），由于耕地变为牧场（这不仅是由通常的、至今仍然起作用的经济原因引起的，而且也是由掠夺来的和进贡的谷物的输入以及由此造成的意大利谷物没有买主的现象引起的），自由民几乎完全消失了，就是奴隶也在不断地死亡，而不得不经常代之以新的奴隶。奴隶制仍然是整个生产的基础。介于自由民与奴隶之间的平民，始终不过是流氓无产阶级。总之，罗马始终只不过是一个城市，它与各行省之间的联系几乎仅仅是政治上的联系，因而这种联系自然也就可能为政治事件所破坏。

———

再没有比认为迄今历史上的一切似乎都可以归结于占领这一观念更普通的了。蛮人占领了罗马帝国，这种占领的事实通常被用来说明从古代世界向封建制度的过渡。但是在蛮人的占领下，一切都取决于被占领国家此时是否已经像现代国家那样发展了工业生产力，或者它的生产力主要是否只是以它的联合和共同体为基础。其次，占领是受占领的对象所制约的。如果占领者不依从被占领国家的生产条件和交往条件，就完全无法占领银行家的体现于证券中的财产。对于每个现代工业国家的全部工业资本来说，情况也是这样。最后，无论在什么地方，占领都是很快就会结束的，已经不再有东西可供占领时，必须开始进行生产。从这种很快出现的生产的必要性中可以作出如下结论：‖64│定居下来的征服者所采纳的共同体形式，应当适应于他们面临的生产力发展水平，如果起初情况不是这样，那么共同体形式就应当按照生产力来改变。这也就说明了民族大迁移后的时期到处可见的一件事实，即奴隶成了主人，征服者很快就接受了被征服民族的语言、教育和风俗。封建制度决不是现成地从德国搬去的。它起源于征服者在进行征服时军队的战时组织，而且这种组织只是在征服之后，由于在被征服国家内遇到的生产力的影响才发展为真正的封建制度的。这种形式到底在多大程度上受生产力的制约，这从企图仿效古罗马来建立其他形式的失败尝试(查理大帝，等等)中已经得到证明。

待续——

————

在大工业和竞争中，各个人的一切生存条件都融合为两种最简单的形式——私有制和劳动。货币使任何交往形式和交往本身成为对个人来说是偶然的东西。因此，货币就是产生下述现象的根源：迄今为止的一切交往都只是在一定条件下个人的交往，而不是作为个人的个人的交往。这些条件可以归结为两点：积累起来的劳动，或者说私有制，以及现实的劳动。如果两者缺一，交往就会停止。现代的经济学家，如西斯蒙第、舍尔比利埃等人，自己就把个人的联合同资本的联合对立起来。但是，另一方面，个人本身完全屈从于分工，因此他们完全被置于相互依赖的关系之中。私有制，就它在劳动的范围内同劳动相对立来说，是从积累的必然性中发展起来的。起初它大部分仍旧保存着共同体的形式，但是在以后的发展中越来越接近私有制的现代形式。分工从最初起就包含着劳动条件、劳动工具和材料的分配，也包含着积累起来的资本在各个所有者之间的劈分，从而也包含着资本和劳动之间的分裂以及所有制本身的各种不同的形式。分工越发‖65｜达，积累越增加，这种分裂也就发展得越尖锐。劳动本身只能在这种分裂的前提下存在。

————

制约性，片面性

73

（各个民族——德国人和美国人——的个人能力，已经通过种族杂交而产生的能力，——因此德国人是白痴式的；在法、英等国是异族人移居于已经发达的土地上，在美国是异族人移居于一块全新的土地上，而在德国，土著居民安居不动。）

———

因此，这里显露出两个事实。第一，生产力表现为一种完全不依赖于各个人并与他们分离的东西，表现为与各个人同时存在的特殊世界，其原因是，各个人（他们的力量就是生产力）是分散的和彼此对立的，而另一方面，这些力量只有在这些个人的交往和相互联系中才是真正的力量。因此，一方面是生产力的总和，生产力好像具有一种物的形式，并且对个人本身来说它们已经不再是个人的力量，而是私有制的力量，因此，生产力只有在个人是私有者的情况下才是个人的力量。在以前任何一个时期，生产力都没有采取过这种对于作为个人的个人的交往完全无关的形式，因为他们的交往本身还是受限制的。另一方面是同这些生产力相对立的大多数个人，这些生产力是和他们分离的，因此这些个人丧失了一切现实的生活内容，成了抽象的个人，然而正因为这样，他们才有可能作为个人彼此发生联系。他们同生产力并同他们自身的存在还保持着的唯一联系，即劳动，在他们那里已经失去了任何自主活动的假象，而且只能用摧残生命的方式来维持他们的 ‖ 66 ｜ 生命。而在以前各个时期，自主活动和物质生活的生产是分开的，这是因为它们是由不同的人承担的，同时，物质生活的生产由于各个人本身的局限性还被认为是自主活动

西斯蒙第

74

的从属形式,而现在它们竟互相分离到这般地步,以致物质生活一般都表现为目的,而这种物质生活的生产即劳动(它现在是自主活动的唯一可能的形式,然而正如我们看到的,也是自主活动的否定形式)则表现为手段。

这样一来,现在情况就变成了这样:各个人必须占有现有的生产力总和,这不仅是为了实现他们的自主活动,而且就是为了保证自己的生存。这种占有首先受所要占有的对象的制约,即受发展成为一定总和并且只有在普遍交往的范围内才存在的生产力的制约。因此,仅仅由于这一点,占有就必须带有同生产力和交往相适应的普遍性质。对这些力量的占有本身不外是同物质生产工具相适应的个人才能的发挥。仅仅因为这个缘故,对生产工具一定总和的占有,也就是个人本身的才能的一定总和的发挥。其次,这种占有受进行占有的个人的制约。只有完全失去了整个自主活动的现代无产者,才能实现自己的充分的、不再受限制的自主活动,这种自主活动就是对生产力总和的占有以及由此而来的才能总和的发挥。过去的一切革命的占有都是有限制的;各个人的自主活动受到有局限性的生产工具和有局限性的交往的束缚,他们所占有的是这种有局限性的生产‖67|工具,因此他们只是达到了新的局限性。他们的生产工具成了他们的财产,但是他们本身始终屈从于分工和自己的生产工具。在迄今为止的一切占有制下,许多个人始终屈从于某种唯一的生产工具;在无产阶级的占有制下,许多生产工具必定归属于每一个个人,而财产则归属于全体个人。现代的普遍交往,除了归全体个人支配,不可能归各

个人支配。—其次，占有还受实现占有所必须采取的方式的制约。占有只有通过联合才能实现，由于无产阶级本身固有的本性，这种联合又只能是普遍性的，而且占有也只有通过革命才能得到实现，在革命中，一方面迄今为止的生产方式和交往方式的权力以及社会结构的权力被打倒，另一方面无产阶级的普遍性质以及无产阶级为实现这种占有所必需的能力得到发展，同时无产阶级将抛弃它迄今的社会地位遗留给它的一切东西。

只有在这个阶段上，自主活动才同物质生活一致起来，而这又是同各个人向完全的个人的发展以及一切自发性的消除相适应的。同样，劳动向自主活动的转化，同过去受制约的交往向个人本身的交往的转化，也是相互适应的。随着联合起来的个人对全部生产力的占有，私有制也就终结了。在迄今为止的历史上，一种特殊的条件总是表现为偶然的，而现在，各个人本身的独自活动，即每一个人本身特殊的个人职业，才是偶然的。

哲学家们在不再屈从于 ‖ 68 ‖ 分工的个人身上看到了他们名之为"人"的那种理想，他们把我们所阐述的整个发展过程看作"人"的发展过程，从而把"人"强加于迄今每一历史阶段中所存在的个人，并把他描述成历史的动力。这样，整个历史过程被看成是"人"的自我异化过程，实质上这是因为，他们总是把后来阶段的普通个人强加于先前阶段的个人并且以后来的意识强加于先前的个人。由于这种本末倒置的做法，即一开始就撇开现实条件，所以就可以把整个历史变成意识的发展过程了。——

自我异化

76

市民社会包括各个人在生产力发展的一定阶段上的一切物质交往。它包括该阶段的整个商业生活和工业生活，因此它超出了国家和民族的范围，尽管另一方面它对外仍必须作为民族起作用，对内仍必须组成为国家。"市民社会"这一用语是在 18 世纪产生的，当时财产关系已经摆脱了古典古代的和中世纪的共同体。真正的市民社会，只是随同资产阶级发展起来的；但是市民社会这一名称始终标志着直接从生产和交往中发展起来的社会组织，这种社会组织在一切时代都构成国家的基础以及任何其他的观念的上层建筑的基础。——

国家和法同所有制的关系。—— 所有制的最初形式，无论是在古典古代世界或中世纪，都是部落所有制，这种所有制在罗马人那里主要是由战争决定的，而在‖69│日耳曼人那里则是由畜牧业决定的。在古典古代民族中，一个城市里聚居着几个部落，因此部落所有制就具有国家所有制的形式，而个人的权利则局限于简单的占有，但是这种占有也和一般部落所有制一样，仅仅涉及地产。无论在古代或现代民族中，真正的私有制只是随着动产的出现才开始的。——（奴隶制和共同体）（古罗马公民的合法的所有权）。在起源于中世纪的民族那里，部落所有制经过了几个不同的阶段——封建地产，同业公会的动产，工场手工业资本——才发展为由大工业和普遍竞争所引起的现代资本，即变为抛弃了共同体的一切外观并消除了国家对所有制发展的任何影响的纯粹私有制。现代国家是与这种现代私有制相适应的。现代国家由于税收而逐渐被私有者所操纵，由于国债而完全归他们掌握；现代国

家的存在既然受到交易所内国家证券行市涨落的调节,所以它完全依赖于私有者即资产者提供给它的商业信贷。因为资产阶级已经是一个阶级,不再是一个等级了,所以它必须在全国范围内而不再是在一个地域内组织起来,并且必须使自己通常的利益具有一种普遍的形式。由于私有制摆脱了共同体,国家获得了和市民社会并列并且在市民社会之外的独立存在;实际上国家不外是资产者为了在国内外相互保障各自的财产和利益所必然要采取的一种组织形式。目前国家的独立性只有在这样的国家里才存在:在那里,等级还没有完全发展成为阶级,在那里,比较先进的国家中已被消灭的等级还起着某种作用,并且那里存在某种混合体,因此在这样的国家里居民的任何一部分也不可能对居民的其他部分进行统治。德国的情况就正是这样。现代国家的最完善的例子就是北‖70|美。法国、英国和美国的一些近代作家都一致认为,国家只是为了私有制才存在的,可见,这种思想也渗入日常的意识了。

因为国家是统治阶级的各个人借以实现其共同利益的形式,是该时代的整个市民社会获得集中表现的形式,所以可以得出结论:一切共同的规章都是以国家为中介的,都获得了政治形式。由此便产生了一种错觉,好像法律是以意志为基础的,而且是以脱离其现实基础的意志即自由意志为基础的。同样,法随后也被归结为法律。

私法和私有制是从自然形成的共同体的解体过程中同时发展起来的。在罗马人那里,私有制和私法的发展没有在工业和商业方面引起进一步的结果,因

78

为他们的整个生产方式没有改变。在现代民族那里，工业和商业瓦解了封建的共同体，随着私有制和私法的产生，开始了一个能够进一步发展的新阶段。在中世纪进行了广泛的海上贸易的第一个城市阿马尔菲也制定了海商法。当工业和商业——起初在意大利，随后在其他国家——进一步发展了私有制的时候，详细拟定的罗马私法便又立即得到恢复并取得威信。后来，资产阶级力量壮大起来，君主们开始照顾它的利益，以便借助资产阶级来摧毁封建贵族，这时候法便在所有国家中——法国是在 16 世纪——开始真正地发展起来了，‖71‖除了英国以外，这种发展在所有国家中都是以罗马法典为基础的。即使在英国，为了私法（特别是其中关于动产的那一部分）的进一步完善，也不得不参照罗马法的原则。（不应忘记，法也和宗教一样是没有自己的历史的。）

在私法中，现存的所有制关系是作为普遍意志的结果来表达的。仅仅使用和滥用的权利就一方面表明私有制已经完全不依赖于共同体，另一方面表明了一个错觉，仿佛私有制本身仅仅是以个人意志即以对物的任意支配为基础的。实际上，滥用对于私有者具有极为明确的经济界限，如果他不希望他的财产从而他滥用的权利转入他人之手的话；因为仅仅从私有者的意志方面来考察的物，根本不是物；物只有在交往中并且不以权利为转移时，才成为物，即成为真正的财产（一种**关系**，哲学家们称之为观念）。这种把权利归结为纯粹意志的法律上的错觉，在所有制关系进一步发展的情况下，必然会造成这样的现象：某人在法律上可以对某物享有权利，但实际

（放高利贷！）

在哲学家们看来关系＝观念。
他们只知道"**一般人**"对自身的关系，因此，在他们看来，一切现实的关系都成了观念。

意志，但意志是**现实的**，等等。

79

上并不拥有某物。例如，假定由于竞争，某一块土地不再提供地租，虽然这块土地的所有者在法律上享有权利，包括享有使用和滥用的权利。但是这种权利对他毫无用处：只要他还未占有足够的资本来经营自己的土地，他作为土地所有者就一无所有。法学家们的这种错觉说明：在法学家们以及任何法典看来，各个人相互之间的关系，例如缔结契约这类事情，一般都是偶然的；他们认为这些关系‖72｜可以随意建立或不建立，它们的内容完全依据缔约双方的个人意愿。——每当工业和商业的发展创造出新的交往形式，例如保险公司等，法便不得不承认它们都是获得财产的方式。

分工对科学的影响。

国家、法、道德等中的，**镇压**。

资产者之所以必须在法律中使自己得到普遍表现，正因为他们是作为阶级进行统治的。

自然科学和历史。

没有政治史、法律史、科学史，等等；艺术史、宗教史，等等。

————

为什么玄想家使一切本末倒置。

笃信宗教者、法学家、政治家。

法学家、政治家（一般的国务活动家）、伦理学家、笃信宗教者。

关于一个阶级内的这种意识形态划分，1）**职业由于分工而独立化**；每个人都认为他的手艺是真的。他们之所以必然产生关于自己的手艺和现实相联系的错觉，是手艺本身的性质所决定的。关系在法律学、政治学中——在意识中——成为概念；因为他们没有超越这些关系，所以这些关系的概念在他们的头脑中也成为固定概念。例如，法官运用法典，因此法官认为，立法是真正的积极的推动者。尊重自己的商品，因为他们的职业是和公众打交道。

法的观念。国家的观念。在**通常的**意识中事情被本末倒置了。

————

宗教从一开始就是**超验性的意识**，这种意识是从**现实的**力量中产生的。

这一点要更通俗。

……

————

法，宗教等领域中的传统。

————

同表现为古典古代国家、封建制度、君主专制的"共同体"相适应的，同这种联系相适应的，尤其是宗教观念"。

|各个人过去和现在始终是从自己出发的。他们的关系是他们的现实生活过程的关系。为什么会发生这样的情况：他们的关系会相对于他们而独立？他们自己生命的力量会成为压倒他们的力量？

总之：**分工**，分工的阶段依赖于当时生产力的发展水平。

土地所有制。公社所有制，封建的。现代的。

等级的所有制。手工工场所有制。工业资本。|

I
费尔巴哈
唯物主义和唯心主义
观点的对立

马克思、恩格斯

费尔巴哈

|18| 费尔巴哈

a) 费的全部哲学归结为:1) 自然哲学。——消极地崇拜自然,如痴如醉地膜拜自然的壮丽和万能——2) 人类学,即 α) 生理学,这里所讲的没有任何新东西,全是唯物主义者已经说过的有关肉体和灵魂的统一,只是不那么死板,而是多少有点夸张。β) 心理学,归结为把爱捧上了天的颂歌,类似自然崇拜,除此以外,没有任何新东西。3) 道德,要求——符合"人"的概念,行动的无力。见§54,第 81 页:"人对于胃的合乎道德合乎理性的态度,在于不把胃当作一种兽性的东西看待,而是当作人性的东西看待。"——§61:"人……作为道德的本质"以及在《基督教的本质》中对道德问题大发议论。

————

b) 人们在今天的发展阶段上只能在社会内部满足自己的需要,人们从一开始,从他们存在的时候起就是彼此需要的,只是由于这一点,他们才能发展自己的需要和能力,等等,他们发生了交往,费尔巴哈是这样表述的:"单个人**本身并不具备的本质**","人的**本质**只包含在共同体中,包含在**人和人的统一**中,但是这个统一只是建立在我和你之间的**差别的现实性**上。——人本身就是人(在一般意义上),和人**结合起来的人**,——**自我和你的统一则是上帝**"(即超出一般意义的人)§61,62,第 83 页。——哲学竟到了这种地步。它提出人们之间必须交往这样一个平凡的事实。一个不予承认就决不会产生曾经存在过的第二代人的事实,在性的区别中就已经存在的事实,作为自己的全部经历终结时的最伟大的成果。而且还采用了"自我和你的统一"这样一种神秘的形式。如果费尔巴哈指的主要不是性行为、种的延续的行为、自我和你的共同性,这句话是根本不能成立的。正是因为**一般人**=头+心,为了创造一般人,需要两个人,因此在他们的交往中,一个作为**头**,另一个作为**心**——**男人**和**女人**。否则就不能想象,为什么两个人比一个人更人性些。圣西门主义的个体。只要他的共同体是**实际的**,就只能局限在性行为以及对哲学思想和问题的谅解、"真正的辩证法"§64 对话,"人的**产生**,包括精神的人和肉体的人"第 67 页。这个"**产生出来的**"人除了又在"精神上"和"肉体上""产生人"以外,以后再做什么,只字未提。

　　费只知道**两个人**之间的交往,"这样一个真理:任何本质本身都不是真正的、完善的、绝对的本质,真理和完善只是**两个本质**相同的本质的结合统一。"第 83,84 页。

————

|19|c)《未来哲学》一开始就表明了我们同他之间的区别：§1：新时代的任务是把上帝现实化和人化，把神学转变和转化为人类学。见"否定神学，是新时代的**本质**。"《未来哲学》第 23 页。

———————

d) 费区分了天主教和新教§2，天主教"神学""关心什么是上帝自身"，具有"思辨和直观的倾向"，新教只是基督学，把上帝留给上帝自身，把思辨和直观留给哲学——这种区别不过是适应了科学进步的需要而产生的分工。费只从**神学内部**的需要来解释新教，独立的哲学史后来也自愿附和这种解释。

———————

e)"存在不是一种可以同事物分开来的普遍概念。存在和存在的东西是一回事……存在是本质的肯定。**我的本质是怎样的，我的存在也就是怎样的**。鱼在水中，但是你不能把鱼的本质同这种存在分离开来。语言已经把存在和本质等同起来。只有在人的生活中，**而且只有在反常的、不幸的情况下**，存在才会同本质分离——会出现这种情形，人并不是在具有他的存在的时候就具有了他的本质，但是正因为这种分离，当人的肉体现实存在的时候，他的灵魂并不真正存在。只有当你的心存在的时候**你才存在**。但是一切事物——**违反自然的情况除外**——都乐意在事物所存在的地方，都乐意是事物所存在的样子。"第 47 页。对现存事物的绝妙的赞扬。除了违反自然的情况，除了若干反常的情况，你乐意在 7 岁时成为矿井的看门人，每天独自一人在昏暗之中度过 14 个小时，因为这是你的存在，所以也就是你的本质。走锭纺纱机的拈结工也一样。你的"本质"就在于服从某个劳动部门。见《信仰的本质》第 11 页"得不到满足的饥饿"。

———————

f) §48第 73 页、"只有**时间**是把对立的或矛盾的规定以不矛盾的方式联结在同一个存在物中的**中介**。至少对于生物来说是这样的。例如，在人中间就表现出这样的**矛盾**：时而是**这种**规定、这种企图支配着我，时而又是完全另外一种直接对立的规定、企图支配着我，充实着我。"费把这叫做 1）矛盾，2）矛盾的联结，以及 3）这是由时间实现的。当然，是"充实了的"时间，但终究是时间，而不是时间中发生的事情。这个论点＝只有在时间中才可能有变化。|

马克思、恩格斯

Ⅰ. 费尔巴哈

A. 一般意识形态，特别是德意志的

Ⅰ. 费尔巴哈

A. 一般意识形态，特别是德意志的

德国的批判，直至它最近所作的种种努力，都没有离开过哲学的基地。这个批判虽然没有研究过自己的一般哲学前提，但是它谈到的全部问题终究是在一定的哲学体系即黑格尔体系的基地上产生的。不仅是它的回答，而且连它所提出的问题本身，都包含着神秘主义。对黑格尔的这种依赖关系正好说明了为什么在这些新出现的批判家中甚至没有一个人试图对黑格尔体系进行全面的批判，尽管他们每一个人都断言自己已经超出了黑格尔哲学。他们和黑格尔的论战以及他们相互之间的论战，只局限于他们当中的每一个人都抓住黑格尔体系的某一方面，用它来反对整个体系，也反对别人所抓住的那些方面。起初他们还是抓住纯粹的、未加伪造的黑格尔的范畴，如"实体"和"自我意识"，但是后来却用一些比较世俗的名称如"类"、"唯一者"、"人"等等，使这些范畴世俗化。

从施特劳斯到施蒂纳的整个德国哲学批判都局限于对**宗教**观念的批判，//他们的出发点是现实的宗教和真正的神学。至于什么是宗教意识，什么是宗教观念，他们后来下的定义各有不同。其进步在于：所谓占统治地位的形而上学观念、政治观念、法律观念、道德观念以及其他观念也被归入宗教观念或神学观念的领域；还在于：政治意识、法律意识、道德意识被宣布为宗教意识或神学意识，而政治的、法律的、道德的人，总而言之，"**一般人**"，则被宣布为宗教的人。宗教的统治被当成了前提。一切占统治地位的关系逐渐地都被宣布为宗教的关系，继而被转化为迷信——对法的迷信，对国家的迷信，等等。到处涉及的都只是教义和对教义的信仰。世界在越来越大的规模内被圣化了，直到最后可尊敬的圣麦克斯完全把它宣布为圣物，从而一劳永逸地把它葬送为止。

老年黑格尔派认为，只要把一切归入黑格尔的逻辑范畴，他们就**理解**了一切。青年黑格尔派则通过以宗教观念代替一切或者宣布一切都是神学上的东西来**批判**一切。青年黑格尔派同意老年黑格尔派的这样一个信念，即认为宗教、概念、普遍的东西统治着现存世界。不过一派认为这种统治是篡夺而加以反对，另一派则认为这种统治是合法的而加以赞扬。‖ 既然这些青年黑格尔派认为，观念、思想、概念，总之，被他们变为某种独立东西的意识的一切产物，是人们的真正枷锁，就像老年黑格

尔派把它们看作人类社会的真正镣铐一样，那么不言而喻，青年黑格尔派只要同意识的这些幻想进行斗争就行了。既然根据青年黑格尔派的设想，人们之间的关系、他们的一切举止行为、他们受到的束缚和限制，都是他们意识的产物，那么青年黑格尔派完全合乎逻辑地向人们提出一种道德要求，要用人的、批判的或利己的意识来代替他们现在的意识，从而消除束缚他们的限制。这种改变意识的要求，就是要求用另一种方式来解释存在的东西，也就是说，借助于另外的解释来承认它。青年黑格尔派玄想家们尽管满口讲的都是所谓"震撼世界的"词句，却是最大的保守派。如果说，他们之中最年轻的人宣称只为反对**"词句"**而斗争，那就确切地表达了他们的活动。不过他们忘记了：他们只是用词句来反对这些词句；既然他们仅仅反对这个世界的词句，那么他们就绝对不是反对现实的现存世界。这种哲学批判所能达到的唯一结果，‖是从宗教史上对基督教作一些说明，而且还是片面的说明。至于他们的全部其他论断，只不过是进一步修饰他们的要求：想用这样一些微不足道的说明作出具有世界历史意义的发现。

这些哲学家没有一个想到要提出关于德国哲学和德国现实之间的联系问题，关于他们所作的批判和他们自身的物质环境之间的联系问题。‖

马克思、恩格斯

Ⅰ. 费 尔 巴 哈

1. 一般意识形态，特别是德国哲学

Ⅰ. 费尔巴哈。

———

正如德国的玄想家们所宣告的，德国在最近几年里经历了一次空前的变革。从施特劳斯开始的黑格尔体系的解体过程发展为一种席卷一切"过去的力量"的世界性骚动。在普遍的混乱中，一些强大的王国产生了，又匆匆消逝了，瞬息之间出现了许多英雄，但是马上又因为出现了更勇敢更强悍的对手而销声匿迹。这是一次革命，法国革命同它相比只不过是儿戏。这是一次世界斗争，狄亚多希的斗争在它面前简直微不足道。一些原则为另一些原则所代替，一些思想勇士为另一些思想勇士所歼灭，其速度之快是前所未闻的。在 1842 至 1845 年这三年中间，在德国进行的清洗比过去三个世纪都要彻底得多。

据说这一切都是在纯粹的思想领域中发生的。然而，不管怎么样，我们涉及的是一个有意义的事件，绝对精神的瓦解过程。这个残骸的各个组成部分在最后一个生命的火星熄灭之后就分解了，它们重新化合，构成新的‖物质。那些以哲学为业，一直以经营绝对精神为生的人们，现在都扑向这种新的化合物，每个人都不辞劳苦地兜售他所得到的部分。竞争在所难免。起初这种竞争还相当体面，具有市民的循规蹈矩的性质，后来，当商品充斥德国市场，而在世界市场上尽管竭尽全力也无法找到销路的时候，按照通常的德国方式，生意都因搞批量的和虚假的生产，因质量降低、原料掺假、伪造商标、买空卖空、空头支票以及没有任何现实基础的信用制度而搞糟了。竞争变成了激烈的斗争，而这个斗争现在却被吹嘘和构想成一种具有世界历史意义的变革，一种产生了十分重大的结果和成就的因素。

为了清楚地认识这种哲学的夸夸其谈、这种甚至在可敬的德国市民心中唤起怡然自得的民族感情的宣告，为了清楚地认识整个青年黑格尔派运动的渺小卑微、地域局限性，就必须站在德国以外的立场上来考察一下这些喧嚣吵嚷。/

———

/1. 一般意识形态，特别是德国哲学

———

A.

我们开始要谈的前提不是任意提出的，不是教条，而是一些只有在想象中才能撇开的现实前提。这是一些现实的个人，是他们的活动和他们的物质生活条件，包括他们已有的和由他们自己的活动创造出来的物质生活条件。因此，这些前提‖可以用纯粹经验的方法来确认。

全部人类历史的第一个前提无疑是有生命的个人的存在。因此，第一个需要确认的事实就是这些个人的肉体组织以及由此产生的个人对其他自然的关系。当然，我们在这里既不能深入研究人们自身的生理特性，也不能深入研究人们所处的各种自然条件——地质条件、山岳水文地理条件、气候条件以及其他条件任何历史记载都应当从这些自然基础以及它们在历史进程中由于人们的活动而发生的变更出发。

可以根据意识、宗教或随便别的什么来区别人和动物。一当人开始**生产**自己的生活资料的时候，这一步是由他们的肉体组织所决定的，人本身就开始把自己和动物区别开来。人们生产自己的生活资料，同时间接地生产着自己的物质生活本身。

人们用以生产自己的生活资料的方式，首先取决于他们已有的和需要再生产的生活资料本身的特性。‖这种生产方式不应当只从它是个人肉体存在的再生产这方面加以考察。它在更大程度上是这些个人的一定的活动方式，是他们表现自己生活的一定方式、他们的一定的**生活方式**。个人怎样表现自己的生活，他们自己就是怎样。因此，他们是什么样的，这同他们的生产是一致的——既和他们生产**什么**一致，又和他们**怎样**生产一致。因而，个人是什么样的，这取决于他们进行生产的物质条件。

这种生产第一次是随着**人口的增长**而开始的。而生产本身又是以个人彼此之间的**交往**为前提的。这种交往的形式又是由生产决定的。|

马克思、恩格斯

Ⅰ. 费 尔 巴 哈

导　言

|Ⅰ. 费尔巴哈。

正如德国的玄想家们所宣告的,德国在最近几年里经历了一次空前的变革。从施特劳斯开始的黑格尔体系的解体过程发展为一种席卷一切"过去的力量"的世界性骚动。在普遍的混乱中,一些强大的王国产生了,又匆匆消逝了,瞬息之间出现了许多英雄,但是马上又因为出现了更勇敢更强悍的对手而销声匿迹。这是一次革命,法国革命同它相比只不过是儿戏;这是一次世界斗争,狄亚多希的斗争在它面前简直微不足道。一些原则为另一些原则所代替,一些思想勇士为另一些思想勇士所歼灭,其速度之快是前所未闻的。在 1842 至 1845 年这三年中间,在德国进行的清洗比过去三个世纪都要彻底得多。

据说这一切都是在纯粹的思想领域中发生的。

然而,不管怎么样,我们涉及的是一个有意义的事件:绝对精神的瓦解过程。当它的生命的最后一个火星熄灭时,这个残骸的各个组成部分就分解了,它们重新化合,构成新的物质。那些以哲学为业,一直以经营绝对精神为生的人们,现在都扑向这种新的化合物。每个人都不辞劳苦地兜售他所得到的‖那一份。竞争在所难免。起初这种竞争还相当体面,具有市民的循规蹈矩的性质。后来,当商品充斥德国市场,而在世界市场上尽管竭尽全力也无法找到销路的时候,按照通常的德国方式,生意都因搞批量的和虚假的生产,因质量降低、原料掺假、伪造商标、买空卖空、空头支票以及没有任何现实基础的信用制度而搞糟了。竞争变成了激烈的斗争,而这个斗争现在却被吹嘘和构想成一种具有世界历史意义的变革,一种产生了十分重大的结果和成就的因素。

为了正确地评价这种甚至在可敬的德国市民心中唤起怡然自得的民族感情的哲学叫卖,为了清楚地表明这整个青年黑格尔派运动的渺小卑微、地域局限性,特别是为了揭示这些英雄们的真正业绩和关于这些业绩的幻想之间的令人啼笑皆非的显著差异,就必须站在德国以外的立场上来考察一下这些喧嚣吵嚷。

马克思、恩格斯

Ⅰ. 费 尔 巴 哈

残篇 1

|3|各民族之间的相互关系取决于每一个民族的生产力、分工和内部交往的发展程度。这个原理是公认的。然而不仅一个民族与其他民族的关系,而且这个民族本身的整个内部结构也取决于自己的生产以及自己内部和外部的交往的发展程度。一个民族的生产力发展的水平,最明显地表现了该民族分工的发展程度。任何新的生产力,只要它不是迄今已知的生产力单纯的量的扩大(例如,开垦土地),都会引起分工的进一步发展。

一个民族内部的分工,首先引起工商业劳动同农业劳动的分离,从而也引起**城市和乡村**的分离和城乡利益的对立。分工的进一步发展导致商业劳动同工业劳动的分离。同时,由于这些不同部门内部的分工,共同从事某种劳动的个人之间又形成不同的分工。这种种分工的相互关系取决于农业劳动、工业劳动和商业劳动的经营方式(父权制、奴隶制、等级、阶级)。在交往比较发达的条件下,‖同样的情况也会在各民族间的相互关系中出现。

分工发展的各个不同阶段,同时也就是所有制的各种不同形式。这就是说,分工的每一个阶段还决定个人的与劳动材料、劳动工具和劳动产品有关的相互关系。

第一种所有制形式是部落所有制。它与生产的不发达阶段相适应,当时人们靠狩猎、捕鱼、牧畜,或者最多靠耕作为生。在后一种情况下,它是以有大量未开垦的土地为前提的。在这个阶段,分工还很不发达,仅限于家庭中现有的自然形成的分工的进一步扩大。因此,社会结构只限于家庭的扩大:父权制的部落首领,他们管辖的部落成员,最后是奴隶。潜在于家庭中的奴隶制,是随着人口和需求的增长,随着战争和交易这种外部交往的扩大而逐渐发展起来的。

第二种所有制形式是古典古代的公社所有制和国家所有制。这种所有制是由于几个部落通过契约或征服联合为一个**城市**而产生的。在这种所有制下仍然保存着奴隶制。除公社所有制以外,动产私有制以及后来的不动产私有制已经发展起来,但它们是作为一种反常的、从属于公社所有制的形式发展起来的。公民仅仅共‖同享有支配自己那些做工的奴隶的权力,因此受公社所有制形式的约束。这是积极公民的一种共同私有制,他们面对着奴隶不得不保存这种自然形成的联合方式。因此,建筑在这个基础上的整个社会结构,以及与此相联系的人民权力,随着私有制,特别是不动产私有制的发展而逐渐趋向衰落。分工已经比较发达。城乡之间的对立已经产生,后来,一些代表城市利益的国家同另一些代表乡村利益的国家之间的对立出现了。在城市内部存在着工业和海外贸易之间的对立。公民和奴隶之间的阶级关系已经充分发展。随着私有制的发展，这里第一次出现了这样的关系，这些关系我们在考察现代私有制时还会遇见，不过规模更为巨大而已。一方面是私有财产的集中，这种集中在罗马很早就开始了（李奇尼乌斯土地法就是证明），从内战发生以来，尤其是在王政时期，发展得非常迅速；另一方面是由此而来的平民小农向无产阶级的转化，然而，后者由于处于有产者公民和奴隶之间的中间地位，并未获得独立的发展。

第三种形式是封建的或等级的所有制。古代的起点是**城市**及其狭小的领域，中世纪的起点则是**乡村**。地旷人稀，居住分散，而征服者也没有使人口大量增加——这种情况决定了起点有这样的变化。因此，与希腊和罗马相反，封建制度的发展是在一个宽广得多的、由罗马的征服以及起初就同征服联系在一起的农业的普及所准备好了的地域中开始的。趋于衰落的罗马帝国的最后几个世纪和蛮族对它的征服本身，使得生产力遭到了极大的破坏；农业衰落了，工业由于缺乏销路而一蹶不振，商业停滞或被迫中断，城乡居民减少了。这些情况以及受其制约的进行征服的组织方式，在日耳曼人的军事制度的影响下，发展了封建所有制。这种所有制像部落所有制和公社所有制一样，也是以一种共同体为基础的。但是作为直接进行生产的阶级而与这种共同体对立的，已经不是与古典古代的共同体相对立的奴隶，而是小农奴。随着封建制度的充分发展，也产生了与城市对立的现象。土地占有的等级结构以及与此相联系的武装扈从制度使贵族掌握了支配农奴的权力。这种封建结构同古典古代的公社所有制一样，是一种联合，其目的在于对付被统治的生产者阶级；只是联合的形式和对于直接生产者的关系有所不同，因为出现了不同的生产条件。

在**城市**中与这种土地占有的封建结构相适应的是同业公会所有制，即手工业的封建组织。在这里财产主要在于‖个人的劳动。联合起来反对成群搭伙的掠夺成性的贵族的必要性，在实业家同时又是商人的时期对公共商场的需要，流入当时繁华城市的逃亡农奴的竞争的加剧，全国的封建结构，所有这一切产生了**行会**；个别手工业者逐渐积蓄起少量资本，而且在人口不断增长的情况下他们的人数没有什么变动，这就使得帮工制度和学徒制度发展起来，而这种制度在城市里产生了一种和农村等级制相似的等级制。

这样，封建时代的所有制的主要形式，一方面是土地所有制和束缚于土地所有制的农奴劳动，另一方面是拥有少量资本并支配着帮工劳动的自身劳动。这两种所有制的结构都是由狭隘的生产关系——小规模的粗陋的土地耕作和手工业式的工业——决定的。在封建制度的繁荣时代，分工是很少的。每一个国家都存在着城乡之间的对立；等级结构固然表现得非常鲜明，但是除了在乡村里有王公、贵族、僧侣和农民的划分，在城市里有师傅、帮工、学徒以及后来的平民短工的划分之外，就再没有什么大的分工了。在农业中，分工因土地的小块耕作而受到阻碍，与这种耕作方式同时产生的还有农民自己的家庭工业；在工业中，各业手工业内部根本没有实行分工，而各业手工业之间的分工也是非常少的。在比较老的城市中，工业和商业早就分工了;而在比较新的城市中,只是在后来当这些城市彼此发生了关系的时候,这样的分工才‖发展起来。

比较广大的地区联合为封建王国,无论对于土地贵族或城市来说,都是一种需要。因此,统治阶级的组织即贵族的组织到处都在君主的领导之下。|

马克思、恩格斯

Ⅰ. 费 尔 巴 哈

残篇 2

|5|由此可见,事情是这样的:以一定的方式进行生产活动的一定的个人,发生一定的社会关系和政治关系。经验的观察在任何情况下都应当根据经验来揭示社会结构和政治结构同生产的联系,而不应当带有任何神秘和思辨的色彩。社会结构和国家总是从一定的个人的生活过程中产生的。但是,这里所说的个人不是他们自己或别人想象中的那种个人,而是**现实中的**个人,也就是说,这些个人是从事活动的,进行物质生产的,因而是在一定的物质的、不受他们任意支配的界限及前提和条件下活动着的。/

/ 思想、观念、意识的生产最初是直接与人们的物质活动、与人们的物质交往、与现实生活的语言交织在一起的。人们的想象、思维、精神交往在这里还是人们物质行动的直接产物。表现在某一民族的政治、法律、道德、宗教、形而上学等的语言中的精神生产也是这样的。人们是自己的观念、思想等的生产者,但这里所说的人们是现实的、从事活动的人们,他们受自己的生产力和与之相适应的交往的一定发展——直到交往的最遥远的形态——所制约。意识在任何时候都只能是被意识到了的存在,而人们的存在就是他们的现实生活过程。如果在全部意识形态中,人们和他们的关系就像在照相机中一样是倒立成像的,那么这种现象也是从人们生活的历史过程中产生的,正如物体在视网膜上的倒影是直接从人们生活的生理过程中产生的一样。|

|德国哲学从天国降到人间,和它完全相反,这里我们是从人间升到天国。这就是说,我们不是从人们所说的、所设想的、所想象的东西出发,也不是从口头说的、思考出来的、设想出来的、想象出来的人出发,去理解有血有肉的人。我们的出发点是从事实际活动的人,而且从他们的现实生活过程中还可以描绘出这一生活过程在意识形态上的反射和反响的发展。甚至人们头脑中的模糊幻象也是他们的可以通过经验来确认的、与物质前提相联系的物质生活过程的必然升华物。因此,道德、宗教、形而上学和其他意识形态,以及与它们相适应的意识形式便不再保留独立性的外观了。它们没有历史,没有发展,而发展着自己的物质生产和物质交往的人们,在改变自己的这个现实的同时也改变着自己的思维和思维的产物。不是意识决定生活,而是生活决定意识。前一种考察方法从意识出发,把意识看作有生命的个人。后一种符合现实生活的考察方法则从现实的、有生命的个人本身出发,把意识仅仅看作**他们的**意识。

这种考察方法不是没有前提的。它从现实的前提出发，它一刻也不离开这种前提。它的前提是人，但不是处在某种虚幻的离群索居和固定不变状态中的人，而是处在现实的‖可以通过经验观察到的、在一定条件下进行的发展过程中的人。只要描绘出这个能动的生活过程，历史就不再像那些本身还是抽象的经验论者所认为的那样，是一些僵死的事实的汇集，也不再像唯心主义者所认为的那样，是想象的主体的想象活动。

在思辨终止的地方，在现实生活面前，正是描述人们实践活动和实际发展过程的真正的实证科学开始的地方。关于意识的空话将终止，它们一定会被真正的知识所代替。对现实的描述会使独立的哲学失去生存环境，能够取而代之的充其量不过是从对人类历史发展的考察中抽象出来的最一般的结果的概括。这些抽象本身离开了现实的历史就没有任何价值。它们只能对整理历史资料提供某些方便，指出历史资料的各个层次的顺序。但是这些抽象与哲学不同，它们绝不提供可以适用于各个历史时代的药方或公式。相反，只是在人们着手考察和整理资料——不管是有关过去时代的还是有关当代的资料——的时候，在实际阐述资料的时候，困难才开始出现。这些困难的排除受到种种前提的制约，这些前提在这里是根本不可能提供出来的，而只能从对每个时代的个人的现实生活过程和活动的研究中产生。这里我们只举出几个我们用来与意识形态相对照的抽象，并用历史的例子来加以说明。‖

马克思、恩格斯

莱比锡宗教会议

|莱比锡宗教会议。

————

《维干德季刊》1845年第3卷中，真是发生了考尔巴赫预言式地描绘过的匈奴人之战。阵亡者死有余恨，亡灵在空中喧嚣和号叫，恍如战斗的轰响，厮杀的叫喊，剑、盾、战车的铿锵。但是，这并不是为了世俗的事物。这场圣战不是为了关税、宪法、马铃薯病，不是为了银行事务和铁路，而是为了精神的最神圣的利益，为了"实体"、"自我意识"、"批判"、"唯一者"和"真正的人"。我们身临圣师们的宗教会议。由于这些圣师是这类人的最后的标本，同时希望这是最后一次为最高者，亦即绝对者的事业辩护，因此值得替这次辩论编定procès-verbal〔记录〕。

首先是**圣布鲁诺**，从他的**棍子**就能很容易地认出他（"成为感性，成为**棍子**吧"，《维干德季刊》第130页）。他的头上罩着"纯粹批判"的灵光。他披着"自我意识"的法衣，睥睨世界的万物。他以最高的自我意识的名义肆意摆布"实体"概念，从而"**摧毁了完整的宗教和具有各种表现的国家**"（第138页）。当他的眼光把"群众""化为"灰尘的时候，教堂的废墟和国家的"残骸"就横陈在他的脚下。他好像上帝，他既无父也无母，他是"他自己的创造物，他自己的制品"（第136页）。一言以蔽之，他是精神的"拿破仑"，他在精神上是"拿破仑"。他在精神上的修炼就是经常不断地"倾听自己，而这种自我倾听‖又推动他达到自我规定"（第136页）；由于进行这种煞费苦心的自我记述，他显然消瘦了。他不仅"倾听"自己，而且——正如我们将看到的——有时还得"倾听"**威斯特伐里亚汽船**。

面对着布鲁诺的是**圣麦克斯**，他对上帝的王国的功绩就在于：他，按他自己的话来说，用了将近600页的篇幅来确定和证明了他与自身的同一，证明了他不是随便什么人，不是"汉斯或昆茨"，却正是圣麦克斯而不是别的什么人。关于他的灵光和其他特殊标志，可说的只有一点：它们是"他的对象，因而也就是他的财产"，它们是"唯一的"和"无与伦比的"，"它们是无可名状的"（第148页）。他既是"词句"，又是"词句的所有者"，既是桑乔·潘萨，又是堂吉诃德。他苦修苦炼的是对无思想进行痛苦的思想，对无可怀疑进行连篇累牍的怀疑，把毫不神圣的说成是神圣的。不过，此外我们就用不着再替他捧场了，因为关于他身上所有的特性（尽管这些特性比伊斯兰教的神的名称还要多），他总是习惯地说：我就是一切，而且是高于一切的某物。我是这种无的一切，也是这种一切的无。他有一些庄严的"**轻浮**"，并且不时用"**批判**

的狂呼"来打断自己的严肃的沉思,这就是他优越于他的抑郁沉闷的对手的地方。

这两位神圣的宗教裁判所的骑士团长传异教徒费尔巴哈出庭受审,严厉控告他是诺斯替教派。圣布鲁诺"咆哮如雷地说":异教徒费尔巴哈把‖Hyle〔无定形的本原物质〕,把实体据为己有,不肯交出,以致我的无限的自我意识不能在其中得到反映。自我意识必须像怪影一般地游荡,直到它把导源于它而又汇集于它的万物全部吸回本身为止。而今自我意识已经把整个世界都吞没了,没有吞没的就只有这个Hyle,这个实体,它被诺斯替教徒费尔巴哈牢牢地锁藏着,怎么也不肯交出来。

圣麦克斯控诉这位诺斯替教徒,说他怀疑通过圣麦克斯的口所启示出来的教条。教条云:"任何一只鹅,任何一条狗,任何一匹马"都是"完善的人,甚至是——如果有人喜欢听最高级形容词的话——最完善的人"(《维干德季刊》第 187 页:"凡是人就不会缺少哪怕是最微小的使人之所以为人的东西。当然,对任何一只鹅、任何一条狗、任何一匹马说来**也是如此**。")

除了审理这些重要的控告外,还对两位圣者控诉莫泽斯·赫斯的案件,以及圣布鲁诺控诉"神圣家族"的作者的案件,作出判决。但是,由于这些被告当时忙于"尘世的事务",因此他们没有出席 Santa Casa〔圣宫〕受审,结果他们就被缺席判决:他们在整个尘世生活期间永远被驱逐出精神的王国。

最后,两位骑士团长彼此之间又制造出一些奇异的阴谋而互相倾轧。

————|

马克思、恩格斯

Ⅱ.圣布鲁诺

|1| Ⅱ.圣布鲁诺。

1."征讨"费尔巴哈

在谈到鲍威尔的自我意识去庄重的和自己本身以及和世界打交道的情况以前,我们必须揭露一个秘密。圣布鲁诺之所以大声疾呼,挑起战火,只是为了"保全"自己和自己的陈腐发酵的批判,免得被人们漫不经心地遗忘,只是为了表明在1845年已改变了的条件下批判依然如故,一成未变。他写完了"正义事业和我自己的事业"一书的第二卷;他捍卫自己的地盘,他"为了保卫自己的祭坛和事业"而战斗。但是他这位名副其实的神学家,用一种假象把这个本来目的掩盖起来,好像他是想"评述"费尔巴哈似的。在费尔巴哈和施蒂纳的论战中,完全没有提到布鲁诺,这再好不过地证明:人们已经把可怜的布鲁诺忘得一干二净了。正因为如此,他抓住了这次论战,以便寻找借口来宣告自己和这两个敌对者的对立,来宣称自己是他们的最高的统一——圣灵。

圣布鲁诺开始向费尔巴哈开炮"征讨",c'est-à-dire〔也就是说〕,把已在《北德意志杂志》上发表过的一篇论文加以补充修订后再版。费尔巴哈被授予"实体"的骑士的称号,为的是使鲍威尔的"自我意识"更加突出。在这个据说是由费尔巴哈的全部著作所证明了的费尔巴哈的新化身面前,我们这位圣者从费尔巴哈论莱布尼茨和培尔的著作一下就跳到了"基督教的本质",并且跳过了《哈雷年鉴》中的反对"实证哲学家"的论文。这种"遗漏"在这里真是"恰到好处"。原来费尔巴哈在这篇论文中是在圣布鲁诺还思辨着无垢受孕的时候就和"实体"的实证代表们相反,把"自我意识"的全部奥秘都揭穿了。不消说,圣布鲁诺依旧在骑着他的老年黑格尔派的战马耀武扬威。听听他从上帝的王国发来的最新启示的开头一段话吧:

"黑格尔把斯宾诺莎的实体和费希特的我合而为一了;两者的统一,这两个对立领域的结合等等就是黑格尔哲学的独特的兴趣之所在,但同时也是它的弱点。黑格尔体系在这个矛盾中彷徨不知所措,这个矛盾必须解决和消灭。但是,他要做到这一点,只有使**自我意识**如何对待**绝对精神**……这一问题的提出永远成为不可能才行。而这一点可能从两方面来做到。或者是自我意识必须重新销毁于实体的火焰中,也就是说必须确立并保存纯粹的实体性;或者必须指明个性就是自己的属性和自己的本质的创造者,指明一般个性的**概念**本来就要对自己("概念"呢,还是"个性"?)加以限制,然后又消‖除个性由于自己的**普遍本质**而加上的这种限制,因为正是这个本质**只是个性的内在的自我区别的结果**,只是个性的活动的结果。"《维干德季刊》第 87,88 页。

在《**神圣家族**》第 220 页中黑格尔哲学被描述为斯宾诺莎和费希特的统一,同时也强调指出了包含在这统一中的矛盾。圣布鲁诺的特别处是他和《神圣家族》的作者不同,他认为自我意识对实体的关系问题并不是"黑格尔思辨范围之内的争论问题",而是世界历史的问题,甚至是绝对的问题。这是圣布鲁诺能够借以道出当代冲突的唯一形式。他确实相信:自我意识对实体的胜利,不仅对欧洲的均势,而且对俄勒冈问题的整个未来发展都有极重大的影响。至于英国谷物法的废除究竟在多大程度上取决于这一点,现在还知道得很少。

黑格尔用以反映——以歪曲的形式反映——现实冲突的那种抽象的和神秘的词句,在这个"批判的"头脑看来就是现实冲突本身。布鲁诺接受了思辨的矛盾,并把这个矛盾的一部分同另一部分对立起来。在他看来,关于现实问题的哲学词句就是现实问题本身。因此,在他看来,一方面,现实的人以及他们对于从外表上看是独立在外而和他们对立的他们自己的社会关系的现实意识都非实有,实有的只是**自我意识**这种赤裸裸的抽象词句,正如现实的生产都非实有,实有的只是这种**自我意识的已经独立化的活动**一样;另一方面‖现实的自然界和现实存在的社会关系都非实有,实有的只是这些关系的一切哲学范畴或名称归结而成的赤裸裸的哲学词句:**实体**;因为布鲁诺同所有哲学家和思想家一起,错误地把思想、观念、现存世界在思想上的独立化了的表现当作这个现存世界的基础。不言而喻,用这两个已变得毫无意义和毫无内容的抽象,他就能够变各式各样的戏法,而对现实的人及其各种关系则一无所知(此外,请参看论费尔巴哈那一篇中关于实体的部分以及论圣麦克斯那一篇中关于"人道自由主义"和"圣物"的部分)。他并没有离开思辨的基地来解决思辨的矛盾;他仍在这一基地上施展伎俩,甚至还如此坚定地站在黑格尔所特有的基地上,以致"自我意识"对"绝对精神"的关系,依然使他不能得到安宁。总而言之,在我们面前的还不过是那一套在"复类福音作者批判"中宣告过,在"基督教真相"中细述过,但是可惜得很,在黑格尔的"现象学"中却早就先有过的**自我意识的哲学**。《**神圣家族**》第 220 页及以下各页和第 304—307 页对鲍威尔的这一新哲学作了详尽无遗的分析。但是,圣布鲁诺竟然在这里还为自己画一幅漫画,他偷运"个性"进来,以便能够和施蒂纳一起把单个的人描绘成他"自己的制品",而把**施蒂纳**描绘成**布鲁诺的制品**。这个前进的一步应有简短的注释。

首先,让读者把这幅漫画和它的原样,即《基督教真相》第 113 页中对自我意‖2‖识的说明比较一下,然后再把这个说明和它的原型,即黑格尔的《现象学》第 574,575,582,583 页等处比较一下(这两处都在《神圣家族》第 221,223,224 页上转载了)。但我们来看看漫画吧:"一般个性"!"概念"!"普遍本质"!"对自己加以限制,然后又消除这种限制"!"内在的自我区别"!多么巨大的"结果"啊!"一般个性"——这或者是"一般"胡说,或者是个性的抽象概念。因此,在个性这个概念的"概念"中,包含着"对自己加以限制"。而个性"由于自己的普遍本质",接着就立即加上了包含在它的概念的"概念"中的这个限制,而且在个性重新把这个限制消灭以后,才知道"正是这个本质"才是"个性的内在的自我区别的结果"。因此,这种奥妙的同语反复的全部伟大结果也就是在思维中的人的自我区别这种久已驰名的黑格尔的戏法,而可怜的布鲁诺却固执地把这种自我区别宣称为"一般个性"的唯一活动。在相当长的时间以前,就已有人叫圣布鲁诺注意:既然"个性"的活动只限于这些已经陈腐的逻辑跳跃,那么这样的"个性"是毫无用处的。同时,这一段就包含着坦白的招供:鲍威尔的"个性"的本质就是概念的概念,抽象的抽象。

布鲁诺对费尔巴哈的批判如果有什么新东西,也只不过是把施蒂纳对费尔巴哈和鲍威尔的责难虚伪地述说成鲍威尔对费尔巴哈的责难。例如,他说"人的本质是一般本质和某种圣物","人‖是人的上帝",人类是"绝对的东西",他说费尔巴哈把人分裂为"本质的我和非本质的我"(尽管布鲁诺经常宣称抽象的东西就是符合于本质的东西,并且他在把批判和群众对立时,把这种分裂想象得比费尔巴哈还要可怕得多),他说必须进行反对"上帝的宾词"的斗争,等等。在同费尔巴哈争论自私的爱和无私的爱时,布鲁诺几乎逐字逐句地抄袭了施蒂纳整整三页之多(第133—135页),同样他还非常笨拙地模仿施蒂纳的话:"每一个人都是他自己的创造物"、"真理是怪影",等等。此外,在布鲁诺那里,"创造物"还变成了"制品"。关于圣布鲁诺如何利用施蒂纳,我们回头还要谈到。

我们在圣布鲁诺那里发现的第一样东西,就是他对黑格尔的经常的依赖。当然,对于他从黑格尔那里抄袭来的见解,我们无需多加议论。我们只是搜集一些句子,从中可以清楚地看出他是如何迷信哲学家的威力,如何赞同他们的幻想:改变了的意识、对现存诸关系的稍新的解释,能够把整个现存世界翻转过来。圣布鲁诺满怀着这种信心,通过他的一个学生在《维干德季刊》第4卷第327页上为自己提供证明,硬说上面所引用的他在第3卷中关于个性所说的话,是"震撼世界的思想"。|

|圣布鲁诺说道(《维干德季刊》第95页):"哲学总不外是还原为自己的最一般的形式、最合理的表达方式的神学。"用来反对费尔巴哈的这段话几乎是逐字逐句从费尔巴哈的《未来哲学》第2页中抄下来的:"思辨哲学是真实的、彻底的、合理的神学。"布鲁诺接着说:"同宗教结成联盟的哲学本身,总是致力于个人的绝对依赖性,并且真的实现了这种依赖性,这是因为哲学要求并力争做到使单一生活消融于普遍生活,偶性消融于实体,人消融于绝对精神之中。"难道"同"黑格尔哲学"结成联盟"的、仍被禁止同神学交往的布鲁诺的"哲学"不是"要求""人消融"于他的一种"偶性"的观念,即消融于作为"实体"的自我意识的观念之中吗?尽管它无法"力争做到"这一点,难道它不是"要求"这一点吗?然而从这些地方可以看出:巧舌如簧油腔滑调的圣师还是多么兴高采烈地宣传他对神圣的神学家和哲学家的神秘力量的"震撼世界的"信念。不言而喻,这是为了"自由的正义事业和我自己的事业"的利益。

第105页,我们这位敬神的人竟然厚颜无耻地责难费尔巴哈,他说:"费尔巴哈

从个人、从基督教的失去人性的人中，**所造成的不是人，不是真正的(！)现实的(！！)有人称的(！！！)人"**，‖（这些宾词的产生应归功于《神圣家族》和施蒂纳），"而是不成人的人，是奴隶"—— 因而，他也就能够武断地说出他圣布鲁诺能用**头脑制造**出人这种荒唐的言论。

往下还写道："在费尔巴哈看来，个人应隶属于类，应为它服务。费尔巴哈所说的类就是黑格尔的绝对，它同样是在任何地方都不存在的。"在这里，正如在所有其他地方一样，圣布鲁诺也是使个人的现实关系依赖于对这些关系的哲学解释，从而为自己涂上光彩。关于黑格尔的"绝对精神"和费尔巴哈的"类"的观念同现存世界有着怎样的联系，他却一无所知。

第104页上，这位圣师认为，费尔巴哈用来把理性、爱和意志所构成的上帝的三位一体变成某种**"在个人之中并统治着个人"**的东西的那种异端邪说是极其丑恶的，好像现今任何天赋，任何爱好，任何要求在遭到环境妨碍而得不到满足的时候都不能确认自己是一种**"在个人之中并统治着个人"**的力量似的。例如，如果圣师布鲁诺感到饥饿而又没有办法来防止它，那么，甚至他的胃也会成为一种**"在他之中并统治着他"**的力量。费尔巴哈的错误不在于他说出了这一事实，而在于他以唯心主义的方式使之独立化了，没有把它看作历史发展的‖3|一定的、暂时的阶段的产物。

第111页："费尔巴哈是个奴才，他的奴性使他不能完成**人**的事业，认识宗教的本质"（妙极了，"人的事业"！）……"他认识不了宗教的本质，因为他不知道那座可以通向宗教的·源·头的**桥梁**。"圣布鲁诺还极其认真地相信宗教有自己的"本质"呢。至于"那座"**通向**"宗教的**源头**"的"**桥梁**"，那么，这种驴桥〔Eselsbruecke，供愚蠢的或懒惰的学生用的题解书籍〕必然是**水管桥**。同时，圣布鲁诺是一个滑稽可笑的现代化了的靠这座桥来养老的 Charon〔卡龙，希腊神话中的一个人物，他用小舟载着死去的希腊人的灵魂通过冥河，运到阴间去〕，作为 tollekeeper〔收税人〕，他向每个过桥往宗教冥国去的行人收 halfpenny〔半便士〕的税。

第120页，这位圣者指出："假如没有**真理**，假如真理不过是一直为人所惧怕的**怪影**，那么费尔巴哈如何能够存在呢？"（施蒂纳，帮帮忙吧！）惧怕"真理"的"怪影"的"人"不是别人，正是可尊敬的布鲁诺本人。还在10页以前，第110页，他就在真理的"怪影"面前发出如下的震撼世界的恐怖叫喊："真理，无论在什么地方都不会作为现成的客体而自然地出现，它只有在个性的发展中才能展现**自己**并上升到统一。"这样，真理‖这一怪影在这里不仅变成了展现自己并上升到统一的人，而且这种戏法是在真理之外，正如绦虫一样，是在某种第三者体内进行的。关于这位圣者还在青年时代当内心里还沸腾着情欲的时候和真理发生的恋爱关系，参看《神圣家族》第115页及以下各页。

这位圣者反对费尔巴哈的**感性**的怒气冲冲的论战，表明他现在是如何清心寡欲，涤除尘念。布鲁诺完全不是反对费尔巴哈用以承认感性的那种极端有限的方法。费尔巴哈的失败的尝试，作为一种想跳出意识形态的尝试，在他看来——**罪恶**。当然！感性——色欲、肉欲和傲慢——在主的面前乃是令人惊心与作呕之事！难道你们不知道肉欲的思念就是死亡,而精神的思念就是生命与和平吗;因为肉欲的思念是对批判的敌视,而一切肉欲的东西都是从尘世产生的;难道我们不知道书上所写的:肉欲的事情是人所共知的,这就是通奸、奸淫、污秽、淫乱、偶像崇拜、迷惑、敌视、争吵、嫉妒、愤怒、纠纷、不睦、成群结党、仇恨、谋杀、酗酒、饕餮,等等;我已经预告过你们,现在还预告你们:干这类事情的人是不能继承批判的王国的;但他们会感到痛苦,因为他们走了该隐的道路,由于贪图享乐,他们陷入了巴兰的错误并且像可拉那样作乱而亡。这些不信神者肆无忌惮地挥霍你们的布施,饱食终日以自肥。他们是无雨之云,随风飘荡,他们是光秃的、不结果实的‖树,两次死去并被连根拔除,他们是因自己的耻辱而汹涌澎湃的海浪,他们是注定要永远湮没于黑暗之中的流星。因为我们曾读到:在最后的日子,可怕的时辰将要来临,这时会出现一些自命不凡、荒淫无度、好色甚于批判的人,暴徒的首领,总而言之,即肉欲的奴隶。思念神灵而又憎恶肉欲的罪恶外衣的圣布鲁诺鄙弃这些人;因而,他诅咒费尔巴哈,认为他是暴徒的首领,将他摈于门外,使之与恶犬、妖术者、通奸者和杀人犯为伍。“感性”——可恶的东西! 它不仅使这位圣师痛苦地痉挛,而且竟使他在第 121 页上唱着“终结之歌和歌之终结”。感性——可是,可怜的你,知不知道它是什么东西呢?感性就是——“棍子”第 130 页。全身痉挛的圣布鲁诺甚至也一度和自己的一个命题作斗争,正如从前圣徒雅各和上帝斗争一样,不同之处只是在于上帝扭断了雅各的大腿,而我们的神圣的羊痫疯患者却使自己的命题支离破碎,撕裂了它的一切联系,这样用一些明显的例子来阐明主体和客体的同一:“无论费尔巴哈说什么,他总是要消灭(!)人,因为他把人这个词变成空洞的**字眼**……因为他**不是**制造(!)‖和创造(!)完整的人而是把全人类奉为绝对,因为除此之外,他**不是**把人类而是把感觉说成是绝对物的器官,并承认感觉、直观、触摸的对象,一言以蔽之,即感性事物,是绝对的、毋庸置疑的、完全确实的东西。”这样,费尔巴哈——这是圣布鲁诺的意见“虽然能够震动空气层,但不能**毁坏人的本质**的诸现象,因为人的最内在的(!)本质和人的生气蓬勃的灵魂已经毁坏了**外在的**(!)声音,并使它成为空洞的振响”。第121 页。

圣布鲁诺自己就他敌视感性的原因,作了一个虽然神秘但却是断然的解说:“好像我的我也没有这种确定的、和其他一切性比起来是·唯·一·的性以及这些特定的唯一的性器官似的!”(这位勇士除了自己那些“唯一的性器官”外,还有特殊的“唯一性”!)这唯一的性在第 121 页上有如下的解释:“感性像吸血鬼吸尽人的生命中的全部脑髓和血液一样,是一道不可跨越的铁门槛,人碰到它必然会头破血流。”

然而,最高的圣者也不是纯洁的! 他们都是罪人,而且欠缺他们在“自我意识”面前应有的那种光荣。当圣布鲁诺午夜在孤寂的斗室中纠缠在“实体”上的时候,异教徒费尔巴哈的诱人的著作却勾引起他对女人和女性美的思念。 ‖4‖突然他的目光昏暗起来;纯粹的自我意识被玷污了,该死的情欲的幻想用淫猥的形象挑逗得批判家神魂颠倒。心有余而力不足。他颠踬,跌倒,忘却了他就是那种“以自己的力量联结世界、解放世界并支配世界”的权力,忘却了他的幻想的这些产物就是“产生于

101

他的精神的精神"；他丧失了任何"自我意识"，他如痴如醉吞吞吐吐地唱着歌颂女人的"娇弱、轻盈、温柔"之美的赞歌，歌颂女人的"圆润丰满的肢体"和"颤抖的、飘荡的、炽热的、狂暴的、作咝咝声的、波浪式的身材"。但是纯洁的人总是在他犯罪的地方露出马脚。谁不知道，"颤抖的、飘荡的、波浪式的·身·材"是一种任何一只眼睛都没有看见过、任何一只耳朵都没有听见过的东西呢？因此，安静一点，可爱的灵魂，对于叛乱的肉体，精神很快就会占上风的，并会在横溢沸腾的情欲面前立下一道不可逾越的"铁门槛"，情欲"碰到它"立刻就会"头破血流"。

"费尔巴哈——圣布鲁诺借助于对神圣家族的批判理解终于得出这样一点——是被人道主义既鼓舞又败坏了的唯物主义者，也就是忍受不住尘世以及尘世的存在（圣布鲁诺知道有一种不同于尘世的尘世存在，而且还知道应该怎样做才能"**忍受得住‖尘世的存在**"！）"但想化为精神而升天的唯物主义者；费尔巴哈还是这样一个不能思考也不能建立精神世界，而被唯物主义所累的人道主义者……"第123页。由此可见，在圣布鲁诺看来，人道主义就在于"思考"和"建立精神世界"，同样，唯物主义也就在于："唯物主义者只承认当前现实的东西，即**物质**（好像具有人的一切属性——包括思维在内——的人不是"**当前现实的东西**"似的！），承认**它**是积极地展示**自己**并实现**自己**的多样性的东西，是**自然**。"第123页。**物质**最初是当前现实的东西，但只是自在的、隐蔽的；只有当它"积极地展示自己并实现自己的多样性"的时候（"**当前现实的东西**""**实现自己**"！！），它才成为**自然**。最初存在着物质这个**概念**、这个抽象、这个观念，而这个观念则在现实的自然中实现自己。这同关于具有创造力的范畴预先存在的黑格尔理论一字不差。从这一观点来看，我们就会完全明白，圣布鲁诺错误地把一些唯物主义者关于物质的哲学词句当作他们世界观的真实的核心和内容了。

----

2. 圣布鲁诺对费尔巴哈和施蒂纳之间的斗争的思考

这样，圣布鲁诺在对费尔巴哈说了一些相当有分量的话以后，就开始考察费尔巴哈‖和唯一者之间斗争。他用来表示自己对这一斗争的关切的第一件东西，就是被奉为手段的三度微笑。

"批判家满怀着胜利的信心，高唱凯歌勇往直前地走着自己的道路。有人诋毁他，他**微笑**了。有人宣称他是异教徒，他**微笑**了。旧世界打算发动十字军讨伐他，他**微笑**了。"

圣布鲁诺——这一点我们刚刚才听到——走着自己的道路，但他不是像其他的人那样前进，而是迈着批判的步伐前进，他带着**微笑**去完成这一重要的事业——"只要他一微笑，他的脸上就会现出许多皱纹，比地图上两个印度的线条还要多。可能发生这样的事情：一个姑娘要给他一记耳光；如果她真的这样做了，那他将会微笑着认为这是极大的艺术"，就像莎士比亚笔下的马伏里奥那样。

圣布鲁诺自己甚至不费吹灰之力,就能驳倒他的两个对手,他有一个摆脱他们的简便办法,就是 divide et impera〔分而治之〕,让他们自己发生争执。他使费尔巴哈的人和施蒂纳对立,第124页,又使施蒂纳的唯一者和费尔巴哈(第126页及以下各页)对立;他知道,他们之间是势不两立的,就像爱尔兰的基尔肯尼的两只猫那样,它们彼此把对方吃得精光,结果只剩下了两条尾巴。对于这两条尾巴,圣布鲁诺就来宣布自己的判词:它们是"**实体**",因而应当永远受诅咒。

他在把费尔巴哈和施蒂纳对立起来时,完全重复了黑格尔关于斯宾诺莎和费希特所说的话。众所周知,黑格尔把像一个点的我说成是实体的一个方面,而且是最牢固的‖一个方面。无论布鲁诺早先曾如何狂暴地反对利己主义,甚至咒骂它是群众的 odor specificus〔怪味〕,但是他在第129页上还是承受了施蒂纳的利己主义,不过这已经"**不是麦克斯-施蒂纳的**"利己主义,而自然是布鲁诺·鲍威尔的利己主义了。他给施蒂纳的利己主义打上道德缺陷的烙印,说:"施蒂纳的我需要伪善、欺骗和外部暴力来维护他的利己主义。"在其他方面,他相信(参看第124页)圣麦克斯的批判奇迹,并把麦克斯的斗争看作(第126页)"从根本上消灭实体的真实努力"。他不去深入研究施蒂纳对鲍威尔的"纯粹批判"的批判,却断言(第124页),施蒂纳的批判也和任何其他的批判一样,不能损他毫厘,"因为**他正是批判家本身**"。

最后,圣布鲁诺把圣麦克斯和费尔巴哈两人都驳斥了,他的办法是把施蒂纳在批判家布鲁诺·鲍威尔和独断主义者之间所作的对比几乎逐字逐句地应用于费尔巴哈和施蒂纳。

《维干德季刊》第138页:"费尔巴哈把自己和唯一者对立起来,**从而**(!)和后者处于对立的地位。他是而且希望是一个**共产主义者**。唯一者是而且应该是一个**利己主义者**。前者是**圣人**,后者是**凡人**。前者是**善人**,后者是**恶人**。前者是神,后者是人。但他们两个——**独断主义者**。"因此,要点在于:布鲁诺斥责他们两人的独断主义。

"唯一者及其所有物",第194页:"批判家害怕‖5‖陷入独断主义或者提出教条。自然,如果是那样的话,他就会从批判家转化为他的对立面,即转化为独断主义者,他这位批判家就会从**善**的变成**恶**的,或者从**大公无私的人**(共产主义者)变为**利己主义者**,等等。打倒教条!——这就是他的教条。"

———

3. 圣布鲁诺反对《神圣家族》的作者

———

圣布鲁诺用上述方法对付了费尔巴哈和施蒂纳,"断绝了唯一者进一步发展的任何可能性"之后,现在又转过来反对那些据说是以费尔巴哈为支柱的德国共产主义者,特别是反对《神圣家族》的作者。他在这部论战性著作的序言里所找到的"真正的人道主义"这个用语,构成了他的假设的主要根据。他自然会想起《圣经》中的这样一段话:"弟兄们,我从前对你们说话,不能把你们当作属灵的,只得把你们当作属肉体"（在我们所考察的这个场合下，情形正好相反），"在基督里为婴孩的。我是用奶喂你们，没有用饭喂你们，那时你们不能吃，就是如今还是不能。"哥林多前书第3章，第1—2节。/

《神圣家族》给可尊敬的圣师的第一个印象，就是深沉的悲痛、严峻而仁慈的忧伤。这本书唯一的好的方面是——它"指出了费尔巴哈必然成为什么以及他的哲学可能取得什么地位，如果它想反对批判的话"第138页，因而，也就是毫不勉强地把"想"同"可能"和"必然"结合起来了；这个好的方面毕竟盖不过它的许多阴暗的方面。在这里被滑稽地当作前提的费尔巴哈哲学**不配而且不能**理解批判家——**不配而且不能**知道和认识在发展中的批判——**不配而且不能** ‖ 知道：批判对一切超验东西来说是无尽的斗争和胜利，是不断的破坏和建设，是**唯一的**(!)创造的和动力的本原。费尔巴哈哲学**不配而且不能**知道：批判家过去如何工作而且现在还如何工作以便承认那些一直压抑了人类使人类透不过气来和没有生气的超验力量并使之**成为**(!)它们**本来的那样**，即成为产生于精神的精神、内在中的内在，成为出自本乡也还在本乡的乡土(!)，也就是承认这些超验力量并使之成为自我意识的产物和创造物。这个哲学**不配而且不能**知道：只有批判家是唯一彻底摧毁了完整的宗教和具有各种表现的国家的人……"第138，139页。这不是同老耶和华一模一样吗？他追赶着自己那些宁愿侍奉快乐的异教神的狡猾百姓，并在后面喊叫道："听我说，以色列，不要把你的耳朵掩盖起来，犹大！难道我不是带领你出走埃及而到一个流着奶与蜜的地方去的主，你的上帝吗？看，你们从青年时代起在我眼前所干的一切都是罪恶，你们用我双手的产物来激怒我。当我始终不渝地教导你们时，你们以背向我，不以面向我；竟将可憎之物设立在我的殿中把这殿玷污；没有得到我的命令，你们就在欣嫩子谷建筑巴力的邱坛，我真没 ‖ 想到你们会做出此等下流事；我差遣我的仆人耶利米到你们那里，从亚们之子约西亚即位的第十三年起到今天止，我一直在向他叮嘱我的话，他已经虔诚地向你们传道23年了，但你们不愿听他。因此主说：有谁听到过以色列的姑娘干下了许多丑行这类的事情。因为雨水的流逝也赶不上我的百姓之忘记我那样快。呵！土地，土地，土地，听听主的话吧！"

圣布鲁诺在喋喋不休地谈论"配"和"能"的概念时断言他的共产主义敌人误解了他。他在这一次议论中用来描绘批判的那种方法，他用来使过去压抑"人类生活"的力量转变为"超验的"力量，又使这些超验的力量转变为"产生于精神的精神"的那种方法，他用来把"批判"说成是唯一的生产部门的那种方法——这种方法证明：所谓误解实际上是鲍威尔不称心的一种理解。我俩曾证明，鲍威尔的批判低于任何批判，因为这个缘故，我们当然就变成独断主义者了。他甚至厉声斥责我们胆敢不相信他的陈词滥调。以雷神宙斯——自我意识——为首的整个独立概念的神话 ‖ 6 ‖ 又随着"表现流行范畴的扬尼恰尔军乐队的调子的乐声"在这里游行了（《文学报》，参看《神圣家族》第234页）。当然，走在前面的是关于创造世界的神话，也就是关于批判家的艰巨"工作"的神话，这种工作是"唯一的创造的和动力的本原，无尽的斗争和胜利，不断的破坏和建设"，是"现在工作"和"过去工作"云云。此外，可尊敬的圣师甚至还这样**责难**《神圣家族》，说它对"批判"也正如他自己在目前的答辩中所理解的那样去理解了。他把"实体""归还原处，把它投归它的出身之地，即自我意识中，批判的人（自从有了"神圣家族"以后还有）和被批判的人"中（自我意识在这里好像起着思想的贮藏所的作用），然后他接着说道："它（似乎是指费尔巴哈的哲学）不配知道：批判和批判家们在其存在的时候（!）就支配并创造了历史，甚至他们的敌人以及现代的一切运动和活动都是他们的创造物，只有他们才是**执掌大权者，因为力量就在他们的意识中**，因为他们是从**自身中**、从自己的行动中、从**批判中**、从自己的敌人中、从自己的创造物中吸取力量的；人是靠批判的行为才获得解放的，因而**人们**也是如此；人是靠批判的行为才**被创造**（!）的，因而**人们**也是如此。"

这样，批判和批判家‖起初是两个完全不同、彼此分立、独自活动的主体。批判家是不同于批判的另一主体，批判也是不同于批判家的另一主体。这种人格化了的批判，即作为主体的批判，正就是《神圣家族》所反对的那种"批判的批判"。"批判和批判家在其存在的时候就支配并创造了历史"。"当他们"不"存在的时候"，他们就不能做到这一点，这是显然的，而"只要他们存在的时候"，他们就按照自己的方式"创造了历史"，这也是显然的。最后，圣布鲁诺竟"配而且能"向我们宣布关于摧毁国家的批判力量的最深刻启示之一，这就是："批判和批判家是**执掌大权者**，因为（好一个"因为"!）**力量就在他们的意识中**"；其次，这些伟大的历史制造者们"是执掌大权者"，因为他们"从自身中和从批判中（这还是从自身中）吸取力量"。但遗憾的是，终究还没有证明，在其内部，即在"自身中"，在"批判中"有什么东西可资"吸取"。根据批判自己的话看来，至少应该认为，除了"被投归"该处的"实体"这个范畴以外，未必能够"吸取"到别的什么东西。最后，批判还"从‖批判中""吸取""力量"来吐露一个非常了不起的神论。也就是说，它向我们揭露了过去为我们的父辈以至祖父辈都不知道的秘密："人是靠批判的行为才被创造的，因而人们也是如此"，然而，直到现在，批判却一直被误认为是依靠完全另外的一些行为而存在于批判之前的那些人们的一种行为。既然如此，那么圣布鲁诺看来也是依靠"批判"，即通过 generatio ae-quivoca〔自然发生〕而自己来到"世界，从世界又到世界"的了。也许这一切都不过是"创世记"中下面一段故事的另一种解说吧：亚当**认识**了也就是批判了他的妻子夏娃，而她就怀孕了，云云。

在此，我们看到，这一套老相识的批判的批判，虽已在《神圣家族》，中被详尽地刻画过，但是好像什么事情也没有发生过似的，它又原原本本地以种种招摇撞骗的姿态重新出现在我们面前了。我们对此无需感到惊奇，因为我们的这位圣者自己就抱怨说，第 140 页《神圣家族》"断绝了批判进一步发展的一切可能性"。圣布鲁诺怀着极大的愤懑责难《神圣家族》的作者，说他们利用蒸发的化学过程，把鲍威尔的批判从它的"**液体**"聚集态变成了"**结晶**"态。

所以，"贫困制度"、"成年洗礼证书"、"感染力和雷鸣般的外貌的境界"、"概念的穆斯林‖倾向"（《神圣家族》第 2，3，4 页，根据批判的《文学报》）所有这一切，据说只有当人们"结晶地"去理解它们时才是胡说八道；而人们在关于"英国生活的迫切问题"的附录中所发现的批判的 28 个历史错误,如果从"液体的"观点来看,难道就不是错误了吗？批判是否坚持,从液体的观点看来,在瑙威尔克事件老早就在它的眼前过去了之后它还是 a priori〔先验地〕预言了而不是 post festum〔在事后〕来虚构这一事件呢？批判是否还坚持 maréchal 一词从"结晶的"观点看来可以理解为**铁匠**,而从"液体的"观点看来在任何场合下都应当是**元帅**呢？它是否还坚持,即使从"结晶的"观点去理解 un fait physique 这几个词可以是"自然界的事实"的意思,而这几个词的真正的"液体的"译文却是"物理学的事实"呢？它是否还坚持 la malveillance de nos bourgeois juste-milieu〔我们的遵循中庸之道的资产者的恶意〕,在"液体"状态下还是"我们的善良市民的漫不经心"呢？它是否还坚持：从"液体的"观点来看,"一个既没有成为父亲也没有成为母亲的儿童,在**本质上是一个女儿呢**"？它是否还坚持有人会以"描写过去的似乎是最后的一滴伤心泪"为己任呢？它是否还坚持,巴黎的各种看门人、"名士"、浪漫女子、侯爵夫人、骗子和笨蛋,在他们的"液体的"形式下不外是一种秘密的诸相,"而这种秘密的概念‖7‖本来就要对自己加以限制,然后又消除它由于自己的普遍本质而加上的这种限制,因为正是这个本质只是它的内在的自我区别的结果,只是它的活动的结果"呢？它是否还坚持,如果批判的批判在某一问题上起初断定说它揭示了这一问题的"真正的和普遍的意义",然后又承认它"不想而且也没有权利超出批判的范围",最后乃宣称"批判本来应该再走一步,可是当时要走这一步是不可能的,因为……它就不可能"（《神圣家族》第 184 页）,在这种情况下,批判的批判在其"液体的"意义上还是"满怀着胜利的信心,高唱凯歌勇往直前地走着自己的道路"呢？它是否还坚持,从"液体的"观点来看,虽然"命运**也能随意地决定**"未来,"未来仍然是"批判的"事情"呢？从液体的观点来看,如果批判"和它的**真正的要素**发生**矛盾**,而这种矛盾**在这些要素本身中已经**得到**解决**时,批判还是没有做任何超人的事"呢？

不消说《神圣家族》的作者是犯了轻浮的毛病,竟把所有这些词句以及千百句其他的词句理解为表述固体的"结晶的"**胡说八道**——但是人们必须"液体地",亦即按照复类福音的作者的意思来体会他们,就是不可以"结晶地",亦即不要按照他们的真正的胡说八道来体会他们,然后才会达到真正的信仰,才会佩服批判的家政的‖和谐。

"因此恩格斯和马克思只知道对《文学报》的批判"——有意扯谎,这证明我们的圣者是多么"液体地"来阅读一部把他的近著描写为只是他"过去工作"的全部内容的顶峰的著作。但是,我们的这位圣师没有平心静气地来"结晶地"阅读,因为他害怕他的论敌成为争夺他列为圣徒的光荣,"想把他从神圣地位拉下来,以使自己成为圣者"。顺便指出这样一个事实：按照圣布鲁诺现在所说的话看来,他的《文学报》的目的绝非以建立"社会的社会"或"描写"德意志意识形态的"似乎是最后的一滴伤心泪"为目的；它也没有追求这样的目的——把精神和群众极端尖锐地对立起来并发展纯粹的批判的批判。它只是要"描写 1842 年的自由主义和激进主义以及它们的余音的不彻底性和空泛性",也就是要和早已无声无臭的东西的"余音"作斗争。

Tant de bruit pour une omelette〔煎鸡蛋引起了多么大的喧闹〕！然而，正是在这里德意志理论所固有的那种历史观又以它"最纯粹的"姿态表现了出来。1842年可算是德国自‖由主义最光辉的时期，因为当时哲学参与了政治。在批判家看来，随着自由主义理论和激进主义理论的机关刊物《德国年鉴》和《莱茵报》的停刊，自由主义也就销声匿迹了。此后，剩下的似乎仅仅是"余音"了。其实，只有现在，当德国资产阶级感到因经济关系而引起的对政权的真正要求并力图实现这一要求的时候，自由主义才在德国获得了实际的存在，从而才有某种成功的机会。

圣布鲁诺因《神圣家族》而感到的深沉的悲哀，使他不能"在自身中、通过自身并与自身一起"来批判这部著作。为了能够克制自己的悲哀，他首先得设法弄到这一著作的"液体的"形式。他在《威斯特伐里亚汽船》5月号第206—214页上的那篇混乱不堪、误解百出的评论中找到了这种液体的形式。他所有的引文都是摘自《威斯特伐里亚汽船》上所引用的话，除此以外没有任何引文是引自原著。

神圣的批判家的语言也是由威斯特伐里亚的批判家的语言来决定的。起初威斯特伐里亚分子（《威斯特伐里亚汽船》第206页）从序言中所引证的一切原理都转载于《维干德季刊》第140，141页。这种转载又按照黑格尔早已推荐过的陈旧的原则构成了鲍威尔的批判的主要部分，这个原则是：

"信赖人类的正常理智，同时‖为了与时代和哲学并肩前进，要阅读一些对哲学书籍的评论，或许还要阅读这些著作的序言以及开头几段话；因为后者提供作为一切的依据的一般基本原理，而前者除历史的考证外，还提供评价，而评价正因为它是评价，所以超出它所评价的东西。沿着这条老路行走，穿着家常便衣就行了；但是永恒的、神圣的、无限的东西的崇高的感情却须穿着长老的法衣在一条道路上行走"，正如我们所曾见到的，圣布鲁诺也善于沿着这条道路"行走"，从而"使周围的一切化为灰尘"。——黑格尔《现象学》第54页。

威斯特伐里亚的批判家在从序言中作了一些引证后，接着说道："这样，序言本身就把我们引导到书中所开辟的**战场**……"，第206页。

神圣的批判家把这些引文再引用到《维干德季刊》上，然后又作了更加精细的区分，并说道："这就是恩格斯和马克思为了战斗而替自己造成的**土地**和**敌人**。"

威斯特伐里亚的批判家从对"工人一无创造"这个批判的命题的分析中得出的只是摘要性的**结论**。

神圣的批判家真的以为这就是关于这个命题所说的一切，他在第141页上抄下了威斯特伐里亚的引文，发现好像和批判对立的只是一些"主张"，并因此而感到高兴。

威斯特伐里亚的批判家从爱的问题上流露出的批判言论中，在第209页上先抄了一些corpus delicti〔罪证〕，然后从反驳中断章取义地引证了一些句子，企图把这些句子当作权威的根据，为自己的暧昧温存的感伤情绪作辩护。

在第141，142页上，**神圣**的批判家像他的前辈引用引文时那样，把这一切都逐字逐句地照抄下来了。

威斯特伐里亚的批判家对着尤利乌斯·孚赫先生的尸体感叹道："这就是世界上美好东西的命运!"

　　神圣的批判家认为,必须在第142页上完全不适时地重复这种感叹,否则就不能完成自己"艰巨的工作"。

　　威斯特伐里亚的批判家在第212页上对《神圣家族》针对圣布鲁诺本人的论断作了虚伪的概括。

　　神圣的批判家不假思索地把这些破烂连同威斯特伐里亚的一切感叹,都逐字逐句地抄录下来。他**一点也没有**想到在这整部论战性著作中,根本没有一处非难他,说他"把政治解放的问题变成人类解放的问题",说他"想杀害犹太人",说他"把犹太人变成神学家","把黑格尔变成辛利克斯先生",等等。**神圣**的批判家不假思索地重复着**威斯特伐里亚**的批判家的呓语,说什么**马克思**在《神圣家族》中答应要发表一篇什么烦琐的论文来"回答布鲁诺的**庸俗的自我礼赞**"。然而,被圣布鲁诺当作引文引用的"庸俗的自我礼赞"这几个字,在整部《神圣家族》中根本就见不到,而我们在威斯特伐里亚的批判家那里却发现了它们。上面提到的那篇作为对批判的‖"**自我申辩**"的回答的论文,根本不是在《神圣家族》第150—163页上出现的,而是在谈"为什么鲍威尔先生必须搞政治"这一世界历史问题的时候在下一节第165页出现的。

　　最后,在第143页上,在圣布鲁诺的威斯特伐里亚的榜样把"批判的批判的世界历史性的戏剧"变为**"最滑稽的喜剧"**之后,圣布鲁诺也把马克思描绘成**"滑稽的喜剧演员"**第213页。

　　看吧! 批判的批判的敌人就是这样"配而且能""知道**批判家过去如何工作而且现在还如何工作**"!

----

4. 与"莫·赫斯"的诀别

"恩格斯和马克思尚未完成的东西,莫·赫斯正在完成。"
这是一个伟大的、神奇的过渡。通过圣者关于什么是福音宣传者们的相对的"能"与"不能"这一问题的研究,这个过渡如此牢固地铭刻在圣布鲁诺的脑子里,以至在我们这位圣师的每一篇论文中,都会适当或不适当地显露出来。

　　"恩格斯和马克思尚未完成的东西,莫·赫斯正在完成。"但是"恩格斯和马克思尚未完成"的"东西"究竟是什么呢? 原来,恰好就是对施蒂纳的批判。然而为什么恩格斯和马克思**尚未**批判施蒂纳呢? 由于这个充足理由:当他们写《神圣家族》的时候,施蒂纳的书尚未问世。

　　任意虚构一切,使最不相干的东西带上莫须有的因果联系,这种思辨的戏法,的确已经完全迷住了我们这位圣者的心窍。这种戏法在他那里达到了最荒唐无稽的地步并堕落为一种小丑的行径——以了不起的姿态再三重复一些‖废话。例如,在《文学总汇报》第1卷第5期上我们已经读到:"因此,我的著作和例如某个菲力浦逊写满了字的纸张之间的区别"(就是说"例如某个菲力浦逊"用来写字的那些**空白纸**)**"本来是什么样就必须是什么样"!!!**

在神圣的批判家看来,"莫·赫斯"(对于他的著述,恩格斯和马克思完全不负任何责任)是如此稀奇古怪的现象,他所能做的事情不过是摘引"晚近的哲学家"的大段文章并宣称:"这个批判在某些地方没有了解费尔巴哈,**或者是**(啊,神学!)器皿想反抗窑匠。"参看《罗马书》第9章,第20—21节。我们这位神圣的批判家在再一次完成了旁征博引的"艰巨的工作"之后,终于得出结论说,赫斯抄袭**黑格尔**,因为他使用"联合的"和"发展"这两个字眼。圣布鲁诺自然不得不想方设法把《神圣家族》中所指明他是完全依赖于黑格尔的论据拐弯抹角地反转送给费尔巴哈。

"请看,鲍威尔原来就是这样完结的!"特别是在《文学报》反对辛利克斯先生的光荣的斗争时期,"他用尽一切可能的办法来反对黑格尔的全部范畴",但自我意识这一范畴除外。至于他如何反对这些范畴和战胜它们,我们已经见过了。我们不妨再引证《维干德季刊》第110页上的一段话,在那里他断言道:"自然和‖历史中的(1)**矛盾**的(2)**真**的(3)**解决**(4),彼此分隔的诸关系的(5)**真的统一**(6),宗教的真理性的(7)基础(8)和无底的深渊(9)——**真正无限的**(10)、无法抗拒的、**自我创造的**(11)个性(12)——尚未发现。"在短短三行中出现的不是两个似是而非的黑格尔范畴(如像在赫斯那里那样),而是整整一打"真的、无限的、无法抗拒的",而且通过"彼此分隔的诸关系的真的统一"而自行证明确是黑格尔的范畴——"请看,鲍威尔原来就是这样完结的!"如果这位圣者以为,他之所以发现赫斯是一个虔诚的基督徒,不是像布鲁诺所说的那样因为赫斯"希望",而是因为他不希望,因为他谈论"复活",那么我们这位伟大的圣师就使我们有可能仍然根据第110页上的言论看出他的最露骨的·犹·太·作·风。他在那里宣称:"真正的、活的、肉体的人还没有诞生!!!"(关于"唯一的性"的使命的新启示。)"而既生的畸形儿(布鲁诺·鲍威尔?!?)还对付不了所有的**教条公式**",等等。——这就是说,**救世主**还没有降生,**人子**还只是应当莅临世界,而这个世界像旧约世界一样,还处在**律法**、"教条公式"的法鞭之下。

正如在前面圣布鲁诺曾利用"恩格斯和马克思"以过渡到赫斯一样,现在,赫斯又成了圣布鲁诺最终将费尔巴哈同他的关于施蒂纳、关于《神圣家族》以及关于"晚近的哲学家"的信口开河的言论有了|9|因果联系的工具:

"请看,费尔巴哈原来就是这样完结的!""哲学不能不**虔诚地**完结",等等,《维干德季刊》第145页。

但是,真正的因果联系在于,这种感叹乃是从赫斯的"晚近的哲学家"中反对鲍威尔的一段里抄来的,序言第4页:"基督教禁欲主义者的最近的后裔别无他法,不得不如此向世界诀别。"

———————

圣布鲁诺在结束他对费尔巴哈以及所谓费尔巴哈的同党的控诉词时,对费尔巴哈训话,责难费尔巴哈只会"炫耀",只会"吹牛",其实布·鲍威尔 Monsieur〔先生〕或 Madame la critique〔批判太太〕这一"既生的畸形儿",更不用说经常不断的"消灭",

是"乘坐在自己的凯旋车上前进并荣获新的凯旋"（第 125 页）"推翻宝座"（第 119 页）"毁坏着"（第 111 页）"如雷鸣似的震惊着"（第 115 页）"彻底破坏"（第 126 页）"粉碎"（第 121 页）只准自然界"苟延残喘"（第 120 页）建立"更加森严的（!）牢狱"（第 104 页）。最后，以"毁灭性的"说教的雄辩口才在第 105 页上发挥关于"牢固—坚定—结实的、存在着的东西"的"新颖的—公正的—活泼的—自由思想"，在第 110 页上，他用"巨石和峻岩"给费尔巴哈以迎头痛击，最后用一种声东击西的办法甚至超过了圣麦克斯，因为他在第 124 页上更以"最抽象的‖抽象"和"最严酷的严酷"来补充"批判的批判"，"社会的社会"以及"巨石和峻岩"。

所有这一切都是圣布鲁诺"通过自身、在自身中并与自身一起"完成的，因为他就是"他自身"，此外，他"通过自身、在自身中并与自身一起""永远是最伟大的并且能是最伟大的"（是并且能是!）（第 136 页）。完毕。

"从另一方面来说"，如果圣布鲁诺不是"同样地"把"感性当作像人碰到它必然会头破血流的那道铁门槛一样"害怕的话，那么他对于女性说来，无疑是危险的，因为他是"无法抗拒的个性"。因此，他"通过自身、在自身中并与自身一起"未必会折一朵花，而是让花都凋残于无边的相思，和凋残于"有这种唯一的性以及这些唯一的特定的性器官"的"无法抗拒的个性"的歇斯底里的折磨中。

————/

II
布鲁诺·鲍威尔
1845—1846

约瑟夫·魏德迈与马克思合写

布鲁诺·鲍威尔及其辩护士

《威斯特法利亚汽船》杂志
第 2 年卷，1846 年 4 月

|178|布鲁诺·鲍威尔及其辩护士

伟大的批判家,对于他,普通人仅作为需要拯救的大众而生存着,带着对普通人的忙忙碌碌的蔑视,他从自己崇高的立场而垂视,多次发现了大众值得尊敬,这是伟大批判家的成就。对于真正的辩护,他太软弱了,但他却要向被蔑视的大众的眼睛隐藏这种软弱,尝试通过对他的危险对手的佯攻,欺骗大众。《德法年鉴》已经证明了他在犹太人问题上的错误,他只是通过在他的已经死掉的《文学报》上的几个呼吁来回答《德法年鉴》。他觉得自己仍然稳坐在宝座上,用轻蔑赶走他无法反驳的对手,面对《神圣家族》,他不再认为这种姿态是足够的,逃往新的普遍值得推荐的方法。代替攻击文章本身的是他攻击一篇对文章的批评,这个批评在不完全正确的观点上做实验,并且包含各种错误的引文。他在"大众"的无知上做文章,而大众不会发觉变戏法的人的把戏。在何种程度上他在这里算计对了,我们当然无法知道,我们只是惊讶,伟大的批判家似乎没有考虑到,这个藏身之处很容易被发现,而他因此必定陷入一个更不利的处境。——

但是布鲁诺先生并不孤单,他在一项伟大的事业上发现了一位忠诚的同事,这项事业就是在大众面前展示他的对手的无能,目的是能够把自己的无能隐藏在这个假象背后。在《特里尔报》第 87 期上,一个"来自上西里西亚的声音"宣布伟大批评家的赞扬并且又给大众如此**令人信服的**证明,证明他的对手的"真正令人遗憾的无能",以至于不再允许任何人对此有丝毫怀疑。【142】"在拿破仑统治下的法国革命的历史",那里说,"再次表现了这样一种精神的力量和自由,一种如此强大和完美的对精神对象的掌握,一种如此经典的表现的纯粹性,一种如此光辉的对任何"天才崇拜""hero-worship"的胜利或者就像其他可能的说法那样,以至于相对于此,人们对这位批评家的所有攻击,那些一直被称为"毁灭性的"攻击,‖179|都表现在真正令人惋惜的无力状态,比狭隘的自私自利的产品更令人惋惜,这种自私自利以最敏感的方式感觉自己受到一种人的伤害,这种人敢于说:"**我不需要朋友!**"——因为布鲁诺·鲍威尔先生敢于冒这种天下之大不韪,所以他在《德法年鉴》中谈犹太人问题,所以他写《神圣家庭》。啊,伟大的观察家,深刻的识人者! 我们可以问,你在这里想

回答的那些狭隘的自私自利的人的最内在的思想,你是从何准确地了解这种思想?——说出对手太无力了,不值得再和他们纠缠。这确实是一件了不起的事。人们可以把这项功绩交给每一位呼吁者。除了对人格的怀疑,你们不再有别的东西拿来对付批评,你们尝试给这些人格加上不高贵的动机,这样你们自己恰以最好的方式表明,批判是一种"**毁灭性的**",除非是为了把你们的怀疑暴露在适当的光线下,人们已经不值得再和你们交往了。——

在我们过渡到鲍威尔的**自由历史观**之前,我们还想引用我们的辩护士的一小段话,它表明这一段在何种程度上为布鲁诺的精神所渗透。人们也许会比较在《文学报》中的上一篇文章《批判和大众》。"没有一个时代像现在这样,历史批判的必然性迫在眉睫。一盘散沙的大众在种种权力的统治下鼓起说空话的英雄气概,他们不知道这些权力早就获悉他们的历史批判,并且呼唤出大众自己(那种批判当然呼唤出"大众",但只在**那位**批评家的脑子里),一盘散沙的大众置身于**虚无的圆周运动的单调**的晕眩中,最后一定单调得无法忍受,以至于大众不得不看到这样的反应,恳求一个如雷贯耳的决定:立定! 是布鲁诺·鲍威尔首先清楚地意识到这种"无边的走调"及其诸起因;是他首先以英雄的努力争取成为大众的主人,首先成了大众的真正主人并且占有了新的原则,这个原则以胜利的信心义无反顾地走出这个死一般败兴的、耗尽了生命的世界。布鲁诺·鲍威尔首先设定了"思想着的人的精神是【143】过去的种种力量的主人和法官"(对此"思想着的人的精神"一定非常感谢他)。由于**他的世界历史意义**的充沛而强大的意识被激励为鲁莽的行动,他让一系列文章迅速地发表。"——现在,人们不得不承认,我们的辩护士已经把自己吹成一个举足轻重的"说大话的英雄",或者不如说,他已经学会了成功地模仿他的大师,他迷失在关于这位大师的世界历史意义的幻觉当中。大众的"无边的走调"驱使他们请求停下,他以忠诚和信仰容忍了这种"无边的走调",没有看到真正的走调只在他的大师的头脑里,并且作为在他**所造的**历史和**现实的**历史之间的走调,但主要‖180│是在真正的价值评价和对世界的承认之间的走调。按照他的幻象来安排历史,这种"新原则"当然从"这个死一般败兴的、耗尽了生命的世界"走出来导向一个理念的世界,理念的世界与现实世界不再有任何共同之处,除了一个偶然的联结点,也就是布鲁诺·鲍威尔,他也是这个世界真正的理念。

从鲍威尔引用的书当中,那位辩护士引用了一段对拿破仑的描写,这又提供一个新的证据说明布鲁诺先生是如何造历史的:"既不在通常的(!)方式上友善或暴躁,既不温和也不残酷,既不感觉到友好的同情也不唤起它,**就不引起任何个人的情绪,宁静的,**单纯的并且通过它的意志的力量令人敬佩,**在他的激情爆发的时候令人恐惧**,在**他的我**的背景中引导激情算计他们所给予的印象——天生一个陌生人只与法国及其没落的党派们打交道,这对于他似乎太渺小了。他的精神的**冷峻**和**激情**似乎决定了他与**世界**、**人性**、人类作斗争并且遗忘整个法国,或者绝不愿意承认,他通过谎言获得了统治地位,他在雾月十九号的晚上看见自己拥有了这种权势。"——这就是那位男士,他"没法打消没法逃脱布鲁诺·鲍威尔的锐利的目光,这种眼光第一次真实而诚恳地揭露了他的伟大的自私和整个自私的伟大";一个真正的雌雄同体,他可能是"**平静的、不激起任何私人的情绪**",并且同时却"在**他的激情爆发**的时候令人恐惧","在他的我的背景中引导激情"。一个真正的鬼魂,它能够**摆脱**所有激情,却通过它的激情让别人恐惧。这个雌雄同体,这个鬼魂还曾经统治了法国,【144】没有担心法国的"没落的党派"。如此之寓言人们当然只还能够敢在德国编造出来,不必担心被大众嘲笑,只在那里人们能够还想借此欺骗大众,与其余的欧洲(布鲁诺先生立刻把它扩大为"**世界**"、"**人性**"和"**人类**")作战,这依赖于拿破仑的情绪,其实,拿破仑已经处在这场战斗中并且只有通过这场战斗才能获得权势。按照布鲁诺先生的说法,拿破仑没有关心法国的党派,而是通过党派的斗争自己获得了统治地位,他组织了一个杰出的警察和严格的压迫政策以压制那些党派,他作为党派中的一个资产阶级被推翻,作为党派中的一个资产阶级已经变得足够强大粉碎统治者强加的枷锁。法国没有长久的深刻的苦思冥想,拿破仑的良心是否温柔地在一个谎言面前缩回,这也许总是让我们的伟大批评家感到恼怒,但是他要使我们相信,拿破仑是"通过一个谎言"获得权利,这向我们证明他的历史写作又回到童年,在那里允许说,如果路易十六没有招回那些名流,整个法国革命就不会发生,或者说如果‖181│亚当和夏娃恰好没有情绪的话,今天就既不存在历史,也不存在历史撰写者。

　　这样就有必要,伟大人物没有把他的徒弟送到世界上来,用喇叭的喧嚣宣告他的光荣,而教条的社会主义的组织为了这个目的已经作了充分的准备,这是通过它的巴黎通讯员的响当当的空话。

　　　　　　　　　　　　　　　　　　　　　约·魏德迈

卡尔·马克思、弗里德里希·恩格斯、约瑟夫·魏德迈

德意志意识形态

Ⅰ.费尔巴哈和Ⅱ.圣布鲁诺
文章、刊印稿、草稿、誊清稿和笔记

副　卷

英格·陶伯特和汉斯·佩尔格 主编
玛格丽特·狄茨恩、葛拉德·胡伯曼、
克劳蒂亚·莱希尔 协助编辑

编辑符号说明

H	手写的底稿
H^{1a}	较早的草拟稿,作为一个可辨认的文本层次
H²（E）	带有清理标记的文本,新起草的文稿会接着处理它
J	刊印稿
[]	编者补充或原文缺失
|1|	底稿有编号页的开始
|	底稿无编号页的开始,或页的结束
/	编辑文本的开始和结束(不是手稿页的开始或结束)
x	附注文本标记
F	插入标记
m(上标)	马克思修改的或独立撰写的文本,马克思编的页码
e(上标)	恩格斯的纸张编号
b(上标)	伯恩斯坦编的页码

马克思

答布鲁诺·鲍威尔

1845 年 11 月 20 日
（参见本书第 19—20 页）

产生和留传情况

这个稿件是对布鲁诺·鲍威尔的文章《评路德维希·费尔巴哈》的直接回应，即针对其中所含的少量几处对《神圣家族》的批判性意见。① 暂且不论鲍威尔将《威斯特伐利亚汽船》杂志上面的评论②拿来做他论战的对象，到底是出于知识上的愚昧还是出于有意的轻视，马克思实际上自他发表于《德法年鉴》（MEGA2 第一部分第 2 卷，第 141—169 页）上的《论犹太人问题》起，就已经希望和他这位当年的朋友和共同作者进行一次科学的辩论了。

稿件注明的日期是 11 月 20 日。因为《维干德季刊》的第 3 卷直到 1845 年 10 月中才出版（参见本书第 122 页），所以可以假定的是，时间标注未被编辑莫泽斯·赫斯更改。在 1846 年 1 月 27 日出版的《交易所报》第 8 期上面介绍了于 1846 年 1 月 22 日至 1 月 24 日之间面世的《社会明镜》的第 7 期。

这个稿件显示是匿名的。古斯塔夫·迈尔在他针对《莱比锡宗教会议》和《Ⅱ.圣布鲁诺》首次发表的评论中，根据《Ⅱ.圣布鲁诺》中有关段落的字面重复，认为此稿件是出自恩格斯的。从这个作者身份的确定过程中可以得出：按照古斯塔夫·迈尔的猜测，《莱比锡宗教会议》和《Ⅱ.圣布鲁诺》主要是由恩格斯写成，这也就是他将该文置于弗里德里希·恩格斯和卡尔·马克思名下出版的理由。

MEGA1 第一部分第 5 卷将这篇稿件加上"圣布鲁诺反对《神圣家族》的作者"的编辑标题，在附录中出版："可能由埃德加尔·冯·威斯特华伦写成，由马克思编辑。"（MEGA1 第一部分第 5 卷，序言第 18—19 页。）马克思于 1847 年 5 月 15 日写给恩格斯的信可以作为作者身份的证据起到一定作用："你记得，赫斯还欠着我和我

---

① 布鲁诺·鲍威尔的《评路德维希·费尔巴哈》载于《维干德季刊》1845 年第 3 卷，第 138—143 页。在其中题为"费尔巴哈和唯一者。费尔巴哈及其反对批判和唯一者的斗争的结果"的一节里，鲍威尔与费尔巴哈和施蒂纳、《神圣家族》以及莫泽斯·赫斯的《晚近的哲学家》进行了论战。

② ［德］奥托·吕宁：《神圣家族或对"批判的批判"所做的批判。驳布·鲍威尔以及弗·恩格斯和卡·马克思一伙》，载《威斯特伐利亚汽船》第 1 卷，比勒菲尔德，1845 年 5 月，第 204—206 页。

的内弟埃德加尔在《社会明镜》上的钱。"（MEGA2 第三部分第 2 卷，第 90 页。①）由此既不能表明埃德加·冯·威斯特华伦就是文章的作者，也不能表明马克思编辑了它。此外，格·亚·巴加图利亚将这篇文章归到马克思和恩格斯名下。②

在 MEGA2 第一部分第 5 卷的先行版中，这篇稿件首次被置于马克思一个人的名下发表。鲍威尔抨击马克思，马克思回应。没有证据和值得信服的理由指明恩格斯是合著者。

付印稿样未留传下来。

文本描述

J¹ "＊**布鲁塞尔**，11 月 20 日。布鲁诺·鲍威尔在……"载于《社会明镜》。代表无产阶级和阐明当代社会状况的机关报。编辑：莫·赫斯。出版人：尤利乌斯·贝德克。由埃尔伯费尔德的萨姆·卢卡斯印刷。第 2 卷，埃尔伯费尔德 1846 年。第 7 期，1846 年 1 月。附录：消息与简讯。分类：比利时。第 6 页，第 1—2 栏。第 7 页，第 1—2 栏。第 8 页，第 1—2 栏。目录：比利时：**布鲁塞尔（答布鲁诺·鲍威尔）**。——第一版。——波恩大学图书馆，编号 H741/50。阿姆斯特丹国际社会史研究所③，编号 XZO 1590。——"布鲁塞尔"一词前的 ＊ 号不是某个通讯员专有的对应符号。几处强调被取消，"世界舞台"（第 26 行）、"页"、"同上"均用拉丁字体，"等等"以哥特体活字印刷。阿姆斯特丹国际社会史研究所拥有《社会明镜》的第 1 卷和第 2 卷，两卷并在一起收藏于图书馆，附有社会民主党图书馆的编号标签。每期的封面佚失。样本内有几处社会民主党图书馆的印章，编号为 34236。还有少数几处并非出自马克思或恩格斯的画线。葛茨·朗考的说明。样本属于 1935 年之前被秘密保存于柏林，之后被转移至阿姆斯特丹国际社会史研究所的一批材料（参见保罗·迈尔：《社会民主党档案的历史与马恩遗作的命运》，载于《社会史档案》，第 6/7 卷，汉诺威，1966/1967 年，第 162 及 165 页；汉斯-彼得·哈斯迪克：《马克思私人图书馆的命运》，载于《社会史国际评论》，第 18 卷，1973 年，第 202—222 页）。

J² "＊**布鲁塞尔**，11 月 20 日。布鲁诺·鲍威尔在……"载于：《文明世界的社会状况》，莫·赫斯编，弗里德里希·恩格斯、马克思、H. 普特曼、N. 马泰、格奥尔格·维尔特、柯尼斯博士、H. 吕宁、H. 毕尔格斯、J. 迈尔、R. 诺豪斯、F. 施纳克亦有贡献，第二卷，埃尔伯费尔德和伊塞隆，尤利乌斯·贝德克，1847 年。附录：消息与简讯。分类：比利时。第 6 页，第 1—2 栏。第 7 页，第 1—2 栏。第 8 页，第 1—2

---

① 《马克思恩格斯全集》中文版将此句误译为"你记得，从《社会明镜》的时候起，赫斯就欠着我和我内弟埃德加尔的钱。"——中文版编译者注

② 《马克思和恩格斯的〈德意志意识形态〉在马克思主义史中的地位》，莫斯科，1971 年版，第 201 页。

③ 这里指的是荷兰皇家科学院所属的"国际社会史研究所（IISG, Internationales Institut Für Sozialgeschichte in Amsterdam）"。目前，马克思恩格斯全部手稿的原始文献中的 70% 都保存在那里。——审注

栏。——将初版本配以新标题,更改了文章的排列次序,做了一部分重排,加了目录。——位于柏林联邦档案馆图书馆的民主德国时期党与群众团体基金会文库/,编号 R 80 B 511。与 J¹ 相比没有任何更改。

出版说明

此处出版的文本遵循 J¹。标题取自"目录"。由于阿姆斯特丹国际社会史研究所所藏样本的每册封面佚失,因此使用波恩大学图书馆的样本作为文本基础。印刷特别之处如疏排、拉丁字体、"等等"符号的哥特体活字等不予采用。

马克思、恩格斯

费尔巴哈和历史
草稿和笔记

1845 年 11 月底至 1846 年 4 月中旬
（参见本书第 21—82 页）

产生和留传情况

留传下来的手稿是个多层次的文稿。马克思最后将其定稿并编辑页码，并补充上他的若干笔记。原先的三个稿本由恩格斯编号整理为一个可辨认出的连贯层面。这些稿本是在不同的时间、不同的关系下产生的，并拥有各自独立的形成史。

第一个稿本是一篇以布鲁诺·鲍威尔的《评路德维希·费尔巴哈》为对象的文章或者评论的草稿。其留传下来的并不完整。鲍威尔的文章发表在 1845 年的《维干德季刊》第 3 卷上。这一卷出版于 1845 年 10 月 16 日至 18 日间[1]，因此理论上这个草稿的动笔最早可能起始于这个日期。但是更有可能的是，1845 年 11 月 24—25 日后莫泽斯·赫斯抵达布鲁塞尔[2]是马克思动手起草这篇文章的原因。赫斯将找到了出版人的消息带到了布鲁塞尔，至于到底是出版报刊[3]还是出版合集[4]或是年鉴，并不是重点。为此，马克思可能写了一篇关于弗里德里希·李斯特的《政治经济学的国民体系》第一卷（斯图加特/图林根 1841 年版）的文章[5]，一篇关于卡尔·格律恩的《法兰西和比利时的社会运动》（达姆斯塔德 1845 年版）的文章——马克思可能是在 1845 年 8 月下半月从出版人列斯凯那里得到了卡尔·格律恩的这篇文章[6]，最后和恩格斯一起写了一篇关于布鲁诺·鲍威尔的《评路德维希·费尔巴哈》的文章——马克思已经在 1845 年 11 月 20 日对鲍威尔的这篇文章做出过回应（参见本书第 19—20 页）。莫泽斯·赫斯还与马克思合作写了一篇关于阿诺德·卢格的两卷本著作《巴黎二载》（莱比锡 1846 年版，1845 年 11 月初就已出版）的文章，赫斯在 1846 年 1 月 22 至 24 日间出版的《社会明镜》第 7 期上预告了这篇文章，称之为"对

---

① 《交易所报》，第 92 号，1845 年 10 月 21 日。

② 埃尔伯费尔德，11 月 24 日。见：《特里尔日报》第 333 号，1845 年 11 月 29 日。

③ 根据格奥尔格·维尔特 1845 年 12 月 18 日，见 *MEGA2* 第三部分第 1 卷，第 493 页。

④ 根据卡尔·路德维希·伯奈斯 1846 年 1 月 21 日，见 *MEGA2* 第三部分第 1 卷，第 498 页。

⑤ 留传下来的原稿在 *MEGA2* 第一部分第 4 卷中被出版。

⑥ 参见 *MEGA2* 第一部分第 5 卷。第 89—91 页；[德]迪特·戴克塞尔：《卡尔·格律恩批判》，载于《*MEGA* 研究》，阿姆斯特丹，1997 年第 2 期，第 124—142 页。

哲学家和小丑的打发"①。除此之外,无疑还有赫斯的另外一篇稿件,即关于格奥尔格·库尔曼的《新世界或人间的精神王国》(日内瓦 1845 年版)、奥古斯特·贝克尔为其所写的前言以及《宗教运动和社会运动的快乐信使》(1845 年 4 月至 9 月,奥古斯特·贝克尔编)的讨论,赫斯在 1845 年第 6 册的《社会明镜》上预告了这篇文章,称之为"我们对圣人们的批判",此文于 1845 年 11 月 25 日前出版。②

不管这五篇文章是给杂志、季刊、超过 20 印张的合集还是年鉴写的,其评论性质是完全可以确定的。③这些评论产生于马克思、恩格斯和赫斯相互之间的意见一致和思想交流。赫斯于 1845 年 9 月从埃尔伯费尔德迁居布鲁塞尔,又于 1846 年 3 月 22 日至 29 日之间离开布鲁塞尔。④ 这几个月里,他们之间有直接的合作,彼此有不同的观点,但是更多的还是共同的立场和相互的包容。对黑格尔之后的哲学的批判应该是一同起草并发表的。本质上的理论分歧则是在赫斯离开之后在下列文本和稿样里才被提起,即《I."莱茵年鉴"或"真正的社会主义"的哲学》和《IV. 卡尔·格律恩:"法国和比利时的社会运动"(达姆施塔德 1845 年版)或"真正的社会主义"的历史编纂学》。如同这个版本在第一部分第 5 卷所证实的那样,分歧在第一个文本里是间接发生的;而在第二个文本里,赫斯和格律恩则被直接置于"真正的社会主义"的名下。《II. 圣布鲁诺》里这样写道:"对于'莫·赫斯'的著述,恩格斯和马克思完全不负任何责任。"(参见本书第 109 页)《II. 圣布鲁诺》的付印稿样的诞生最早起自 2 月至 3 月,最晚到 1846 年 4 月中;马克思另外所写的补充说明很明显是在赫斯离开之后加入的。"真正的社会主义"以及与此相关的赫斯同马克思及恩格斯之间的理论分歧是从 1846 年年初才初见端倪的,同时期马克思和恩格斯之间的分歧也如出一辙。

对布鲁诺·鲍威尔的《评路德维希·费尔巴哈》的评论一方面围绕对象本身,但整体上则是黑格尔之后的哲学的代表人物布鲁诺·鲍威尔、路德维希·费尔巴哈、麦克斯·施蒂纳、马克思、恩格斯和赫斯之间就黑格尔哲学的讨论的延续。鲍威尔从他在柏林期间起,一直到他移居科隆,曾是马克思亲密的朋友。他们的分道扬镳主要是从围绕"自由人"的讨论开始的。⑤ 马克思以《论犹太人问题》⑥一文开始了与鲍威尔的公开论战,并在《神圣家族》里继续。

---

① 见 *MEGA2* 第一部分第 5 卷,第 81—85 页;[德]英格·陶贝特:《〈德意志意识形态〉的手稿与刊印件》,载于《*MEGA* 研究》,阿姆斯特丹,1997 年第 2 期,第 26—28 页。

② 参见 *MEGA2* 第一部分第 5 卷,第 95 及 101—102 页;[德]英格·陶贝特:《〈德意志意识形态〉的手稿与刊印件》,同上,第 28—30 页。

③ 另参见[德]卡尔·马克思:《1847 年 4 月 3 日的说明》。载《*MEGA* 研究》,阿姆斯特丹,1997 年第 2 期,第 160 页第 8 行。

④ 见[德]英格·陶贝特:《关于〈德意志意识形态〉中莫泽斯·赫斯的合作》,第一部分"1845 年 9 月至 1846 年 3 月之间马克思、恩格斯和赫斯之间的关系",载《马克思恩格斯研究文集》第 26 辑,柏林 1989 年版,第 147—150 页。

⑤ 海尔维格与卢格同"自由人"之间的关系,见格奥尔格·海尔维格的来信,卡尔·马克思编,载 *MEGA2* 第一部分第 1 卷,第 371—372 及 1131—1132 页;又见沃尔夫冈·艾斯巴赫:《青年黑格尔派》,慕尼黑 1988 年版,第 204—226 页

⑥ *MEGA2* 第一部分第 2 卷,第 141—169 页及第 648—667 页。

鲍威尔在《文学总汇报》上,特别是在那几篇被马克思批判的文章里,将"纯粹的批判"描绘为哲学发展的新阶段。费尔巴哈对此保持沉默。鲍威尔再次对费尔巴哈作出清算。对于鲍威尔来说,主要是关于费尔巴哈与黑格尔哲学的关系,关于哲学、宗教与意识形态,关于个体与类,关于感性与唯物主义。费尔巴哈认为施蒂纳在《维干德季刊》1845 年第 2 卷上掀起有关的论战是有价值的。其重点是施蒂纳对费尔巴哈有关个体与类的观点的批判。鲍威尔和施蒂纳还批判了费尔巴哈的类概念,类被视作对个体的压抑,人的个性为类而牺牲,而类是黑格尔的绝对性。马克思、恩格斯和赫斯以及其他的一些社会主义者都对费尔巴哈的类概念给予了正面理解,他们认为,只要个体变成类的一部分,类也就成了对个体的解放。

最后,鲍威尔将马克思和恩格斯以及赫斯描述为费尔巴哈的"后继者",对于他来说,赫斯是费尔巴哈哲学的完成者。赫斯的《晚近的哲学家》一文出版于 1845 年 6 月。文中表示,晚近的哲学家——鲍威尔、施蒂纳和费尔巴哈——只是从理论上消除了个体与类之间的差异,事实上,资产阶级社会中个体的孤立只能通过社会主义来消除,社会主义里的个体们"联合起来,共同生活和工作并上交个人所得"(赫斯:《晚近的哲学家》,达姆施塔德 1845 年版,第 2 页)。鲍威尔在他简单谈及费尔巴哈的"后继者"的那个小节里面对马克思和恩格斯做了一个总的评价,该节直接回应了《神圣家族》中"现实的人道主义"对费尔巴哈哲学的依附,即"现实的人道主义"与费尔巴哈唯物主义的关系。古斯塔夫·尤利乌斯的一篇文章即属于此类,文中马克思被评价作是"费尔巴哈所建立场的深化者",他相信"他导师的观点胜于相信福音",他想"将唯物的人道主义和它的先知费尔巴哈"置于"圣坛"之上。①

鲍威尔在他的文章里面呈现出了黑格尔之后的哲学的概貌,这也成了马克思和恩格斯的论战对象,但它已经远不止仅是同鲍威尔的争论,它同时也是一场大辩论的一个片段,这场大辩论在当时的报刊里面表现得更为广泛,更加丰富。

草稿可能包含 16 个印张,留传下来的是印张 1. 的第 2 页,以及印张 6. 到印张 11.。这些草稿是否有一个大标题,现在已经无从考证,但无论如何是没有小标题的。和《Ⅱ. 圣布鲁诺》的付印稿样一样,草稿遵循了鲍威尔的文章的结构②,鲍威尔

---

① [德]古斯塔夫·尤利乌斯:《可见的人类教会与不可见的人类教会之争或对批判的批判所作的批判之批判》,载《维干德季刊》,1845 年第 2 卷,第 326 页和第 328—329 页。

② 布鲁诺·鲍威尔:《评路德维希·费尔巴哈》,载《维干德季刊》,1845 年第 3 卷,莱比锡 1845 年版,第86—146 页)一文的结构如下:
费尔巴哈的前提(第 86—88 页);
费尔巴哈的神秘主义(第 88—91 页);
费尔巴哈的黑格尔主义(第 92—102 页);
费尔巴哈的宗教(第 102—116 页)。
哲学(第 102—106 页);
宗教(第 106—111 页);
基督教(第 112—116 页);
费尔巴哈的唯物主义(第 116—123 页)。
费尔巴哈和唯一者。费尔巴哈的后继者及其反对批判和唯一者的斗争(第 123—146 页)。
在最后一节里,鲍威尔谈及了恩格斯和马克思的《神圣家族》(第 138—143 页)以及莫泽斯·赫斯的《晚近的哲学家》(第 143—146 页)。

的文章里面内容丰富且详细分段的有关费尔巴哈的那一部分在付印稿里面被总结为"1.'征讨'费尔巴哈",而标题为"费尔巴哈与唯一者",副标题为"费尔巴哈的后继者及其反对批判和唯一者的斗争"的这一节,在付印稿样里面被分成三个独立的部分。

只要将草稿中留传下来的部分同《Ⅱ. 圣布鲁诺》的付印稿做一对比,再加上对草稿中未留传下来的印张的非常有把握的推测性复原,即可证明一些根本的不同之处。

草稿以一个导言开头。这篇导言包括了一段清理标记号为 1 的文本,还包括了页码 1)和 2)以及在它们前面的,即位于印张 1. 的第 1 页的未留传文本。就留传下来的内容来看,论述的是在黑格尔左派的哲学阐释中的"个人的解放",针对这种观点,马克思和恩格斯提出了由历史性的关系所导致的、作为历史活动的"人的解放"。

草稿的费尔巴哈部分原本包含两个内容丰富的阐述,但是在《Ⅱ. 圣布鲁诺》的付印稿里面已不见它们的踪影。在草稿里面,这一部分以清理标记号为 2 的文本开头;它后面是未留传下来的印张 2. 至印张 5.,这其中的五页被马克思用 3)、4)、5)、6)和 7)编上页码;最后,印张 6. 至印张 10. 也属于这个部分,这一部分的论述结束于印张 11. 的第 2 页。在付印稿里面,与"费尔巴哈的黑格尔主义"这一节相关,讨论了鲍威尔同黑格尔之关系,并回顾了《神圣家族》,讨论了鲍威尔的观点"费尔巴哈的类即是黑格尔的绝对,而个体必须屈服于这个绝对",讨论了费尔巴哈的唯物主义以及他极为重要的关于感性的论述。这一题材范围显然也属于草稿里未留传下来的那些部分。在鲍威尔的批判中反映出来的费尔巴哈有关唯物主义、物质、感性和共产主义的那些观点是马克思和恩格斯决定将他们与费尔巴哈之间的分歧以及对他进行的批判大白于天下的原因。付印稿中本节的最后部分(参见本书正文第 102 页)很可能就是出发点。"'费尔巴哈——圣布鲁诺借助于对神圣家族的批判理解终于得出这样一点——是被人道主义既鼓舞又败坏了的唯物主义者,也就是忍受不住尘世以及尘世的存在……但想化为精神而升天的唯物主义者;费尔巴哈还是这样一个不能思考也不能建立精神世界,而被唯物主义所累的人道主义者……'第 123 页。"鲍威尔因此抨击了马克思的评判,马克思认为"费尔巴哈在理论领域……表现了与人道主义一致的唯物主义"(《神圣家族》,第 197 页)。马克思和恩格斯在对费尔巴哈唯物主义进行新的评价的同时修改了这个评判。这一点很可能就是未留传下来的印张 2. 至印张 5. 即第 3—7 页的讨论对象。如果我们假设第 3)到第 7)页是一个完整的文本系统的话,那么印张 4. 的第 2 页和印张 5. 可能属于原文佚失,而印张 2. 至印张 4. 第 1 页则可能在写好之后为了付印而被销毁了。不过也有可能的是,这段批评由两个或三个独立的片段组成,其中还包括了关于个体与类的论述。与费尔巴哈的论战结束于印张 6. 的第 3 页,其命题是"当费尔巴哈是一个唯物主义者的时候,历史在他的视野之外;当他去探讨历史的时候,他不是一个唯物主义者。在他那里,唯物主义和历史是彼此完全脱离的。这一点从上面所说的看来已经非常明显了。(但是当我们现在更进一步思考历史的时候,的确会是如此,因为德国人习惯于在谈论到历史和历史的这些词时想象到各种可能而不是事实本身,尤其是那个'讲坛上有雄辩口才的'圣布鲁诺为此作了光辉的榜样。)"(参见本书正文第25页。)

随后的大篇幅论述结束于草稿的印张11.的第2页,并附注如下:"〈在这段无法避免的离题之后,我们现在回到神圣的布鲁诺及他的世界史斗争。〉"(清理标记号为4的文本。)在草稿中,"这段无法避免的离题"逻辑上指的是对费尔巴哈关于唯物主义和历史的观点的批判,并同样逻辑地过渡到布鲁诺的历史观。马克思和恩格斯在这段相对独立的、后来被马克思标明为"历史"的文字里,使用了"迄今为止的历史观"、"整个德国历史编纂学"、"所谓**客观**的历史编纂学"及一次"唯心主义历史观"等概念,而在《Ⅲ.圣麦克斯》的印张ᵐ4)ᵐ上还有一个"德国哲学的历史观"并附有一个指示符"见前"。在概略叙述自己的观点时,重点在于对"这一历史观"、"发展的历史观"和"历史编纂学的唯物主义基础"的内容描述;而没有出现"唯物主义历史观"这一概念。

位于印张11.的第2至第4页上的留传下来的草稿文字(清理标记号为4的文本)在《Ⅱ.圣布鲁诺》的刊印稿里位于"2.圣布鲁诺对费尔巴哈和施蒂纳之间的斗争的思考"这一节(正文见上册第102—103页),而且在这里才将它补充完整(正文见上册第103页)。随后是"3.圣布鲁诺反对《神圣家族》的作者"这一节,这一节中断于印张11.的第4页(正文见上册第104页),虽然为了刊印,没有做结构上的改动,但是明显经过了加工。随后的未留传下来的印张12.至印张16.包含有一个草稿的修订稿本,这个草稿也涉及鲍威尔与赫斯的论战,但不是"5.圣布鲁诺在他的凯旋车上"这一节。这几个印张肯定是在刊印稿完成之后被作者销毁了。

这一评论还表明了处于黑格尔之后的哲学内部的独立特性,虽然通过对未留传下来的印张进行推测降低了证明的力量。对费尔巴哈唯物主义的重新评价以及对他的共产主义定义的批判性评价——它直接联系到对历史和黑格尔之后的哲学的历史观的阐述——至少证明了:马克思和恩格斯跳脱出黑格尔体系,并在一个新的源头性材料基础的支持下为一个"发展了的历史观"寻找一个新的开始。如果这个评论和马克思及赫斯的其他一些评论都得以成功出版,那这肯定能够影响到当时的论战。

马克思可能是在1846年春才将这个原始稿本分成"费尔巴哈"、"历史"和"鲍威尔"等部分,并将"费尔巴哈"和"历史"编上1—29的页码,他还起草了新的文字过渡部分,并和恩格斯一起拟就了"费尔巴哈"和"历史"的新稿本中的补充文字。"鲍威尔"部分则被修订和补充成为《Ⅱ.圣布鲁诺》。

谁是这个评论的作者呢?将确定作者身份与留传下来的恩格斯或者马克思的笔迹记录联系起来,也就是说,无论是确定恩格斯就是主要作者还是反过来仅仅认定他起了执笔者的作用,都是行不通的。始终都没有什么留传下来的证据能够说明口头讨论对于底稿有何意义。在一张由路易斯·弗赖贝尔格"按照恩格斯的指示和根据他的口述整理"的清单里是这么记载的:"3)费尔巴哈和鲍威尔,1846/47 M.和我"①。尽管恩格斯也是《神圣家族》的共同作者,但马克思对与他曾经的朋友布鲁诺·鲍威尔进行论战的兴趣是更加强烈的驱动力。这个评论的结构和方案与马克思的性格相吻合。因此很可能首先有马克思的草稿存在。但另外一方面,草稿与付印稿的对比中也传达出恩格斯参与的线索。在右边的边栏中有出自恩格斯笔迹的文字片段,这些片段有草稿的性质。这里人们可以以极大的确定性推测,这些就是最初的稿本。在草稿和刊印稿之间有些部分的显著差异也证明了恩格斯所做的独立的修订,因为难以让人相信马克思还中途加入修改了草稿。而对于恩格斯有能力直接添加可付印的阐述,这一点是不存在什么怀疑的。因此,确定马克思和恩格斯作为同等地位的作者,从科学的编辑出版的角度来说,能得到完全的保证。

草稿第 30—35 页是作为《圣麦克斯。旧约。教阶制》一节的一部分而产生的。《Ⅲ.圣麦克斯》的付印稿起始于出自魏德迈笔迹的四个印张,马克思将它们编为 1)到 4)页。这是付印稿的一个新稿本,原始稿本即印张ᵉ1.ᵉ至印张ᵉ5.ᵉ没有留传下来。文字篇幅的减少证明了《Ⅲ.圣麦克斯》的开头部分是被修订过的文字。"我和路易斯一道通读了你的唯一者的大部分,她很喜欢这些。另外顺便说一句,完全重写的那部分是写得的最好的部分。"②

原始稿本是否已经被冠上《Ⅲ.圣麦克斯》的标题,现在无法再追述。而留传下来的付印稿样从一开始就涉及这本书:1.《唯一者及其所有物》,还涉及《维干德季刊》第 3 卷中的《施蒂纳的评论者》这篇文章③;2. 辩护性的评注。研究《唯一者及其所有物》这本书的论文经常间接或直接引用《施蒂纳的评论者》一文。

施蒂纳这本书的"第一部",即名为"人"的这部分(见《圣麦克斯。旧约。人》这一章节)最值得注意的是§1. 政治自由主义,§2. 社会自由主义(见《圣麦克斯·共产主义》一节),§3. 人道自由主义。施蒂纳以此开始了对眼前的现实进行思考。可惜在《共产主义》这一节的回应中少了一印张,同前面的情况一样,它应该属于原文佚失。它包含马克思和恩格斯针对施蒂纳有关共产主义的两个见解的回应,或者说部分回应:施蒂纳认为,在共产主义里,社会将变成唯一的所有者,同时共产主义意在取消个人财产。

再往下,马克思和恩格斯的论述主要是关于从古代到中世纪的历史,以及施蒂纳的历史观——根据施蒂纳的历史观,历史在他看来仅仅是哲学的历史。论战的最后是一些有关思想或者精神力量对居于统治地位的物质力量的依附关系,以及居于

① [德]英格·陶贝特:《〈德意志意识形态〉各篇手稿的留传历史及其第一次的原文出版》,载《MEGA 研究》,国际社会史研究所编,1997 年第 2 期,第 35 页。

② 约瑟夫·魏德迈致马克思的信,1846 年 4 月 30 日,载 MEGA2 第三部分第 1 卷,第 533 页。

③ [德]麦·施蒂纳:《施蒂纳的评论者》,载《维干德季刊》1845 年第 3 卷,莱比锡 1845 年版,第 147—194 页。该文反驳了对施蒂纳的《唯一者及其所有物》的三种批判意见:1) 施里加在《北德意志》3 月号上的批判;2) 费尔巴哈《就唯一者及其所有物论基督教的本质》,载《维甘德季刊》第 2 期;3) 赫斯的小册子《晚近的哲学家》。

统治地位的阶级、力量和思想的关系的见解。虽然施蒂纳在这些部分多次批判费尔巴哈，特别是他的《基督教的本质》，但是黑格尔却几乎未被提到，至少未被作为源头提到。因此这里（可能主要是马克思）所关注的是：证实黑格尔是施蒂纳的历史阐述的首要源头。而这主要是通过对所用版本的精确引用和翔实陈述完成的。属于其中的有：《哲学史讲演录》、《历史哲学讲演录》、《宗教哲学讲演录》①、《哲学全书》、《精神现象学》和《逻辑学》。原始稿本的第 20. 和第 21. 印张是精华所在。这段被马克思编为第 30—35 页的文字被收录到“费尔巴哈和历史”这一部分。

草稿第 36—72 页是作为《Ⅲ. 圣麦克斯·新约》的《作为资产阶级社会的社会》这一小节的一部分而产生的。施蒂纳著作的“第二部。我”（见《圣麦克斯。新约。“我”》这一章节）只进行了很少的章节细分：Ⅰ. 独自性。Ⅱ. 所有者：1. 我的权力；2. 我的交往；3. 我的自我享乐。Ⅲ. 唯一者。在“Ⅲ. 圣麦克斯”中马克思和恩格斯从范围上冲出了论战的对象。“1. 我的权力”和“2. 我的交往”这两节被详细地进行了段落划分。原始稿本（印张 82. 的第 2 页到印张 92. 的第 1 页）的出发点来自于施蒂纳著作的《2. 我的交往》这一节，在《Ⅲ. 圣麦克斯》中它被划分为Ⅰ. 社会；Ⅱ. 反抗和Ⅲ. 共同体。②《Ⅰ. 社会》这一节有 3 个印张的原文佚失，也就是印张 77.、印张 78. 和印张 79.。小节 1—4 佚失，而小节 5）则被留传下来。小节 5）“作为资产阶级社会的社会”以下列说明文字开头：“对于这一章我们要讲得比较多些，因为这一章是‘圣书’中所有的混乱章节中故意弄得最混乱的一章，因为这一章同时也出色地说明我们这位圣者是多么难于认识世俗面貌的事物。……在讨论到资产阶级社会本身以前，我们还要先听一听关于一般地对财产以及对财产同国家的关系的某些新解释。”（印张 80.）

此文本分为两个论断。印张 82. 的第 2 页以及从印张 83. 至印张 92. 的第 1 页属于《论断No2：私有财产、国家和法》。在直接记录原始撰述的基底稿（作为付印稿样而开始记录的）中，这一部分就呈现出了草稿的性质，有着一个草稿该有的全部特征。此处论述的这些问题——有些尚未被完整地论述——主要是基于马克思和恩格斯在巴黎、布鲁塞尔和曼彻斯特所进行的研究。比如马克思撰写的《政治与国民经济学批判》③和恩格斯撰写的《英国社会史》及《英国人的社会发展史》④。对于这部分来说，引人注意的是，与出自这一时期的其他手稿不同，这里没有指明所引用资料的来源，这也是这一稿本异质化、片断化、未完成和不完整性质的一个标志。

---

① ［德］黑格尔：《哲学史讲演录》，卡尔·路德维希·米希勒编，柏林 1844 年版；黑格尔：《宗教哲学讲演录》，菲利普·马尔海内克编，柏林 1840 年版；黑格尔：《历史哲学讲演录》，爱德华·甘斯编，柏林 1837 年版。可参见：《马克思恩格斯书目》，MEGA2 第四部分第 32 卷，第 319、320、321 页。

② 《马克思恩格斯全集》中文版将“反抗”翻译为“暴动”，将“共同体”翻译成“联盟”。——中文版编译者注

③ 列斯凯致马克思，1845 年 12 月 6 日，载 MEGA2 第三部分第 1 卷，第 492 及 851—852 页。

④ 恩格斯致马克思，1844 年 11 月 19 日，载 MEGA2 第三部分第 1 卷，第 251 页；列斯凯致马克思，1845 年 5 月 14 日，载 MEGA2 第三部分第 1 卷，第 465 页。

H¹	原始手稿——阿姆斯特丹国际社会史研究所,马克思恩格斯遗稿,编号 A11/A7(—1)
Negativ von H¹	照相负片,大卫·梁赞诺夫完成于 1923 年 8 月与 10 月之间。——俄罗斯国家社会政治史档案馆,编号 1.1. op. 1. d. 171.
H¹ᵃ	印张 1. 的第 2 页,印张 6. 至印张 11.,印张编号出自恩格斯笔迹。——文章草稿:对布鲁诺·鲍威尔《评路德维希·费尔巴哈》的批判。
H¹ᵇ	印张 20. 和印张 21.,印张编号出自恩格斯笔迹。——来自《Ⅲ.圣麦克斯》的《旧约·教阶制》一节。
H¹ᶜ	印张 84. 至印张 91.,印张 92. 的第 1 页,印张编号出自恩格斯笔迹。——来自《Ⅲ.圣麦克斯》的《新约·作为资产阶级社会的社会》一节。
H¹ᵈ	印张 92. 的第 1 和第 2 页,——马克思的笔记。
H²	第 1 页,第 2 页,第 8—35 页,第 40—72 页,页码标自马克思的笔迹。——《费尔巴哈和历史。草稿和笔记》。
H²(E)	打上文本清理标记号 1 至 8 的文本——《Ⅱ.圣布鲁诺》和《Ⅲ.圣麦克斯·旧约》的《教阶制》一节的付印稿样的草稿。

记述材料:16 个对开印张和 2 个对开页。印张和页被不精确地切割和折叠,个别印张之间可能的毫米偏差未被详细标明。纸张不带横格和水印。

状况:纸张已经发黄褪色,变得有些透明和龟裂,并且页脚及印张和边栏的折叠处已有损坏。而各处的损坏程度则大不相同。底稿露出了几处发黄和被污染的斑块(墨水斑、烧斑、霉斑,等等)。

书写者:弗里德里希·恩格斯和卡尔·马克思,文字的大部分出自恩格斯的笔迹。

书写材料:棓酸铁墨水,褐色,由墨水流势、笔尖强度和笔锋导向这一类原因导致的不同色差,在少数地方还可见红褐色和绿色的铅笔和墨水笔,这些主要是由马克思所使用。

说明:印张页被从中间纵向折叠,左边栏上记述有出自恩格斯笔迹的连续文字(底稿)。但是有少量几行底稿出自马克思的笔迹。字里行间的一些修改既有出自恩格斯笔迹的,也有出自马克思笔迹的。右边栏有出自恩格斯和马克思笔迹的增补和插入性注释、独立的文字片段、边注、分类标注、页码、不属于正文的补充、几何图形及素描。正文用德语字体写成,而外来词和外语文字部分一般使用拉丁字体。经常出现一个词中的单个字母使用拉丁字体的情况。相对而言,在底稿和多数出自恩格斯笔迹的文字修改里较少出现缩写和缩写符号,单词删节主要出现在末音节,缩写符号 & 经常与其后继的单词连写。在几处文字片段能够识别出缩写和缩写符号。马克思所做的修改部分最典型的是单词删节和字母连写。

那些用文本清理标记确定的稿本很明显是独立的层次。此外按时间顺序划分笔迹层次(直接书写和修订阶段)还无法从细节上得到连贯的证实。文本里没有包含与此相关的明确区分标记(书写材料、书写方式、书写者等)。如果存在这种时间上先后顺序的证据,那么断定结果会在"产生与留传情况"及"异文明细表"的考据说明里面被交代。

出自不明者笔迹的评注:与 *MEGA*2 第一部分第 5 卷中其他文本不同的是,这里没有出自伯恩斯坦或者排字工人的修改、删除和补充。但是伯恩斯坦用复写铅笔为稿本编上了第 49—64 页和第 69—116 页的页码(见手稿页码示意图)。此外,稿本里面还有个别用铅笔作的符号,这些在 1923 年大卫·梁赞诺夫版影印本中已不存在。

在最后一页的右边栏上有恩格斯 1883 年之后所作的笔记(参见本书第 82 页)。

印张 1. 的第二页及印张 6. 至 11. 的印张编号出自恩格斯的笔迹(H^{1a})。6 个对开印张和 1 个对开页。印张的尺寸规格是 396 毫米(印张的宽)或 198 毫米(页的宽)×316 毫米(印张及页的高)。印张的规格和状态与《Ⅰ.费尔巴哈。A.一般意识形态,特别是德意志的》及《Ⅰ.费尔巴哈。1.一般意识形态,特别是德国哲学》相同。印张的页脚和折叠处已有损坏,但只是轻微的撕裂。而印张 8. 和印张 11. 则被完全撕开,印张 10. 的连接则出现了松动。而那一张对开页则被损坏的较严重。下边缘被撕破,而保存部分也出现了龟裂和被撕裂的情况。

对开印张的各面上只有三处文字佚失(个别的字母),而它们的上线出头部分和下线出头部分还留存着。这些可以非常明确的被复原。较大的文字佚失则产生在对开页的各面上,只有部分能够被复原。

恩格斯所作的印张编号 6. 到 11. 与一篇较早撰写的,并未完整留传下来的文章草稿有关,这篇文章草稿以布鲁诺·鲍威尔的《评路德维希·费尔巴哈》为批判对象。对开页上没有印张编号,并且同样是出自这一稿本,它应该是某一印张的后半张,可能是印张 1. 的。与其他底稿部分不同,此处部分笔迹较为潦草。印张 8. 的最后一页没有被完全写满,其结尾处是一些指向进一步加工的提示信息。

在直接的记录和可能做过的一次修订之后,H^{1a} 已经变形,并且在这一关联内被再次修订。马克思将这篇文章分成"费尔巴哈"、"历史"和"鲍威尔"三个部分。"费尔巴哈"和"历史"两个部分被马克思编号为第 1—29 页(H^2),但是第 3—7 页没有被留传下来。而《鲍威尔》这一片段则被马克思用横线将其与前文和后文相隔开来,并用竖线或斜线删除了。删除是逐章逐段进行的。以这一方式被完全删除的有印张 10. 的第 1 页,印张 11. 的第 4 页及印张 11. 的第三页的左栏。以这一方式被部分删除的则是在那一张对开页的两面上,和印张 10. 及印张 11. 的第 2 页上(见页码示意图）。附有文本清理标记的被删除文字包含了与鲍威尔的直接辩论，并且在《圣布鲁诺》付印稿样的印张ᵐ1)ᵐ、ᵐ2)ᵐ、ᵐ4)ᵐ和5)ᵐ中得以重见，一部分完全逐字逐句，一部分经过修改。而有几处段落则没有被引用。参见文本清理标记号为 1 至 4 的文字（H^2（E））。

H^{1a}显示出大面积的修改，特别是出自恩格斯笔迹的、较大段的独立段落。底部的 7 行、大范围的一些修改、其下大段的独立段落以及一些边注都出自马克思的笔迹。有几处修改是用红棕色的彩笔进行的。有几页上还有些图画、几何图形和诸如此类的一些东西。对于手稿中的一个连贯层次而言，在文字转换之前和之后的修改并无明确的不同之处。

文字佚失：未被留传下来的第 3—7 页是原始稿本中印张 2. 至 5. 的组成部分。它由 4 个印张共计 16 页组成。至少有一个印张和一个对开页有马克思编的页码，但是这个部分也有可能范围更广些，也就是说带有文本清理标记的那些文字可能是以分散的形式存在着。这个原始稿本包含有出自鲍威尔的文章的四个段落："费尔巴哈的前提"、"费尔巴哈的黑格尔主义"、"费尔巴哈的宗教"和"费尔巴哈的唯物主义"。能够很有把握地确信，马克思编号的那些页面出自最后一个段落。这些页面中的一部分也可能来自鲍威尔的那些段落，这些段落包含费尔巴哈对"人"、个体和类的观点。可以推测，带有马克思编号的那些印张和对开页是在恩格斯死后才从遗稿里面消失掉的。从伯恩斯坦的遗稿中被再次发现的底稿页（包含带有文本清理标记的文字）的留传，支持了这一推测。

印张 20. 和印张 21. 的印张编号出自恩格斯的笔迹。两个对开印张，尺寸规格为 398 毫米（印张的宽）×319 毫米（印张的高）。尺寸规格和《Ⅰ. 费尔巴哈。导言》、《Ⅰ. 费尔巴哈。残篇1》及《Ⅰ. 费尔巴哈。残篇2》一致，但是两者纸张的质地不一致。这些印张只受到轻微的损坏，没有产生文字佚失。

印张 20. 和印张 21. 出自《圣麦克斯·旧约》的"教阶制"一节的付印稿样。这些印张从《圣麦克斯》的付印稿样中取出。在印张 19. 和付印稿样的印张ᵐ20ᵐ之间有段直接的文字过渡。付印稿样中印张 21. 到印张 22. 的文字过渡则已不存在，因为印张 20. 到印张 24. 未被留传下来，但存在着一个出自魏德迈笔迹的新稿本，从印张ᵐ20ᵐ至印张ᵐ23ᵐ第 1 页。从印张ᵐ23ᵐ第 1 页到留传下来的付印稿的印张 25. 的直接文字过渡，也就是印张 23. 第 2 页和印张 24. 的佚失，源自开始进行的文字转换。

有三个文字片段被马克思从 H^{1b} 中抽取出来，并用横线将其与前后文分隔开。而这些前后文又被马克思用竖线删除了。按照这样的方式，印张 20. 的第 1 页和印张 21. 的第 3 页被完全删除，印张 20. 的第 2 页和印张 2. 的第 1 页、第 2 页和第 4 页被部分删除。参见文本清理标记号为 5 至 8 的文字（H^2（E））。与文字片段被抽取相关，这篇文章也被马克思修订过。带文本清理标记的被删除文字是由魏德迈抄写的，这段文字包含有与施蒂纳《唯一者及其所有物》中"教阶制"一节的直接辩论。马克思将不含删除段落的页面标记上第 30—35 页的页码,并将它们一并归到《费尔巴哈和历史》中去。参见页码示意图。

H^{1b}中包含有大范围的出自马克思和恩格斯笔迹的修改。除此之外还有几处旁批也是出自马克思的笔迹。有几处修改是由马克思用红棕色彩笔和铅笔进行的。对于文字转换之前和之后的修改,只有极少的明确的不同之处。

印张 84. 至印张 91. 和印张 92. 的第 1 页,印张编号出自恩格斯的笔迹(**H^{1c}**)。共八个对开印张和一个对开页,原始稿本的印张 84. 至印张 88. 的尺寸规格是 432 毫米(印张的宽)×345 毫米(印张的高),印张 89. 至印张 91. 及那一张对开页的尺寸规格是 396 毫米(印张的宽)或 198 毫米(页的宽)×313 毫米(印张及页的高)。原始稿本中,印张 84. 至印张 88. 及印张 92. 留传下来的那半张均严重受损,有部分边缘已被明显撕开并破裂,这归咎于纸张的尺寸规格偏大。印张 89. 至印张 91. 的边缘部分只是轻微受损。印张 84. 和印张 91. 已经断开,印张 89. 的连接则出现松动。印张 85. 至印张 88. 及那一张对开页上面的严重受损部位已被粘贴。

文字佚失存在于印张 84. 至印张 88. ,较大的文字佚失则是在印张 86. 和印张 88. 以及印张 92. 的那一对开页上。除了一个例外,其他这些佚失部分均能被还原。

这些印张出自《圣麦克斯·新约》的"作为资产阶级社会的社会"一节的付印稿样。它们看来是在直接记录的同时——最迟也是记录下来之后——就已经被抽取出来。因为显然同属于被抽取部分的印张 82. 的后半张及印张 83. 没有被留传下来,所以文字过渡无法被直接证明。《圣麦克斯》的付印稿样的印张 82. 只包含一个对开页。

H^{1c}的第一个印张上,文字已有了它们最终的形态,并且从外表来看与付印稿样的记录相似。从印张 87. 开始文稿有了草稿的特征。在这一印张的后半张上面的字迹开始潦草,并且随后部分是一些未完整阐述的段落、断片式的文字过渡和一些指向进一步加工的提示信息。在 **H^{1c}** 中存在着出自恩格斯笔迹的修改,而出自马克思笔迹的则是几处较小的文字补充和若干旁批。所有由恩格斯进行的修改和补充是否是在直接记录期间被完成的,或者是否进行过修订,已经无法考证。这一部分的文字与草稿其他部分的文字相比,所经过的改动要明显少很多。出自恩格斯笔迹的文字中止于印张 92. 的前半张。马克思将它们重新编上页码,并归入《费尔巴哈和历史》中。打上文本清理标记的文字部分已不存在。

未留传下来的第 36—39 页属于印张 82. 的后半张和《圣麦克斯》的"新约·作为资产阶级社会的社会"一节付印稿样的印张 83. 。《论断 2. 私有财产、国家和法》这一节开始于马克思编的页码中的第 2 页,这一节在抽取其后页面的过程中被删除了。《圣麦克斯》付印稿样中的印张 83. 再度以《论断№2:私有财产、国家和法》为标题开始,但是随后的却是已经修改过的文字。这之后的印张编码是完整连续的。未留传下来的 36—39 页可能包含有论证"私有制对于生产工具和劳动分工的某些发展阶段是必要的"的开头部分。恩格斯在其 1884 年出版的著作《家庭、私有制和国家的起源》中摘引到（原文第 36 页）："在马克思和我于 1846 年合写的一个旧的、未发表的手稿中，我发现了如下一句话：'最初的分工是男女之间为了生育子女而发生的分工'。"在保留下来的页面里找不到与这段引文一字不差完全对应的一页。恩格斯很可能改变了引文，这是人们在 MEGA2 的试行版出版之前所做的阐释。试行版中认为，这段引文可能是出自未被留传下来的 36—39 页；如果人们以此为前提，那么印张 82. 的后半张和印张 83. 在那一时刻应该还存在着。

印张 92. 的第 1 和第 2 页是马克思的笔记（H^{1d}）。这一对开页的尺寸规格参见 H^{1c}。这些笔记既不属于出自恩格斯笔迹的印张编号，也不属于出自马克思笔迹的页码，它们既不属于《Ⅲ. 圣麦克斯》的"新约·作为资产阶级社会的社会"一节，又不属于《费尔巴哈和历史。草稿》。从主题上看，这些笔记应该主要是属于 40—72 页的草稿，但是不仅仅如此。它们记录得非常潦草，难以辨认，并且显示出语法错误。

出版说明

此处出版的文字遵循 H^2。出自最后笔迹的这个稿本由马克思编号，并构成了此版本文字的基础。较早的、被明确视作一个独立层次的那些稿本（H^{1a}，H^{1b} 和 H^{1c}）可以通过排列打上文本清理标记号 1 至 8（H^2（E））的文本来复原。被置入此版本的"出版说明"交代了原始稿本的信息；每篇打上文本清理标记的文本前的"出版说明"确立了与 H^2 之间的关联，并指出了文本发展成为《Ⅱ. 圣布鲁诺》及《Ⅲ. 圣麦克斯》的过程。作为分裂呈现出来的所有异文已经被归入原始稿本的成文过程，而其他的一些异文则不能被明确归类。有这种情况的地方会在异文明细表里面的考据说明里给出信息。① 出自最后笔迹的这个稿本带有草稿的所有标志性特征。基础文本没有标题和副标题，尽管第 1）页被留传了下来。马克思所做的归类标记"费尔巴哈和历史"是存在的。标题"Ⅰ. 费尔巴哈"是后来才产生的。马克思指示"参见上文"和"参见费尔巴哈"，而不是指示"Ⅰ. 费尔巴哈"（见打上文本清理标记号 5 的文本）即可说明这一点。此外《圣布鲁诺》最开始是用"Ⅰ."来标注题头的。因此"Ⅰ. 费尔巴哈"没有作为草稿的标题被采用，而是选取了归类标记"费尔巴哈和历史"来作为编辑上的标题。

H^1 的最后两页上马克思所做的"笔记"是在编页码之后才产生的。它与草稿存在内容上的联系，但是马克思或恩格斯没有对其做任何归类。同样，其产生时间也只能大概地被确定。因此，这些笔记被作为一个相对独立的部分，在其被留传下来的位置被出版。若要将其抽取或者独立成为一个文本，需要通过推断和阐释，但是目前看来这些推断和阐释还没有相应证据。

---

① 由于技术上的和学术上的理由，中文译本没有将原书关于德文本文中打上文本清理标记的各个文本的"出版说明"翻译出来。同样没有翻译的是"异文明细"。——中文版编译者注

打上了文本清理标记的这些文本被作为一个独立的参考部分呈现出来。

《费尔巴哈和历史　草稿和笔记》手稿页码示意图

图例：

第1页	第2页	第3页	第4页
前半张		后半张	

^e6.^e　＝恩格斯用墨水笔编的纸张编号

^m1)^m　＝马克思用墨水笔编的页码

^b49^b　＝伯恩施坦用复写铅笔编的页码

竖线　＝被清理了的(删除、已被誊清或挪至他用)文本

斜线　＝马克思或恩格斯没有写字的空白处

H¹ 第1.张的后半张和第6.—11.张。选自草稿:对布鲁诺《评路德维希·费尔巴哈》的批判。

H² 马克思编为第1,2,8—29页。

H²(E) 清理标记号为1—4的文本。

（图中标记）

上部小表：
- ᵐ1)ᵐ ... 1 ｜ ᵐ2)ᵐ
- （空）｜ 2

主表：

ᵉ6.ᵉ ᵐ6bᵐ ᵐ8)ᵐ ᵇ49ᵇ	ᵐ6cᵐ ᵐ9)ᵐ ᵇ50ᵇ	ᵐ6dᵐ ᵐ10)ᵐ ᵇ51ᵇ	ᵐ6eᵐ ᵐ11)ᵐ ᵇ52ᵇ
ᵉ7.ᵉ ᵐ12)ᵐ ᵇ53ᵇ	ᵐ13)ᵐ ᵇ54ᵇ	ᵐ14)ᵐ ᵇ55ᵇ	ᵐ15)ᵐ ᵇ56ᵇ
ᵉ8.ᵉ ᵐ16)ᵐ ᵇ57ᵇ	ᵐ17)ᵐ ᵇ58ᵇ	ᵐ18)ᵐ ᵇ59ᵇ	ᵐ19)ᵐ ᵇ60ᵇ
ᵉ9.ᵉ ᵐ20)ᵐ ᵇ61ᵇ	ᵐ21)ᵐ ᵇ62ᵇ	ᵐ22)ᵐ ᵇ63ᵇ	ᵐ23)ᵐ ᵇ64ᵇ
ᵉ10.ᵉ ᵇ69ᵇ 3 ... 3	ᵐ24)ᵐ ᵇ70ᵇ	ᵐ25)ᵐ ᵇ71ᵇ	ᵐ26)ᵐ ᵇ72ᵇ
ᵉ11.ᵉ ᵐ27)ᵐ ᵇ73ᵇ	ᵐ28)ᵐ ᵇ74ᵇ 4	ᵐ29)ᵐ 4	4

H[1]第20.张和第21.张。选自《圣麦克斯。旧约。教阶制》。

H[2]马克思编为第30—35页。

H[2](E)清理标记号为5—8的文本。

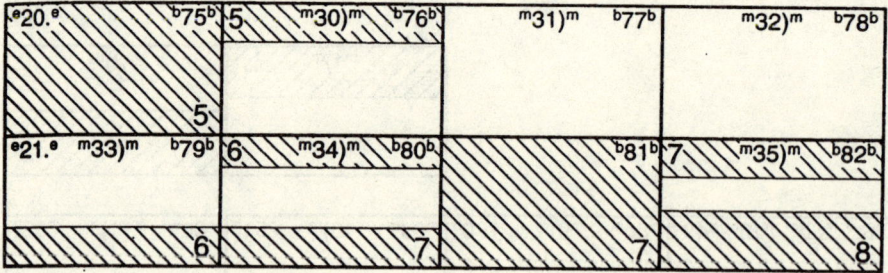

e20.e $^b75^b$ 5	$^m30)^m$ $^b76^b$	$^m31)^m$ $^b77^b$	$^m32)^m$ $^b78^b$
5			
e21.e $^m33)^m$ $^b79^b$ 6	$^m34)^m$ $^b80^b$	$^b81^b$	7 $^m35)^m$ $^b82^b$
6	7	7	8

H¹第84.—91.张和第92.张的前半张。选自《圣麦克斯。新约。作为资产阶级社会的社会》。

H²马克思编为第40—72页,并且在最后面做了一份笔记。

ᵉ84.ᵉ ᵐ40)ᵐ ᵇ83ᵇ	ᵐ41)ᵐ ᵇ84ᵇ	ᵐ42)ᵐ ᵇ85ᵇ	ᵐ43)ᵐ ᵇ86ᵇ
ᵉ85.ᵉ ᵐ44)ᵐ ᵇ87ᵇ	ᵐ45)ᵐ ᵇ88ᵇ	ᵐ46)ᵐ ᵇ89ᵇ	ᵐ47)ᵐ ᵇ90ᵇ
ᵉ86.ᵉ ᵐ48)ᵐ ᵇ91ᵇ	ᵐ49ᵐ ᵇ92ᵇ	ᵐ50)ᵐ ᵇ93ᵇ	ᵐ51)ᵐ ᵇ94ᵇ
ᵉ87.ᵉ ᵐ52)ᵐ ᵇ95ᵇ	ᵐ53)ᵐ ᵇ96ᵇ	ᵐ54)ᵐ ᵇ97ᵇ	ᵐ55)ᵐ ᵇ98ᵇ
ᵉ88.ᵉ ᵐ56)ᵐ ᵇ99ᵇ	ᵐ57ᵐ ᵇ100ᵇ	ᵐ58)ᵐ ᵇ101ᵇ	ᵐ57)ᵐ ᵇ102ᵇ
ᵉ89.ᵉ ᵐ60)ᵐ ᵇ103ᵇ	ᵐ61)ᵐ ᵇ104ᵇ	ᵐ62)ᵐ ᵇ105ᵇ	ᵐ63)ᵐ ᵇ106ᵇ
ᵉ90.ᵉ ᵐ64)ᵐ ᵇ107ᵇ	ᵐ65)ᵐ ᵇ108ᵇ	ᵐ66)ᵐ ᵇ109ᵇ	ᵐ67)ᵐ ᵇ110ᵇ
ᵉ91.ᵉ ᵐ68)ᵐ ᵇ111ᵇ	ᵐ69)ᵐ ᵇ112ᵇ	ᵐ70)ᵐ ᵇ113ᵇ	ᵐ71)ᵐ ᵇ114ᵇ
ᵉ92.ᵉ ᵐ72)ᵐ ᵇ115ᵇ	ᵇ116ᵇ		

《费尔巴哈和历史　草稿和笔记》清理文本一览

［清理标记号为 1 的文本，位于手稿第 1 页（马克思所编页码，下同）开始，参见本书第 21 页。刊印稿《圣布鲁诺》未采用该文本。］

［…《神圣家】‖［1c］｜族》中一再批驳了，神圣的哲学家和神学家因编制关于绝对精神的空洞词句而造出"个人的依赖性"。一些思辨的思想贩子，不是借助个人的"非自立性"，而是借助一种不值一提的社会状况才得出自己哲学上的怪诞想法，他们却向"个人"唠叨这一点，命令个人立刻毫无怨言地"化为绝对精神"，这样似乎"个人"即每一个人就会是"非自立的"，就会真正被扬弃"在绝对精神之中"！/

哲学的破烂。

费尔巴哈和他的其他竞争者一样，自以为超越了哲学！

与过去压抑着个人的普遍性所进行的斗争总括了德国哲学的批判立场。我们认为，这一斗争的展开方式本身是以哲学幻想为基础的，即把普遍性幻想为一种力量。

［清理标记号为 2 的文本，位于手稿第 2 页末尾，参见本书正文第 22 页。
文字经过若干修改后出现在刊印稿《圣布鲁诺》中，参见本书第 97 页。］

/［1d］/圣布鲁诺提供了一篇"评路德维希·费尔巴哈"，这也就是已经在《北德意志杂志》上发表过的一篇论文的修订版。费尔巴哈被描述为"实体"的骑士，这是为了更好地突出鲍威尔的"自我意识"。总之，纯粹批判对任何事情都只会说那是"实体"。在这样的费尔巴哈新化身面前，这个圣人一下子就从费尔巴哈论莱布尼茨和培尔的著作跳到了《基督教的本质》，跳过了费尔巴哈为了反对"实证哲学"而给《哈雷年鉴》写的论文。这是"恰到好处"的"漏洞"。在这里，费尔巴哈与"实体"的实证代表们恰恰是对立的，当圣布鲁诺还在玄想着无垢受孕的时候，费尔巴哈就已经表达出了"自我意识"的全部奥秘。/

费尔巴哈。鲍威尔。

圣布鲁诺论费尔巴哈，说他是实体的骑士。

正是在这篇论文中，费尔巴哈研究了圣布鲁诺依旧还在研讨的【……的奥】秘。

［清理标记号为 3 的文本,位于手稿第 24 页开始,参见本书第 35 页。

文字经过若干修改后出现在刊印稿《圣布鲁诺》中,最终被马克思完全删除了,参见本书第 104 页。］

|10| 至于谈到革命的这种必然性,所有的共产主义者,不论是法国的、英国的或德国的,早就一致同意了,而圣布鲁诺却继续心安理得地幻想,认为"现实的人道主义"即共产主义所以取代"唯灵论的地位"(唯灵论根本没有什么地位)只是为了赢得崇敬。他继续幻想:那时候"灵魂将得救,人间将成为天国,天国将成为人间"(神学博士总是念念不忘天国)。"那时候欢乐和幸福将要永世高奏天国的和谐曲"(第 140 页)。当末日审判——这一切都要在这一天发生,燃烧着的城市火光在天空的映照将是这一天的朝霞——突然来临的时候,当耳边响起由这种"天国的和谐曲"传出的有炮声为之伴奏、有断头台为之击节的《马赛曲》和《卡马尼奥拉曲》旋律的时候;当卑贱的"群众"高唱着 ca ira, ca ira 并把"自我意识"吊在路灯柱上的时候,我们这位神圣的教父将会大吃一惊。我们没有兴致来事先构想圣布鲁诺在末日审判这一天的行为。至于应当把进行革命的无产者了解为反抗自我意识的"实体"或想要推翻批判的"群众",还是了解为还没有足够的浓度来消化鲍威尔思想的一种精神"流射体",这个问题也确实难以解决。/

鲍威尔。

神圣家族。

［清理标记号为 4 的文本,位于手稿第 28 页左栏下半部分,参见本书第 40 页。

文字经修改后出现在刊印稿《圣布鲁诺》中,参见本书第 102—103 页。］

/［11a］/ **鲍威尔。**布鲁诺在对费尔巴哈说了一些相当有分量的话以后,就开始考察费尔巴哈和唯一者之间的斗争。他用来表示自己对这一斗争的关切的第一件东西，就是被奉为手段的三度微笑。"批判家满怀着胜利的信心，高唱凯歌勇往直前地走着自己的道路。有人诋毁他，他**微笑**了。有人宣称他是异教徒，他**微笑**了。旧世界打算发动十字军讨伐他，他**微笑**了。"批判家走着自己的道路——不管是一条还是几条——并不新鲜，批判家说：我们的道路不是你们的道路，我们的思想不是你们的思想，我们的道路是神学的道路，然而我们耻于走其他道路。圣布鲁诺——这一点是可以确定的——走着自己的道路，他不是像其他的人那样前进，而是迈着批判的步伐前进，他带着"微笑"去完成这一重要的事业。"只要他一微笑，他的脸上就会现出许多皱纹，比地图上两个印度的线条还要多。可能发生这样的事情：一个姑娘要给他一记耳光；如果她真的这样做了，那他将会微笑着认为这是极大的艺术"，就像莎士比亚笔下的马伏里奥那样。圣布鲁诺自己甚至不费吹灰之力，就能驳倒他的两个对手，他有一个摆脱他们的简便办法，就是分而治之，让他们自己发生争执。他使费尔巴哈的人和施蒂纳对立（第124页），又使施蒂纳的唯一者和费尔巴哈（第126页及以下各页）对立；他知道，他们之间是势不两立的，就像爱尔兰的基尔肯尼的两只大猫那样，它们彼此把对方吃得精光，结果只剩下了两条尾巴。对于这两条尾巴，圣布鲁诺就来宣布自己的判词：它们是"实体"，因而应当永远受诅咒。结果是，布鲁诺先生对于自己即批判家无法展开任何批判，因为他满足于"自己是批判家"。（页124。）

这个圣人用上述方法对付了费尔巴

140

哈和施蒂纳,而且对于"唯一者""断绝了
进一步发展的任何可能性"之后,现在又
转过来反对那些据说是以费尔巴哈为支
柱的德国共产主义者。圣教父将德国的
共产主义及其理论代表们按照自己的意
愿来处理,当然也一直在等待能够用那
样的方法来处理的这个良机。正因为他
作为思想家的资质以及破绽在《神圣家
族》之中已经被写成报告书,所以这对他
来说更是必要的了。《神圣家族》给可尊
敬的圣师的第一个印象,就是深沉的悲
叹和真挚的正派人的有男子汉气的悲
哀。这本书唯一的好的方面是它指出了
"费尔巴哈**必然成为**什么以及他的哲
学**可能**取得什么地位",如果它**想**反对批判
的话(第 138 页),因而也就是毫不勉强
地把"想"同"可能"和"必然"联系起来
了;这个好的方面毕竟盖不过它的许多
阴暗的方面。在这里被滑稽地当作前提
的费尔巴哈哲学"不配而且不能理解批
判家,不配而且不能知道和认识在发展
中的批判,不配而且不能知道:批判 ‖
[11c]‖对一切超验东西来说是无尽的斗
争和胜利,是不断的破坏和建设,是唯一
的创造物和动力。费尔巴哈哲学不配而
且不能知道:批判家过去如何工作,现在
又如何工作,以便承认那些一直压抑了
人类,使人类喘不过气来和没有生气的
各种超验力量,并**使之成为**(!)它们本来
的那样,即成为产生于精神的精神,内在
中的内在,成为出自本乡也还在本乡的
乡土(!),也就是承认这些超验力量并使
之成为自我意识的产物和创造物。这个
哲学不配而且不能知道:只有批判家是
唯一彻底摧毁了整个宗教和具有各种各
样表现的国家的人,因为如此这般。"第
138,139 页。这不是同老耶和华一模一

样吗？他追赶着自己那些宁愿侍奉快乐的异教神的狡猾百姓，并在后面喊叫道：听我说，以色列，不要把你的耳朵掩盖起来，犹大！难道我不是带领你们走出埃及而到一个流着奶和蜜的地方去的主，你的上帝吗？看，你们从青年时代起在我眼前所干的一切都是罪恶，你们用我双手的产物来激怒我。当我始终不渝地教导你们时，你们以背向我，不以面向我；竟将可憎之物设立在我的殿中，将这殿玷污；没有得到我的命令，你们就在欣嫩子谷建筑巴力的邱坛（费尔巴哈？），我真没想到你们会做出此等下流事；我差遣我的仆人耶利米到你们那里，从亚们之子约西亚即位的第十三年起到今天为止，我一直向他叮嘱我的话，他已经虔诚地向你们传道 23 年了，但你们不愿听他。因此主说：有谁听到过以色列的姑娘干下了许多丑行之类事情？因为【人们忘记我比】雨水【流逝得更快】|

[清理标记号为 5 的文本。位于手稿第 30 页开始，参见本书第 43 页。该文本是魏德迈为《圣麦克斯·教阶制》而写的。]

|20|因此新教是教阶制的真理，也就是说，**是真正的教阶制**。但既然只有**真正**的教阶制才配称为教阶制，那就很明显，中世纪的教阶制不能不是"软弱的"；这是施蒂纳很容易证明的，因为黑格尔在上述各段话中以及在其他上百处地方都把中世纪精神的统治描写成不完备的。施蒂纳所要做的只不过是抄一下而已，至于他"**自身的**"的活动，就是以"教阶制"一词代替"精神的统治"一词。他甚至连非常简单的推论，即他借以把精神的统治直接变成教阶制的推论也可以完全不作，因为在德国理论家中间，用原因

来称呼结果,把所有源于神学而又还没有完全达到这些德国理论家的原理的高度的东西,如黑格尔的思辨、施特劳斯的泛神论等,都归结为神学的范畴,这已经成为时髦——1842 年十分流行的把戏。从上面引用的几段话可以看出:1)黑格尔把法国革命看作这种精神统治的新的更完备的阶段;2)认为哲学家是 19 世纪的世界统治者;3)肯定现在人们中间只有抽象思想行得通;4)在他那里,婚姻、家庭、国家、自力所得、市民秩序、财产等已被看作"**宗教的东西**"了;5)作为世俗化了的神圣性或神圣化了的世俗生活的**道德**被描写成精神统治世界的最高形式和最后形式——所有这一切,我们可以原原本本地在施蒂纳**逐字逐句**重复的东西那里再次看到。

关于施蒂纳的教阶制,不值得多费唇舌和论证,值得一谈、值得证明的仅仅是:施蒂娜为什么抄袭黑格尔,——这是一个事实,但要说明这个事实又需要一些物质材料,‖［20a］‖这个事实只有对那些熟悉柏林气氛的人才是可以解释清楚的。至于黑格尔关于精神的统治的观念究竟是如何形成的,那是另一个问题,关于这一问题,请看上面的页/

［清理标记号为 6 的文本。位于手稿第 34 页开始,参见本书第 46 页。该文本是魏德迈为《圣麦克斯·教阶制》而写的。］

/21/哲学家们对世界统治之黑格尔式的采纳,以及圣麦克斯把它变成了教阶制,是以我们这位圣者的完全无批判的轻信为中介的,并且通过‖［21a］‖"神圣的"或者说是无可救药的无知而实现。这种无知使他仅仅满足于"浏览"历史(即走马观花地阅读黑格尔所用的历史材料),

而不愿费工夫去"知道"许多"事物"。总而言之,一旦开始"学习",他就得担心不能从事(第96页)"取消和融化"了,就得担心陷在"虱子臭虫的忙碌"中了——要寻找不"进到""取消和融化"自己无知的理由,那是"俯拾即是"的。/

[清理标记号为7的文本。位于手稿第35页开始,参见本书第47页。该文本是魏德迈为《圣麦克斯·教阶制》而写的。]

/[21a]/ 如果人们要像黑格尔那样第一次为全部历史创造一个结构,而且是在现代世界的整个范围内创造这个结构,那么,没有广泛的实证知识,没有对经验历史的探究(哪怕是一些片断的探究),没有巨大的精力和远见,是不可能的。反之,人如果只满足于利用和改造现成的| |[21b]| 结构来达到自己的目的,并结合个别的例子(例如黑人和蒙古人、天主教徒和新教徒、法国革命,等等)来说明"自己的"这种观点,在满足的情况下——事实上,我们的这位与圣物搏斗的战士正是如此行动的——在那种情况下,完全不要求有任何历史知识。这样利用的结果,必然是很可笑的;最可笑的是从过去突然跳进现在,我们在关于"怪想"的议论中已经看到了这方面的例子。

谈到中世纪的现实的教阶制,我们在这里仅仅要指出的是:它对于人民,对于广大的群众是不存在的。对于广大群众来说,只有封建制度是存在的,教阶制只有当它本身或者是封建的,或者是在封建制度范围内反封建的时候才是存在的。封建制度本身以纯粹经验的关系作为自己的基础。教阶制以及它和封建制度的斗争(某一阶级的思想家反对本阶级的斗争)只是封建制度以及在封建制

144

度内部展开的斗争（包括封建国家之间的斗争）在思想上的表现。教阶制是封建制度的观念形式；封建制度是中世纪的生产和交往关系（也就是处在其直接的物质现实中的各个个人之间的相互关系）的政治形式。只有从对这一实践的物质关系的叙述出发，才能阐明封建‖[21c]‖制度反对教阶制的斗争；阐明了这些关系之后，以往的盲目相信中世纪的幻想，特别是皇帝和教皇在相互斗争中提出的幻想的所有历史观，就都站不住脚了。/

[清理标记号为 8 的文本。位于手稿第 35 页尾端，参见本书第 47 页。该文本是魏德迈为《圣麦克斯。教阶制》而写的。]

/［21c］/ 圣麦克斯仅仅满足于把黑格尔关于教阶制和中世纪的一些抽象概念归结为若干"华丽的词句和贫乏的思想"，所以根本就没有给出谈论现实的历史的教阶制的机会。由此可见，魔术也可以反过来变，天主教不仅可以被理解为准备阶段，而且可以被了解为真正教阶制的否定；结果，天主教＝精神的否定、非精神、感性，这样也就出现了乡巴佬雅各的一个伟大的教条：**耶稣会教徒**"使我们免遭感性的**衰落和毁灭**"（第 118 页）。如果感性真的毁灭了，"我们将会怎样"，还不得而知。从 16 世纪开始的全部物质运动不是使"我们"免遭感性的"衰落"，相反，却使"感性"得到更为广泛的发展，而这个运动对施蒂纳来说并不存在——所有这一切都是耶稣会教徒实现的。此外，可参看黑格尔的《历史哲学》，第 425 页。

圣麦克斯把旧日的僧侣的统治移到近代，从而把近代解释为"**僧侣主义**"；随

后他又把这种移到近代的僧侣统治看作是和旧日的僧侣统治有区别的,他把这种统治描写成思想家的统治、"**教书匠精神**"。因此,僧侣主义＝作为精神的统治的教阶制|

马克思、恩格斯

费 尔 巴 哈

约 1846 年 1—3 月间

（参见本书第 83—84 页）

产生和留传情况

　　此手稿的对象是路德维希·费尔巴哈的论文《未来哲学原理》。其中的引用分别来自第 1、2、15、27、42、48、54、61、64 和 65 节。此处所使用的版本是苏黎世和温特图尔的文学服务台出版社 1843 年出版的版本，此版本最后收入到马克思的私人藏书中。对费尔巴哈的《基督教的本质》只有一次大概的提及，所以无法确定其版本。后来还加入了一个参阅费尔巴哈的《按照路德的本义谈信仰的本质》第 11 页的注释，此版本是 1844 年出版于莱比锡，同样也被收入到马克思的私人藏书，马克思还将它介绍到巴黎《前进报》上进行部分重印。①

　　《1844 年经济学哲学手稿》（MEGA2 第一部分第 2 卷，第 275—277 及第 317 页）以及《神圣家族》（第六章："绝对的批判的批判或布鲁诺先生所体现的批判的批判"，第二和第三节："绝对批判的第二次征讨"和"绝对批判的第三次征讨"）都包含对《未来哲学原理》的评价。最主要是《未来哲学原理》引起了马克思的评估，他认为费尔巴哈"给社会主义提供了哲学基础"（1844 年 8 月 11 日马克思致费尔巴哈的信，载于 MEGA2 第三部分第 1 卷，第 63 页）。对此马克思和恩格斯在《神圣家族》里说明了理由。

　　在与布鲁诺·鲍威尔的《评路德维希·费尔巴哈》的论战中，《未来哲学原理》再次居于中心地位。特别是在《费尔巴哈的唯物主义》这一段中，鲍威尔对费尔巴哈的论文，对他的真理、现实和感性这些范畴，对他关于人作为感性的本质和感性的对象的理解以及他对共产主义的定义都做了批判。在对《神圣家族》的回应文章中有这样一种观点居于优势地位，即认为马克思、恩格斯和莫泽斯·赫斯是费尔巴哈哲学的完成者，这一点鲍威尔在他的文章里也说到了。人们能在马克思身上看到他同费尔巴哈哲学强烈的依附联系，特别是通过马克思论述过的对"现实的人道主义"和费尔巴哈唯物主义的总结，以及通过他对费尔巴哈关于个体与类的见解的不加批判的阐明。相反，莫泽斯·赫斯却已在他的《晚近的哲学家》中对《未来哲学原理》做了批

---

① 《关于宣传工作。〈前进报〉的编辑工作中的合作》，载 MEGA2 第一部分第 2 卷，第 562—564 页。

判性的评价。

在手稿《费尔巴哈》中，马克思对早前关于《未来哲学原理》所做的评估有所保留，并强调了在《费尔巴哈和历史》中所进行的批判。因此可以想象，此手稿是为了草稿的修订而成的。记录所用纸张的种类可以支持这一说法。①

首次发表：[恩格斯论费尔巴哈]费尔巴哈。载于 *MEGA*1 第一部分第 5 卷，附录，第 538—540 页。

文本描述

H¹　原始手稿——阿姆斯特丹国际社会史研究所，马克思恩格斯遗稿，编号 H2/H1。

此手稿为一个对开印张的某一页中被撕下的一栏。尺寸规格为 99 毫米（栏宽）×316 毫米（栏高）。据推测印张的宽为 396 毫米。

此尺寸规格及纸张材质与《费尔巴哈和历史》印张 6. 至 11. 的相一致，也就是草稿第 1,2 及 8 至 29 页所使用的印张。

纸张已受损。左上角已经被撕掉。文字被记录在已受损的纸张上面，因此也就没有产生文字佚失。

手稿上有出自马克思笔迹的编号。起初马克思在纸张背面上标上 18，在正面上标上 19，后来又将两者颠倒过来。在文字的段落划分 a) 至 f) 中，马克思同样也是先在背面上标上了 a) 和 b)，而后又改成了 c) 和 d)）。

此手稿是在以布鲁诺·鲍威尔的《评路德维希·费尔巴哈》为对象的论文草稿写下之后才产生的，很可能就在草稿被划分为"费尔巴哈"、"历史"和"鲍威尔"之后，也有可能是在马克思通过编号将《费尔巴哈和历史。草稿和笔记》成形之后。

原稿有一组照片编号：3546a,3546b,3546c 和 3546d，这些编号是在为莫斯科马恩研究院拍照时在原始手稿上登记的。

此处出版的文字遵循 **H¹**。

---

① 参见[德]英格·陶贝特:《手稿〈费尔巴哈〉的产生史及其在 *MEGA*2 第一部分第 5 卷中的编排》，载《马克思恩格斯研究文库》第 26 辑，柏林，1989，第 101—109 页。

马克思、恩格斯

Ⅰ.费尔巴哈

A. 一般意识形态，特别是德意志的

约 1846 年 6 月

（参见本书第 85—86 页）

产生和留传情况

此手稿包含一个对老年黑格尔派和青年黑格尔派及两者与黑格尔学说不同依附关系的简短而中肯的评述。其最后断定了德国哲学家们的一个不足，他们"没有一个想到要提出关于德国哲学和德国现实之间的联系问题"（参见本书第 86 页）。从著录的时间顺序角度来看，此处在标题处首次采用了"德意志意识形态"这个概念，一般理解它指的是黑格尔之后的、从施特劳斯到施蒂纳的哲学。

此手稿为誊清稿，很明显是作为付印稿样而写下的，应该是计划中的章节"Ⅰ.费尔巴哈"的开头部分。该原始草稿只留传下来印张 1.的后半张。而这一印张的最后一页上则开始进入《圣布鲁诺》的文字部分（参见打上文本清理标记的编号 2 的文字）。因此也可以假设，未留传下来的文字和打上了文本清理标记的编号 1 的文字是现存手稿的草稿部分，它经过了巨大的修订。

对这一文字记录的时间点，马克思和恩格斯没有给出明确的信息。但文本的标题"Ⅰ.费尔巴哈"则限定了：在那个时刻，草稿（马克思编号为 1、2 及 8 至 29 页）已经被分割成了"费尔巴哈"、"历史"和"鲍威尔"三部分，"莱比锡宗教会议"及第二章、第三章已经存在，且"Ⅰ.费尔巴哈"这一章已经在计划之中了。可以推测的是，《Ⅱ.圣布鲁诺》、《Ⅲ.圣麦克斯》及《格拉齐安诺博士》的付印稿样的整理（在 1846 年 4 月中旬魏德迈起程前），以及第二卷付印稿样的起草（6 月初格奥尔格·维尔特起程前）构成了这些工作的主要内容。

文本描述

H³ 原始手稿——阿姆斯特丹国际社会史研究所，马克思恩格斯遗稿，编号 A11/A7（—1）。

此手稿由一个对开印张组成，尺寸规格为 396 毫米（印张宽）×316 毫米（印张高）。此印张轻微受损，没有出现文字佚失。印张第 4 页的左栏只写了 15 行文字，印张第 2 页和第 3 页的右栏是空白,而左栏是出自恩格斯笔迹的、未经太多文字修改的底稿,文字修改中有一处较大的文字删节。马克思对开头的两段做过修订。

纸张材质和状态参见《费尔巴哈和历史。草稿第 1,2,8 至 29 页》的"文本描述"。

出版说明

此手稿和《Ⅰ.费尔巴哈。1.意识形态一般,特别是德国哲学》(Ⅰ/5—6),《Ⅰ.费尔巴哈。导论》(Ⅰ/5—7)、《Ⅰ.费尔巴哈。残篇1》(Ⅰ/5—8)以及《Ⅰ.费尔巴哈。残篇2》(Ⅰ/5—9)等文本在某些版本中被合并置于单独的章节"Ⅰ.费尔巴哈"的开头。然而既没有马克思或者恩格斯编的页码,也没有其他的线索支持他们这样编排这些手稿。只有文本Ⅰ/5—9上有恩格斯亲笔写下的 5.作为计数或者页码。这一手稿记录时写下的 5.既可能表示第 5 页,也可以表示第 5 印张。围绕这个 5.来编排其他手稿,则是一种推测。文本Ⅰ/5—8 在其第 1 印张第 1 页上有一个目前为止被认为是恩格斯所写的 3)。但是无法确定这到底是出自恩格斯的笔迹还是出自第三者,完全可以确定的是:这个标记不是出自手稿被写下来的同一时间。此处所使用的黑色墨水没有变成褐色。因为 1846 年 7 月 20 日起恩格斯就不再能接触到该手稿了,所以此处的 3) 可能是恩格斯在马克思死后加上去的。这种解释虽然未必真实,但是也不能完全排除其可能性。因此此处的 3)不能作为其他文本编排的可靠线索。

这些是在恩格斯死后由奥古斯特·倍倍儿和爱德华·伯恩斯坦接受这些手稿时鉴定笔迹得出来的结论。随后的时间里,爱德华·伯恩斯坦、弗兰茨·梅林和大卫·梁赞洛夫都研究过这些原始笔迹。1923 年 8 月至 10 月梁赞洛夫对此进行了拍摄,这些照片一直留传下来,并证明了到那个时候为止已有第三者添加了页码。在当时已有的 3)和 5.之外,添上了一些用黑色墨水写的 1)、2)和 4)。通过和伯恩斯坦的笔迹进行比较,可以得出结论,这些编号出自伯恩斯坦之手。按照这些数字,得到以下的编排:文稿Ⅰ/5—7[=1)]、Ⅰ/5—5[=2)]、Ⅰ/5—8 的第 1 印张[=3)]、Ⅰ/5—8 的第 2 印张[=4)]以及Ⅰ/5—9 [=5.]。文稿Ⅰ/5—6 开始处有文本清理标记,但被忽视。参见文本示意图。伯恩斯坦按照上述编号将这些文本集合成一章的开头的第一次尝试,得以留传下来。然而,说他是遵循恩格斯已经做好的编排来编页的,只是一种推测。

最后还有一处用复写铅笔写成的页码,可能同样来自伯恩斯坦。它将伯恩斯坦所拥有的属于《路·费尔巴哈》的一些手稿也算了进去。它很可能是在这些稿件被移交给社会民主党档案馆的时候才产生的。参见手稿示意图。参见《留传史》(《MEGA 研究》,1997 年第 2 期,第 36—38 页)。

手稿《Ⅰ.费尔巴哈》(Ⅰ/5—5 至 Ⅰ/5—9)页码示意图

图例：

第1页	第2页	第3页	第4页
前半张		后半张	

ᵉ5.ᵉ   ＝恩格斯用墨水笔编的印张编号或页码

ˣ3ˣ   ＝恩格斯或者伯恩施坦用墨水笔编的页码

ᵇ1ᵇ   ＝伯恩施坦用复写铅笔编的页码

ᵇ2ᵇ   ＝伯恩施坦用复写铅笔编的页码

ᵇ4ᵇ
ᵇ3ᵇ   ＝伯恩施坦用复写铅笔编的页码

竖线   ＝有清理标记的(删除、已被誊清或挪至他用)文本

斜线   ＝马克思或恩格斯没有写字的空白处

H³ A. 一般意识形态,特别是德意志的。——誊清稿。

| ᵇ2ᵇ | ᵇ3ᵇ | ᵇ4ᵇ | ᵇ5ᵇ | ᵇ6ᵇ |

H² A. 一般意识形态,特别是德国哲学。——草稿。

| ᵇ41ᵇ | ᵇ42ᵇ | ᵇ43ᵇ 意识形态一般,特别是德国哲学 | ᵇ44ᵇ |
| 2387 | | | 无法编排 |

H³ 导言。——**H²** 的誊清稿(有清理标记的文本)。

| ᵇ1ᵇ | ᵇ1ᵇ | ᵇ2ᵇ |

H³ 残篇 1。——誊清稿。

| ˣ3ˣ | ᵇ7ᵇ | ᵇ8ᵇ | ᵇ9ᵇ | ᵇ10ᵇ |
| ᵇ4ᵇ | ᵇ11ᵇ | ᵇ12ᵇ | ᵇ13ᵇ | ᵇ14ᵇ |

H³ 残篇 2。——誊清稿。

| •5.• | ᵇ45ᵇ | ᵇ46ᵇ | ᵇ47ᵇ | ᵇ48ᵇ |

马克思、恩格斯

I. 费 尔 巴 哈

1. 一般意识形态，特别是德国哲学
约 1846 年 6 月
（参见本书第 87—88 页）

产生和留传情况

此手稿是一篇草稿，"I. 费尔巴哈"这一章应该是从这里开始的。它由两部分组成，一部分是没加标题的导论，另一部分是"1. 意识形态一般，特别是德国哲学"这一节。

导论部分一针见血地指出，黑格尔之后的哲学（但没有指名道姓指出代表人物）从 1842 到 1845 年的发展是"黑格尔体系的解体过程"（参见本书第 87 页），更确切地说是"绝对精神的瓦解过程"（参见本书第 87 页）。最后一个自然段预告了计划中的针对"这一运动的个别代表"的批判，并表明"接下来的专门批判"将包含费尔巴哈在内，并对他加以特别的批判。这一段落，已经由恩格斯亲笔在底稿上——更准确地说，是在修订栏上——进行了较大的删减，之后被马克思彻底删除了。通过第二卷对"德意志意识形态"这一概念的使用和对"真正的社会主义"的探讨，可以看出，在副标题中表述的，且在被删除的段落中阐明的"一般意识形态"与作为这种意识形态之组成部分的"德国哲学"之间的区别应当是视具体情况而定的。

但是在接下来的段落中，讨论的不是在副标题和被删除的段落中预告的主题，而是马克思、恩格斯借以开始其讨论的前提，"一些现实的个人，[……]他们的活动和他们的物质生活条件，包括他们已有的和由他们自己的活动创造出来的物质生活条件"（参见本书第 88 页）。后面的论述并未满足这一要求。

产生时期见前。有人认为，马克思和恩格斯的文本与 3 月 28 日《特利尔日报》上的一篇文章的文字相关，这种推测有极大的可能性。①

---

① ［特奥多·奥皮茨：］"来自上西里西亚的特·奥，三月。——（德国历史书写）"，载《特里尔日报》，87号，1846 年 3 月 28 日，第 2 版。其中奥皮茨引用了埃德加尔·鲍威尔的《历史编纂学的技艺和达尔曼先生的法国革命史》（马格德堡，1846 年）里的话。

文本描述

H² 原始手稿——阿姆斯特丹国际社会史研究所，马克思-恩格斯遗稿，编号 All/A7(—1)。

此手稿由两个对开印张组成，尺寸规格为 396 毫米（印张宽）×316 毫米（印张高）。第一个印张的页脚和折叠褶缝处损坏了，文字佚失微不足道（字母的上线和下线出头部分）且可以复原。第一个印张连接松动，而第二个印张保存完好。

第二个印张的第 1 页，更确切地说，左侧一栏的上半部分，由恩格斯亲手所写，即左栏的上半部分。右栏及第 2 页到第 4 页均为空白，没有写字。第一页的右栏上有摄影编码 2387，第 4 页的右栏上有不知名者用铅笔所写的"无法编排"。在 1923 年清点手稿时，这一印张并不属于"Ⅰ.费尔巴哈"①。

1923 年，大卫·梁赞诺夫在伯恩斯坦所持有的恩格斯遗物中中发现了这一印张，并且将它归入手头的手稿中。这一归类整理是按照纸张的性质、书写的方式、使用的书写材料以及文本的逻辑关联进行的。

这一手搞是作为草稿被撰写的，并显示出三个独立的文本层次。对于这一草稿来说，是否之前存在过其他的相关文稿，已无从考证。恩格斯的笔迹书写的第一个文本层次上有改动痕迹，这些是在直接书写底稿的过程中产生的，以及文字中断时加上的标记。另有一段文字也属于这类中断，即"我们这些意见正是针对**费尔巴哈**的，因为只有他才多少向前迈进了几步，只有他的著作才可以认真地加以研究。"

第二个层次是恩格斯亲手所做的修订，时间上可能是在写成后不久的时间内进行过一次。

第三个层次是马克思所做的修订，所有以ᵐ标记的文字改动都属于此。马克思只修改了导言部分。

第四个文本层次参见文本《Ⅰ.费尔巴哈。导言》。该文本写成后，用文本清理标记删除了现有草稿的第一部分。但是线条只划掉了"费尔巴哈"，而没有划掉"Ⅰ"。

出版说明

这里出版的文本遵循 **H²**。**H²** 和《Ⅰ.费尔巴哈。导言》之间的区别将被这一文本的"异文明细"明确显示出来。②

---

① 参见《留传史》，载《*MEGA* 研究》1997 年第 2 期，第 36—37 页及第 44 页。

② 出于技术上和学术上的理由，中文版没有将德文版的"异文明细"译出。考虑到学术的严谨性，欲了解相关详情，应直接阅读本书的德文版，而不宜阅读中译文。——中文版编译者注

马克思、恩格斯

Ⅰ. 费 尔 巴 哈

导　言
约 1846 年 6 月或 7 月上半月
（参见本书第 89 页）

产生和留传情况

此手稿是作为付印稿样而写下的，是打上了文本清理标记而被取消掉的《Ⅰ.费尔巴哈。1.一般意识形态，特别是德国哲学》的第一部分（参见本书第 87 页）的誊清稿。产生时间见前面的说明（参见本书第 149 页）。草稿与誊清稿的不同的纸张性质令人推测出两篇文本的成文时间存在一定的间隔。

文本描述

H³　原始手稿—— 阿姆斯特丹国际社会史研究所，马克思恩格斯遗稿，编号 A11/A7（—1）

这篇手稿由一个对开页组成，尺寸规格为 199 毫米（页宽）×319 毫米（页高），带断裂边缘，这证实此处是某一对开印张的第 1 页。右上角被撕掉，由此产生的文字佚失可被还原；右下角也被撕掉，但未产生文字佚失。此页被纵向折叠，在中间又横向被折叠一次。两面的左栏没有完全写满，而右栏上有一处插入补充。整个文字底稿是恩格斯的手迹，并带有两处文字改动，不存在由马克思手迹所做的修改。在第一面上有一处铅笔写的书目号 A Ⅶ，其下有蓝色墨水笔所做的下划线。

此文本使用的纸张的规格和性质与以下文本所使用的一样：《Ⅰ.费尔巴哈。残篇 1》、《Ⅰ.费尔巴哈。残篇 2》、《莱比锡宗教会议》、《Ⅱ.圣布鲁诺》、《Ⅲ.圣麦克斯》（由魏德迈誊写，印张 1 至 4、15a、20—23 以及 27 和 28）、《真正的社会主义》和《Ⅰ.〈莱茵年鉴〉，或真正的社会主义的哲学》。

出版说明

此处出版的文本遵循 **H³**。打上了文本清理标记的草稿（**H²（E）**）与誊清稿之间的区别在这一文本的"异文明细"里有明示。①

---

① 　出于技术上和学术上的理由，中文版没有将德文版的"异文明细"译出。——中文版编译者注

马克思、恩格斯

Ⅰ. 费 尔 巴 哈

残篇 1
约 1846 年 6 月或 7 月上半月
（参见本书第 90—92 页）

产生和留传情况

此残篇是一篇从"不同民族间的相互关系"以及"单个民族的内部结构"之角度入手论述分工及其历史、分工与所有制形式的关系的拟稿。论述中止于封建时期。整个论述虽然泛泛而谈，但还是表现了在《布鲁塞尔笔记》和《曼彻斯特笔记》中就记录下来的对一些法文、英文和意大利文的政治经济学文献的理解。这些观点与《费尔巴哈和历史》草稿的第 40 至 72 页联系紧密，并产生于同施蒂纳的市民社会观点的论战中。

此残篇可能写于第二卷完成后，即 1846 年 6 月或 7 月上半月。这是一篇誊清稿，有出自恩格斯手迹的文本修改。

文本描述

H³ 原始手稿——阿姆斯特丹国际社会史研究所，马克思恩格斯遗稿，编号 A11/A7(—1)

此手稿由两个对开印张组成，尺寸规格为 398 毫米（印张宽）×319 毫米（印张高）。两印张轻微破损，无文字佚失。左栏的记录出自恩格斯手迹，右栏上有增补及插入注释。第二印张第 2 页的左栏只写了 8 行，而这一页的右栏和这一印张的第 3 页、第 4 页都是空白的。

出自恩格斯手迹的修改大多是在原稿形成时产生的。没有出自马克思手迹的修改。第一印张编号为 3)（参见《Ⅰ. 费尔巴哈。A. 一般意识形态，特别是德意志的》的"出版说明"，第 150 页）。

出版说明

此处出版的文本遵循 **H³**。因为无法明确排除第一印张的编号 3)不是恩格斯的手迹,所以在出版的文本中保留了这一编号。

就这一残篇和下一残篇的排列而言,无法满足按年代顺序编排的要求。没有明确线索能断定这一底稿的具体日期,也无证据表明目前这一排列是按年代顺序进行的。唯一可以确定的是,这些残篇所用的纸张是来自同一批货,且与完成下列付印稿样所使用的对开印张完全相同:这些稿样包括《Ⅰ.费尔巴哈。导言》、《莱比锡宗教会议》、《Ⅱ.圣布鲁诺》、《真正的社会主义》、《Ⅰ."莱茵年鉴",或真正的社会主义的哲学》以及《Ⅲ.圣麦克斯》付印稿样的修订版(参见本书第155页)。由此可以推断的是,这些残篇可能产生于这两卷本的写作的比较靠后的阶段(参见本书第149页)。

这些残篇带有编号为3)和5.。编号3)的可疑性参见第150页。恩格斯在这一时间还写成了《真正的社会主义》和《Ⅰ."莱茵年鉴",或真正的社会主义的哲学》的付印稿样。他用这10个印张标了编号:1.,5.,9.,13.,17.,21.,25.,29.,33.,35.,36.,37.和39.。

这两个残篇有一个不同之处。残篇2试图遵从阐明独特前提以及计划中的"Ⅰ.费尔巴哈"这一章的愿望,而残篇1却是一个针对分工和所有制形式的、相对独立的,但又中断了的草拟稿件,与"Ⅰ.费尔巴哈"中的愿望没有任何关联。

这里呈现的排列顺序不以任何内容上的解释和猜测为依据。将两个残篇反过来排列,是同现在所呈现的排列顺序一样合理的。

马克思、恩格斯

Ⅰ. 费 尔 巴 哈

残篇 2
约 1846 年 6 月或 7 月上半月
（参见本书第 93—94 页）

产生和留传情况

在这一残篇中，马克思和恩格斯指明了个人的物质生活过程及依赖于它，并且"和德国哲学完全相反"的作为实证科学之对象的意识形式（参见本书第 93 页）。这样就要求必须开始着手"对每个时代的个人的现实生活过程和活动的研究"，马克思和恩格斯将他们的要求归结为"几个我们用来与意识形态相对照的抽象，并用历史的例子来加以说明"。（参见本书第 94 页）

此残篇是一篇带有出自恩格斯和马克思修改手迹的誊清稿，这些修改证实了一次修订过程。

至于产生时间，参见本书第 156 页。

文本描述

H³ 原始手稿——阿姆斯特丹国际社会史研究所，马克思恩格斯遗稿，编号 A11/A7（—1）

此手稿由一个对开印张组成，尺寸规格为 398 毫米（印张宽）×319 毫米（印张高）。该印张保存完好，无文字佚失。左栏上有出自恩格斯手迹的记载，右栏上有增补及插入注释。该印张第 4 页只写了 2/3，第 2 页的右栏是空白的。

以恩格斯的笔迹所做的文字改动有一部分是在直接写作（文字底稿）期间产生的，而且即使被删除了，也能轻易辨认出是临时插入。其他的文字改动，包括一处大面积的文字删除，都属于恩格斯和马克思所做的第二次修订，其中马克思作了两处文字改动。

出版说明

此处出版的文本遵循 **H³**。残篇的排列顺序参见《Ⅰ.费尔巴哈。残篇1》的出版说明，第 157 页。

马克思、恩格斯

莱比锡宗教会议

介于 1846 年 2—3 月至 1846 年 4 月中旬之间
（参见本书第 95—96 页）

产生和留传情况

这篇作为《Ⅱ.圣布鲁诺》和《Ⅲ.圣麦克斯》的导论而作的文章评论了又名"莱比锡宗教会议"的《维干德季刊》第 3 卷。在 1846 年 1 月底出版的《社会明镜》第 7 期中，布鲁塞尔人就已经刊印了这一册的如下广告："通常来说，以前天与地之间有我们的哲学家们连做梦都想象不到的事物，那么现在这样的事情却发生在哲学家与哲学家之间，整个世界对他们毫不知情——一场决定性的战役进行了，可不管是欧洲的还是美洲的报纸都没有对此报道——世界历史被引到了尽头，可是世界却对此一无所知。莱比锡郊外的战役与发生在 1845 年莱比锡城内——《维干德季刊》第 3 卷上——的战役相比是一场儿戏。最后的哲学家们因为世界运动将他们带入遗忘的角落而愤怒不已，在这愤怒中他们通过将现实的运动简单地转变成一种哲学范畴'社会主义'，从而使自己以及社会运动被'意识'的'最高立场'毁灭。"（《社会明镜》，第 2 卷，埃尔伯费尔德 1846 年，第 7 期，附录，第 11 页。）作者也有可能是莫泽斯·赫斯。[1]

第 3 卷包含四篇围绕黑格尔之后的哲学及分析其矛盾性的文章。在宗教会议上，马克思与恩格斯只有在布鲁诺·鲍威尔和麦克斯·施蒂纳两人同费尔巴哈进行了论战的文章里有一席之地。

这一付印稿样的文本没有留传下任何草稿，它显示出同《Ⅱ.圣布鲁诺》有直接关联的极大可能性，因此可以假设两者产生的时间相同。

文本描述

H³ 原始手稿——阿姆斯特丹国际社会史研究所，马克思恩格斯遗稿，编号 A13/A7（—2）

此手稿由一个对开印张组成，尺寸规格为 396 毫米（印张宽）×316 毫米（印张

---

[1] 参见《MEGA2 第一部分第 5 卷的结构》，载《MEGA 研究》，1997 年第 2 期，第 96—97 页。

高）。纸张无水印，发黄并有破损。其中第一页下方的角破损较重，以至于产生了少量的文字佚失。

印张中的各页被从中间线纵向折叠，左栏被书写，右栏以及最后一面空白。无恩格斯或马克思所编页码。在被书写过的部分的左上角有一个出自未知手迹的铅笔所作记号×，在第一面上有一个复写铅笔所作的编号 A Ⅶ。此印张（付印稿样）呈现出较少文字改动，两处文字删除可能是马克思做的。

对于纸张特性参见本书第 155 页。

此处出版的文本遵循 **H³**。

马克思、恩格斯

Ⅱ. 圣 布 鲁 诺

介于 1846 年 2—3 月至 1846 年 4 月中旬之间
（参见本书第 97—110 页）

产生和留传情况

手稿《Ⅱ.圣布鲁诺》是一个付印稿样，它由两个独立撰写的稿本组成，这两个文本部分留传下来。马克思和恩格斯先为一篇以布鲁诺·鲍威尔的《评路德维希·费尔巴哈》为论题的文章作了草稿。这一文本（H¹ᵃ）参见第 122—127 页及 130—131 页。在马克思将 H¹ᵃ 分成"鲍威尔"、"费尔巴哈"和"历史"之后，《圣布鲁诺》的草稿（H²（E））才产生。此草稿是《Ⅱ.圣布鲁诺》付印稿样的底稿草案，它有可能一开始被冠以"Ⅰ.圣布鲁诺"的标题。

随着原始论题被降格为与布鲁诺·鲍威尔的论战，也就是随着"费尔巴哈"和"历史"的析出，这一被归入《莱比锡宗教会议》的部分就丧失了它的实质意义。马克思论战的出众之处主要在两个方面：一是与对手进行的有技巧的争论，他娴熟地揭露了论证的误解、来源出处、依赖性和弱点等问题；二是连贯地阐述了某些有独立科学价值的特定话题，例如在《论犹太人问题》一文中对人权的论述，在《神圣家族》中对蒲鲁东、费尔巴哈、黑格尔的历史观，法国大革命以及法国唯物主义等的论述。原始草稿中，在与布鲁诺·鲍威尔的论战之外还生出对费尔巴哈哲学的新评价，并且与黑格尔哲学和黑格尔之后的哲学的"唯心主义历史观"相反，发展出了对历史前提、历史观和历史编纂的"不可避免的偏离"。在《Ⅱ.圣布鲁诺》中留下的是一个重复了《神圣家族》中众所周知的东西的论战，它批判了鲍威尔面对《神圣家族》时的无知，继续对"批判的批判"进行批判，并因为对昔日朋友的愤怒而染上了一层主观的色彩。因此，《Ⅲ.圣麦克斯》便成为《莱比锡宗教会议》中思想内容最丰富的部分。

《Ⅱ.圣布鲁诺》中马克思用 9）编号的那一张纸的第 2 页最后是标题"5.圣布鲁诺在他的'凯旋车'上"及 14 行文字；此标题和文字已被删去。标题和文字可以让人得出这样的结论：这一部分中已谈论过布鲁诺·鲍威尔的学生和追随者们的赞歌，例如特奥多·奥皮茨写的、载于 1846 年 3 月 28 日第 87 号《特里尔日报》的《来自上西里西亚的特·奥》一文也证实如此，虽然马克思认为其作者是施里加。从留传情况可以得出这一结论：在魏德迈所带走的付印稿样中，"5.圣布鲁诺在他的'凯旋车'

上"这一部分还存在,但是有证据显示它在马克思死后由恩格斯接收手稿时却已属于文字佚失。参见约瑟夫·魏德迈(在卡尔·马克思的参与下):《布鲁诺·鲍威尔及其辩护士》,本书上册正文第 111—113 页。

《Ⅱ.圣布鲁诺》的付印稿样最早产生于 1846 年二三月间,最晚 1846 年四月中,即魏德迈离开布鲁塞尔的时间。纸张的特性可以作为判定付印稿样文本日期的依据,该稿样的完成与《圣麦克斯》的完工、第二卷的修改以及为计划中的《费尔巴哈》所写的头一批文稿处于时间上的前后关联之中。

文本描述

H³ 原始手稿——阿姆斯特丹国际社会史研究所,马克思恩格斯遗稿,编号 A12/A7(—2)。

《Ⅱ.圣布鲁诺》的付印稿样由 8 个对开印张和一个对开页组成,该对开页为一个对开印张的第一页。对开印张尺寸规格为 396 毫米(印张宽)×316 毫米(印张高),对开页尺寸规格为 196 毫米(页宽)×316 毫米(页高)。这些印张切割边缘整齐,也就是说它们不是从更大的纸张上手工裁剪或撕扯下来的。每个印张上的折痕不够精确,以致每页的规格大小出现了一定偏差。纸张无水印,结实,发黄,保存完好,部分页脚有撕破痕迹。除了因墨水污渍造成的文字佚失,并无任何因纸张破损造成的文字佚失。这些印张被马克思用铅笔标记的 1)到 8)编过号,而单独的那一页被编为 9)。在马克思编号的时候,这单独的一页很可能是属于一个印张的;从它被撕开的边缘处可以断定第 2 页已被撕去。除此之外没有其他陌生的编号。每一面的左上角处有铅笔所作标记×。《Ⅱ.圣布鲁诺》没有自己的标号,而是在留传中与《莱比锡宗教会议》被归为一类。

印张中的各页被从中间线纵向折叠,左栏上写满了出自恩格斯手迹的底稿。右栏上的文字为标有分类符号的插入性注释或左栏文字的直接增补。马克思所做的改动可能属于对恩格斯作为付印稿样而写下的文字的整体性修订。但这一点尚无法明确被证实。马克思所做的改动涉及校对(例如补上所缺的引号)、修改(如强调、加上引号等)、少量重新表述、一个较大的文字补充和一个较大的文字删除。马克思所做改动的显著之处在于墨水颜色更深和使用的笔锋更尖。

纸张特性参见第 155 页。

在留传下来的最后一面上有恩格斯 1883 年后所做的笔记,正文用复写铅笔写成,下画线用绿色彩色铅笔。

出版说明

此处出版的文本遵循 H³。草稿(H²(E))中留传下来的部分,被作为从清理标记号为 2 的文本到清理标记号为 4 的文本放在《费尔巴哈和历史。草稿和笔记》的参考资料中出版。恩格斯 1883 年后所做的笔记在本次出版的文本中也得以呈现,并在异文明细中有相关描述。

附录一：
卡尔·马克思、弗里德里希·恩格斯、约瑟夫·魏德迈
德意志意识形态（正文）德文原文

KARL MARX, FRIEDRICH ENGELS
JOSEPH WEYDEMEYER
DIE DEUTSCHE IDEOLOGIE
Artikel, Druckvorlagen, Entwürfe,
Reinschriftenfragmente und Notizen
zu I. *Feuerbach* und II. *Sankt Bruno*

TEXT

Bearbeitet von
Inge Taubert und Hans Pelger
Unter Mitwirkung von Margret Dietzen,
Gerald Hubmann und Claudia Reichel

Karl Marx
Gegen Bruno Bauer

Gesellschaftsspiegel.
Bd. 2. H. VII. Januar 1846

|6| * *Brüssel*, 20. November. *Bruno Bauer* stammelt in *Wigand's* Vierteljahrs-
schrift, 3r Band pag. 138 ff., einige Worte der Erwiederung auf *Engels'* und
Marx's Schrift: „die heilige Familie oder Kritik der kritischen Kritik. 1845".
Von vorn herein erklärt *B. Bauer,* daß *Engels* und *Marx* ihn nicht verstanden
hätten, wiederholt mit der unbefangensten Naivität seine alten prätentiösen,
längst in ihr Nichts aufgelösten Phrasen und bedauert die Unkenntniß jener
Schriftsteller über seine Stichworte vom „immerwährenden Kämpfen und
Siegen, Vernichten und Schaffen *der* Kritik", wie sie die „einzige Macht der
Geschichte" sei, wie „einzig und allein *der* Kritiker die Religion in ihrer To-
talität und den Staat in seinen verschiedenen Erscheinungen *gebrochen*" habe, wie „der Kritiker gearbeitet hat und arbeitet" und was dergleichen sonore
Betheurungen und pathetische Ergießungen mehr sind. In seiner Erwiederung
selbst gibt *Bauer* unmittelbar eine neue, schlagende Probe davon, *„wie der
Kritiker gearbeitet hat und arbeitet".* Der „arbeitsame" Kritiker findet es
nämlich seinem *Zweck* entsprechender, statt das Buch von *En‖7|gels* und
Marx eine mittelmäßige und confuse *Rezension dieses Buchs* in dem *„Westphälischen Dampfboot"* (Maiheft pag. 208 ff.) zum Gegenstand seiner Ausrufungen und Citate zu machen – eine *Eskamotage,* die er mit kritischer Vor-
sicht seinem Leser verheimlicht. – Indem *Bauer* aus dem Dampfboot *abschreibt,* unterbricht er diese *„saure Arbeit"* des Copirens nur mit einsylbi-
gem, aber vielsinnigem Achselzucken. Auf Achselzucken beschränkt sich die
kritische Kritik, seitdem sie nichts mehr zu sagen hat. Sie findet ihr Heil in
den *Schulterblättern,* trotz ihres Hasses gegen die *Sinnlichkeit,* die sie nur unter der Form *eines „Stocks"* (siehe *Wigands* Vierteljahrsschrift pag. 130.)
sich vorzustellen weiß, eines Zuchtinstrumentes für ihre theologische Blöße. –
Der westphälische Rezensent gibt in oberflächlicher Hast lächerliche und direkt dem von ihm angezeigten Buch widersprechende Zusammenfassungen
dieses Buchs. Der *„arbeitsame"* Kritiker schreibt das Machwerk des Rezensenten ab, schiebt es *Engels* und *Marx* unter, und ruft der unkritischen Masse,
die er mit dem einen Auge niederschmettert, während er sie mit dem andern
kokettirend heranwinkt, triumphirend zu: *Siehe da, meine Gegner!* – Stellen
wir nun wörtlich die Aktenstücke zusammen. – Der Rezensent im Westphälischen Dampfboot: „Um die Juden todt zu schlagen, verwandelt er
(B. Bauer) sie in Theologen und die Frage der politischen Emancipation in

die der menschlichen; um *Hegel* zu vernichten, verwandelt er ihn in Herrn *Hinrichs*; und um die französische Revolution, den Communismus, den Feuerbach los zu werden, schreit er „Masse, Masse, Masse!" und wieder „Masse, Masse, Masse!" kreuzigt sie zum Preise des Geistes, der da ist die Kritik, die wahrhaftige Inkarnation der absoluten Idee in Bruno von Charlottenburg." (Westphälisches Dampfboot l. c. pag. 212.) Der *„arbeitsame" Kritiker:* „Der Kritiker der kritischen Kritik" werde „am Ende kindisch", „erscheine als Harlekin auf dem theatro mundi" und „wolle uns glauben machen", „ganz im Ernst *behaupte er's,* daß *Bruno Bauer,* um die Juden etc. etc." – folgt die ganze nirgendwo in der „heiligen Familie" befindliche Stelle aus dem Westphälischen Dampfboot *wörtlich.* (*Wigand's* Vierteljahrsschr. pag. 142.) Man vergleiche dagegen das Verhältniß der kritischen Kritik zur Judenfrage und zu der politischen Emancipation in der heiligen Familie, unter andern pag. 163–185, über ihr Verhältniß zur französischen Revolution pag. 185–195, über ihr Verhältniß zum Socialismus und Communismus p. 22–74, p. 211 ff., p. 243–244 und den ganzen Abschnitt über die kritische Kritik als Rudolph *Fürst* von Gerolstein p. 258–333. Ueber das Verhältniß der kritischen Kritik zu *Hegel* siehe das Geheimniß der „spekulativen Construktion" und die folgende Ausführung p. 79 ff., ferner p. 121 u. 122, p. 126–128, p. 136–137, p. 208–209, p. 215–227 und p. 304–308; über das Verhältniß der kritischen Kritik zu *Feuerbach* siehe p. 138–141, und endlich über das Resultat und die Tendenz der kritischen Kämpfe gegen die französische Revolution, den Materialismus und Socialismus p. 214–215. – Man wird aus diesen Citaten ersehen, daß der westphälische Rezensent ein möglichst schiefes, lächerlich mißverstehendes und nur eingebildetes Resümé dieser Entwickelungen gibt, ein Resümé, das der *„reine"* und *„arbeitsame"* Kritiker mit „schöpferischer und vernichtender" Gewandtheit dem Original *unterschiebt.* – Weiter! – *Der Rezensent im Westphälischen Dampfboot:* „Seine (nämlich B. Bauer's) *alberne Selbstapotheose,* in der er zu beweisen versucht, daß da, wo er früher befangen war von den Vorurtheilen der Masse, diese Befangenheit nur ein nothwendiger Schein der Kritik war, erwiedert *Marx* mit dem Anerbieten folgenden *scholastischen Traktätleins:* „Warum die Empfängniß der Jungfrau Maria gerade von Herrn *Bruno Bauer* bewiesen werden mußte etc. etc."" (Dampfboot p. 213.) *Der „arbeitsame" Kritiker:* „Er (der Kritiker der kritischen Kritik) will uns *weiß machen und glaubt* am Ende seinem Schwindelgeiste selber, daß *Bauer* da, wo er früher befangen war von den Vorurtheilen der Masse, diese Befangenheit nur als einen ‖8‖ nothwendigen Schein der Kritik, und nicht vielmehr aus dem nothwendigen Entwicklungsgang der Kritik darstellen wolle, und bietet darum als *Erwiederung* solcher *„albernen Selbstapotheose"* folgendes scholastische Traktätlein an: „Warum die Empfängniß der Jungfrau Maria etc. etc."" (*Wigands* Vierteljahrsschr. p. 142–

143.) In der heiligen Familie p. 150–163 findet der Leser einen eigenen Abschnitt über die *Selbstapologie Bruno Bauer's,* worin leider *kein Jota* von dem scholastischen Traktätlein steht, welches also in keinem Fall als Erwiederung auf die Selbstapologie *Bruno Bauer's* angeboten wird, wie der west-
5 phälische Rezensent sich einbildet und der dienstfertige *Bruno Bauer* theilweise sogar mit *Anführungszeichen* als Citat aus der *heiligen Familie* abschreibt. Das Traktätlein findet sich in einem andern Abschnitt und in einem andern Zusammenhange. (Siehe heilige Familie p. 164 und 165.) Was es da zu bedeuten hat, mag der Leser selbst nachsehen und abermals die „reine"
10 Schlauheit des „arbeitsamen" Kritikers bewundern. – *Der „arbeitsame" Kritiker* ruft schließlich aus: „*Damit* (nämlich mit den von *Bruno Bauer* dem Westphälischen Dampfboot entlehnten und den Schriftstellern der heiligen Familie *untergeschobenen* Anführungen) ist natürlich *Bruno Bauer* tüchtig abgemuckt und die Kritik zur Raison gebracht. *Vielmehr Marx* hat uns ein
15 Schauspiel gegeben, indem er zuletzt selbst als ergötzlicher Komödiant auftritt." (*Wigand's* Vierteljahrsschrift p. 143.) Um dies *„vielmehr"* zu verstehen, muß man wissen, daß der *westphälische Rezensent,* bei welchem *Bruno Bauer* als *Copist* arbeitet, seinem kritischen und arbeitsamen Schreiber in die Feder diktirt: „Das welthistorische Drama (nämlich der Kampf der
20 *Bauer*'schen Kritik gegen die Masse) zerfließt ohne viele Kunst in die *ergötzlichste Komödie.*" (Westphälisches Dampfboot p. 213.) Da springt der unglückliche Copist auf, es geht über seine Kräfte, sein eignes Urtheil abzuschreiben. „*Vielmehr!*" – fällt er dem diktirenden westphälischen Rezensenten in's Wort – „*Vielmehr .... Marx ....* der *ergötzlichste Komödiant!*"
25 und er wischt sich den Angstschweiß von der Stirne. – – *Bruno Bauer,* indem er zur ungeschicktesten *Escamotage,* zum traurigsten Taschenspielerkunststück seine Zuflucht nimmt, hat in letzter Instanz das Todesurtheil bestätigt, das *Engels* und *Marx* in der „Heiligen Familie" über ihn gefällt haben. |

[Entwurf S. 1 bis 29, S. 3 bis 7 nicht überliefert. Entstanden als Teil eines Artikels: Kritik von Bruno Bauers „Charakteristik Ludwig Feuerbachs".]

/1/ Wir werden uns natürlich nicht die Mühe geben, unscre wcisen Philosophen darüber aufzuklären, daß die „Befreiung" des „Menschen" damit noch um keinen Schritt weiter gekommen ist, wenn sie Philosophie, Theologie, Substanz & den ganzen Unrath in das „Selbstbewußtsein" aufgelöst, wenn sie den „Menschen" von der Herrschaft dieser Phrasen, unter der er nie geknechtet war, befreit haben; daß es nicht möglich ist, eine wirkliche Befreiung anders als in der wirklichen Welt & mit wirklichen Mitteln durchzusetzen, daß man die Sklaverei nicht aufheben kann ohne die Dampfmaschine & die Mule-Jenny, die Leibeigenschaft nicht ohne verbesserten Ackerbau, daß man überhaupt die Menschen nicht befreien kann, solange sie nicht im Stande sind, sich Essen & Trinken, Wohnung & Kleidung in vollständiger Qualität & Quantität zu verschaffen. Die „Befreiung" ist eine geschichtliche That, keine Gedankenthat, & sie wird bewirkt durch geschichtliche Verhältnisse, durch den St[an]d d[er] Industrie, des Han[del]s, [des Acker]baus, d[es] Ver[kehrs …]sen ||2| dann nachträglich, je nach ihren verschiednen Ent-

Feuerbach.

Philosophische u. wirkliche Befreiung.
Der Mensch. Der *Einzige.* Das *Individuum.*

Geologische hydrographische etc Bedingungen.
Der menschliche Körper. Das Bedürfniß u. die Arbeit.

wicklungsstufen, den Unsinn von
Substanz, Subjekt, Selbstbewußtsein
& reiner Kritik gerade wie den religiösen & theologischen Unsinn, &
5 beseitigen ihn nachher wieder, wenn
sie weitgenug entwickelt sind. Natürlich ersetzen in einem Lande wie
Deutschland, wo nur eine lumpige
geschichtliche Entwicklung vor sich
10 geht, diese Gedankenentwicklungen,
diese verklärten & thatlosen Lumpe-
reien den Mangel der geschichtlichen, setzen sich fest & müssen bekämpft werden. Aber das ist ein
15 Kampf von *lokaler* Bedeutung. /
[…] |8| sich in Wirklichkeit & für
den *praktischen* Materialisten, d. h.
Kommunisten, darum handelt, die bestehende Welt zu revolutioniren, die
20 vorgefundnen Dinge praktisch anzugreifen & zu verändern. Wenn bei
Feuerbach sich zuweilen derartige
Anschauungen finden, so gehen sie
doch nie über vereinzelte Ahnungen
25 hinaus & haben auf seine allgemeine
Anschauungsweise viel zu wenig
Einfluß als daß sie hier anders, denn
als entwicklungsfähige Keime, in
Betracht kommen könnten. Feuer-
30 bachs „Auffassung" der sinnlichen
Welt beschränkt sich einerseits auf
die bloße Anschauung derselben, &
andrerseits auf die bloße Empfindung, sezt „*den* Menschen" statt den
35 „wirklichen historischen Menschen".
„*Der* Mensch" ist realiter „der Deutsche". Im ersten Falle, in der *Anschauung* der sinnlichen Welt stößt
er nothwendig auf Dinge, die seinem
40 Bewußtsein & seinem Gefühl wider-
sprechen, die die von ihm vorausge-

Phrasen u. wirkliche Bewegung.

Bedeutung der Phrasen für Deutschland.

Feuerbach.

setzte Harmonie aller Theile der sinnlichen Welt, & namentlich des Menschen mit der Natur stören. Um diese zu beseitigen, muß er dann zu einer doppelten Anschauung seine Zuflucht nehmen, zwischen einer profanen, die nur das „auf platter Hand Liegende" & einer höheren, philosophischen, die das „wahre Wesen" der Dinge erschaut. Er sieht nicht wie die ihn umgebende sinnliche Welt nicht ein unmittelbar von Ewigkeit her gegebenes, sich stets gleiches Ding ist, sondern das Produkt der Industrie & des Gesellschaftszustandes & zwar in dem Sinne, daß sie geschichtliches Product ist, das Resultat der Thätigkeit einer ganzen Reihe von Generationen ist, deren Jede auf den Schultern der vorhergehenden stand, ihre Industrie & ihren Verkehr weiter ausbildete, ihre soziale Ordnung nach den veränderten Bedürfnissen modifizirte. Selbst die Gegenstände der einfachsten „sinnlichen Gewißheit" sind ihm nur durch die gesellschaftliche Entwicklung, die Industrie & den commerziellen Verkehr gegeben. Der Kirschbaum ist, wie fast alle Obstbäume, bekanntlich erst vor wenig Jahrhunderten durch den *Handel* in unsre Zone verpflanzt worden, & wurde deßhalb erst ||9| *durch* diese Aktion einer bestimmten Gesellschaft in einer bestimmten Zeit der „sinnlichen Gewißheit" Feuerbachs gegeben. Übrigens löst sich in dieser Auffassung der Dinge wie sie wirklich sind & geschehen sind, wie sich weiter unten noch deutlicher zeigen wird,

NB. Nicht daß F. das auf platter Hand liegende, den sinnlichen *Schein* der durch genauere Untersuchung des sinnlichen Thatbestandes constatirten sinnlichen Wirklichkeit unterordnet, ist der Fehler, sondern daß er in letzter Instanz nicht mit der Sinnlichkeit fertig werden kann, ohne sie mit den „Augen", d. h. durch die „Brille" des *Philosophen* zu betrachten.

Feuerbach.

jedes tiefsinnige philosophische Problem ganz einfach in ein empirisches Faktum auf. Z. B. die wichtige Frage über das Verhältniß des Menschen
5 zur Natur, (oder gar, wie Bruno sagt (p. 110) die „Gegensätze in Natur u. Geschichte" als ob das zwei von einander getrennte „Dinge" seien, der Mensch nicht immer eine geschicht-
10 liche Natur u. eine natürliche Geschichte vor sich habe,) aus der alle die „unergründlich hohen Werke" über „Substanz" & „Selbstbewußtsein" hervorgegangen sind, zerfällt
15 von selbst in der Einsicht, daß die vielgerühmte „Einheit des Menschen mit der Natur" in der Industrie von jeher bestanden & in jeder Epoche je nach der geringeren oder größeren
20 Entwicklung der Industrie anders bestanden hat ebenso wie der „Kampf" des Menschen mit der Natur, bis zur Entwicklung seiner Productivkräfte auf einer entsprechenden Basis. Die
25 Industrie & der Handel, die Produktion & der Austausch der Lebensbedürfnisse bedingen ihrerseits & werden wiederum in der Art ihres Betriebes bedingt durch die Distributi-
30 on, die Gliederung der verschiedenen gesellschaftlichen Klassen – & so kommt es denn, daß Feuerbach in Manchester z. B. nur Fabriken & Maschinen sieht, wo vor hundert
35 Jahren nur Spinnräder & Webstühle zu sehen waren oder in der Campagna di Roma nur Viehweiden & Sümpfe entdeckt wo er zur Zeit des Augustus nichts als Weingärten &
40 Villen römischer Kapitalisten gefunden hätte. Feuerbach spricht nament-

lich von der Anschauung der Naturwissenschaft, er erwähnt Geheimnis-
se die nur dem Auge des Physikers
& Chemikers offenbar werden; aber
wo wäre ohne Industrie & Handel
die Naturwissenschaft? Selbst diese
„reine" Naturwissenschaft erhält ja
ihren Zweck sowohl, wie ihr Material erst durch Handel & Industrie,
durch sinnliche Thätigkeit der Menschen. So sehr ist diese Thätigkeit
dieses fortwährende sinnliche Arbeiten & Schaffen, diese Produktion die
Grundlage der ganzen sinnlichen
Welt, wie sie jetzt existirt, daß, wenn
sie auch nur für ein Jahr unterbrochen würde, Feuerbach eine unge-
heure Veränderung nicht nur in der
natürlichen Welt vorfinden, sondern
auch die ganze Menschenwelt u. sein
eignes Anschauungsvermögen, ja
seine Eigne Existenz sehr bald ver-
missen würde. Allerdings bleibt dabei die Priorität der äußeren Natur
bestehen, & allerdings hat dies Alles
keine ||10| Anwendung auf die ur-
sprünglichen, durch generatio aequivoca erzeugten Menschen; aber diese
Unterscheidung hat nur in sofern
Sinn als man den Menschen als von
der Natur unterschieden betrachtet.
Übrigens ist diese, der menschlichen
Geschichte vorhergehende Natur ja
nicht die Natur in der Feuerbach lebt,
nicht die Natur, die heutzutage, ausgenommen etwa auf einzelnen au-
stralischen Koralleninseln neueren
Ursprungs, nirgends mehr existirt,
also auch für Feuerbach nicht ex-
istirt. – Feuerbach hat ||10| aller-
dings den großen Vorzug vor den

„reinen" Materialisten, daß er ein-
sieht, wie auch der Mensch „sinnli-
cher Gegenstand" ist; aber abgesehn
davon, daß er ihn nur als „sinnlichen
5 Gegenstand" nicht als „sinnliche
Thätigkeit" faßt, da er sich auch hier-
bei in der Theorie hält, die Menschen
nicht in ihrem gegebenen gesellschaftlichen Zusammenhange, nicht
10 unter ihren vorliegenden Lebensbedingungen, die sie zu Dem gemacht
haben was sie sind, auffaßt, so
kommt er nie zu den wirklich existirenden, thätigen Menschen, son-
15 dern bleibt bei dem Abstraktum „der
Mensch" stehen, & bringt es nur dahin, den „wirklichen, individuellen,
leibhaftigen Menschen" in der Empfindung anzuerkennen, d. h. er
20 kennt keine andern „menschlichen
Verhältnisse" „des Menschen zum
Menschen", als Liebe & Freund-
schaft u. zwar idealisirt. Giebt keine
Kritik der jetzigen Liebesverhältnis-
25 se. Er kommt also nie dazu, die sinnliche Welt als die gesammte leben-
dige sinnliche *Thätigkeit* der sie
ausmachenden Individuen aufzufassen,
ist daher gezwungen, wenn er
30 z. B. statt gesunder Menschen einen
Haufen skrophulöser, überarbeiteter
& schwindsüchtiger Hungerleider
sieht, da zu der „höheren Anschauung" & zur ideellen „Ausgleichung
35 in der Gattung" seine Zuflucht zu
nehmen also gerade da in den Idea-
lismus zurückzufallen, wo der kommunistische Materialist die Nothwendigkeit & zugleich die Bedin-
40 gung einer Umgestaltung sowohl der
Industrie wie der gesellschaftlichen
Gliederung sieht.

F.

Feuerbach.

Soweit Feuerbach Materialist ist, kommt die Geschichte bei ihm nicht vor, & soweit er die Geschichte in Betracht zieht ist er kein Materialist. Bei ihm fallen Materialismus & Geschichte ganz auseinander, was sich übrigens schon aus dem Gesagten erklärt. //11/ Wir müssen bei den voraussetzungslosen Deutschen damit anfangen, daß wir die erste Voraussetzung aller menschlichen Existenz, also auch aller Geschichte constatiren, nämlich die Voraussetzung daß die Menschen im Stande sein müssen zu leben, um „Geschichte machen" zu können. Zum Leben aber gehört vor Allem Essen & Trinken, Wohnung, Kleidung & noch einiges Andere. Die erste geschichtliche That ist also die Erzeugung der Mittel zur Befriedigung dieser Bedürfnisse, die Produktion des materiellen Lebens selbst, & zwar ist dies eine geschichtliche That, eine Grundbedingung aller Geschichte, die noch heute, wie vor Jahrtausenden, täglich & stündlich erfüllt werden muß, um die Menschen nur am Leben zu erhalten. Selbst wenn die Sinnlichkeit wie beim heiligen Bruno, auf einen Stock, auf das Minimum reduzirt ist, setzt sie die Thätigkeit der Produktion dieses Stockes voraus. Das Erste also bei aller geschichtlichen Auffassung ist, daß man diese Grundthatsache in ihrer ganzen Bedeutung & ihrer ganzen Ausdehnung beobachtet & zu ihrem Rechte kommen läßt. Dies haben die Deutschen bekanntlich nie gethan, daher nie eine *irdische* Basis für die Geschichte &

Geschichte.

Hegel.
Geologische, hydrographische etc Verhältnisse. Die menschlichen Leiber. Bedürfniß, Arbeit.

5

10

15

20

25

30

35

40

folglich nie einen Historiker gehabt.
Die Franzosen & Engländer, wenn
sie auch den Zusammenhang dieser
Thatsache mit der sogenannten Ge-
5 schichte nur höchst einseitig auffaß-
ten, namentlich solange sie in der politischen Ideologie befangen waren,
so haben sie doch immerhin die ersten Versuche gemacht, der Ge-
10 schichtschreibung eine materialisti-
sche Basis zu geben, indem sie zuerst Geschichten der bürgerlichen
Gesellschaft, des Handels & der Industrie schrieben. – Das Zweite ist,/
15 |12| daß das befriedigte erste Be-
dürfniß selbst, die Aktion der Befriedigung & das schon erworbene Instrument der Befriedigung zu neuen
Bedürfnissen führt – & diese Erzeu-
20 gung neuer Bedürfnisse ist die erste
geschichtliche That. Hieran zeigt
sich sogleich, weß Geistes Kind die
große historische Weisheit der Deutschen ist, die da, wo ihnen das po-
25 sitive Material ausgeht, & wo weder
theologischer, noch politischer, noch
literarischer Unsinn verhandelt wird,
gar keine Geschichte, sondern die
„vorgeschichtliche Zeit" sich ereig-
30 nen läßt, ohne uns indeß darüber auf-
zuklären wie man aus diesem Unsinn
der „Vorgeschichte" in die eigentliche Geschichte kommt – obwohl auf
der andern Seite ihre historische Spe-
35 kulation sich ganz besonders auf diese „Vorgeschichte" wirft weil sie da
sicher zu sein glaubt vor den Ein-
griffen des „rohen Faktums" & zugleich weil sie hier ihrem spekuliren-
40 den Triebe alle Zügel schießen lassen
& Hypothesen zu Tausenden erzeu-

gen & umstoßen kann. – Das dritte
Verhältniß was hier gleich von vorn
herein in die geschichtliche Entwicklung eintritt, ist das, daß die Menschen, die ihr eignes Leben täglich
neu machen, anfangen, andre Menschen zu machen, sich fortzupflan-
zen – das Verhältniß zwischen Mann
& Weib, Eltern & Kindern, die *Familie.* Diese Familie, die im Anfange
das einzige soziale Verhältniß ist,
wird späterhin, wo die vermehrten
Bedürfnisse neue gesellschaftliche
Verhältnisse, & die vermehrte Men-
schenzahl neue Bedürfnisse erzeu-
gen, zu einem untergeordneten (ausgenommen in Deutschland), & muß
alsdann nach den existirenden empirischen Daten, nicht nach dem „Begriff der Familie" wie man in
Deutschland zu thun pflegt, behandelt & entwickelt werden. Übrigens
sind diese drei Seiten der sozialen
Thätigkeit nicht als drei verschiedne
Stufen zu fassen, sondern eben nur
als drei Seiten, oder um für die Deutschen klar zu schreiben, drei „Momente", die vom Beginn der Geschichte an & seit den ersten Menschen zugleich existirt haben & sich
noch heute in der Geschichte geltend
machen. —— Die Produktion des Lebens, sowohl des eignen in der Arbeit wie des fremden in der Zeugung
erscheint nun schon sogleich als ein
doppeltes ‖13| [V]erhältniß – einer-
seits als ein natürliches, andrerseits
als gesellschaftliches Verhältniß –
gesellschaftlich in dem Sinne als
hierunter das Zusammenwirken mehrerer Individuen, gleichviel unter

welchen Bedingungen, auf welcher
Weise & zu welchem Zweck verstanden wird. Hieraus geht hervor, daß
eine   bestimmte   Produktionsweise
5 oder industrielle Stufe stets mit einer
bestimmten Weise des Zusammen-
wirkens oder gesellschaftlichen Stufe
vereinigt ist, u. diese Weise des Zu-
sammenwirkens ist selbst eine „Pro-
10 ductivkraft" daß die Menge der den
Menschen zugänglichen Produktivkräfte den gesellschaftlichen Zustand
bedingt & also die „Geschichte der
Menschheit" stets im Zusammenhan-
15 ge mit der Geschichte der Industrie
& des Austausches studirt & bearbeitet werden muß. Es ist aber auch
klar, wie es in Deutschland unmöglich ist, solche Geschichte zu schrei-
20 ben, da den Deutschen dazu nicht
nur die Auffassungsfähigkeit & das
Material, sondern auch die „sinnliche
Gewißheit" abgeht, & man jenseits
des Rheins über diese Dinge keine
25 Erfahrungen machen kann, weil dort
keine Geschichte mehr vorgeht. Es
zeigt sich also schon von vorn herein
ein materialistischer Zusammenhang
der Menschen unter einander der
30 durch die Bedürfnisse & die Weise
der Produktion bedingt & so alt ist
wie die Menschen selbst – ein Zusammenhang, der stets neue Formen
annimmt & also eine „Geschichte"
35 darbietet, auch ohne daß irgend ein
politischer oder religiöser Nonsens
existirt der die Menschen noch extra
zusammenhalte. — Jetzt erst, nachdem wir bereits vier Momente, vier
40 Seiten der ursprünglichen, geschichtlichen Verhältnisse betrachtet haben,

Die Menschen haben Geschichte,

finden wir, daß der Mensch auch „Bewußtsein" hat. Aber auch dies nicht von vorn herein als „reines" Bewußtsein. Der „Geist" hat von vornherein ‖14‖ den Fluch an sich, mit der Materie „behaftet" zu sein, die hier in der Form von bewegten Luftschichten, Tönen, kurz der Sprache auftritt. Die Sprache ist so alt, wie das Bewußtsein – die Sprache *ist* das praktische auch für andre Menschen existirende, also auch für mich selbst erst exisitirende wirkliche Bewußtsein, & die Sprache entsteht, wie das Bewußtsein, erst aus dem Bedürfniß, der Nothdurft des Verkehrs mit andern Menschen. Das Bewußtsein ist also von vornherein schon ein gesellschaftliches Produkt, & bleibt es, solange überhaupt Menschen existiren. Das Bewußtsein ist natürlich zuerst bloß Bewußtsein über die *nächste* sinnliche Umgebung & Bewußtsein des bornirten Zusammenhanges mit andern Personen & Dingen außer dem sich bewußt Werdenden Individuum; es ist zu gleicher Zeit Bewußtsein der Natur, die den Menschen anfangs als eine durchaus fremde, allmächtige & unangreifbarc Macht gegenübertritt, zu der sich die Menschen rein thierisch verhalten, von der sie sich imponiren lassen wie das Vieh, & also ein rein thierisches Bewußtsein der Natur (Naturreligion) – & andrerseits Bewußtsein der Nothwendigkeit, mit den umgebenden Individuen in Verbindung zu treten, der Anfang des Bewußtseins darüber daß er überhaupt in einer Gesellschaft lebt. Die-

weil sie ihr Leben *produciren* müssen, u. zwar muß auf *bestimmte* Weise; dieß ist durch ihre physische Organisation gegeben; ebenso wie ihr Bewußtsein.

Wo ein Verhältniß existirt da existirt es für mich, das Thier „*verhält*" sich zu Nichts & überhaupt nicht. Für das Thier existirt sein Verhältniß zu andern nicht als Verhältniß.

eben weil die Natur noch kaum geschichtlich modificirt ist

ser Anfang ist so thierisch wie das
gesellschaftliche Leben dieser Stufe
selbst, er ist bloßes Heerdenbewußt-
sein, & der Mensch unterscheidet
5 sich hier vom Hammel nur dadurch,
daß sein Bewußtsein ihm die Stelle
des Instinkts vertritt, oder daß sein
Instinkt ein bewußter ist. Dieses
Hammel- oder Stammbewußtsein er-
10 hält seine weitere Entwicklung &
Ausbildung durch die gesteigerte
Produktivität, die Vermehrung der
Bedürfnisse & die Beiden zum Grun-
de liegende ||15| Vermehrung der Be-
15 völkerung. Damit entwickelt sich die
Theilung der Arbeit, die ursprünglich
nichts war als die Theilung der Arbeit im Geschlechtsakt, dann Theilung der Arbeit, die sich vermöge der
20 natürlichen Anlage (z. B. Körper-
kraft), Bedürfnisse, Zufälle, &c &c
von selbst oder „naturwüchsig"
macht. Die Theilung der Arbeit wird
erst wirklich Theilung von dem Au-
25 genblicke an, wo eine Theilung der
materiellen & geistigen Arbeit eintritt. Von diesem Augenblicke an
kann sich das Bewußtsein wirklich
einbilden, etwas Andres als das Be-
30 wußtsein der bestehenden Praxis zu
sein, wirklich etwas vorzustellen,
ohne etwas Wirkliches vorzustellen –
von diesem Augenblicke an ist das
Bewußtsein im Stande, sich von der
35 Welt zu emanzipiren & zur Bildung
der „reinen" Theorie, Theologie Philosophie Moral &c überzugehen.
Aber selbst wenn diese Theorie,
Theologie, Philosophie, Moral &c in
40 Widerspruch mit den bestehenden
Verhältnissen treten, so kann dies nur

Man sieht hier sogleich. Diese Naturreligion od. dieß bestimmte Verhalten zur Natur ist bedingt durch die
Gesellschaftsform u. umgekehrt.
Hier wie überall tritt die Identität von
Natur u. Mensch auch so hervor, daß
das bornirte Verhalten der Menschen
zur Natur ihr bornirtes Verhalten zu
einander u. ihr bornirtes Verhalten zu
einander ihr bornirtes Verhältniß zur
Natur bedingt.

Erste Form der Ideologen *Pfaffen*.
fällt zusammen.

dadurch geschehen daß die bestehenden gcsellschaftlichen Verhältnisse mit der bestehenden Produktionskraft in Widerspruch getreten sind – was übrigens in einem bestimmten nationalen Kreise von Verhältnissen auch dadurch geschehen kann, daß der Widerspruch nicht in diesem nationalen Umkrcis, sondern zwischen diesem nationalen Bewußtsein & der Praxis der andern Nationen d. h. zwischen dem nationalen & allgemeinen Bewußtsein einer Nation (wie jetzt in Deutschland) sich einstellt – wo dieser Nation dann, weil dieser Widerspruch scheinbar nur als ein Widerspruch innerhalb des nationalen Bewußtseins erscheint auch der Kampf sich auf diese na||16|tionale Scheiße zu beschränken scheint eben weil diese Nation die Scheiße an & für sich ist. Übrigens ist es ganz einerlei was das Bewußtsein alleene anfängt, wir erhalten aus diesem ganzen Dreck nur das eine Resultat, daß diese drei Momente, die Produktionskraft, der gesellschaftliche Zustand, & das Bewußtsein in Widerspruch unter einander gerathen können & müssen, weil mit der *Theilung der Arbeit* die Möglichkeit, ja die Wirklichkeit gegeben ist, daß die geistige & materielle Thätigkeit daß der Genuß & die Arbeit, Produktion & Consumtion verschiedenen Individuen zufallen, & die Möglichkeit, daß sie nicht in Widerspruch gerathen, nur darin liegt daß die Theilung der Arbeit wieder aufgehoben wird. Es versteht sich übrigens von selbst, daß die „Gespenster", „Bande", „höheres

Religionen. Der Deutsche mit der *Ideologie* als solcher.

11, 12, 13, 14, 15, 16,

Wesen", „Begriff", „Bedenklichkeit"
blos der idealistische spekulative
geistliche Ausdruck, die Vorstellung
scheinbar des vereinzelten Indivi-
5 duums sind, die Vorstellung von sehr
empirischen Fesseln & Schranken,
innerhalb deren sich die Produktionsweise des Lebens & die damit zusammenhängende Verkehrsform be-
10 wegt.

Mit der Theilung der Arbeit, in
welcher alle diese Widersprüche gegeben sind, & welche ihrerseits wieder auf der naturwüchsigen Theilung
15 der Arbeit in der Familie & der Trennung der Gesellschaft in einzelne,
einander entgegengesetzte Familien
beruht – ist zu gleicher Zeit auch die
Vertheilung, & zwar die *ungleiche*
20 sowohl quantitative wie qualitative
Vertheilung der Arbeit & ihrer Produkte gegeben, also das Eigenthum,
das in ‖17‖ der Familie, wo die Frau
& die Kinder die Sklaven des Man-
25 nes sind, schon seinen Keim, seine
erste Form hat. Die freilich noch sehr
rohe, latente Sclaverei in der Familie
ist das erste Eigenthum, das übrigens
hier schon vollkommen der Definiti-
30 on der modernen Oekonomen entspricht, nach der es die Verfügung
über fremde Arbeitskraft ist. Übrigens sind Theilung der Arbeit & Privateigenthum identische Ausdrücke –
35 in dem Einen wird in Beziehung auf
die Thätigkeit dasselbe ausgesagt
was in dem andern in Bezug auf das
Produkt der Thätigkeit ausgesagt
wird. – Ferner ist mit der Theilung
40 der Arbeit zugleich der Widerspruch
zwischen dem Interesse des einzel-

eben aus diesem Widerspruch des
besonderen & gemeinschaftlichen Interesse nimmt das gemeinschaftliche

nen Individuums oder der einzelnen Familie & dem gemeinschaftlichen Interesse aller Individuen die mit einander verkehren, gegeben; und zwar existirt dies gemeinschaftliche Interesse nicht etwa bloß in der Vorstellung, als „Allgemeines", sondern zuerst in der Wirklichkeit als gegenseitige Abhängigkeit der Individuen unter denen die Arbeit getheilt ist. Und endlich bietet uns die Theilung der Arbeit gleich das erste Beispiel davon dar, daß solange die Menschen sich in der naturwüchsigen Gesellschaft befinden, solange also die Spaltung zwischen dem besondern & gemeinsamen Interesse existirt, solange die Thätigkeit also nicht freiwillig, sondern naturwüchsig getheilt ist, die eigne That des Menschen ihm zu einer fremden, gegenüberstehenden Macht wird, die ihn unterjocht, statt daß er sie beherrscht. Sowie nämlich die Arbeit vertheilt zu werden anfängt, hat jeder einen bestimmten ausschließlichen Kreis der Thätigkeit, der ihm aufgedrängt wird, aus dem er nicht heraus kann; er ist Jäger, Fischer oder Hirt oder kritischer Kritiker, & muß es bleiben, wenn er nicht die Mittel zum Leben verlieren will – während in der kommunistischen Gesellschaft, wo Jeder nicht einen ausschließlichen Kreis der Thätigkeit hat, sondern sich in jedem beliebigen Zweige ausbilden kann, die Gesellschaft die allgemeine Produktion regelt & mir eben dadurch möglich macht, heute dies, morgen jenes zu thun, Morgens zu jagen, Nachmittags

Interesse als *Staat* eine selbstständige Gestaltung, getrennt von den wirklichen Einzel- & Gesammtinteressen, an, & zugleich als illusorische Gemeinschaftlichkeit aber stets auf der ₅ realen Basis der in jedem Familien & Stamm-Conglomerat vorhandenen Bänder, wie Fleisch & Blut, Sprache, Theilung der Arbeit im größeren Maßstabe & sonstigen Interessen – ₁₀ & besonders, wie wir später entwickeln werden, der durch die Theilung der Arbeit bereits bedingten Klassen die in jedem derartigen Menschenhaufen sich absondern & von denen ₁₅ eine alle andern beherrscht. Hieraus folgt daß alle Kämpfe innerhalb des Staats, der Kampf zwischen Demokratie, Aristokratie & Monarchie, der Kampf um das Wahlrecht &c &c ₂₀ nichts als die illusorischen Formen sind – überhaupt das Allgemeine illusorische Form des Gemeinschaftlichen – in denen die wirklichen Kämpfe der verschiednen Klassen ₂₅ unter einander geführt werden, (wovon die deutschen Theoretiker nicht eine Sylbe ahnen, trotz dem daß man ihnen in den dtsch-franz Jahrb. & der heiligen Familie dazu Anleitung ge- ₃₀ nug gegeben hatte) & ferner daß jede nach der Herrschaft strebende Klasse, wenn ihre Herrschaft auch, wie dies beim Proletariat der Fall ist, die Aufhebung der ganzen alten Gesell- ₃₅ schaftsform u. der Herrschaft überhaupt bedingt, sich zuerst die politische Macht erobern muß, um ihr Interesse wieder als das Allgemeine, wozu sie im ersten Augenblick ge- ₄₀ zwungen ist, darzustellen. Eben weil

zu fischen, Abends Viehzucht zu
treiben u. nach dem Essen zu kritisiren, wie ich gerade Lust habe, ohne
je Jäger Fischer Hirt oder Kritiker zu
5 werden. ‖18‖ Dieses Sichfestsetzen
der sozialen Thätigkeit, diese Con-
solidation unsres eignen Produkts zu
einer sachlichen Gewalt über uns, die
unsrer Kontrolle entwächst, unsre
10 Erwartungen durchkreuzt, unsere Be-
rechnungen zu Nichte macht, ist eines der Hauptmomente in der bisherigen geschichtlichen Entwicklung.
Die soziale Macht, d. h. die verviel-
15 fachte Produktionskraft, die durch
das in der Theilung der Arbeit bedingte Zusammenwirken der verschiedenen Individuen entsteht, erscheint diesen Individuen, weil das
20 Zusammenwirken selbst nicht freiwillig, sondern naturwüchsig ist,
nicht als ihre eigne, vereinte Macht,
sondern als eine fremde, außer ihnen
stehende Gewalt, von der sie nicht
25 wissen woher & wohin, die sie also
nicht mehr beherrschen können, die
im Gegentheil nun eine eigenthümliche vom Wollen & Laufen der
Menschen unabhängige, ja dies Wol-
30 len & Laufen erst dirigirende Rei-
henfolge von Phasen & Entwicklungsstufen durchlaufen.ˣ Wie hätte
sonst z. B. das Eigenthum überhaupt
eine Geschichte haben, verschiedene
35 Gestalten annehmen & etwa das
Grundeigenthum je nach der verschiedenen vorliegenden Voraussetzung in Frankreich aus der Parzelli-
rung zur Centralisation in wenigen
40 Händen, in England aus der Centralisation in wenigen Händen zur Par-

die Individuen *nur* ihr besondres –
für sie nicht mit ihrem gemeinschaftlichen Interesse Zusammenfallendes
suchen – wird dieß als ein ihnen
„fremdes“ u. von ihnen ‖18‖ „unab-
hängiges“, als ein selbst wieder besondres u. eigenthümliches „Allgemein“ Interesse geltend gemacht, od.
sie selbst müssen sich in diesem
Zwiespalt bewegen, wie in der Demokratie. Andrerseits macht denn
auch der *praktische* Kampf dieser,
beständig *wirklich* den gemeinschaftlichen u. illusorischen gemeinschaftlichen Interessen entgegentre-
tenden Sonderinteressen, die *praktische* Dazwischenkunft u. Zügelung
durch das illusorisch „Allgemein“
Interesse als Staat nöthig. /

/18/ Der Communismus ist für uns
nicht ein *Zustand*, der hergestellt
werden soll, ein *Ideal*, wonach die
Wirklichkeit sich zu richten haben.
Wir nennen Communismus die *wirkliche* Bewegung welche den jetzigen
Zustand aufhebt. Die Bedingungen
dieser Bewegung ergeben sich aus
der jezt bestehenden Voraussetzung. /

/18/ ˣDiese „*Entfremdung*“, um den
Philosophen verständlich zu bleiben,
kann natürlich nur unter zwei *praktischen* Voraussetzungen aufgehoben
werden. Damit sie eine „unerträgliche“ Macht werde, d. h. eine Macht,
gegen die man revolutionirt, dazu gehört, daß sie die Masse der Menschheit als durchaus „Eigenthumslos“
erzeugt hat u. zugleich im Wider-

zellirung drängen können, wie dies heutc wirklich der Fall ist? Oder wie kommt es, daß der Handel, der doch weiter nichts ist als der Austausch der Produkte verschiedner Individuen & Länder, durch das Verhältniß von Nachfrage & Zufuhr die ganze Welt beherrscht – ein Verhältniß, das, wie ein englischcr Ockonom sagt, gleich dem antiken Schicksal über der Erde schwebt & mit unsichtbarer Hand Glück & Unglück an die Menschen vertheilt, Reiche stiftet ||19| & Reiche zertrümmert, Völker entstehen & verschwinden macht – während mit der Aufhebung der Basis, des Privateigenthums, mit der kommunistischen Regelung der Produktion & der darin liegenden Vernichtung der Fremdheit, mit der sich die Menschen zu ihrem eignen Produkt verhalten, die Macht des Verhältnisses von Nachfrage & Zufuhr sich in Nichts auflöst, & die Menschen den Austausch, die Produktion, die Weise ihres gegenseitigen Verhaltens wieder in ihre Gewalt bekommen?

——

spruch zu einer vorhandnen Welt dẹs Reichthums u. dẹr Bildung, was beides eine grosse Steigerung dẹr Productivkraft – einen hohen Grad ihrer Entwicklung vorausezt, – u. andrerseits ist diese Entwicklung dẹr Productivkräfte (womit zugleich schon die in *weltgeschichtlichem* statt dịe in lokalem Dasein d. Menschen vorhandne empirische Existenz gegeben ist) auch deßwegen eine absolut nothwendige praktische Voraussetzung, weil ohne sie nur d. *Mangel* \ Nothdurft verallgemeinert, also mit dẹr *Nothdurft* auch der Streit um dạs Nothwendige wieder beginnen u. dịe ganze alte Scheisse sich herstellen müßte, weil ferner nur mit dieser universellen Entwicklung dẹr Productivkräfte ein *universeller* Verkehr dẹr Menschen gesezt ist, daher einerseits dạs Phänomen dẹr „Eigenthumslosen" Masse in Allen Völkern gleichzeitig erzeugt (dịe allgemeine Concurrenz) – jedes derselben vọn dẹn Umwälzungen dẹr andern abhängig macht, u. endlich *weltgeschichtliche*, empirisch universelle Individuen an dịe Stelle dẹr lokalen gesezt hat. Ohne dieß könnte 1) dẹr Communismus nur als eine Lokalität existiren 2) dịe *Mächte* dẹs Verkehrs selbst hätten sich als *universelle*, drum unerträgliche Mächte, nicht entwickeln können, sie wären heimisch-abergläubige „Umstände" geblieben u. 3) würde jede Erweiterung dẹs Verkehrs dẹn lokalen Communismus aufheben. Dẹr Communismus ist empirisch nur als dịe That dẹr herrschenden Völker „auf

5 Die durch die auf allen bisherigen
geschichtlichen Stufen vorhandenen
Produktionskräfte bedingte & sie
wiederum bedingende Verkehrsform
10 ist die *bürgerliche Gesellschaft*, die,
wie schon aus dem Vorhergehenden
hervorgeht, die einfache Familie &
die zusammengesetzte Familie, das
sogenannte Stammwesen zu ihrer
15 Voraussetzung & Grundlage hat, &
deren nähere Bestimmungen im Vorhergehenden enthalten sind. Es zeigt
sich schon hier, daß diese bürgerliche Gesellschaft der wahre Heerd &
20 Schauplatz aller Geschichte ist, &
wie widersinnig die bisherige, die
wirklichen Verhältnisse vernachläs-
sigende Geschichtsauffassung mit ihrer Beschränkung auf hochtönende
25 Haupt- & Staatsaktionen ist.

Bisher haben wir hauptsächlich
nur die eine Seite der menschlichen
Thätigkeit, die *Bearbeitung der Natur* durch die Menschen betrachtet.
30 Die andre Seite, die *Bearbeitung der
Menschen* durch *die Menschen* – –
Ursprung des Staats & Verhältniß
des Staats zur Bürgerlichen Gesell-
schaft. |

35 |20| Die Geschichte ist nichts als die
Aufeinanderfolge der einzelnen Generationen, von denen Jede die ihr
von allen vorhergegangenen über-
machten Materiale, Kapitalien, Pro-
40 duktionskräfte exploitirt, daher also

einmal" u. gleichzeitig möglich, was
die universelle Entwicklung der Productivkraft u. den mit ihnen zusam-
menhängenden Weltverkehr voraus-
sezt. |

|19| *Communismus.*

Uebrigens sezt die Masse von *blosen*
Arbeitern – massenhafte von Kapital,
od. von irgend einer bornirten Befriedigung abgeschnittne Arbeiter-
kraft – u. drum auch der nicht mehr
temporäre Verlust dieser Arbeit, die
rein prekäre Lage, selbst als einer
gesicherten Lebensquelle durch die
Concurrenz den *Weltmarkt* voraus.
Das Proletariat kann also nur *welt-
geschichtlich* existiren, wie der Communismus, seine Actio nur als „weltgeschichtliche" Existenz überhaupt
vorhanden sein kann; weltgeschichtliche Existenz der Individuen, d. h.
Existenz der Individuen, die unmittelbar mit der Weltgeschichte ver-
knüpft ist. |

Verkehr u. Productivkraft.

einerseits unter ganz veränderten
Umständen die überkommene Thätigkeit fortsetzt & andrerseits mit einer ganz veränderten Thätigkeit die
alten Umstände modifizirt, was sich
nun spekulativ so verdrehen läßt, daß
die spätere Geschichte zum Zweck
der früheren gemacht wird, z. B. daß
der Entdeckung Amerikas der Zweck
zu Grunde gelegt wird, der französischen Revolution zum Durchbruch
zu verhelfen, wodurch dann die Geschichte ihre aparten Zwecke erhält
& eine „Person neben anderen Personen" (als da sind „Selbstbewußtsein, Kritik, Einziger" &c) wird,
während das, was man mit den Wor-
ten „Bestimmung", „Zweck",
„Keim", „Idee" der früheren Geschichte bezeichnet, weiter nichts ist
als eine Abstraktion von der späteren
Geschichte ist, eine Abstraktion von
dem eben aktiven Einfluß, den die
frühere Geschichte auf die spätere
ausübt. – Je weiter sich im Laufe dieser Entwicklung nun die einzelnen
Kreise die aufeinander einwirken,
ausdehnen, je mehr die ursprüngliche
Abgeschlossenheit der einzelnen Nationalitäten durch die ausgebildetere
Produktionsweise, Verkehr & dadurch naturwüchsig hervorgebrachte
Theilung der Arbeit zwischen verschiednen Nationen vernichtet wird,
desto mehr wird die Geschichte zur
Weltgeschichte, sodaß z. B. wenn in
England eine Maschine erfunden
wird, die in Indien & China zahllose
Arbeiter außer Brot setzt & die ganze
Existenzform dieser Reiche umwälzt,
diese Erfindung zu einem weltge-

schichtlichen Faktum wird; oder daß
der Zucker & Kaffee ihre weltgeschichtliche Bedeutung im neun-
zehnten Jahrhundert dadurch bewie-
5 sen, daß der durch das napoleonische
Continentalsystem erzeugte Mangel
an diesen Produkten die Deutschen |
/21/ zum Aufstande gegen Napoleon
brachte & so die reale Basis der glor-
10 reichen Befreiungskriege von 1813
wurde. Hieraus folgt, daß diese Um-
wandlung der Geschichte in Weltgeschichte nicht etwa eine bloße abstrakte That des „Selbstbewußtseins"
15 Weltgeistes oder sonst eines metaphysischen Gespenstes ist, sondern
eine ganz materielle, empirisch nach-
weisbare That, eine That, zu der jedes Individuum wie es geht & steht,
20 ißt, trinkt & sich kleidet den Beweis
liefert. – In der bisherigen Geschichte ist es allerdings ebensosehr eine
empirische Thatsache, daß die einzelnen Individuen mit der Ausdeh-
25 nung der Thätigkeit zur Weltgeschichtlichen immer mehr unter einer
ihnen fremden Macht geknechtet
worden sind (welchen Druck sie sich
denn auch als Chicane des sogenann-
30 ten Weltgeistes &c vorstellten) einer
Macht die immer massenhafter geworden ist & sich in letzter Instanz
als *Weltmarkt* ausweist. Aber eben so
empirisch begründet ist es, daß durch
35 den Umsturz des bestehenden gesellschaftlichen Zustandes durch die
kommunistische Revolution (wovon
weiter unten) & die damit identische
Aufhebung des Privateigenthums
40 diese den deutschen Theoretikern so
mysteriöse Macht aufgelöst wird &

*Ueber die Production des Bewußt-
seins.*

189

alsdann die Befreiung jedes einzelnen Individuums in demselben Maße durchgesetzt wird, in dem die Geschichte sich vollständig in Weltgeschichte verwandelt. Daß der wirkliche geistige Reichthum des Individuums ganz von dem Reichthum seiner wirklichen Beziehungen abhängt, ist nach dem obigen klar. Die einzelnen Individuen werden erst hierdurch von den verschiedenen nationalen & lokalen Schranken befreit, mit der Produktion (auch mit der geistigen) der ganzen Welt in praktische Beziehung gesetzt & in den Stand gesetzt sich die Genußfähigkeit für diese allseitige Produktion der ganzen Erde (Schöpfungen der Menschen) zu erwerben. Die *allseitige* Abhängigkeit, diese erste naturwüchsige Form des *weltgeschichtlichen* Zusammenwirkens der Individuen wird durch | |22| diese kommunistische Revolution verwandelt in die Controle & bewußte Beherrschung dieser Mächte, die, aus dem Aufeinander-Wirken der Menschen erzeugt, ihnen bisher als durchaus fremde Mächte imponirt & sie beherrscht haben. Diese Anschauung kann nun wieder spekulativ-idealistisch d. h. phantastisch als „Selbsterzeugung der Gattung" (die „Gesellschaft als Subjekt") gefaßt & dadurch die aufeinanderfolgende Reihe von im Zusammenhange stehenden Individuen als ein einziges Individuum vorgestellt werden, das das Mysterium vollzieht sich selbst zu erzeugen. Es zeigt sich hier, daß die Individuen allerdings *einander* machen, physisch & geistig, aber

nicht sich machen, weder im Unsinn
des heiligen Bruno; Noch im Sinne
des „Einzigen", des „gemachten"
Mannes.

5 Schließlich erhalten wir noch folgende Resultate aus der entwickelten
Geschichtsauffassung: 1) In der Entwicklung der Produktivkräfte tritt eine Stufe ein, auf welcher Produkti-
10 onskräfte & Verkehrsmittel hervorgerufen werden, welche unter den
bestehenden Verhältnissen nur Un-
heil anrichten, welche keine Produktionskräfte mehr sind, sondern De-
15 struktionskräfte (Maschinerie &
Geld) – & was damit zusammenhängt daß eine Klasse hervorgerufen
wird, welche alle Lasten der Gesellschaft zu tragen hat ohne ihre Vor-
20 theile zu genießen, welche aus der
Gesellschaft heraus‖23‖gedrängt, in
den entschiedensten Gegensatz zu
allen andern Klassen forcirt wird; eine Klasse die die Majorität aller Ge-
25 sellschaftmitglieder bildet & von
der das Bewußtsein über die Nothwendigkeit einer gründlichen Revolution, das kommunistische Bewußtsein aus geht, das sich natürlich auch
30 unter den andern Klassen vermöge
der Anschauung der Stellung dieser
Klasse bilden kann; 2) daß die Bedingungen innerhalb deren bestimmte Produktionskräfte angewandt wer-
35 den können, die Bedingungen der
Herrschaft einer bestimmten Klasse
der Gesellschaft sind, deren soziale,
aus ihrem Besitz hervorgehende
Macht in der jedesmaligen Staats-
40 form ihren *praktisch*-idealistischen
Ausdruck hat, & deßhalb jeder re-

Daß die Leute interessirt sind, den
jetzigen Productionszustand zu erhalten.

191

volutionäre Kampf gegen eine Klasse, die bisher geherrscht hat, sich
richtet; 3) daß in allen bisherigen Revolutionen die Art der Thätigkeit
stets unangetastet blieb & es sich nur
um eine andre Distribution dieser
Thätigkeit, um eine neue Vertheilung
der Arbeit an andre Personen han-
delte, während die kommunistische
Revolution sich gegen die bisherige
Art der Thätigkeit richtet, die *Arbeit*
beseitigt, & die Herrschaft aller
Klassen mit den Klassen selbst aufhebt, weil sie durch die Klasse be-
wirkt wird, die in der Gesellschaft
für keine Klasse mehr gilt, nicht als
Klasse anerkannt wird, schon der
Ausdruck der Auflösung aller Klassen, Nationalitäten &c innerhalb der
jetzigen Gesellschaft ist & 4) daß sowohl zur massenhaften Erzeugung
dieses kommunistischen Bewußtseins, wie zur Durchsetzung der Sache selbst eine massenhafte Veränderung der Menschen nöthig ist, die
nur in einer praktischen Bewegung,
in einer *Revolution* vor sich gehen
kann; daß also die Revolution nicht
nur nöthig ist, weil die *herrschende*
Klasse auf keine andre Weise gestürzt werden kann, sondern auch,
weil die *stürzende* Klasse nur in einer Revolution dahin kommen kann,
sich den ganzen alten Dreck vom
Halse zu schaffen & zu einer neuen
Begründung der Gesellschaft befä-
higt zu werden. |

/24/ Diese Geschichtsauffassung
beruht also darauf, den wirklichen
Produktionsprozeß, & zwar von der
materiellen Produktion des unmittel-

Feuerbach.

baren Lebens ausgehend, zu entwik-
keln & die mit dieser Produktionsweise zusammenhängende & von ihr
erzeugte Verkehrsform, also die bür-
5 gerliche Gesellschaft in ihren verschiedenen Stufen als Grundlage der
ganzen Geschichte aufzufassen & sie
sowohl in ihrer Aktion als Staat darzustellen, wie die sämmtlichen ver-
10 schiedenen theoretischen Erzeugnis-
se & Formen des Bewußtseins, Religion, Philosophie, Moral &c &c aus
ihr zu erklären u. ihren Entstehungs-
prozeß aus ihnen zu verfolgen, wo
15 dann natürlich auch die Sache in ihrer Totalität (u. darum auch die
Wechselwirkung dieser verschiednen
Seiten auf einander) dargestellt werden kann. Sie hat in jeder Periode
20 nicht, wie die idealistische Ge-
schichtsanschauung, nach einer Kategorie zu suchen, sondern bleibt
fortwährend auf dem wirklichen Ge-
schichts*boden* stehen, erklärt nicht
25 die Praxis aus der Idee, erklärt die
Ideenformationen aus der materiellen
Praxis, & kommt demgemäß auch zu
dem Resultat, daß alle Formen & Produkte des Bewußtseins nicht durch
30 geistige Kritik, durch Auflösung ins
„Selbstbewußtsein" oder Verwandlung in „Spuk", „Gespenster", „Spar-
ren" &c sondern nur durch den praktischen Umsturz der realen gesell-
35 schaftlichen Verhältnisse aus denen
diese idealistischen Flausen hervorgegangen sind, aufgelöst werden
können – daß nicht die Kritik, sondern die Revolution die treibende
40 Kraft der Geschichte auch der Religion, Philosophie & sonstigen Theo-

rie ist. Sie zeigt, daß die Geschichte nicht damit endigt, sich ins „Selbstbewußtsein" als „Geist vom Geist" aufzulösen, sondern daß in ihr auf jeder Stufe ein materielles Resultat, eine Summe von Produktionskräften, ein historisch geschaffnes Verhältniß zur Natur u. der Individuen zu einander sich vorfindet, die jeder Generation von ihrer Vorgängerin überliefert wird, eine Masse von Produktivkräften, Kapitalien & Umständen, die zwar einerseits von der neuen Generation modifizirt wird, ihr aber auch andrerseits ihre eignen Lebensbedingungen vorschreibt & ihr eine bestimmte Entwicklung, einen speciellen Charakter gibt – daß also die Umstände ebensosehr ||25| die Menschen, wie die Menschen die Umstände machen. Diese Summe von Produktionskräften, Kapitalien & sozialen Verkehrsformen, die jedes Individuum & jede Generation als etwas Gegebenes vorfindet, ist der reale Grund dessen, was sich die Philosophen als „Substanz" & „Wesen des Menschen" vorgestellt, was sie apotheosirt & bekämpft haben, ein realer Grund der dadurch nicht im Mindesten in seinen Wirkungen & Einflüssen auf die Entwicklung der Menschen gestört wird, daß diese Philosophen als „Selbstbewußtsein" & „Einzige" dagegen rebelliren. Diese vorgefundenen Lebensbedingungen der verschiedenen Generationen entscheiden auch, ob die periodisch in der Geschichte wiederkehrende revolutionäre Erschütterung stark genug sein wird oder nicht, die Basis

alles Bestehenden umzuwerfen, &
wenn diese materiellen Elemente einer totalen Umwälzung nämlich einerseits die vorhandnen Productiv-
5 kräfte, andrerseits die Bildung einer
revolutionären Masse, die nicht nur
gegen einzelne Bedingungen der bisherigen Gesellschaft, sondern gegen
die bisherige „Lebensproduktion"
10 selbst, – die „Gesammtthätigkeit"
worauf sie basirte, revolutionirt –
nicht vorhanden sind, so ist es ganz
gleichgültig für die praktische Entwicklung, ob die *Idee* dieser Umwäl-
15 zung schon hundertmal ausgesprochen ist – wie die Geschichte des
Kommunismus dies beweist.

Die ganze bisherige Geschichtsauffassung hat diese wirkliche Basis
20 der Geschichte entweder ganz & gar
unberücksichtigt gelassen, oder sie
nur als eine Nebensache betrachtet,
die mit dem geschichtlichen Verlauf
außer allem Zusammenhang steht.
25 Die Geschichte muß daher immer
nach einem außer ihr liegenden
Maßstab geschrieben werden; die
wirkliche Lebensproduktion erscheint als Ungeschichtlich, während
30 das Geschichtliche als das vom ge-
meinen Leben getrennte, extra-über-
weltliche erscheint. Das Verhältniß
der Menschen zur Natur ist hiermit
von der Geschichte ausgeschlossen
35 wodurch der Gegensatz von Natur &
Geschichte erzeugt wird. Sie hat daher in der Geschichte nur politische
Haupt & Staatsaktionen & religiöse
& überhaupt theoretische Kämpfe se-
40 hen können, & speciell bei jeder geschichtlichen Epoche *die Illusion*

dieser Epoche theilen müssen. Z. B.
bildet sich eine Epoche ein, durch
rein „politische" od. „religiöse" Motive bestimmt zu werden, obgleich
„Religion" u. „Politik" nur Formen
ihrer wirklichen Motive sind, so acceptirt ihr Geschichtschreiber diese
Meinung. Die „Einbildung", die
„Vorstellung" dieser bestimmten
Menschen über ihre wirkliche Praxis
wird in die einzig bestimmende u.
aktive Macht verwandelt, welche die
Praxis dieser Menschen beherrscht &
bestimmt. Wenn die rohe Form, in
der die Theilung der Arbeit bei den
Indern & Aegyptern vorkommt, das
Kastenwesen bei diesen Völkern in
ihrem Staat & ihrer Religion hervor-
ruft, so glaubt der Historiker, das Kastenwesen ‖26‖ sei die Macht, welche
diese rohe gesellschaftliche Form erzeugt habe. Während die Franzosen
& Engländer wenigstens an der politischen Illusion, die der Wirklichkeit noch am nächsten steht, halten,
bewegen sich die Deutschen im Ge-
biete des „reinen Geistes" & machen
die religiöse Illusion zur treibenden
Kraft der Geschichte. Die Hegelsche
Geschichtsphilosophie ist die letzte,
auf ihren „reinsten Ausdruck" ge-
brachte Konsequenz dieser gesammt-
ten Deutschen Geschichtschreibung,
in der es sich nicht um wirkliche,
nicht einmal um politische Interessen, sondern um reine Gedanken
handelt, da dann auch dem heiligen
Bruno als eine Reihe von „Gedanken" erscheinen muß, von denen einer den andern auffrißt u. in dem
„Selbstbewußtsein" schließlich un-

5

10

15

20

25

30

35

40

tergeht u. noch konsequenter dem
heiligen Max Stirner, der von der
ganzen wirklichen Geschichte nichts
weiß, dieser historische Verlauf als
5 eine bloße „Ritter-, Räuber & Ge-
spenstergeschichte" erscheinen mußte, vor deren Visionen er sich natürlich nur durch die „Heillosigkeit" zu
retten weiß. Diese Auffassung ist
10 wirklich religiös, sie unterstellt den
religiösen Menschen als den Urmen-
schen, von dem alle Geschichte ausgeht, & setzt in ihrer Einbildung die
religiöse Phantasieen-Produktion an
15 die Stelle der wirklichen Produktion
der Lebensmittel & des Lebens
selbst. Diese ganze Geschichtsauffassung sammt ihrer Auflösung &
den daraus entstehenden Scrupeln &
20 Bedenken ist eine bloß *nationale* An-
gelegenheit der Deutschen & hat nur
lokales Interesse für Deutschland,
wie zum Exempel die wichtige, neuerdings mehrfach behandelte Frage:
25 wie man denn eigentlich „aus dem
Gottesreich in das Menschenreich
komme", als ob dieses „Gottesreich"
je anderswo existirt habe als in der
Einbildung & die gelahrten Herren
30 nicht fortwährend, ohne es zu wissen, in dem „Menschenreich" lebten,
zu welchem sie jetzt den Weg suchen
– & als ob das wissenschaftliche
Amüsement, denn mehr als das ist es
35 nicht, das Curiosum dieser theoretischen Wolkenbildung zu erklären,
nicht gerade umgekehrt darin läge,
daß man ihre Entstehung aus den
wirklichen irdischen Verhältnissen
40 nachweist. Überhaupt handelt es sich
bei diesen Deutschen stets darum,

Die sogenannte *objektive* Geschicht-
schreibung bestand eben darin, die
geschichtlichen Verhältnisse getrennt
von der Thätigkeit aufzufassen.
Reactionairer Charakter.

197

den vorgefundenen Unsinn *in* ‖27‖ irgend eine andrc Marotte aufzulösen,
d. h. vorauszusetzen, daß dieser ganze Unsinn überhaupt einen aparten
Sinn habe, der herauszufinden sei,
während es sich nur darum handelt
diese theoretischen Phrasen aus den
bestehenden wirklichen Verhältnissen zu erklären. Dic wirkliche, praktische Auflösung dieser Phrasen, die
Beseitigung dieser Vorstellungen aus
dem Bewußtsein der Menschen wird
wie schon gesagt durch veränderte
Umstände, nicht durch theoretische
Deduktionen bewerkstelligt. Für die
Masse der Menschen, d. h. das Proletariat, existiren diese theoretischen
Vorstellungen nicht, brauchen also
für sie auch nicht aufgelöst zu werden, & wenn diese Masse je einige
theoretische Vorstellungen, z. B.
Religion hatte, so sind diese jetzt
schon längst durch die Umstände
aufgelöst. – /

‖27‖ Das rein Nationale dieser Fragen & Lösungen zeigt sich auch
noch darin, daß diese Theoretiker alles Ernstes glauben, Hirngespinnste,
wie „der Gottmensch", „der
Mensch" &c hätten den einzelnen
Epochen der Geschichte präsidirt –
der heilige Bruno geht sogar soweit
zu behaupten nur „die Kritik & die
Kritiker hätten die Geschichte gemacht" – &, wenn sie sich selbst an
geschichtliche Konstruktionen geben, über alles Frühere in der größten Eile hinwegzuspringen & vom
"Mongolenthum" sogleich auf die eigentlich „inhaltsvolle" Geschichte,
nämlich die Geschichte der halli-

schen & deutschen Jahrbücher & der
Auflösung der Hegelschen Schule in
eine allgemeine Zänkerei übergeht.
Alle andern Nationen, alle wirkli-
5 chen Ereignisse werden vergessen,
das Theatrum mundi beschränkt sich
auf die Leipziger Büchermesse, &
die gegenseitigen Streitigkeiten der
„Kritik", des „Menschen" & des
10 „Einzigen". Wenn sich die Theorie
vielleicht einmal daran gibt, wirklich
historische Themata zu behandeln,
wie z. B. das achtzehnte Jahrhundert,
so geben sie nur die Geschichte der
15 Vorstellungen losgerissen von den
Thatsachen & praktischen Entwicklungen die ihnen zum Grunde liegen,
& auch diese nur in der Absicht, um
diese Zeit als eine unvollkommene
20 Vorstufe, als den noch bornirten Vor-
läufer der wahren geschichtlichen
Zeit, d. h. der Zeit des deutschen Phi-
losophenkampfes von 1840/44 darzustellen. Diesem Zwecke, eine frü-
25 here Geschichte zu schreiben um den
Ruhm einer ungeschichtlichen Person & ihrer Phantasieen desto heller
leuchten zu lassen, entspricht es
denn, daß man alle wirklich histori-
30 schen Ereignisse, selbst die wirklich
historischen Eingriffe der Politik in
die Geschichte, nicht erwähnt & dafür eine nicht auf Studien, sondern
Konstruktionen   &   literarischen
35 Klatschgeschichten beruhende Er-
zählung gibt – wie dies vom heiligen
Bruno in seiner nun vergessenen Geschichte des 18ten Jahrhunderts geschehen ist. Diese hochtrabenden &
40 hochfahrenden Gedankenkrämer, die
unendlich weit über alle nationalen

Vorurtheile erhaben zu sein glauben, sind also in der Praxis noch viel nationaler als die Bierphilister die von Deutschlands Einheit träumen. Sie erkennen die Thaten andrer Völker gar nicht für historisch an, sie leben in Deutschland zu Deutschland ||28| & für Deutschland, sie verwandeln das Rheinlied in ein geistliches Lied & erobern Elsaß & Lothringen, indem sie statt des französischen Staats, die französische Philosophie bestehlen, statt französischer Provinzen, französische Gedanken germanisiren. Herr Venedey ist ein Kosmopolit gegen die Heiligen Bruno & Max, die in der Weltherrschaft der Theorie die Weltherrschaft Deutschlands proklamiren. /

|28| *Feuerbach.*
Es zeigt sich aus diesen Auseinandersetzungen auch, wie sehr Feuerbach sich täuscht, wenn er (Wigands Vtljschrift 1845 bd 2) sich vermöge der Qualifikation „Gemeinmensch" für einen Kommunisten erklärt, in ein Prädicat *„des"* Menschen verwandelt, also das Wort Kommunist, das in der bestehenden Welt den Anhänger einer bestimmten revolutionären Partei bezeichnet, wieder in eine bloße Kategorie verwandeln zu können glaubt. Feuerbachs ganze Deduktion in Beziehung auf das Verhältniß der Menschen zu einander geht nur dahin, zu beweisen, daß die Menschen einander nöthig haben & *immer gehabt haben.* Er will das Bewußtsein über diese Thatsache etabliren, er will also, wie die übrigen Theoretiker nur ein richtiges Be-

wußtsein über ein *bestehendes* Faktum hervorbringen, während es dem wirklichen Kommunisten darauf ankommt, dies Bestehende umzustürzen. Wir erkennen es übrigens vollständig an, daß Feuerbach, indem er das Bewußtsein gerade *dieser* Thatsache zu erzeugen strebt, so weit geht, wie ein Theoretiker überhaupt gehen kann, ohne aufzuhören, Theoretiker & Philosoph zu sein. Charakteristisch ist es aber, daß die Heiligen Bruno & Max die Vorstellung Feuerbachs vom Kommunisten sogleich an die Stelle des wirklichen Kommunisten setzen, was theilweise schon deswegen geschieht, damit sie auch den Kommmunismus als „Geist vom Geist", als philosophische Kategorie, als ebenbürtigen Gegner bekämpfen können – & von Seiten des heiligen Bruno auch noch aus pragmatischen Interessen. Als Beispiel von der Anerkennung & zugleich Verkennung des Bestehenden, die Feuerbach noch immer mit unsern Gegnern theilt, erinnern wir an die Stelle der Philosophie der Zukft, wo er entwickelt, daß das Sein eines Dinges oder Menschen zugleich sein Wesen sei, daß die bestimmten Existenzverhältnisse Lebensweise & Thätigkeit eines thierischen oder menschlichen Individuums dasjenige sei, worin sein „Wesen" sich befriedigt fühle. Hier wird ausdrücklich jede Ausnahme als ein unglücklicher Zufall, als eine Abnormität die nicht zu ändern ist, aufgefaßt. Wenn also Millionen von Proletariern sich in ihren Lebensverhältnissen keineswegs befriedigt fühlen, wenn ihr „Sein" ihrem ||29| „Wesen" nicht im Entferntesten entspricht, so wäre dies n[ach] der erwähnten Stelle ein unvermeidliches Unglück, das man ruhig ertragen müsse. Diese Millionen Proletarier oder Kommunisten denken indeß ganz anders, & werden dies ihrer Zeit beweisen, wenn sie ihr „Sein" mit ihrem „Wesen" praktisch, durch eine Revolution, in Einklang bringen werden. Bei solchen Fällen spricht Feuerbach daher nie von der Menschenwelt, sondern er flüchtet sich jedesmal in die äußere Natur, & zwar in *die* Natur, die noch nicht unter die Herrschaft der Menschen gebracht ist. Mit jeder neuen Erfindung aber, mit jedem Fortschritt der Industrie wird von diesem Terrain ein neues Stück abgerissen, & der Boden, auf dem die Beispiele für ähnliche Feuerbachsche Sätze wachsen, wird so immer kleiner. Das „Wesen" des Fisches ist sein „Sein", das Wasser, um bei dem einen Satze stehen zu bleiben. Das „Wesen" des Flußfisches ist das Wasser eines Flusses. Aber dies hört auf, sein „Wesen" zu sein, es wird ein für ihn nicht mehr passendes Existenzmedium, sobald dieser Fluß der Industrie unterthan gemacht, sobald er durch Farbstoffe & sonstige Abfälle verunreinigt, durch Dampfschiffe befahren, sobald sein Wasser in Gräben geleitet wird in denen man dem Fisch sein Existenzmedium durch einfaches Ablassen entziehen kann. Diese Erklärung aller derartigen Widersprüche zu einer unvermeidlichen Abnormität ist

im Grunde von dem Trost nicht verschieden, den der heilige Max Stirner
den Unzufriedenen gibt, daß nämlich
dieser Widerspruch ihr eigner Widerspruch, diese schlechte Lage ihre
eigne schlechte Lage sei, wobei sie
sich entweder beruhigen könnten,
oder ihren eignen Widerwillen für
sich behalten, oder sich auf phanta-
stische Weise dagegen empören dürf-
ten – & ebenso wenig verschieden
von dem Vorwurfe des heiligen Bruno, daß diese unglückseligen Umstände daher kämen, daß die Betref-
fenden im Dreck der „Substanz"
stecken geblieben, nicht zum „absoluten Selbstbewußtsein" fortge-
schritten seien & diese schlechten
Verhältnisse nicht als Geist von ih-
rem Geist erkannt hätten. |

[Entwurf S. 30 bis 35. Entstanden als Teil von *Sankt Max. Altes Testament. Die Hierarchie*.]

/30/ Die Gedanken der herrschenden Klasse sind in jeder Epoche die herrschenden Gedanken, d. h. die Klasse, welche die herrschende *materielle* Macht der Gesellschaft ist, ist zugleich ihre herrschende *geistige* Macht. Die Klasse, die die Mittel zur materiellen Produktion zu ihrer Verfügung hat, disponirt damit zugleich über die Mittel zur geistigen Produktion, sodaß ihr damit zugleich im Durchschnitt die Gedanken derer, denen die Mittel zur geistigen Produktion abgehen, unterworfen sind. Die herrschenden Gedanken sind weiter Nichts als der ideelle Ausdruck der herrschenden materiellen Verhältnisse, die als Gedanken gefaßten, herrschenden materiellen Verhältnisse; also der Verhältnisse die eben die eine Klasse zur herrschenden machen, also die Gedanken ihrer Herrschaft. Die Individuen welche die herrschende Klasse ausmachen, haben unter Anderm auch Bewußtsein u. denken daher; insofern sie also als Klasse herrschen & den ganzen Umfang einer Geschichtsepoche bestimmen, versteht es sich von selbst, daß sie dies in ihrer ganzen Ausdehnung thun, also unter Andern auch als Denkende, als Produzenten von Gedanken herrschen, die Produktion & Distribution der Gedanken ihrer Zeit regeln; daß also ihre Gedanken die herrschenden Gedanken der Epoche sind. Zu einer Zeit z. B. u. in einem Lande, wo kö-

nigliche Macht, Aristokratie & Bourgeoisie sich um die Herrschaft strei-
ten, wo also die Herrschaft getheilt
ist, zeigt sich als herrschender Ge-
5 danke die Doktrin von der Theilung
der Gewalten, die nun als ein „ewi-
ges Gesetz" ausgesprochen wird. –
Die Theilung der Arbeit, die wir
schon oben (p   ) als eine der Haupt-
10 mächte der bisherigen Geschichte
vorfanden, äußert sich nun auch in
der herrschenden Klasse als Theilung
der geistigen & ma||31|teriellen Ar-
beit, sodaß innerhalb dieser Klasse
15 der eine Theil als die Denker dieser
Klasse auftritt, die aktiven concepti-
ven Ideologen derselben, welche die
Ausbildung der Illusion dieser Klasse über sich selbst zu ihrem Haupt-
20 nahrungszweige machen, während
die Andern sich zu diesen Gedanken
& Illusionen mehr passiv & rezeptiv
verhalten, weil sie in der Wirklichkeit die aktiven Mitglieder dieser
25 Klasse sind & weniger Zeit dazu haben, sich Illusionen & Gedanken
über sich selbst zu machen. Innerhalb dieser Klasse kann diese Spaltung derselben sich sogar zu einer
30 gewissen Entgegensetzung & Feindschaft beider Theile entwickeln, die
aber bei jeder praktischen Kollision,
wo die Klasse selbst gefährdet ist,
von selbst wegfällt, wo denn auch
35 der Schein verschwindet, als wenn
die herrschenden Gedanken nicht die
Gedanken der herrschenden Klasse
wären & eine von der Macht dieser
Klasse unterschiedene Macht hätten.
40 Die Existenz revolutionärer Gedanken in einer bestimmten Epoche setzt

bereits die Existenz einer revolutionären Klasse voraus, über deren Voraussetzungen bereits oben (p) das
Nöthige gesagt ist.

Löst man nun bei der Auffassung
des geschichtlichen Verlaufs die Gedanken der herrschenden Klasse von
der herrschenden Klasse los, verselbstständigt man sie, bleibt dabei
stehen, daß in einer Epoche diese &
jene Gedanken geherrscht haben,
ohne sich um die Bedingungen der
Produktion u. um die Produzenten
dieser Gedanken zu bekümmern, läßt
man also die den Gedanken zu Grunde liegenden Individuen & Weltzu-
stände weg, so kann man z. B. sagen,
daß während der Zeit, in der die Aristokratie herrschte, die Begriffe Eh-
re, Treue &c, während der Herrschaft
der Bourgeoisie die Begriffe Freiheit, Gleichheit &c herrschten. Die
herrschende Klasse selbst bildet sich
dies im Durchschnitt ein. Diese Geschichtsauffassung, die allen Ge-
schichtschreibern vorzugsweise seit
dem achtzehnten Jahrhundert ge-
meinsam ist, wird nothwendig auf |
|32| das Phänomen stoßen, daß im-
mer abstraktere Gedanken herrschen,
d. h. Gedanken, die immer mehr die
Form der Allgemeinheit annehmen.
Jede neue Klasse nämlich, die sich
an die Stelle einer vor ihr herrschenden setzt, ist genöthigt, schon um ihren Zweck durchzuführen, ihr Interesse als das gemeinschaftliche Interesse aller Mitglieder der Gesellschaft
darzustellen, d. h. ideell ausgedrückt:
ihren Gedanken die Form der Allgemeinheit zu geben, sie als die einzig

5

10

15

20

25

30

35

40

vernünftigen, allgemein gültigen darzustellen. Die revolutionirende Klasse tritt von vorn herein, schon weil
sie einer *Klasse* gegenübersteht,
5 nicht als Klasse, sondern als Vertre-
terin der ganzen Gesellschaft auf, sie
erscheint als die ganze Masse der
Gesellschaft gegenüber der einzigen,
herrschenden Klasse. Sie kann dies,
10 weil im Anfange ihr Interesse wirklich noch mehr mit dem gemeinschaftlichen Interesse aller übrigen
nichtherrschenden Klassen zusammenhängt, sich unter dem Druck der
15 bisherigen Verhältnisse noch nicht
als besonderes Interesse einer besondern Klasse entwickeln konnte. Ihr
Sieg nutzt daher auch vielen Individuen der übrigen, nicht zur Herr-
20 schaft kommenden Klassen, aber nur
in so fern, als er diese Individuen
jetzt in den Stand setzt, sich in die
herrschende Klasse zu erheben. Als
die französische Bourgeoisie die
25 Herrschaft der Aristokratie stürzte,
machte sie es dadurch vielen Proletariern möglich, sich über das Proletariat zu erheben, aber nur, insofern
sie Bourgeois wurden. Jede neue
30 Klasse bringt daher nur auf einer
breiteren Basis, als die der bisher
herrschenden, ihre Herrschaft zu
Stande, wogegen sich dann später
auch der Gegensatz der nichtherr-
35 schenden gegen die nun herrschende
Klasse um so schärfer & tiefer entwickelt. Durch Beides ist bedingt,
daß der gegen diese neue herrschende Klasse zu führende Kampf wie-
40 derum auf eine entschiednere, radi-
kalere Negation der bisherigen Ge-

(Die Allgemeinheit entspricht 1) der
Klasse contra Stand, 2) der Concurrenz, Weltverkehr, etc 3) der grossen
Zahlreichheit der herrschenden Klasse: 4) der Illusion des *gemeinschaftlichen* Interesse. Im Anfang diese Illusion wahr. 5) D. Täuschung der
Ideologen u. d. Theilung der Arbeit.)

sellschaftszustände hinarbeitet, als alle ||33| bisherigen, die Herrschaft anstrebenden Klassen dies thun konnten.

Dieser ganze Schein, als ob die Herrschaft einer bestimmten Klasse nur die Herrschaft gewisser Gedanken sei, hört natürlich von selbst auf, sobald die Herrschaft von Klassen überhaupt aufhört, die Form der gesellschaftlichen Ordnung zu sein, sobald es also nicht mehr nöthig ist, ein besonderes Interesse als allgemeines oder „das Allgemeine" als herrschend darzustellen.

Nachdem einmal die herrschenden Gedanken von den herrschenden Individuen u. vor allem, von den Verhältnissen, die aus einer gegebnen Stufe der Productionsweise hervorgehn, getrennt sind & dadurch das Resultat zu Stande gekommen ist, daß in der Geschichte stets Gedanken herrschen, ist es sehr leicht aus diesen verschiedenen Gedanken sich „*den* Gedanken" die Idee etc als das in der Geschichte Herrschende zu abstrahiren & damit alle diese einzelnen Gedanken & Begriffe als „Selbstbestimmungen" *des* sich in der Geschichte entwickelnden Begriffs zu fassen. Dies hat die spekulative Philosophie gethan. Hegel gesteht selbst am Ende der Geschichtsphilosophie daß er „den Fortgang *des Begriffs* allein betrachtet" & in der Geschichte „die wahrhafte *Theodicee*" dargestellt habe. (p 446.) Man kann nun wieder auf die Produzenten „des Begriffs" zurückgehen, auf die Theoretiker, Ideologen & Philoso-

Es ist dann auch natürlich, daß alle Verhältnisse d. Menschen aus dem Begriff des Menschen, dem vorgestellten Menschen, dem Wesen des Menschen, *dem* Menschen abgeleitet werden können.

phen, & kommt dann zu dem Resultate daß die Philosophen, die Denkenden als solche von jeher in der
Geschichte geherrscht haben – ein
5 Resultat was, wie wir sahen, auch
schon von Hegel ausgesprochen wurde. Das ganze Kunststück also in der
Geschichte die Oberherrlichkeit des
Geistes (Hierarchie bei Stirner) nach-
10 zuweisen, beschränkt sich auf folgende 3 Efforts. /

/34/ N⁰ 1. Man muß die Gedanken
der aus empirischen Gründen, unter
empirischen Bedingungen & als ma-
15 terielle Individuen Herrschenden von
diesen Herrschenden trennen & so-
mit die Herrschaft von Gedanken
oder Illusionen in der Geschichte an-
erkennen.

20 N⁰ 2 Man muß in diese Gedan-
kenherrschaft eine Ordnung bringen,
einen mystischen Zusammenhang
unter den aufeinanderfolgenden herrschenden Gedanken nachweisen, was
25 dadurch zu Stande gebracht wird,
daß man sie als „Selbstbestimmungen des Begriffs" faßt. (Dies ist deßhalb möglich weil diese Gedanken
vermittelst ihrer empirischen Grund-
30 lage wirklich mit einander zusam-
menhängen u. weil sie als *blose* Gedanken gefaßt zu Selbstunterschei-
dungen, vom Denken gemachten Unterschieden werden.)

35 N⁰ 3 Um das mystische Aussehen
dieses „sich-selbst bestimmenden
Begriffs" zu beseitigen, verwandelt
man ihn in eine Person – „das Selbstbewußtsein" – oder um recht mate-
40 rialistisch zu erscheinen, in eine Reihe von Personen, die „den Begriff"

in der Geschichte repräsentiren, in „die Denkenden", die „Philosophen", die Ideologen die nun wieder als die Fabrikanten der Geschichte, als „der Rath der Wächter", als die Herrschenden gefaßt werden. Hiermit hat man sämmtliche materialistischen Elemente aus der Geschichte beseitigt & kann nun seinem spekulativen Roß ruhig die Zügel schießen lassen. /

/35/ Während im gewöhnlichen Leben jeder Shopkeeper sehr wohl zwischen Dem zu unterscheiden weiß, was Jemand zu sein vorgibt, & dem, was er wirklich ist, so ist unsre Geschichtschreibung noch nicht zu dieser trivialen Erkenntniß gekommen. Sie glaubt jeder Epoche aufs Wort was sie von sich selbst sagt & sich einbildet. /

Der Mensch: d. „denkenden Menschengeist".

Es muß diese Geschichtsmethode, die in Deutschland u. warum vorzüglich herrschte, entwickelt werden aus dem Zusammenhang mit der Illusion der Ideologen überhaupt, z. B. den Illusionen der Juristen, Politiker (auch der praktischen Staatsmänner darunter,) aus den dogmatischen Träumereien u. Verdrehungen dieser Kerls, die sich ganz einfach erklärt aus ihrer praktischen Lebensstellung, ihrem Geschäft u. der Theilung der Arbeit.

[Entwurf S. 36 bis 72, S. 36 bis 39 nicht überliefert. Entstanden als Teil von *Sankt Max. Neues Testament. Die Gesellschaft als bürgerliche Gesellschaft.*]

[…] |40|funden wird. Aus dem er-
steren ergibt sich die Voraussetzung
5 einer ausgebildeten Theilung der Arbeit & eines ausgedehnten Handels,
aus dem zweiten die Lokalität. Bei
dem ersten müssen die Individuen
zusammengebracht sein, bei dem
10 zweiten finden sie sich neben dem
gegebnen Produktionsinstrument
selbst als Produktionsinstrumente
vor. Hier tritt also der Unterschied
zwischen den naturwüchsigen & den
15 durch die Civilisation geschaffenen
Produktionsinstrumenten hervor. Der
Acker (das Wasser etc) kann als naturwüchsiges Produktionsinstrument
betrachtet werden. Im ersten Fall,
20 beim naturwüchsigen Produktionsinstrument, werden die Individuen unter die Natur subsumirt, im zweiten
Falle unter ein Produkt der Arbeit.
Im ersten Falle erscheint daher auch
25 das Eigenthum (Grundeigenthum)
als unmittelbare, naturwüchsige
Herrschaft, im zweiten als Herrschaft
der Arbeit, speziell der akkumulirten
Arbeit, des Kapitals. Der erste Fall
30 setzt voraus, daß die Individuen
durch irgend ein Band, sei es Familie, Stamm, der Boden selbst pp
zusammen gehören, der zweite Fall,
daß sie unabhängig von einander
35 sind & nur durch den Austausch zusammen gehalten werden. Im ersten
Fall ist der Austausch hauptsächlich
ein Austausch zwischen den Menschen & der Natur, ein Austausch, in
40 dem die Arbeit der Einen gegen die

Produkte der Andern eingetauscht werden; im zweiten Falle ist er vorherrschend Austausch der Menschen unter sich. Im ersten Falle reicht der durchschnittliche Menschenverstand hin, körperliche & geistige Thätigkeit sind noch gar nicht getrennt; im zweiten Falle muß bereits die Theilung zwischen geistiger & körperlicher Arbeit praktisch vollzogen sein. Im ersten Falle kann die Herrschaft des Eigenthümers über die Nichteigenthümer auf persönlichen Verhältnissen, auf einer Art von Gemeinwesen beruhen, im zweiten Falle muß sie in einem Dritten, dem Geld, eine dingliche Gestalt angenommen haben. Im ersten Falle existirt die kleine Industrie, aber subsumirt unter die Benutzung des naturwüchsigen Produktionsinstruments, & daher ohne Vertheilung der Arbeit an verschiedne Individuen; im zweiten Falle besteht die Industrie nur in & durch die Theilung der Arbeit. |

|41| Wir gingen bisher von den Produktionsinstrumenten aus & schon hier zeigte sich die Nothwendigkeit des Privateigenthums für gewisse industrielle Stufen. In der industrie extractive fällt das Privateigenthum mit der Arbeit noch ganz zusammen; in der kleinen Industrie & aller bisherigen Agrikultur ist das Eigenthum nothwendige Konsequenz der vorhandenen Produktionsinstrumente; in der großen Industrie ist der Widerspruch zwischen dem Produktionsinstrument & Privateigenthum erst ihr Produkt, zu dessen Erzeugung sie bereits sehr entwickelt sein

muß. Mit ihr ist also auch die Aufhebung des Privateigenthums erst
möglich. ————

Die größte Theilung der materiel-
5 len & geistigen Arbeit ist die Trennung von Stadt & Land. Der Gegensatz zwischen Stadt & Land fängt an
mit dem Übergange aus der Barbarei
in die Civilisation, aus dem Stamm-
10 wesen in den Staat, aus der Lokalität
in die Nation, & zieht sich durch die
ganze Geschichte der Civilisation bis
auf den heutigen Tag (die Anticorn-
law-League) hindurch. – Mit der
15 Stadt ist zugleich die Nothwendigkeit der Administration, der Polizei,
der Steuern usw, kurz der des Ge-
meindewesens & damit der Politik
überhaupt gegeben. Hier zeigt sich
20 zuerst die Theilung der Bevölkerung
in zwei große Klassen, die direkt auf
der Theilung der Arbeit & den Produktionsinstrumenten beruht. Die
Stadt ist bereits die Thatsache der
25 Konzentration der Bevölkerung, der
Produktionsinstrumente, des Kapitals, der Genüsse, der Bedürfnisse,
während das Land gerade die entgegengesetzte Thatsache, die Isolirung
30 & Vereinzelung, zur Anschauung
bringt. Der Gegensatz zwischen
Stadt & Land kann nur innerhalb des
Privateigenthums existiren. Er ist der
krasseste Ausdruck der Subsumtion
35 des Individuums unter die Theilung
der Arbeit, unter eine bestimmte,
ihm aufgezwungene Thätigkeit, eine
Subsumtion die den Einen zum bornirten Stadtthier, den Andern zum
40 bornirten Landthier macht & den Gegensatz der Interessen Beider täglich

neu erzeugt. Die Arbeit ist hier wieder die Hauptsache, die Macht *über* den Individuen, & solange diese existirt, solange muß das Privateigenthum existiren. Die Aufhebung des Gegensatzes von Stadt & Land ist eine der ersten Be||42|dingungen der Gemeinschaft, eine Bedingung, die wieder von einer Masse materieller Voraussetzungen abhängt & die der bloße Wille nicht erfüllen kann, wie Jeder auf den ersten Blick sieht (Diese Bedingungen müssen noch entwickelt werden). Die Trennung von Stadt & Land kann auch gefaßt werden als die Trennung von Kapital & Grundeigenthum, als der Anfang einer vom Grundeigenthum unabhängigen Existenz & Entwicklung des Kapitals, eines Eigenthums das bloß in der Arbeit & im Austausch seine Basis hat.

In den Städten, welche im Mittelalter nicht aus der früheren Geschichte fertig überliefert waren, sondern sich neu aus den freigewordnen Leibeignen bildeten, war die besondre Arbeit eines Jeden sein einziges Eigenthum außer dem kleinen fast nur im nöthigsten Handwerkszeug bestehenden Kapital das er mitbrachte. Die Konkurrenz der fortwährend in die Stadt kommenden entlaufenen Leibeigenen, der fortwährende Krieg des Landes gegen die Städte & damit die Nothwendigkeit einer organisirten städtischen Kriegsmacht, das Band des gemeinsamen Eigenthums an einer bestimmten Arbeit, die Nothwendigkeit gemeinsamer Gebäude zum Verkauf

ihrer Waaren zu einer Zeit, wo die
Handwerker zugl. commerçants &
die damit gegebene Ausschließung
Unberufener von diesen Gebäuden,
5 der Gegensatz der Interessen der einzelnen Handwerke unter sich, die
Nothwendigkeit eines Schutzes der
mit Mühe erlernten Arbeit und die
feudale Organisation des ganzen
10 Landes waren die Ursachen der Vereinigung der Arbeiter eines jeden
Handwerks in Zünften. Wir haben
hier auf die vielfachen Modifikati-
onen des Zunftwesens, die durch
15 spätere historische Entwicklungen
hereinkamen, nicht weiter einzugehen. Die Flucht der Leibeignen in die
Städte fand während des ganzen Mittelalters ununterbrochen statt. Diese
20 Leibeignen, auf dem Lande von ihren Herren verfolgt, kamen einzeln
in die Städte, wo sie eine organisirte
Gemeinde vorfanden gegen die sie
machtlos waren & worin sie sich der
25 Stellung unterwerfen mußten, die ihnen das Bedürfniß nach ihrer Arbeit
& das Interesse ihrer organisirten
städtischen Konkurrenten anwies.
Diese einzeln herein kommenden Ar-
30 beiter konnten es nie zu einer Macht
bringen, da wenn ihre Arbeit eine
Zunftmäßige war die erlernt werden
mußte, die Zunftmeister sie sich un-
terwarfen & nach ihrem Interesse or-
35 ganisirten, oder, wenn ihre Arbeit
nicht erlernt werden mußte, daher
keine zunftmäßige, sondern Taglöhnerarbeit war, nie zu einer Organisation kamen, sondern unorganisirter
40 Pöbel blieben. Die Nothwendigkeit
der Taglöhnerarbeit in den Städten

schuf den Pöbel. – Diese Städte waren wahre „Vereine" hervorgerufen
durch das unmittelbare ‖43‖ Bedürfniß, die Sorge um den Schutz des
Eigenthums, & um die Produktions-
mittel & Vertheidigungsmittel der
einzelnen Mitglieder zu multipli-
ren. Der Pöbel dieser Städte war dadurch, daß er aus einander fremden,
vereinzelt hereingekommenen Individuen bestand, die einer organisirten, kriegsmäßig gerüsteten, sie ei-
fersüchtig überwachenden Macht un-
organisirt gegenüberstanden, aller
Macht beraubt. Die Gesellen & Lehr-
linge waren in jedem Handwerk so
organisirt, wie es dem Interesse der
Meister am besten entsprach; das patriarchalische Verhältniß, in dem sie
zu ihren Meistern standen, gab diesen eine doppelte Macht, einerseits
in ihrem direkten Einfluß auf das
ganze Leben der Gesellen & dann
weil es für die Gesellen, die bei demselben Meister arbeiteten, ein wirkliches Band war, das sie gegenüber
den Gesellen der übrigen Meister zu-
sammenhielt & sie von diesen trenn-
te; & endlich waren die Gesellen
schon durch das Interesse das sie hatten, selbst Meister zu werden, an die
bestehende Ordnung geknüpft. Während daher der Pöbel es wenigstens
zu Emeuten gegen die ganze städtische Ordnung brachte, die indeß bei
seiner Machtlosigkeit ohne alle Wir-
kung blieben, kamen die Gesellen
nur zu kleinen Widersetzlichkeiten
innerhalb einzelner Zünfte, wie sie
zur Existenz des Zunftwesens selbst
gehören. Die großen Aufstände des

Mittelalters gingen alle vom Lande aus, blieben aber ebenfalls wegen der Zersplitterung & der daraus folgenden Roheit der Bauern total erfolglos. ——

Das Kapital in diesen Städten war ein naturwüchsiges Kapital, das in der Wohnung, den Handwerkszeugen & der naturwüchsigen, erblichen Kundschaft bestand, & sich wegen des unentwickelten Verkehrs & der mangelnden Cirkulation als unrealisirbar vom Vater auf den Sohn forterben mußte. Dies Kapital war nicht, wie das moderne, ein in Geld abzuschätzendes, bei dem es gleichgültig ist, ob es in dieser oder jener Sache steckt, sondern ein unmittelbar mit der bestimmten Arbeit des Besitzers zusammenhängendes, von ihr gar nicht zu trennendes & in sofern *ständisches* Kapital. ——

Die Theilung der Arbeit war in den Städten zwischen den ein-| |44|zelnen Zünften noch sehr wenig & in den Zünften selbst zwischen den einzelnen Arbeitern gar nicht durchgeführt. Jeder Arbeiter mußte in einem ganzen Kreise von Arbeiten bewandert sein, mußte Alles machen können, was mit seinen Werkzeugen zu machen war; der beschränkte Verkehr & die geringe Verbindung der einzelnen Städte unter sich, der Mangel an Bevölkerung & die Beschränktheit der Bedürfnisse ließen keine weitere Theilung der Arbeit aufkommen & daher mußte Jeder, der Meister werden wollte, seines ganzen Handwerks mächtig sein. Daher findet sich bei den mittelalter-

lichen Handwerkern noch ein Interesse an ihrer speciellen Arbeit & an der
Geschicklichkeit darin, das sich bis
zu einem gewissen bornirten Kunst-
sinn steigern konnte. Daher ging aber
auch jeder mittelalterliche Handwerker ganz in seiner Arbeit auf, hatte
ein gemüthliches Knechtschaftsver-
hältniß zu ihr & war viel mehr als
der moderne Arbeiter, dem seine Arbeit gleichgültig ist, unter sie subsumirt. ——

Die nächste Ausdehnung der Theilung der Arbeit war die Trennung
von Produktion & Verkehr, die Bildung einer besondern Klasse von
Kaufleuten, eine Trennung, die in
den historisch überlieferten Städten
(u. A. mit den Juden) mit überkom-
men war & in den neugebildeten sehr
bald eintrat. Hiermit war die Möglichkeit einer über den nächsten Um-
kreis hinausgehenden Handelsver-
bindung gegeben, eine Möglichkeit,
deren Ausführung von den bestehenden Kommunikationsmitteln, dem
durch die politischen Verhältnisse
bedingten Stande der öffentlichen Si-
cherheit auf dem Lande (im ganzen
Mittelalter zogen bekanntlich die
Kaufleute in bewaffneten Karawanen
herum) & von den durch die jedesmalige Kulturstufe bedingten rohe-
ren oder entwickelteren Bedürfnissen
des dem Verkehr zugänglichen Ge-
bietes abhing. – Mit dem in einer besonderen Klasse konstituirten Verkehr, mit der Ausdehnung des Handels durch die Kaufleute über die
nächste Umgebung der Stadt hinaus,
tritt sogleich eine Wechselwirkung

5

10

15

20

25

30

35

40

zwischen der Produktion & dem
Verkehr ein. Die Städte treten *mit
einander* in Verbindung, es werden
neue Werkzeuge aus einer Stadt in
5 die andre gebracht, & die Theilung
zwischen Produktion & Verkehr ruft
bald eine neue Theilung der Produktion zwischen ‖45‖ den einzelnen
Städten hervor, deren Jede bald einen
10 vorherrschenden Industriezweig exploitirt. Die anfängliche Beschränkung auf die Lokalität fängt allmählig an aufgelöst zu werden. ——

Es hängt lediglich von der Aus-
15 dehnung des Verkehrs ab, ob die in
einer Lokalität gewonnenen Produktivkräfte, namentlich Erfindungen,
für die spätere Entwicklung verloren
gehen oder nicht. Solange noch kein
20 über die unmittelbare Nachbarschaft
hinausgehender Verkehr existirt,
muß jede Erfindung in jeder Lokalität besonders gemacht werden, &
bloße Zufälle, wie Irruptionen bar-
25 barischer Völker, selbst gewöhnliche
Kriege, reichen hin, ein Land mit
entwickelten Produktivkräften & Bedürfnissen dahin zu bringen daß es
wieder von vorne anfangen muß. In
30 der anfänglichen Geschichte mußte
jede Erfindung täglich neu, & in jeder Lokalität unabhängig gemacht
werden. Wie wenig ausgebildete
Produktivkräfte selbst bei einem ver-
35 hältnißmäßig sehr ausgedehnten
Handel vor dem gänzlichen Unter-
gange sicher sind, beweisen die Phö-
nizier, deren Erfindungen zum größten Theil durch die Verdrängung die-
40 ser Nation aus dem Handel, die Eroberung Alexanders & den daraus

folgenden Verfall auf lange Zeit verloren gingen. Ebenso im Mittelalter –
die Glasmalerei zB. Erst wenn der
Verkehr zum Weltverkehr geworden
ist, die große Industrie zur Basis hat
& alle Nationen in den Konkurrenzkampf hereingezogen sind, ist die
Dauer der gewonnenen Produktivkräfte gesichert.

Die Theilung der Arbeit zwischen
den verschiedenen Städten hatte zur
nächsten Folge das Entstehen der
Manufakturen, der dem Zunftwesen
entwachsenen   Produktionszweige.
Das erste Aufblühen der Manufakturen – in Italien u. später in Flan-
dern – hatte den Verkehr mit auswärtigen Nationen zu seiner historischen Voraussetzung. In andern Ländern – England & Frankreich z. B. –
beschränkten die Manufakturen sich
Anfangs auf den inländischen Markt.
Die Manufakturen haben außer den
angegebenen Voraussetzungen noch
eine schon fortgeschrittene Konzentration der Bevölkerung – namentlich
auf dem Lande – und des Kapitals,
das sich theils in den Zünften trotz
der Zunftgesetze, theils bei den
Kaufleuten in einzelnen Händen zu
sammeln anfing, zur Voraussetzung. |

|46| Diejenige Arbeit, die von
vornherein eine Maschine, wenn
auch noch in der rohsten Gestalt,
voraussetzte, zeigte sich sehr bald als
die entwicklungsfähigste. Die Weberei, bisher auf dem Lande von den
Bauern nebenbei betrieben, um sich
ihre nöthige Kleidung zu verschaffen, war die erste Arbeit, welche
durch die Ausdehnung des Verkehrs

einen Anstoß & eine weitere Ausbildung erhielt. Die Weberei war die
erste & blieb die hauptsächlichste
Manufaktur. Die mit der steigenden
5 Bevölkerung steigende Nachfrage
nach Kleidungsstoffen, die beginnen-
de Akkumulation & Mobilisation des
naturwüchsigen Kapitals durch die
beschleunigte Cirkulation, das hier-
10 durch hervorgerufene & durch die
allmählige Ausdehnung des Verkehrs überhaupt begünstigte Luxus-
bedürfniß gaben der Weberei quan-
titativ & qualitativ einen Anstoß, der
15 sie aus der bisherigen Produktions-
form herausriß. Neben den zum
Selbstgebrauch webenden Bauern,
die fortbestehen blieben & noch fortbestehen, kam eine neue Klasse von
20 Webern in den Städten auf, deren
Gewebe für den ganzen heimischen
Markt & meist auch für auswärtige
Märkte bestimmt waren. – Die Weberei, eine in den meisten Fällen we-
25 nig Geschicklichkeit erfordernde &
bald in unendlich viele Zweige zer-
fallende Arbeit, widerstrebte ihrer
ganzen Beschaffenheit nach den Fesseln der Zunft. Die Weberei wurde
30 daher auch meist in Dörfern &
Marktflecken ohne zünftige Organisation betrieben, die allmählig zu
Städten, & zwar bald zu den blü-
hendsten Städten jedes Landes wur-
35 den. – Mit der zunftfreien Manufaktur veränderten sich sogleich auch
die Eigenthumsverhältnisse. Der erste Fortschritt über das naturwüch-
sig-ständische Kapital hinaus war
40 durch das Aufkommen der Kaufleute
gegeben, deren Kapital von vorn her-

ein mobil, Kapital im modernen Sinne war, soweit davon unter den damaligen Verhältnissen die Rede sein kann. Der zweite Fortschritt kam mit der Manufaktur, die wieder eine Masse des naturwüchsigen Kapitals mobilisirte & überhaupt die Masse des mobilen Kapitals gegenüber der des naturwüchsigen vermehrte. – Die Manufaktur wurde zugleich eine Zuflucht der Bauern gegen die sie ausschließenden oder schlecht bezahlenden Zünfte, wie früher die Zunftstädte den Bauern als Zuflucht ||47| gegen die Grundbesitzer gedient hatten.

Mit dem Anfange der Manufakturen gleichzeitig war eine Periode des Vagabundenthums, veranlaßt durch das Aufhören der feudalen Gefolgschaften, die Entlassung der zusammengelaufenen Armeen, die den Königen gegen die Vasallen gedient hatten, durch verbesserten Ackerbau & Verwandlung von großen Streifen Ackerlandes in Viehweiden. Schon hieraus geht hervor, wie dies Vagabundenthum genau mit der Auflösung der Feudalität zusammenhängt. Schon im dreizehnten Jahrhundert kommen einzelne Epochen dieser Art vor, allgemein & dauernd tritt dies Vagabundenthum erst mit dem Ende des 15 u. Anfang des 16 Jahrhdts hervor. Diese Vagabunden, die so zahlreich waren daß u. A. Heinrich VIII von England ihrer 72,000 hängen ließ, wurden nur mit den größten Schwierigkeiten & durch die äußerste Noth, & erst nach langem Widerstreben dahin gebracht, daß sie arbeiteten. Das rasche Aufblühen der Manufakturen namentlich in England, absorbirte sie allmählig. ——

Mit der Manufaktur war zugleich ein verändertes Verhältniß des Arbeiters zum Arbeitgeber gegeben. In den Zünften existirte das patriarchalische Verhältniß zwischen Gesellen & Meister fort; in der Manufaktur trat an seine Stelle das Geldverhältniß zwischen Arbeiter & Kapitalist; ein Verhältniß, das auf dem Lande & in kleinen Städten patriarchalisch tingirt blieb, in den größeren, eigentlichen Manufakturstädten jedoch schon früh fast alle patriarchalische Färbung verlor.

Die Manufaktur & überhaupt die Bewegung der Produktion erhielt einen enormen Aufschwung durch die Ausdehnung des Verkehrs, welche mit der Entdeckung Amerikas & des Seeweges nach Ostindien eintrat. Die neuen von dort importirten Produkte, namentlich die Massen von Gold & Silber die in Cirkulation kamen, die Stellung der Klassen gegen einander total veränderten & dem feudalen Grundeigenthum u. den Arbeitern einen harten Stoß gaben, die Abenteurerzüge, Kolonisation, & vor Allem die jetzt möglich gewordene & täglich sich mehr & mehr herstellende Ausdehnung der Märkte zum Weltmarkt, riefen eine neue Phase der geschicht||48|lichen Entwicklung hervor, auf welche im Allgemeinen hier nicht weiter einzugehen ist. Durch die Kolonisation der neu entdeckten Länder erhielt der Handelskampf der Nationen gegen einander neue Nah-

Mit der Manufaktur traten die verschiedenen Nationen in ein Konkurrenzverhältniß, in den Handelskampf, der in Kriegen, Schutzzöllen & Prohibitionen durchgekämpft wurde, während früher die Nationen soweit sie in Verbindung waren, einen harmlosen Austausch mit einander verführt hatten. Der Handel hat von nun an politische Bedeutung.

rung & demgemäß größere Ausdehnung & Erbitterung.

Die Ausdehnung des Handels & der Manufaktur beschleunigten die Akkumulation des mobilen Kapitals, während in den Zünften die keinen Stimulus zur erweiterten Produktion erfuhren, das naturwüchsige Kapital stabil blieb oder gar abnahm. Handel & Manufactur schufen die große Bourgeoisie, in den Zünften konzentrirte sich die Kleinbürgerschaft, die nun nicht mehr wie früher, in den Städten herrschte, sondern der Herrschaft der großen Kaufleute & Manufactüriers sich beugen mußte. Daher der Verfall der Zünfte, sobald sie mit der Manufactur in Berührung kam.

Das Verhältniß der Nationen unter einander in ihrem Verkehr nahm während der Epoche von der wir gesprochen haben, zwei verschiedene Gestalten an. Im Anfange bedingte die geringe cirkulirende Quantität des Goldes & Silbers das Verbot der Ausfuhr dieser Metalle; & die durch die Nothwendigkeit der Beschäftigung für die wachsende städtische Bevölkerung nöthig gewordene meist vom Auslande importirte Industrie konnte der Privilegien nicht entbehren, die natürlich nicht nur gegen inländische, sondern hauptsächlich gegen auswärtige Konkurrenz gegeben werden konnten. Das lokale Zunftprivilegium wurde in diesen ursprünglichen Prohibitionen auf die ganze Nation erweitert. Die Zölle entstanden aus den Abgaben die die Feudalherren den ihr Gebiet durch-

Kleinbürger
Mittelstand
Grosse Bourgeoisie.

224

ziehenden Kaufleuten als Abkauf der
Plünderung auflegten, Abgaben die
später von den Städten ebenfalls auf-
erlegt wurden & die beim Aufkom-
5 men der modernen Staaten das zu-
nächstliegende Mittel für den Fiskus
waren, um Geld zu bekommen. —
Die Erscheinung des amerikanischen
Goldes & Silbers auf den europäi-
10 schen Märkten, die allmählige Entwicklung der Industrie, der rasche
Aufschwung des Handels & das hier-
durch hervorgerufene Aufblühen der
nichtzünftigen Bourgeoisie & des
15 Geldes gab diesen Maßregeln eine
andre Bedeutung. Der Staat, der des
Geldes täglich weniger entbehren
konnte, behielt nun das Verbot der
Gold & Silberausfuhr aus fiskali-
20 schen Rücksichten bei; die Bourgeois für die diese neu auf den Markt
geschleuderten Geldmassen der
Hauptgegenstand des Accaparements
war, waren damit vollständig zufrie-
25 den; die bisherigen Privilegien wurden eine Einkommenquelle für die
Regierung & für Geld verkauft; in
der Zollgesetzgebung kamen die
Ausfuhrzölle auf, die der Industrie
30 nur ein Hinderniß in den Weg ‖49‖ le-
gend, einen rein fiskalischen Zweck
hatten. —

Die zweite Periode trat mit der
Mitte des siebzehnten Jahrhunderts
35 ein, & dauerte fast bis zum Ende des
achtzehnten. Der Handel & die
Schiffahrt hatten sich rascher ausge-
dehnt als die Manufaktur, die eine
sekundäre Rolle spielte; die Kolonie-
40 en fingen an, starke Konsumenten zu
werden, die einzelnen Nationen

theilten sich durch lange Kämpfe in den sich öffnenden Weltmarkt. Diese Periode beginnt mit den Navigationsgesetzen & Kolonialmonopolen. Die Konkurrenz der Nationen unter einander wurde durch Tarife, Prohibitionen, Traktate möglichst ausgeschlossen; & in letzter Instanz wurde der Konkurrenzkampf durch Kriege (besonders Seekriege) geführt & entschieden. Die zur See mächtigste Nation, die Engländer behielten das Übergewicht im Handel & der Manufaktur. Schon hier die Konzentration auf Ein Land. – Die Manufaktur war fortwährend durch Schutzzölle im heimischen Markte, im Kolonialmarkte durch Monopole & im auswärtigen möglichst viel durch Differentialzölle geschützt. Die Bearbeitung des im Lande selbst erzeugten Materials wurde begünstigt (Wolle & Leinen in Engl. Seide in Frankreich) **F** & die des importirten vernachlässigt oder unterdrückt (Baumwolle in England). Die im Seehandel & der Kolonialmacht vorherrschende Nation sicherte sich natürlich auch die größte quantitative & qualitative Ausdehnung der Manufaktur. Die Manufaktur konnte überhaupt des Schutzes nicht entbehren, da sie durch die geringste Veränderung die in andern Ländern vorgeht, ihren Markt verlieren & ruinirt werden kann; sie ist leicht in einem Lande unter einigermaßen günstigen Bedingungen eingeführt & ebendeßhalb leicht zerstört. Sie ist zugleich durch die Art, wie sie namentlich im 18 Jahrhundert auf dem Lande, betrie-

F die Ausfuhr des im Inlande erzeugten Rohmaterials verboten (Wolle in England)

ben wurde, mit den Lebensverhält-
nissen einer großen Masse von Individuen so verwachsen, daß kein
Land wagen darf ihre Existenz durch
5 Zulassung der freien Konkurrenz
aufs Spiel zu setzen. Sie hängt daher,
insofern sie es bis zum Export bringt,
ganz von der Ausdehnung oder Beschränkung des Handels ab & übt ei-
10 ne verhältniß[mäßig] sehr geringe
Rückwirkung [auf ihn] aus. Daher
ihre sekundäre [Rolle] & daher der
Einfluß [der Ka]ufleute im achtzehn-
ten Jahrhundert. ||50| Die Kaufleute
15 & besonders die Rheder waren es,
die vor allen Andern auf Staatsschutz
& Monopolien drangen; die Manufakturiers verlangten & erhielten
zwar auch Schutz, standen aber fort-
20 während hinter den Kaufleuten an
politischer Bedeutung zurück. Die
Handelsstädte, speziell die Seestädte,
wurden einigermaßen civilisirt &
großbürgerlich, während in den Fa-
25 brikstädten die größte Kleinbürgerei
bestehen blieb. Vgl. Aikin pp Das
achtzehnte Jahrhundert war das des
Handels. Pinto sagt dies ausdrück-
lich: Le commerce fait la marotte du
30 siecle; und: depuis quelque temps il
n'est plus question que de commerce, de navigation & de marine. ——
    Die Bewegung des Kapitals, ob-
wohl bedeutend beschleunigt, blieb
35 doch noch stets verhältnißmäßig
langsam. Die Zersplitterung des
Weltmarktes in einzelne Theile, deren Jeder von einer besondern Nation
ausgebeutet wurde, die Ausschlie-
40 ßung der Konkurrenz der Nationen
unter sich, die Unbehülflichkeit der

Produktion selbst & das aus den ersten Stufen sich erst entwickelnde Geldwesen hielten die Cirkulation sehr auf. Die Folge davon war ein krämerhafter, schmutzig-kleinlicher Geist, der allen Kaufleuten & der ganzen Weise des Handelsbetriebs noch anhaftete. Im Vergleich mit den Manufakturiers & vollends den Handwerkern waren sie allerdings Großbürger, Bourgeois, im Vergleich zu den Kaufleuten & Industriellen der nächsten Periode bleiben sie Kleinbürger. Vgl. A. Smith. ——

Diese Periode ist auch bezeichnet durch das Aufhören der Gold & Silberausfuhrverbote, das Entstehen des Geldhandels, der Banken, der Staatsschulden, des Papiergeldes, der Actien & Fondsspekulation, der Agiotage in allen Artikeln, & der Ausbildung des Geldwesens überhaupt. Das Kapital verlor wieder einen großen Theil der ihm noch anklebenden Naturwüchsigkeit.

Die im siebzehnten Jahrhundert unaufhaltsam sich entwickelnde Konzentration des Handels & der Manufaktur auf ein Land, England, schuf für dieses Land allmählig einen relativen Weltmarkt & damit eine Nachfrage für die Manufakturprodukte dieses Landes, die durch die bisherigen industriellen Produktivkräfte nicht mehr befriedigt werden konnte. Diese den Produktionskräften über den Kopf wachsende Nachfrage war die treibende Kraft, welche die dritte ‖51‖ Periode des Privateigenthums seit dem Mittelalter hervorrief, indem sie die große

Industrie – die Anwendung von Elementarkräften zu industriellen Zwekken, die Maschinerie & die ausgedehnteste Theilung der Arbeit – erzeugte. Die übrigen Bedingungen dieser neuen Phase – die Freiheit der Konkurrenz innerhalb der Nation, die Ausbildung der theoretischen Mechanik (die durch Newton vollendete Mechanik war überhaupt im 18 Jahrhdt in Frankreich & England die populärste Wissenschaft) pp existirten in England bereits. (Die freie Konkurrenz in der Nation selbst mußte überall durch eine Revolution erobert werden – 1640 & 1688 in England, 1789 in Frankreich). Die Konkurrenz zwang bald jedes Land das seine historische Rolle behalten wollte, seine Manufakturen durch erneuerte Zollmaßregeln zu schützen (die alten Zölle halfen gegen die große Industrie nicht mehr) & bald darauf die große Industrie unter Schutzzöllen einzuführen. Die große Industrie universalisirte trotz dieser Schutzmittel die Konkurrenz (sie ist die praktische Handelsfreiheit, der Schutzzoll ist in ihr nur ein Palliativ, eine Gegenwehr *in* der Handelsfreiheit), stellte die Kommunikationsmittel u. den modernen Weltmarkt her, unterwarf sich den Handel, verwandelte alles Kapital in industrielles Kapital & erzeugte damit die rasche Cirkulation (die Ausbildung des Geldwesens) & Centralisation der Kapitalien. Sie erzeugte in soweit erst die Weltgeschichte als sie jede civilisirte Nation & jedes Individuum darin in der Befriedigung seiner Be-

Sie zwang durch die universelle Konkurrenz alle Individuen zur äußersten Anspannung ihrer Energie. Sie vernichtete möglichst die Ideo-

dürfnisse von der ganzen Welt abhängig machte, & die bisherige naturwüchsige Ausschließlichkeit einzelner Nationen vernichtete. Sie subsumirte die Naturwissenschaft unter das Kapital & nahm der Theilung der Arbeit den letzten Schein der Naturwüchsigkeit. Sie vernichtete überhaupt die Naturwüchsigkeit, soweit dies innerhalb der Arbeit möglich ist & löste alle naturwüchsigen Verhältnisse in Geldverhältnisse auf. Sie schuf an der Stelle der naturwüchsigen Städte die modernen, großen Industriestädte, die über Nacht entstanden sind. Sie zerstörte, wo sie durchdrang, das Handwerk & überhaupt alle früheren Stufen der Industrie. Sie vollendete den Sieg [der Sta]dt über das Land. Ihre [...]r ist das automatische System. [Sie er]zeugte eine Masse von Pro[duktivk]räften, für die das Privat[eigenthum] eben sosehr eine Fessel ||52| wurde, wie die Zunft für die Manufaktur & der kleine, ländliche Betrieb für das sich ausbildende Handwerk. Diese Produktivkräfte erhalten unter dem Privateigenthum eine nur einseitige Entwicklung, werden für die Mehrzahl zu Destruktivkräften & eine Menge solcher Kräfte können im Privateigenthum gar nicht zur Anwendung kommen. Sie erzeugte im Allgemeinen überall dieselben Verhältnisse zwischen den Klassen der Gesellschaft, & vernichtete dadurch die Besonderheit der einzelnen Nationalitäten. Und endlich, während die Bourgeoisie jeder Nation noch aparte nationale Interessen behält, schuf die

logie, Religion, Moral &c, & wo sie dies nicht konnte, machte sie sie zur handgreiflichen Lüge.

große Industrie eine Klasse, die bei
allen Nationen dasselbe Interesse
hat, & bei der die Nationalität schon
vernichtet ist, eine Klasse die wirk-
5 lich die ganze alte Welt los ist & zugleich ihr gegenüber steht. Sie macht
dem Arbeiter nicht bloß das Verhältniß zum Kapitalisten, sondern die
Arbeit selbst unerträglich.

10 Es versteht sich daß die große Industrie nicht in jeder Lokalität eines
Landes zu derselben Höhe der Ausbildung kommt. Dies hält indeß die
Klassenbewegung des Proletariats
15 nicht auf, da die durch die große Industrie erzeugten Proletarier an die
Spitze dieser Bewegung treten & die
ganze Masse mit sich fortreißen, &
da die von der großen Industrie aus-
20 geschlossenen Arbeiter durch diese
große Industrie in eine noch schlech-
tere Lebenslage versetzt werden als
die Arbeiter der großen Industrie
selbst. Ebenso wirken die Länder, in
25 denen eine große Industrie entwikkelt ist, auf die plus ou moins nicht-
industriellen Länder, sofern diese
durch den Weltverkehr in den universellen Konkurrenzkampf herein-
30 gerissen sind.

Diese verschiedenen Formen sind
ebensoviel Formen der Organisation
der Arbeit & damit des Eigenthums.
In jeder Periode fand eine Vereini-
35 gung der existirenden Produktivkräfte statt, soweit sie durch die Bedürfnisse nothwendig geworden war.

Dieser Widerspruch zwischen den
40 Produktivkräften & der Verkehrsform, der wie wir sahen schon meh-

rere Mal in der bisherigen Geschichte vorkam ohne jedoch die Grundlage derselben zu gefährden mußte jedesmal in einer Revolution eklatiren,
wobei er zugleich verschiedene Nebengestalten annahm, als Totalität
von Kollisionen, Kollisionen ver-
schiedener Klassen, als Widerspruch
des Bewußtseins, Gedankenkampf,
politischer Kampf &c. Von einem
bornirten Gesichtspunkte aus kann
man nun eine dieser Nebengestalten
herausnehmen & sie als die Basis
dieser Revolutionen betrachten, was
um so leichter ist, als die Individuen,
von denen die Revolutionen ausgin-
gen, sich je nach ihrem Bildungsgrad
& der Stufe der historischen Entwicklung über ihre eigne Thätigkeit
selbst Illusionen machten.

———

Alle Kollisionen der Geschichte haben also nach unsrer Auffassung ihren Ursprung in dem Widerspruch
zwischen den Produktivkräften & der
Verkehrs‖53‖form. Es ist übrigens
nicht nöthig daß dieser Widerspruch,
um zu Kollisionen in einem Lande
zu führen, in diesem Lande selbst auf
die Spitze getrieben ist. Die durch einen erweiterten internationalen Verkehr hervorgerufene Konkurrenz mit
industriell entwickelteren Ländern ist
hinreichend um auch in den Ländern
mit weniger entwickelter Industrie
einen ähnlichen Widerspruch zu er-
zeugen (z. B. das latente Proletariat
in Deutschland durch die Konkurrenz der englischen Industrie zur Erscheinung gebracht).

———

Die Konkurrenz isolirt die Individu-
en nicht nur die Bourgeois, sondern
noch mehr die Proletarier gegen einander trotzdem daß sie sie zusam-
5 menbringt. Daher dauert es eine lange Zeit bis diese Individuen sich vereinigen können abgesehen davon daß
zu dieser Vereinigung wenn sie nicht
bloß lokal sein soll die nöthigen Mit-
10 tel, die großen Industriestädte & die
wohlfeilen & schnellen Kommuni-
kationen durch die große Industrie
erst hergestellt sein müssen, & daher
ist jede organisirte Macht gegenüber
15 diesen isolirten & in Verhältnissen,
die die Isolirung täglich reproduzi-
ren, lebenden Individuen erst nach
langen Kämpfen zu besiegen. Das
Gegentheil verlangen, hieße ebenso-
20 viel wie zu verlangen, daß die Konkurrenz in dieser bestimmten Geschichtsepoche nicht existiren soll
oder daß die Individuen Verhältnisse, über die sie als Isolirte keine
25 Kontrole haben, sich aus dem Kopf
schlagen sollen.

———

Häuserbau. Bei den Wilden versteht
es sich von selbst daß jede Familie
30 ihre eigne Höhle oder Hütte hat, wie
bei den Nomaden das separate Zelt
jeder Familie. Diese getrennte Hauswirthschaft wird durch die weitere
Entwicklung des Privateigenthums
35 nur noch nöthiger gemacht. Bei den
Agrikulturvölkern ist die gemeinsame Hauswirthschaft ebenso unmöglich wie die gemeinsame Bodenkultur. Ein großer Fortschritt war die
40 Erbauung von Städten. In allen bisherigen Perioden war indeß die Auf-

hebung der getrennten Wirthschaft, die von der Aufhebung des Privateigenthums nicht zu trennen ist, schon deswegen unmöglich, weil die materiellen Bedingungen dazu nicht vorhanden waren. Die Einrichtung einer gemeinsamen Hauswirthschaft setzt die Entwicklung der Maschinerie, der Benutzung der Naturkräfte, & vieler andern Produktivkräfte voraus, z. B. der Wasserleitungen, der |54| Gasbeleuchtung, der Dampfheizung &c Aufhebung von Stadt u. Land. Ohne diese Bedingungen würde die gemeinsame Wirthschaft nicht selbst wieder eine neue Produktionskraft sein, aller materiellen Basis entbehren, auf einer bloß theoretischen Grundlage beruhen, dh eine bloße Marotte sein & es nur zur Klosterwirthschaft bringen. – Was möglich war, zeigt sich in der Zusammenrükkung zu Städten & in der Erbauung gemeinsamer Häuser zu einzelnen bestimmten Zwecken (Gefängnisse, Kasernen pp) Daß die Aufhebung der getrennten Wirthschaft von der Aufhebung der Familie nicht zu trennen ist, versteht sich von selbst.

——

[Der bei Sankt Sancho häufig vorkommende Satz daß Jeder alles was er ist durch den Staat ist, ist im Grunde derselbe wie der, daß der Bourgeois nur ein Exemplar der Bourgeoisgattung sei; ein Satz der voraussetzt, daß die *Klasse* der Bourgeois schon vor den sie konstituirenden Individuen existirt habe.] Die Bürger in jeder Stadt waren im Mittelalter gezwungen sich gegen den

Präexistenz der Klasse bei den Philosophen

234

Landadel zu vereinigen um sich ihrer
Haut zu wehren; die Ausdehnung des
Handels, die Herstellung der Kom-
munikationen führte die einzelnen
5 Städte dazu andere Städte kennen zu
lernen die dieselben Interessen im
Kampfe mit demselben Gegensatz
durchgesetzt hatten. Aus den vielen
lokalen Bürgerschaften der einzelnen
10 Städte entstand erst sehr allmählig
die Bürger*klasse*. Die Lebensbedingungen der einzelnen Bürger wurden
durch den Gegensatz gegen die bestehenden Verhältnisse & durch die
15 davon bedingte Art der Arbeit zugleich zu Bedingungen, welche ihnen allen gemeinsam & von jedem
Einzelnen unabhängig waren. Die
Bürger hatten diese Bedingungen ge-
20 schaffen, insofern sie sich von dem
feudalen Verbande losgerissen hatten, & waren von ihnen geschaffen,
insofern sie durch ihren Gegensatz
gegen die Feudalität, die sie vorfan-
25 den, bedingt waren. Mit dem Eintre-
ten der Verbindung zwischen den
einzelnen Städten entwickelten sich
diese gemeinsamen Bedingungen zu
Klassenbedingungen. Dieselben Be-
30 dingungen, derselbe Gegensatz, dieselben Interessen mußten im Ganzen
& Großen auch überall gleiche Sitten
hervorrufen. Die Bourgeoisie selbst
entwickelt sich erst mit ihren Bedin-
35 gungen allmählig, spaltet sich nach
der Theilung der Arbeit wieder in
verschiedene Fraktionen & absorbirt
endlich alle vorgefundenen besitzenden Klassen in sich, (während sie die
40 Majorität der vorgefundenen besitz-
losen & einen Theil der bisher besit-

Sie absorbirt zunächst die dem Staat
direkt angehörigen Arbeitszweige,
dann alle ± ideologischen Stände.

zenden Klassen zu einer neuen Klasse, dem Proletariat entwickelt) in dem Maße, als alles vorgefundene Eigenthum in industrielles oder kommerzielles Kapital umgewandelt wird. Die einzelnen Individuen bilden nur insofern eine Klasse, als | |55| sie einen gemeinsamen Kampf gegen eine andre Klasse zu führen haben; im Übrigen stehen sie einander selbst in der Konkurrenz wieder feindlich gegenüber. Auf der andern Seite verselbstständigt sich die Klasse wieder gegen die Individuen, sodaß diese ihre Lebensbedingungen prädestinirt vorfinden, von der Klasse ihre Lebensstellung & damit ihre Persönliche Entwicklung angewiesen bekommen, unter sie subsumirt werden. Dies ist dieselbe Erscheinung wie die Subsumtion der einzelnen Individuen unter die Theilung der Arbeit, & kann nur durch die Aufhebung des Privateigenthums & der Arbeit selbst beseitigt werden. Wie diese Subsumtion der Individuen unter die Klasse sich zugleich zu einer Subsumtion unter allerlei Vorstellungen pp entwickelt, haben wir bereits mehrere Male angedeutet. –

Wenn man diese Entwicklung der Individuen in den gemeinsamen Existenzbedingungen der geschichtlich aufeinander folgenden Stände & Klassen & den ihnen damit aufgedrängten allgemeinen Vorstellungen *philosophisch* betrachtet, so kann man sich allerdings leicht einbilden, in diesen Individuen habe sich die Gattung oder der Mensch, oder sie haben den Menschen entwickelt; ei-

ne Einbildung, womit der Geschichte
einige starke Ohrfeigen gegeben
werden. Man kann dann diese verschiednen Stände & Klassen als Spe-
5 cifikationen des allgemeinen Aus-
drucks, als Unterarten der Gattung,
als Entwicklungsphasen des Menschen fassen.

Diese Subsumtion der Individuen
10 unter bestimmte Klassen kann nicht
eher aufgehoben werden, als bis sich
eine Klasse gebildet hat, die gegen
die herrschende Klasse kein besonderes Klasseninteresse mehr durch-
15 zusetzen hat.

———

Die Verwandlung der persönlichen
Mächte (Verhältnisse) in sachliche
durch die Theilung der Arbeit kann
20 nicht dadurch wieder aufgehoben
werden, daß man sich die allgemeine
Vorstellung davon aus dem Kopfe
schlägt, sondern nur dadurch daß die
Individuen diese sachlichen Mächte
25 wieder unter sich subsumiren, & die
Theilung der Arbeit aufheben. Dies
ist ohne die Gemeinschaft nicht
möglich. Erst in der Gemeinschaft
existiren für jedes Individuum ||56|
30 die Mittel, seine Anlagen nach allen
Seiten hin auszubilden, erst in der
Gemeinschaft wird also die persönliche Freiheit möglich. In den bisherigen Surrogaten der Gemeinschaft,
35 im Staat &sw. existirte die persönliche Freiheit nur für die in den Verhältnissen der herrschenden Klasse
entwickelten Individuen & nur insofern sie Individuen dieser Klasse wa-
40 ren. Die scheinbare Gemeinschaft, zu
der sich bisher die Individuen verei-

(Feuerbach Sein & Wesen)

237

nigten, verselbstständigte sich stets ihnen gegenüber & war zugleich, da sie eine Vereinigung einer Klasse, gegenüber einer andern war, für die beherrschte Klasse nicht nur eine ganz illusorische Gemeinschaft, sondern auch eine neue Fessel. In der wirklichen Gemeinschaft erlangen die Individuen in & durch ihre Association zugleich ihre Freiheit. – Die Individuen gingen immer von sich aus, natürlich aber von sich innerhalb ihrer gegebenen historischen Bedingungen & Verhältnisse, nicht vom „reinen" Individuum im Sinne der Ideologen. Aber im Lauf der historischen Entwicklung & gerade durch die innerhalb der Theilung der Arbeit unvermeidlichen Verselbstständigung der gesellschaftlichen Verhältnisse tritt ein Unterschied heraus zwischen dem Leben jedes Individuums, soweit es persönlich ist & insofern es unter irgend einen Zweig der Arbeit & die dazu gehörigen Bedingungen subsumirt ist. Dies ist nicht so zu verstehen, als ob z. B. der Rentier, der Kapitalist pp aufhörten, Personen zu sein; sondern ihre Persönlichkeit ist durch ganz bestimmte Klassenverhältnisse bedingt & bestimmt, & der Unterschied tritt erst im Gegensatz zu einer andern Klasse & für sie selbst erst dann hervor wenn sie Bankerott machen. Im Stand, (mehr noch im Stamm) ist dies noch verdeckt, z. B. ein Adliger bleibt stets Adliger, ein Rotürier stets Rotürier, abgesehen von seinen sonstigen Verhältnissen, eine von seiner Individualität unzertrennliche Quali-

tät. Der Unterschied des persönlichen Individuums gegen das Klas-
senindividuum, die Zufälligkeit der
Lebensbedingungen für das Indi-
5 viduum tritt erst mit dem Auftreten
der Klasse, die selbst ein Produkt der
Bourgeoisie ist. Die Konkurrenz &
der Kampf der Individuen unter ein-
ander erzeugt & entwickelt erst ||57|
10 diese Zufälligkeit als solche. In der
Vorstellung sind daher die Individu-
en unter der Bourgeoisieherrschaft
freier als früher, weil ihnen ihre Lebensbedingungen zufällig sind; in
15 der Wirklichkeit sind sie natürlich
unfreier, weil mehr unter sachliche
Gewalt subsumirt. Der Unterschied
vom Stand tritt namentlich heraus im
Gegensatz der Bourgeoisie gegen das
20 Proletariat. Als der Stand der städtischen Bürger, die Corporationen pp
gegenüber dem Landadel aufkamen,
erschien ihre Existenzbedingung, das
Mobileigenthum & die Handwerks-
25 arbeit die schon vor ihrer Trennung
vom Feudalverbande latent existirt
hatten, als etwas Positives, das gegen
das feudale Grundeigenthum geltend
gemacht wurde & nahm daher auch
30 zunächst wieder die feudale Form in
ihrer Weise an. Allerdings behandel-
ten die entlaufenden Leibeignen ihre
bisherige Leibeigenschaft als etwas
ihrer Persönlichkeit Zufälliges. Hier-
35 in aber thaten sie nur dasselbe was
jede sich von einer Fessel befreiende
Klasse thut, & dann befreiten sie sich
nicht als Klasse, sondern vereinzelt.
Sie traten ferner nicht aus dem Be-
40 reich des Ständewesens heraus, sondern bildeten nur einen neuen Stand,

& behielten ihre bisherige Arbeits-
weise auch in der neuen Stellung bei
& bildeten sie weiter aus, indem sie
sie von ihren bisherigen, ihrer schon
erreichten Entwicklung nicht mehr
entsprechenden Fesseln befreiten. –
Bei den Proletariern dagegen ist ihre
eigne Lebensbedingung, die Arbeit,
& damit sämmtliche Existenzbedingungen der heutigen Gesellschaft für
sie zu etwas Zufälligem geworden,
worüber die einzelnen Proletarier
keine Kontrole haben, u. worüber ihnen keine *gesellschaftliche* Organisation eine Controle geben kann
& der Widerspruch zwischen der
Persönlichkeit des einzelnen Prole-
tariers & seiner ihm aufgedrängten
Lebensbedingung, der Arbeit, tritt
für ihn selbst hervor, namentlich da
er schon von Jugend auf geopfert
wird, & da ihm die Chance fehlt, innerhalb seiner Klasse zu den Bedingungen zu kommen die ihn in die
andre stellen. –

————— |

|58| NB. nicht zu vergessen daß
schon die Nothwendigkeit der Leibeignen, zu existiren, & die Unmög-
lichkeit der großen Wirthschaft, die
die Vertheilung von allotments an die
Leibeignen mit sich führte, sehr bald
die Verpflichtungen der Leibeignen
gegen den Feudalherrn auf einen
Durchschnitt von Naturallieferungen
& Frohnleistungen reduzirte, der
dem Leibeignen die Akkumulation
von Mobilareigenthum möglich
machte & damit sein Entfliehen von
dem Besitzthum seines Herrn er-
leichterte & ihm Aussicht auf sein

Fortkommen als Stadtbürger gab,
auch Abstufungen unter den Leibeignen erzeugte. Sodaß die weglaufen-
den Leibeignen schon halbe Bürger
5 sind. Wobei es ebenfalls einleuchtet
daß die eines Handwerks kundigen
leibeignen Bauern am meisten Chance hatten sich Mobilareigenthum zu
erwerben. –

10 ———

Während also die entlaufenden Leibeignen nur ihre bereits vorhandenen
Existenzbedingungen frei entwickeln
& zur Geltung bringen wollten, &
15 daher in letzter Instanz nur bis zur
freien Arbeit kamen, müssen die Proletarier um persönlich zur Geltung zu
kommen, ihre eigne bisherige Existenzbedingung die zugleich die der
20 ganzen bisherigen Gesellschaft ist,
die Arbeit, aufheben. Sie befinden
sich daher auch im direkten Gegensatz zu der Form, in der die Individuen der Gesellschaft sich bisher ei-
25 nen Gesammtausdruck gaben, zum
Staat, & müssen den Staat stürzen,
um ihre Persönlichkeit durchzuset-
zen.

———

30 Es geht aus der ganzen bisherigen
Entwicklung hervor, daß das gemeinschaftliche Verhältniß, in das
die Individuen einer Klasse traten, &
das durch ihre gemeinschaftlichen
35 Interessen gegenüber einem Dritten
bedingt war, stets eine Gemeinschaft
war, der diese Individuen nur als
Durchschnittsindividuen angehörten,
nur soweit sie in den Existenzbedin-
40 gungen ihrer Klasse lebten, ein Verhältniß, an dem sie nicht als Indivi-

duen, sondern als Klassenmitglieder
Theil hatten. Bei der Gemeinschaft
der revolutionären Proletarier dagegen, die ihre [&] aller Gesellschafts-
mitglieder Existenz‖59‖[be]dingun-
gen unter ihre Kontrole nehmen, ist
es gerade umgekehrt; an ihr nehmen
die Individuen als Individuen An-
theil. Es ist eben die Vereinigung der
Individuen (innerhalb der Voraussetzung der jetzt entwickelten Produktivkräfte natürlich), die die Beding-
gungen der freien Entwicklung &
Bewegung der Individuen unter ihre
Controle gibt, Bedingungen, die bisher dem Zufall überlassen waren &
sich gegen die einzelnen Individuen
eben durch ihre Trennung als Individuen, durch ihre nothwendige Vereinigung, die mit der Theilung der
Arbeit gegeben & durch ihre Trennung zu einem ihnen fremden Bande
geworden war, verselbstständigt hatten. Die bisherige Vereinigung war
nur eine keineswegs willkührliche
wie sie z. B. im Contrat social dargestellt wird sondern nothwendige
Vereinigung (vergleiche z. B. die
Bildung des nordamerikanischen
Staats & die südamerikanischen Re-
publiken) über diese Bedingungen,
innerhalb deren dann die Individuen
den Genuß der Zufälligkeit hatten.
Dieses Recht, innerhalb gewisser Bedingungen ungestört der Zufälligkeit
sich erfreuen zu dürfen, nannte man
bisher persönliche Freiheit. – Diese
Existenzbedingungen sind natürlich
nur die jedesmaligen Produktionskräfte & Verkehrsformen. –

Der Kommunismus unterscheidet
sich von allen bisherigen Bewegungen dadurch daß er die Grundlage
aller bisherigen Produktions- & Ver-
5 kehrsverhältnisse umwälzt, & alle
naturwüchsigen Voraussetzungen
zum ersten Mal mit Bewußtsein als
Geschöpfe der bisherigen Menschen
behandelt, ihrer Naturwüchsigkeit
10 entkleidet & der Macht der vereinigten Individuen unterwirft. Seine Ein-
richtung ist daher wesentlich ökono-
misch, die materielle Herstellung der
Bedingungen dieser Vereinigung; sie
15 macht die vorhandenen Bedingungen
zu Bedingungen der Vereinigung.
Das Bestehende was der Kommunismus schafft ist eben die wirkliche
Basis zur Unmöglichmachung alles
20 von den Individuen unabhängig bestehenden sofern dies Bestehende
dennoch nichts als ein Produkt des
bisherigen Verkehrs der Individuen
selbst ist. Die Kommunisten behan-
25 deln also praktisch die durch die bisherige Produktion & Verkehr erzeugten Bedingungen als unorganische,
ohne indeß sich einzubilden, es sei
der Plan oder die Bestimmung der
30 bisherigen Generationen gewesen,
ihnen Material zu liefern, & ohne zu
glauben, daß diese Bedingungen für
die sie schaffenden Individuen unor-
ganisch waren. ||60| Der Unterschied
35 zwischen persönlichem Individuum
& zufälligem Individuum ist keine
Begriffsunterscheidung sondern ein
historisches Faktum. Diese Unterscheidung hat zu verschiedenen Zei-
40 ten einen verschiedenen Sinn, zB.
der Stand als etwas dem Individuum

zufälliges im 18 Jahrhundert, plus ou moins auch die Familie. Es ist eine Unterscheidung die nicht wir für jede Zeit zu machen haben, sondern die jede Zeit unter den verschiedenen Elementen, die sie vorfindet, selbst macht, & zwar nicht nach dem Begriff, sondern durch materielle Lebenskollisionen gezwungen. Was als zufällig der späteren Zeit im Gegensatz zur früheren erscheint, also auch unter den ihr von der früheren überkommenen Elementen, ist eine Verkehrsform, die einer bestimmten Entwicklung der Produktivkräfte entsprach. Das Verhältniß der Produktionskräfte zur Verkehrsform ist das Verhältniß der Verkehrsform zur Thätigkeit od. Bethätigung der Individuen. (Die Grundform dieser Bethätigung ist natürlich die materielle, von der alle andre geistige, politische, religiöse &c abhängt. Die verschiedene Gestaltung des materiellen Lebens ist natürlich jedesmal abhängig von den schon entwickelten Bedürfnissen, & sowohl die Erzeugung wie die Befriedigung dieser Bedürfnisse ist selbst ein historischer Prozeß der sich bei keinem Schafe oder Hunde findet (widerhaariges Hauptargument Stirners *adversus* hominem), obwohl Schafe & Hunde in ihrer jetzigen Gestalt allerdings, aber malgré eux, Produkte eines historischen Prozesses sind.) Die Bedingungen, unter denen die Individuen, solange der Widerspruch noch nicht eingetreten ist, mit einander verkehren, sind zu ihrer Individualität gehörige Bedingungen, nichts äußerli-

Production der Verkehrsform

ches für sie, Bedingungen unter denen diese bestimmten, unter bestimmten Verhältnissen existirenden
Individuen allein ihr materielles Le-
5 ben & was damit zusammenhängt,
produziren können, sind also die Bedingungen ihrer Selbstbethätigung &
werden von dieser Selbstbethätigung
produzirt. Die bestimmte Bedingung,
10 unter der sie produziren, entspricht
also, solange ‖61‖ der Widerspruch
noch nicht eingetreten ist, ihrer wirklichen Bedingtheit, ihrem einseitigen
Dasein, dessen Einseitigkeit sich erst
15 durch den Eintritt des Widerspruchs
zeigt & also nur für die Späteren existirt. Dann erscheint diese Bedingung als eine zufällige Fessel, &
dann wird das Bewußtsein, daß sie
20 eine Fessel sei, auch der früheren
Zeit untergeschoben. – Diese verschiedenen Bedingungen, die zuerst
als Bedingungen der Selbstbethätigung, später als Fesseln derselben
25 erschienen, bilden in der ganzen geschichtlichen Entwicklung eine zusammenhängende Reihe von Verkehrsformen, deren Zusammenhang
darin besteht, daß an die Stelle der
30 früheren, zur Fessel gewordenen
Verkehrsform, eine neue, den entwickelteren Produktivkräften & damit der fortgeschrittenen Art der
Selbstbethätigung der Individuen
35 entsprechende gesetzt wird, die à son
tour wieder zur Fessel & dann durch
eine andre ersetzt wird. Da diese Bedingungen auf jeder Stufe der gleichzeitigen Entwicklung der Produktiv-
40 kräfte entsprechen, so ist ihre Geschichte zugleich die Geschichte der

sich entwickelnden & von jeder neu-
en Generation übernommenen Produktivkräfte & damit die Geschichte
der Entwicklung der Kräfte der Individuen selbst.

Da diese Entwicklung naturwüchsig vor sich geht, d. h. nicht einem
Gesammtplan frei vereinigter Individuen subordinirt ist, so geht sie von
verschiedenen Lokalitäten, Stäm-
men, Nationen, Arbeitszweigen &c
aus, deren Jede Anfangs sich unabhängig von den andern entwickelt &
erst nach & nach mit den andern in
Verbindung tritt. Sie geht ferner nur
sehr langsam vor sich; die verschiedenen Stufen & Interessen werden
nie vollständig überwunden, sondern
nur dem siegenden Interesse unter-
geordnet & schleppen sich noch
Jahrhunderte lang neben diesem fort.
Hieraus folgt, daß selbst innerhalb
einer Nation die Individuen auch abgesehen von ihren Vermögensver-
hältnissen ganz verschiedene Entwicklungen haben, & daß ein früheres Interesse, dessen eigenthümliche
Verkehrsform schon durch die einem
späteren angehörige verdrängt ist,
noch lange im Besitz einer tra-
ditionellen Macht in der, den Individuen gegenüber verselbstständigten
scheinbaren Gemeinschaft (Staat,
Recht) bleibt, einer Macht, die in
letzter Instanz nur durch eine Revolution zu brechen ist. Hieraus erklärt
sich auch, warum in Beziehung auf
einzelne Punkte, ||62| die eine allge-
meinere Zusammenfassung erlaubt,
das Bewußtsein zuweilen weiter vor-
gerückt scheinen kann, als die

gleichzeitigen empirischen Verhältnisse, sodaß man in den Kämpfen einer späteren Epoche sich auf frühere
Theoretiker als auf Autoritäten stüt-
5 zen kann. – Dagegen geht die Entwicklung in Ländern, die wie Nord-
amerika, in einer schon entwickelten
Geschichtsepoche von vorn anfangen
sehr rasch vor sich. Solche Länder
10 haben keine andern naturwüchsigen
Voraussetzungen außer den Individuen die sich dort ansiedeln, & die
hierzu durch die ihren Bedürfnissen
nicht entsprechenden Verkehrsfor-
15 men der alten Länder veranlaßt wurden. Sie fangen also mit den fortge-
schrittensten Individuen der alten
Länder & daher mit der diesen Individuen entsprechenden entwickelt-
20 sten Verkehrsform an, noch ehe diese
Verkehrsform in den alten Ländern
sich durchsetzen kann. Dies ist der
Fall mit allen Kolonieen, sofern sie
nicht bloße Militär- oder Handels-
25 stationen sind. Karthago Die grie-
chischen Kolonieen & Island im 11
& 12 Jahrhundert liefern Beispiele
dazu. Ein ähnliches Verhältniß findet
Statt bei der Eroberung, wenn dem
30 eroberten Lande die auf einem andern Boden entwickelte Verkehrsform fertig herübergebracht wird;
während sie in ihrer Heimath noch
mit Interessen & Verhältnissen aus
35 früheren Epochen behaftet war, kann
& muß sie hier vollständig & ohne
Hinderniß durchgesetzt werden,
schon um den Eroberern dauernde
Macht zu sichern. (England & Nea-
40 pel nach der normännischen Eroberung, wo sie die vollendetste Form

der feudalen Organisation erhielten) ——

[Dieser ganzen Geschichtsauffassung scheint das Faktum der Eroberung zu widersprechen. Man hat bisher die Gewalt, den Krieg, Plünderung, Raubmord pp zur treibenden Kraft der Geschichte gemacht. Wir können uns hier nur auf die Hauptpunkte beschränken & nehmen daher nur das frappanteste Beispiel, die Zerstörung einer alten Civilisation durch ein barbarisches Volk, & die sich daran anknüpfende von vorn anfangende Bildung einer neuen Gliederung der Gesellschaft. (Rom & Barbaren, Feudalität & Gallien, oström. Reich & Türken) ||63| Bei dem erobernden Barbarenvolke ist der Krieg selbst noch, wie schon oben angedeutet, eine regelmäßige Verkehrsform, die um so eifriger exploitirt wird, je mehr der Zuwachs der Bevölkerung bei der hergebrachten & für sie einzig möglichen rohen Produktionsweise das Bedürfniß neuer Produktionsmittel schafft. In Italien dagegen war durch die Konzentration des Grundeigenthums (verursacht außer durch Aufkauf & Verschuldung auch noch durch Erbschaft, indem bei der großen Liederlichkeit & den seltnen Heirathen die alten Geschlechter allmählig ausstarben & ihr Besitz Wenigen zufiel) & Verwandlung desselben in Viehweiden (die außer durch die gewöhnlichen noch heute gültigen ökonomischen Ursachen, durch die Einfuhr geraubten & Tributgetreides & den hieraus folgenden Mangel an Kon-

sumenten für italisches Korn verur-
sacht wurde) die freie Bevölkerung
fast verschwunden, die Sklaven
selbst starben immer wieder aus &
5 mußten stets durch neue ersetzt werden. Die Sklaverei blieb die Basis
der gesammten Produktion. Die Ple-
bejer, zwischen Freien & Sklaven
stehend, brachten es nie über ein
10 Lumpenproletariat hinaus. Überhaupt kam Rom nie über die Stadt
hinaus & stand mit den Provinzen in
einem fast nur politischen Zusammenhange, der natürlich auch wieder
15 durch politische Ereignisse unterbrochen werden konnte.

––– ––– –––

Es ist nichts gewöhnlicher als die
Vorstellung, in der Geschichte sei es
20 bisher nur auf das *Nehmen* angekom-
men. Die Barbaren *nahmen* das rö-
mische Reich, u. mit der Thatsache
dieses Nehmens erklärt man den
Übergang aus der alten Welt in die
25 Feudalität. Bei dem Nehmen durch
Barbaren kommt es aber darauf an,
ob die Nation, die eingenommen
wird, industrielle Produktivkräfte
entwickelt hat, wie dies bei den mo-
30 dernen Völkern der Fall ist, oder ob
ihre Produktivkräfte hauptsächlich
bloß auf ihrer Vereinigung & dem
Gemeinwesen beruht. Das Nehmen
ist ferner bedingt durch den Gegen-
35 stand der genommen wird. Das in
Papier bestehende Vermögen eines
Bankiers kann gar nicht genommen
werden ohne daß der Nehmende sich
den Produktions- & Verkehrsbedin-
40 gungen des genommenen Landes unterwirft. Ebenso das gesammte in-

dustrielle Kapital eines modernen Industrielandes. Und endlich hat das Nehmen überall sehr bald ein Ende, & wenn nichts mehr zu nehmen ist, muß man anfangen zu produziren. Aus dieser sehr bald eintretenden Nothwendigkeit des Produzirens folgt, ||64| daß die von den sich niederlassenden Eroberern angenommene Form des Gemeinwesens der Entwicklungsstufe der vorgefundnen Produktivkräfte entsprechen, oder wenn dies nicht von vorn herein der Fall ist, sich nach den Produktivkräften ändern muß. Hieraus erklärt sich auch das Faktum das man in der Zeit nach der Völkerwanderung überall bemerkt haben will, daß nämlich der Knecht der Herr war, & die Eroberer von den Eroberten Sprache, Bildung & Sitten sehr bald annahmen. – Die Feudalität wurde keineswegs aus Deutschland fertig mitgebracht, sondern sie hatte ihren Ursprung von Seiten der Eroberer in der kriegerischen Organisation des Heerwesens während der Eroberung selbst & diese entwickelte sich nach derselben durch die Einwirkung der in den eroberten Ländern vorgefundnen Produktivkräfte erst zur eigentlichen Feudalität. Wie sehr diese Form durch die Produktivkräfte bedingt war, zeigen die gescheiterten Versuche, andre aus altrömischen Reminiscenzen entspringende Formen durchzusetzen (Karl d. Große pp) fortzufahren —

In der großen Industrie & Konkurrenz sind die sämmtlichen Existenz-

Bedingtheiten, Einseitigkeiten

bedingungen der Individuen zusam-
mengeschmolzen in die beiden ein-
fachsten Formen: Privateigenthum &
Arbeit. Mit dem Gelde ist jede Ver-
5 kehrsform & der Verkehr selbst für
die Individuen als zufällig gesetzt.
Also liegt schon im Gelde, daß aller
bisherige Verkehr nur Verkehr der
Individuen unter bestimmten Bedin-
10 gungen, nicht der Individuen als Individuen war. Diese Bedingungen
sind auf zwei – akkumulirte Arbeit
oder Privateigenthum, oder wirkliche
Arbeit – reduzirt. Hören diese oder
15 eine von ihnen auf, so stockt der
Verkehr. Die modernen Oekonomen
selbst, zB. Sismondi, Cherbuliez &c
stellen die association des individus
der association des capitaux entge-
20 gen. Andererseits sind die Individuen
selbst vollständig unter die Theilung
der Arbeit subsumirt & dadurch in
die vollständigste Abhängigkeit von
einander gebracht. Das Privateigen-
25 thum, soweit es, innerhalb der Arbeit,
der Arbeit gegenübertritt, entwickelt
sich aus der Nothwendigkeit der Akkumulation, & hat im Anfange immer noch mehr die Form des Ge-
30 meinwesens, nähert sich aber in der
weiteren Entwicklung immer mehr
der modernen Form des Privateigenthums. Durch die Theilung der Arbeit
ist schon von vorn herein die Thei-
35 lung auch der Arbeits*bedingungen*
Werkzeuge & Materialien gegeben &
damit die Zersplitterung des akkumulirten Kapitals an verschiedne
Eigenthümer, & damit die Zersplit-
40 terung zwischen Kapital & Arbeit, &
die verschiedenen Formen des Eigen-

thums selbst. Jemehr sich die Theilung der Arbeit aus||65|bildet & jemehr die Akkumulation wächst, desto schärfer bildet sich auch diese Zersplitterung aus. Die Arbeit selbst kann nur bestehen unter der Voraussetzung dieser Zersplitterung.

———

(Persönliche Energie der Individuen einzelner Nationen – Deutsche & Amerikaner – Energie schon durch Racenkreuzung – daher die Deutschen cretinmäßig – in Frankreich, Engl. &c fremde Völker auf einen schon entwickelten, in Amerika auf einen ganz neuen Boden verpflanzt, in Deutschl. die naturwüchsige Bevölkerung ruhig sitzen geblieben.)

———

Es zeigen sich hier also zwei Fakta. Erstens erscheinen die Produktivkräfte als ganz unabhängig & losgerissen von den Individuen, als eine eigne Welt neben den Individuen, was darin seinen Grund hat, daß die Individuen, deren Kräfte sie sind, zersplittert & im Gegensatz gegen einander existiren, während diese Kräfte andererseits nur im Verkehr & Zusammenhang dieser Individuen wirkliche Kräfte sind. Also auf der einen Seite eine Totalität von Produktivkräften, die gleichsam eine sachliche Gestalt angenommen haben & für die Individuen selbst nicht mehr die Kräfte der Individuen, sondern des Privateigenthums, & daher der Individuen nur insofern sie Privateigenthümer sind. In keiner früheren Periode hatten die Produktivkräfte diese gleichgültige Gestalt für

Sismondi

den Verkehr der Individuen *als* Individuen angenommen, weil ihr Verkehr selbst noch ein bornirter war. Auf der andern Seite steht diesen
5 Produktivkräften die Majorität der Individuen gegenüber, von denen diese Kräfte losgerissen sind & die daher alles wirklichen Lebensinhalts beraubt, abstrakte Individuen geworden
10 den sind, die aber dadurch erst in den Stand gesetzt werden, *als Individuen* mit einander in Verbindung zu treten. Der einzige Zusammenhang, in dem sie noch mit den Produktivkräften &
15 mit ihrer eignen Existenz stehen, die Arbeit, hat bei ihnen allen Schein der Selbstbethätigung verloren & erhält ihr ||66| Leben nur, indem sie es verkümmert. Während in den früheren
20 Perioden Selbstbethätigung & Erzeugung des materiellen Lebens dadurch getrennt waren, daß sie an verschiedene Personen fielen & die Erzeugung des materiellen Lebens wegen
25 der Bornirtheit der Individuen selbst noch als eine untergeordnete Art der Selbstbethätigung galt, fallen sie jetzt so aus einander, daß überhaupt das materielle Leben als Zweck, die
30 Erzeugung dieses materiellen Lebens, die Arbeit (welche die jetzt einzig mögliche aber wie wir sahen, negative Form der Selbstbethätigung ist), als Mittel erscheint.
35 Es ist also jetzt soweit gekommen, daß die Individuen sich die vorhandene Totalität von Produktivkräften aneignen müssen, nicht nur um zu ihrer Selbstbethätigung zu kommen,
40 sondern schon überhaupt, um ihre Existenz sicher zu stellen. Diese An-

eignung ist zuerst bedingt durch den anzueignenden Gegenstand – die zu einer Totalität entwickelten & nur innerhalb eines universellen Verkehrs existirenden Produktivkräfte. Diese Aneignung muß also schon von dieser Seite her einen den Produktivkräften & dem Verkehr entsprechenden universellen Charakter haben. Die Aneignung dieser Kräfte ist selbst weiter nichts als die Entwicklung der den materiellen Produktionsinstrumenten entsprechenden individuellen Fähigkeiten. Die Aneignung einer Totalität von Produktionsinstrumenten ist schon deßhalb die Entwicklung einer Totalität von Fähigkeiten in den Individuen selbst. Diese Aneignung ist ferner bedingt durch die aneignenden Individuen. Nur die von aller Selbstbethätigung vollständig ausgeschlossenen Proletarier der Gegenwart sind im Stande, ihre vollständige, nicht mehr bornirte Selbstbethätigung, die in der Aneignung einer Totalität von Produktivkräften & der damit gesetzten Entwicklung einer Totalität von Fähigkeiten besteht, durchzusetzen. Alle früheren revolutionären Aneignungen waren bornirt, Individuen, deren Selbstbethätigung durch ein beschränktes Produktionsinstrument & einen beschränkten Verkehr bornirt war, eigneten sich dies beschränkte Produktions||67|instrument an, & brachten es daher nur zu einer neuen Beschränktheit. Ihr Produktionsinstrument wurde ihr Eigenthum, aber sie selbst blieben unter die Theilung der Arbeit & unter ihr eignes Pro-

duktionsinstrument subsumirt. Bei allen bisherigen Aneignungen blieben eine Masse von Individuen unter ein einziges Produktionsinstrument
5 subsumirt; bei der Aneignung der Proletarier müssen eine Masse von Produktionsinstrumenten unter jedes Individuum & das Eigenthum unter Alle subsumirt werden. Der moderne
10 universelle Verkehr kann nicht anders unter die Individuen subsumirt werden, als dadurch daß er unter Alle subsumirt wird. – Die Aneignung ist ferner bedingt durch die Art
15 & Weise wie sie vollzogen werden muß. Sie kann nur vollzogen werden durch eine Vereinigung, die durch den Charakter des Proletariats selbst wieder nur eine universelle sein
20 kann, & durch eine Revolution, in der einerseits die Macht der bisherigen Produktions & Verkehrsweise & gesellschaftlichen Gliederung gestürzt wird & andererseits der uni-
25 verselle Charakter & die zur Durchführung der Aneignung nöthige Energie des Proletariats sich entwikkelt, ferner das Proletariat alles abstreift was ihm noch aus seiner bis-
30 herigen Gesellschaftsstellung geblieben ist.

Erst auf dieser Stufe fällt die Selbstbethätigung mit dem materiellen Leben zusammen, was der Ent-
35 wicklung der Individuen zu totalen Individuen & der Abstreifung aller Naturwüchsigkeit entspricht; & dann entspricht sich die Verwandlung der Arbeit in Selbstbethätigung & die
40 Verwandlung des bisherigen bedingten Verkehrs in den Verkehr der In-

255

dividuen als solcher. Mit der Aneignung der totalen Produktivkräfte durch die vereinigten Individuen hört das Privateigenthum auf. Während in der bisherigen Geschichte immer eine besondere Bedingung als zufällig erschien, ist jetzt die Absonderung der Individuen selbst, der besondre Privaterwerb eines Jeden selbst zufällig geworden.

Die Individuen, die nicht mehr | |68| unter die Theilung der Arbeit subsumirt werden, haben die Philosophen sich als Ideal unter dem Namen: „der Mensch" vorgestellt, & den ganzen, von uns entwickelten Prozeß als den Entwicklungsprozeß „des Menschen" gefaßt, sodaß den bisherigen Individuen auf jeder geschichtlichen Stufe „der Mensch" untergeschoben & als die treibende Kraft der Geschichte dargestellt wurde. Der ganze Prozeß wurde so als Selbstentfremdungsprozeß „des Menschen" gefaßt & dies kommt wesentlich daher, daß das Durchschnittsindividuum der späteren Stufe immer der früheren & das spätere Bewußtsein den früheren Individuen untergeschoben. Durch diese Umkehrung, die von vorn herein von den wirklichen Bedingungen abstrahirt, war es möglich die ganze Geschichte in einen Entwicklungsprozeß des Bewußtseins zu verwandeln. — —

Die bürgerliche Gesellschaft umfaßt den gesammten materiellen Verkehr der Individuen innerhalb einer bestimmten Entwicklungsstufe der Produktivkräfte. Sie umfaßt das ge-

Selbstentfremdung

sammte kommerzielle & industrielle
Leben einer Stufe & geht in so fern
über den Staat & die Nation hinaus,
obwohl sie andrerseits wieder nach
5 Außen hin als Nationalität sich geltend machen, nach Innen als Staat
sich gliedern muß. Das Wort bürgerliche Gesellschaft kam auf im achtzehnten Jahrhundert als die Eigen-
10 thumsverhältnisse bereits aus dem
antiken & mittelalterlichen Gemeinwesen sich herausgearbeitet hatten.
Die bürgerliche Gesellschaft als solche entwickelt sich erst mit der
15 Bourgeoisie; die unmittelbar aus der
Produktion & dem Verkehr sich entwickelnde gesellschaftliche Organisation, die zu allen Zeiten die Basis
des Staats & der sonstigen idealisti-
20 schen Superstruktur bildet, ist indeß
fortwährend mit demselben Namen
bezeichnet worden. —

Verhältniß von Staat & Recht zum
Eigenthum. – Die erste Form des Ei-
25 genthums ist sowohl in der antiken
Welt wie im Mittelalter das Stammeigenthum, bedingt bei den Römern hauptsächlich durch den Krieg,
bei den ||69| Germanen durch die
30 Viehzucht. Bei den antiken Völkern
erscheint, weil in einer Stadt mehrere
Stämme zusammenwohnen, das
Stammeigenthum als Staatseigenthum, & das Recht des Einzelnen
35 daran als bloße Possessio, die sich
indeß, wie das Stammeigenthum
überhaupt, nur auf das Grundeigenthum beschränkt. Das eigentliche
Privateigenthum fängt bei den Alten
40 wie bei den modernen Völkern, mit
dem Mobilareigenthum an. – (Skla-

verei & Gemeinwesen) (dominium
ex jure Quiritum) Bei den aus dem
Mittelalter hervorgehenden Völkern
entwickelt sich das Stammeigenthum
durch verschiedene Stufen – feudales
Grundeigenthum, korporatives Mobilareigenthum, Manufakturkapital –
bis zum modernen, durch die große
Industrie & universelle Konkurrenz
bedingten Kapital, dem reinen Privateigenthum, das allen Schein des
Gemeinwesens abgestreift & alle
Einwirkung des Staats auf die Entwicklung des Eigenthums ausgeschlossen hat. Diesem modernen Privateigenthum entspricht der moderne
Staat, der durch die Steuern allmählig von den Privateigenthümern an
sich gekauft, durch das Staatsschul-
denwesen ihnen vollständig verfallen
& dessen Existenz in dem Steigen &
Fallen der Staatspapiere auf der Bör-
se gänzlich von dem kommerziellen
Kredit abhängig geworden ist, den
ihm die Privateigenthümer, die Bourgeois geben. Die Bourgeoisie ist
schon, weil sie eine *Klasse*, nicht
mehr ein *Stand* ist, dazu gezwungen,
sich national, nicht mehr lokal zu or-
ganisiren, & ihrem Durchschnittsin-
teresse eine allgemeine Form zu geben. Durch die Emancipation des
Privateigenthums vom Gemeinwesen
ist der Staat zu einer besonderen Existenz neben & außer der bürgerlichen Gesellschaft geworden; er ist
aber weiter Nichts, als die Form der
Organisation welche sich die Bourgeois sowohl nach außen als nach innen hin, zur gegenseitigen Garantie
ihres Eigenthums & ihrer Interessen

nothwendig geben. Die Selbstständigkeit des Staats kommt heutzutage nur noch in solchen Ländern vor, wo die Stände sich nicht vollständig zu
5 Klassen entwickelt haben, wo die in den fortgeschrittneren Ländern beseitigten Stände noch eine Rolle spielen & ein Gemisch existirt, in denen daher kein Theil der Bevölke-
10 rung es zur Herrschaft über die übrigen bringen kann. Dies ist namentlich in Deutschland der Fall. Das vollendetste Beispiel des modernen Staats ist Norda||70|merika. Die
15 neueren französischen, englischen & amerikanischen Schriftsteller sprechen sich Alle dahin aus, daß der Staat nur um des Privateigenthums willen existire, sodaß dies auch in
20 das gewöhnliche Bewußtsein übergegangen ist.

Da der Staat die Form ist, in welcher die Individuen einer herrschenden Klasse ihre gemeinsamen Inter-
25 essen geltend machen & die ganze bürgerliche Gesellschaft einer Epoche sich zusammenfaßt, so folgt daß alle gemeinsamen Institutionen durch den Staat vermittelt werden,
30 eine politische Form erhalten. Daher die Illusion, als ob das Gesetz auf dem Willen & zwar auf dem von seiner realen Basis losgerissenen dem *freien* Willen beruhe. Ebenso wird
35 das Recht dann wieder auf das Gesetz reduzirt.

Das Privatrecht entwickelt sich zu gleicher Zeit mit dem Privateigenthum aus der Auflösung des natur-
40 wüchsigen Gemeinwesens. Bei den Römern blieb die Entwicklung des

Privateigenthums & Privatrechts ohne weitere industrielle & kommerzielle Folgen, weil ihre ganze Produktionsweise dieselbe blieb. Bei den modernen Völkern, wo das feudale Gemeinwesen durch die Industrie & den Handel aufgelöst wurde, begann mit dem Entstehen des Privateigenthums & Privatrechts eine neue Phase, die einer weiteren Entwicklung fähig war. Gleich die erste Stadt, die im Mittelalter einen ausgedehnten Seehandel führte, Amalfi, bildete auch das Seerecht aus. Sobald, zuerst in Italien & später in anderen Ländern, die Industrie & der Handel das Privateigenthum weiter entwickelten, wurde gleich das ausgebildete römische Privatrecht wieder aufgenommen & zur Autorität erhoben. Als später die Bourgeoisie soviel Macht erlangt hatte, daß die Fürsten sich ihrer Interessen annahmen um vermittelst der Bourgeoisie den Feudaladel zu stürzen, begann in allen Ländern, in Frankreich im 16 Jahrhdt – die eigentliche Entwicklung des Rechts, die in allen| |71| Ländern, ausgenommen England, auf der Basis des römischen Codex vor sich ging. Auch in England mußten römische Rechtsgrundsätze zur weiteren Ausbildung des Privatrechts (besonders beim Mobilareigenthum) hereingenommen werden. – (Nicht zu vergessen daß das Recht ebensowenig eine eigne Geschichte hat wie die Religion.)

Im Privatrecht werden die bestehenden Eigenthumsverhältnisse als Resultate des allgemeinen Willens

(Wucher!)

ausgesprochen. Das jus utendi et abutendi selbst spricht einerseits die Thatsache aus, daß das Privateigenthum vom Gemeinwesen durchaus unabhängig geworden ist, & andererseits die Illusion, als ob das Privateigenthum selbst auf dem bloßen Privatwillen der willkührlichen Disposition über die Sache beruhe. In der Praxis hat das abuti sehr bestimmte ökonomische Gränzen für den Privateigenthümer, wenn er nicht sein Eigenthum & damit sein jus abutendi, in andre Hände übergehn sehen will, da überhaupt die Sache, bloß in Beziehung auf seinen Willen betrachtet, gar keine Sache ist, sondern erst im Verkehr, & unabhängig vom Recht zu einer Sache zu wirklichem Eigenthum wird. (ein *Verhältniß*, was die Philosophen eine Idee nennen). Diese juristische Illusion, die das Recht auf den bloßen Willen reduzirt, führt in der weiteren Entwicklung der Eigenthumsverhältnisse nothwendig dahin, daß Jemand einen juristischen Titel auf eine Sache haben kann ohne die Sache wirklich zu haben. Wird z. B. durch die Konkurrenz die Rente eines Grundstücks beseitigt, so hat der Eigenthümer desselben zwar seinen juristischen Titel daran, sammt dem jus utendi et abutendi. Aber er kann nichts damit anfangen, er besitzt nichts als Grundeigenthümer, falls er nicht sonst noch Kapital genug besitzt, um seinen Boden zu bebauen. Aus derselben Illusion der Juristen erklärt es sich, daß es für sie & für jeden Codex überhaupt zufällig ist, daß Individuen in

Verhältniß für die Philosophen = Idee.
Sie kennen blos das Verhältniß „*des* Menschen" zu sich selbst u. darum werden alle wirklichen Verhältnisse ihnen zu Ideen.

D. Willen aber d. Wille *wirkliche* etc.

Verhältnisse unter einander treten
z. B. Verträge, & daß ihm diese Verhältnisse für solche gelten, die man
nach Belieben eingehen oder nicht
eingehen ‖72‖ [kann], & deren Inhalt
ganz auf der individuellen [Wil]lkühr
der Contrahenten [ber]uht. – So oft
sich durch die Entwick[lung] der Industrie & des Handels neue
[Ve]rkehrsformen gebildet haben,
[z]. B. Assekuranz &c Compagnieen,
war das Recht jedesmal genöthigt,
sie unter die Eigenthumserwerbsar-
ten aufzunehmen.

[Notizen]

Einfluß der Theilung der Arbeit auf die Wissenschaft.

Was bei d. Staat, Recht, Moral etc 5 die *Repression.*

Im Gesetz müssen die Bourgeois sich einen allgemeinen Ausdruck geben, eben weil sie als Klasse herrschen.

10 Naturwissenschaft u. Geschichte.

Es giebt keine Geschichte der Politik, des Rechts, der Wissenschaft etc. der Kunst, der Religion etc.

―――――

15 *Warum die Ideologen alles auf den Kopf stellen.*
Religiösen, Juristen, Politiker, Juristen, Politiker (Staatsleute überhaupt) Moralisten, Religiöse.

20 Für diese ideologische Unterabtheilung in einer Klasse, 1) *Verselbstständigung des Geschäfts durch die Theilung der Arbeit;* jeder hält sein Handwerk für das Wahre. Ueber den 25 Zusammenhang, worin ihr Handwerk mit der Wirklichkeit steht, machen sie sich um so nothwendiger Illusionen, da dieß schon durch die Natur des Handwerks selbst bedingt wird.

30 Die Verhältnisse werden in der Jurisprudenz, Politik et – im Bewußtsein zu Begriffen; da sie nicht über diese Verhältnisse hinaus sind, sind auch die Begriffe derselben in ihrem Kopf 35 fixe Begriffe, der Richter z. B. wendet den Code an, ihm gilt daher die Gesetzgebung für d. wahre aktiven Treiber. Respect vor ihrer Waare, da ihr Geschäft es mit Allgemeinem zu 40 thun hat.

Dem „Gemeinwesen", wie es im antiken Staat, dem Feudalwesen, der absoluten Monarchie erscheint, diesem Band entspricht namentlich d. religiösen Vorstellungen.

Idee des Rechts. Idee des Staats. Im *gewöhnlichen* Bewußtsein ist die Sache auf den Kopf gestellt.

Religion ist von vornherein das *Bewußtsein der Transcendenz*, hervorgeht aus den *wirklichen* Mächten. Dies populär.

. . .

Tradition, f. Recht, Religion etc.

|Die Individuen sind immer von sich ausgegangen, gehn immer von sich aus. Ihre Verhältnisse sind Verhältnisse ihres wirklichen Lebensprozesses. Woher kömmt es, daß ihre Verhältnisse sich gegen sie verselbstständigen? daß die Macht ihres eignen Lebens übermächtig gegen sie werden?

Mit einem Wort: *Die Theilung der Arbeit,* deren Stufen von der jedesmal entwickelten Productivkraft abhängt.

Grundeigenthum. Gemeindeeigenthum, feudales. modernes.

Ständisches Eigenthum. Manufactureigenthum. industrielles Kapital. |

I

Feuerbach

Gegensatz von materialistischer & idealistischer Anschauung

|18| Feuerbach

a) F's ganze Phil. läuft heraus auf 1) Naturphilos. – passives Anbeten, verzücktes Niederknieen vor der Herrlichkeit & Allgewalt der Natur – 2) Anthropologie & zwar α) Physiologie, worin nichts Neues gesagt wird als was die Materialisten über die Einheit von Körper & Seele gesagt haben, nur nicht so mechanisch, dafür etwas überschwenglicher. β) Psychologie, läuft hinaus auf verhimmelnde Dithyramben auf die Liebe, analog dem Naturkultus, sonst nichts Neues. 3) Moralische Forderung dem Begriff „des Menschen" zu entsprechen, impuissance mise en action. vgl. § 54 p 81: „das sittl. & vernünftige Verhältniß des Menschen zum Magen besteht darin, denselben nicht als ein viehisches sondern menschliches Wesen zu behandeln." – § 61 „der Mensch ... als moralisches Wesen" & das viele Sittlichkeitsgerede im W. d. Chr.

---

b) Daß auf der jetzigen Entwicklungsstufe die Menschen ihre Bedürfnisse nur innerhalb der Gesellschaft befriedigen können, daß überhaupt gleich von vorn herein, sowie sie existirten, die Menschen einander nöthig hatten & nur dadurch ihre Bedürfnisse & Fähigkeiten pp entwickeln konnten, daß sie in Verkehr traten, wird bei F. so ausgedrückt, daß „der einzelne Mensch *für sich* das *Wesen* des Menschen *nicht in sich* hat", daß „das *Wesen* des Menschen nur in der Gemeinschaft, in der *Einheit des Menschen mit dem Menschen* enthalten ist, eine Einheit die sich aber nur auf die *Realität* des *Unterschieds* von Ich & Du stützt. – – Der Mensch für sich ist Mensch (im gewöhnlichen Sinn), der Mensch *mit* Mensch, – die Einheit *von Ich & Du ist Gott"* (d. h. Mensch im übergewöhnlichen Sinn.) § 61, 62 pag. 83. – Soweit kommt die Philos. daß sie die triviale Thatsache über die Unentbehrlichkeit des Verkehrs zwischen den Menschen ohne deren Erkenntniß die zweite Menschengeneration die überhaupt existirte, nie erzeugt worden wäre, die überhaupt schon im Geschlechtsunterschied liegt, als das größte Resultat am Ende ihrer ganzen Carrière hinstellt. U. noch dazu in der mysteriösen Form der „Einheit von Ich & Du". Diese Phrase wäre gar nicht möglich, wenn F. nicht an den Geschlechtsakt, den Gattungsakt, die Gemeinschaft von Ich & Du κατ' ἐξοχὴν gedacht hätte. Näml. da *der* Mensch = Kopf + Herz ist, & zwei dazu nöthig sind um *den* Menschen darzustellen, so tritt Einer als *Kopf*, der andre als *Herz* auf in ihrem Verkehr – *Mann & Weib*. Sonst nicht abzusehen, weßhalb *Zwei* menschlicher sind als Einer. Das saintsimonistische Individuum. U. soweit seine Gemeinschaft *praktisch* wird, beschränkt sie sich auch auf den Geschlechtsakt & die Verständigung über philos. Gedanken & Probleme, die "wahre Dialektik" § 64 den Dialog auf "die *Erzeugung* des Menschen, des geistigen sogut wie des physischen" p 67. Was dieser *"erzeugte"* Mensch nachher thut, außer daß er wieder "geistig" & "physisch" "Menschen erzeugt", davon ist keine Rede.

F kennt auch nur den Verkehr zwischen *zwein*, "die Wahrheit, daß kein Wesen für sich allein ein wahres, ein vollkommnes, ein absolutes Wesen, daß die Wahrheit & Vollkommenheit nur ist die Verbindung die Einheit von *zwei* sich wesensgleichen Wesen". p 83, 84.

————— |

|19| c) Der Anfang der Ph. d. Z. beweist gleich die Differenz zwischen uns & ihm: § 1: Die Aufgabe der neueren Zeit war die Verwirklichung & Vermenschlichung Gottes, die Verwandlung & Auflösung der Theologie in die Anthropologie. Vgl. "Die Negation der Theologie ist *das Wesen* der neueren Zeit." Ph. dZ. p 23

—————

d) Der Unterschied den F. zwischen Katholizismus & Protestantismus § 2 macht, Katholizismus "Theologie" "kümmert sich um das was Gott an sich selber ist", hat "spekulative & kontemplative Tendenz", der Protestantismus bloß Christologie überläßt den Gott an sich selber, die Spekulation & Kontemplation der Philosophie – weiter nichts als eine, aus einem der entwickelteren Wissenschaft entsprechenden Bedürfniß hervorgegangene Theilung der Arbeit. Aus diesem bloßen Bedürfniß *innerhalb der Theologie* erklärt F. den Protestantismus, woran sich dann ungezwungen eine selbstständige Geschichte der Phil. anschließt.

—————

e) "Das Sein ist kein allgemeiner, von den Dingen abtrennbarer Begriff. Es ist Eins mit dem was ist. … Das Sein ist die Position des Wesens. *Was mein Wesen, ist mein Sein.* Der Fisch ist im Wasser, aber von diesem Sein kannst Du nicht sein Wesen abtrennen. Schon die Sprache identifizirt Sein & Wesen. Nur im menschl. Leben sondert sich, *aber auch nur [in] abnormen, unglücklichen Fällen,* Sein vom Wesen – ereignet es sich, daß man nicht da, wo man sein Sein, auch sein Wesen hat, aber eben wegen dieser Scheidung auch nicht wahrhaft, nicht mit der Seele da ist wo man wirklich, mit dem Leibe ist. Nur wo Dein Herz ist, da *bist Du*. Aber alle Dinge sind, – *naturwidrige Fälle ausgenommen* – gerne da, wo, & gerne das was sie sind." p 47. Eine schöne Lobrede auf das Bestehende. Naturwidrige Fälle, wenige, abnorme Fälle ausgenommen, bist du gerne mit dem siebenten Jahre Thürschließer in einer Kohlengrube, 14 Stunden allein im Dunkeln, & weil Dein Sein, so ist es auch Dein Wesen. Deßgleichen piecer an einem Selfactor. Es ist Dein „Wesen" unter einen Arbeitszweig subsumirt zu sein. Vgl. W. d. Gl. p 11 „unbefriedigter Hunger".

———

f) § 48 p. 73. „Das *Mittel*, entgegengesetzte oder widersprechende Bestimmungen ohne Widerspruch in einem & demselben Wesen zu vereinigen, ist nur die *Zeit*. So ist es wenigstens im lebendigen Wesen. So nur kommt hier z. B. im Menschen der *Widerspruch* zum Vorschein, daß jetzt *diese* Bestimmung, dieser Vorsatz, jetzt eine andere, eine geradezu entgegengesetzte Bestimmung mich beherrscht & erfüllt." Dies nennt F. 1) einen Widerspruch, 2) eine Vereinigung von Widersprüchen, & 3) soll die Zeit das thun. Allerdings die „erfüllte" Zeit, aber immer die Zeit nicht das was in ihr passirt. Der Satz = dem, daß nur in der Zeit eine Veränderung mögl. |

| I. Feuerbach.

A. Die Ideologie überhaupt, namentlich die deutsche.

Die deutsche Kritik hat bis auf ihre neuesten Efforts den Boden der Philosophie nicht verlassen. Weit davon entfernt, ihre allgemein-philosophischen Voraussetzungen zu untersuchen, sind ihre sämmtlichen Fragen sogar auf 5 dem Boden eines bestimmten philosophischen Systems, des Hegelschen, gewachsen. Nicht nur in ihren Antworten, schon in den Fragen selbst lag eine Mystifikation. Diese Abhängigkeit von Hegel ist der Grund, warum keiner dieser neueren Kritiker eine umfassende Kritik des Hegelschen Systems auch nur versuchte, so sehr Jeder von ihnen behauptet über Hegel hinaus zu sein. 10 Ihre Polemik gegen Hegel & gegen einander beschränkt sich darauf, daß Jeder eine Seite des Hegelschen Systems herausnimmt & diese sowohl gegen das ganze System, wie gegen die von den Andern herausgenommenen Seiten wendet. Im Anfange nahm man reine, unverfälschte Hegelsche Kategorieen heraus, wie Substanz & Selbstbewußtsein, später profanirte man diese Kate- 15 gorieen durch weltlichere Namen, wie Gattung, der Einzige, der Mensch &c.

Die gesammte deutsche philosophische Kritik von Strauß bis Stirner beschränkt sich auf Kritik der *religiösen* Vorstellungen. // Man ging aus von der wirklichen Religion & eigentlichen Theologie. Was religiöses Bewußtsein, religiöse Vorstellung sei, wurde im Weiteren Verlauf verschieden be- 20 stimmt. Der Fortschritt bestand darin, die angeblich herrschenden metaphysischen, politischen, rechtlichen, moralischen & andern Vorstellungen auch unter die Sphäre der religiösen oder theologischen Vorstellungen zu subsumiren; ebenso das politische, rechtliche, moralische Bewußtsein für religiöses oder theologisches Bewußtsein, & den politischen, rechtlichen, moralischen 25 Menschen, in letzter Instanz „*den* Menschen", für religiös zu erklären. Die Herrschaft der Religion wurde vorausgesetzt. Nach & nach wurde jedes herrschende Verhältniß für ein Verhältniß der Religion erklärt & in Kultus verwandelt, Kultus des Rechts, Kultus des Staats pp Überall hatte man es nur mit Dogmen & dem Glauben an Dogmen zu thun. Die Welt wurde in immer grö- 30 ßerer Ausdehnung kanonisirt bis endlich der ehrwürdige Sankt Max sie en bloc heilig sprechen & damit ein für alle mal abfertigen konnte.

Die Althegelianer hatten Alles *begriffen*, sobald es auf eine Hegelsche logische Kategorie zurückgeführt war. Die Junghegelianer *kritisirten* Alles, indem sie ihm religiöse Vorstellungen unterschoben oder es für theologisch erklärten. Die Junghegelianer stimmen mit den Althegelianern überein in
5 dem Glauben an die Herrschaft der Religion, der Begriffe, des Allgemeinen in der bestehenden Welt. Nur bekämpfen die Einen die Herrschaft als Usurpation, welche die Andern als legitim feiern. ‖ Da bei diesen Junghegelianern die Vorstellungen, Gedanken, Begriffe, überhaupt die Produkte des von ihnen verselbstständigten Bewußtseins für die eigentlichen Fesseln der Menschen
10 gelten, gerade wie sie bei den Althegelianern für die wahren Bande der menschlichen Gesellschaft erklärt werden, so versteht es sich, daß die Junghegelianer auch nur gegen diese Illusionen des Bewußtseins zu kämpfen haben. Da nach ihrer Phantasie die Verhältnisse der Menschen, ihr ganzes Thun & Treiben, ihre Fesseln & Schranken Produkte ihres Bewußtseins sind, so
15 stellen die Junghegelianer konsequenter Weise das moralische Postulat an sie, ihr gegenwärtiges Bewußtsein mit dem menschlichen, kritischen oder egoistischen Bewußtsein zu vertauschen & dadurch ihre Schranken zu beseitigen. Diese Forderung, das Bewußtsein zu verändern, läuft auf die Forderung hinaus, das Bestehende anders zu interpretiren, d. h. es vermittelst einer an-
20 dren Interpretation anzuerkennen. Die junghegelschen Ideologen sind trotz ihrer angeblich „welterschütternden" Phrasen die größten Konservativen. Die jüngsten von ihnen haben den richtigen Ausdruck für ihre Thätigkeit gefunden wenn sie behaupten nur gegen *„Phrasen"* zu kämpfen. Sie vergessen nur, daß sie diesen Phrasen selbst nichts als Phrasen entgegensetzen, & daß
25 sie die wirkliche bestehende Welt keineswegs bekämpfen wenn sie nur die Phrasen dieser Welt bekämpfen. Die einzigen Resultate, wozu diese philosophische Kritik es bringen konnte, ‖ waren einige & noch dazu einseitige, religionsgeschichtliche Aufklärungen über das Christenthum; ihre sämmtlichen sonstigen Behauptungen sind nur weitere Ausschmückungen ihres An-
30 spruchs, mit diesen unbedeutenden Aufklärungen welthistorische Entdeckungen geliefert zu haben.

Keinem von diesen Philosophen ist es eingefallen, nach dem Zusammenhange der deutschen Philosophie mit der deutschen Wirklichkeit, nach dem Zusammenhange ihrer Kritik mit ihrer eignen materiellen Umgebung zu fra-
35 gen. |

| I. Feuerbach.

Wie deutsche Ideologen melden, hat Deutschland in den letzten Jahren eine Umwälzung ohne Gleichen durchgemacht. Der Verwesungsprozeß des He- gelschen Systems der mit Strauß begann, hat sich zu einer Weltgährung ent- 5 wickelt, in welche alle „Mächte der Vergangenheit" hineingerissen sind. In dem allgemeinen Chaos haben sich gewaltige Reiche gebildet um alsbald wieder unterzugehn, sind Heroen momentan aufgetaucht, um von kühneren & mächtigeren Nebenbuhlern wieder in die Finsterniß zurückgeschleudert zu werden. Es war eine Revolution, wogegen die französische ein Kinderspiel 10 ist, ein Weltkampf, vor dem die Kämpfe der Diadochen kleinlich erscheinen. Die Prinzipien verdrängten, die Gedankenhelden überstürzten einander mit unerhörter Hast, & in den wenigen Jahren 1842–1845 wurde in Deutschland mehr aufgeräumt als sonst in drei Jahrhunderten.

Alles dies soll sich im reinen Gedanken zugetragen haben. Es handelt sich 15 allerdings um ein interessantes Ereigniß, um den Verfaulungsprozeß des ab- soluten Geistes. Die verschiedenen Bestandtheile dieses Caput mortuums tra- ten nach Erlöschen des letzten Lebensfunkens in Dekomposition, gingen neue Verbindungen ein & bildeten neue || Substanzen. Die verschiedenen phi- losophischen Industriellen, die bisher von der Exploitation des absoluten Gei- 20 stes gelebt hatten, warfen sich jetzt auf die neuen Verbindungen. Jeder betrieb den Verschleiß des ihm zugefallenen Theiles mit möglichst grosser Geschäf- tigkeit u. obligater Erbitterung. Es konnte dieß nicht ohne Konkurrenz abge- hen. Sie wurde anfangs ziemlich bürgerlich & solide geführt, später als der deutsche Markt überführt war, u. trotz aller Mühe die Ware auf dem Welt- 25 markt keinen Anklang fand, wurde das Geschäft nach gewöhnlicher deut- scher Manier durch fabrikmässige u. Scheinproduktion, Verschlechterung der Qualität, Sophistikation des Rohstoffs, Scheinkäufe, Wechselreiterei u. ein aller reellen Grundlage entbehrendes Creditsystem nach gewöhnlicher deut- scher Manier unsolide gemacht. Die Concurrenz lief in einen Kampf aus, der 30 uns jetzt als welthistorischer Umschwung, als Erzeuger der gewaltigsten Re- sultate & Errungenschaften geschildert & konstruirt wird.

Um diese philosophischen Renommistereien, deren Verkündigung selbst in der Brust des ehrsamen deutschen Bürgers ein wohlthätiges Nationalgefühl erweckt, um die Kleinlichkeit u. die lokale Bornirtheit dieser ganzen jung-hegelschen Bewegung anschaulich zu erkennen, ist es nöthig, sie einmal von
5 einem Standpunkte anzusehen der außerhalb Deutschland liegt. /

| *1. Die Ideologie überhaupt, speciell die deutsche Philosophie.*

A.

10 Die Voraussetzungen mit denen wir beginnen, sind keine willkührlichen, kei-ne Dogmen, es sind wirkliche Voraussetzungen von denen man nur in der Einbildung abstrahiren kann. Es sind die wirklichen Individuen, ihre Aktion & ihre materiellen Lebensbedingungen, sowohl die vorgefundenen wie die durch ihre eigne Aktion erzeugten. Diese Voraussetzungen sind also ‖ auf
15 rein empirischem Wege konstatirbar.

Die erste Voraussetzung aller Menschengeschichte ist natürlich die Exi-stenz lebendiger menschlicher Individuen. Der erste zu konstatirende That-bestand ist also die körperliche Organisation dieser Individuen & ihr dadurch gegebenes Verhältniß zur übrigen Natur. Wir können hier natürlich weder auf
20 die physische Beschaffenheit der Menschen selbst, noch auf die von den Menschen vorgefundenen Naturbedingungen, die geologischen, oro-hydro-graphischen, klimatischen & andern Verhältnisse eingehen. Alle Geschicht-schreibung muß von diesen natürlichen Grundlagen & ihrer Modifikation im Lauf der Geschichte durch die Aktion der Menschen ausgehen.
25 Man kann die Menschen durch das Bewußtsein, durch die Religion, durch was man sonst will, von den Thieren unterscheiden. Sie selbst fangen an sich von den Thieren zu unterscheiden, sobald sie anfangen ihre Lebensmittel zu *produziren*, ein Schritt der durch ihre körperliche Organisation bedingt ist. Indem die Menschen ihre Lebensmittel produziren, produziren sie indirekt ihr
30 materielles Leben selbst.

Die Weise, in der die Menschen ihre Lebensmittel produziren, hängt zu-nächst von der Beschaffenheit der vorgefundenen & zu reproducirenden Le-bensmittel selbst ab. ‖ Diese Weise der Produktion ist nicht bloß nach der Seite hin zu betrachten, daß sie die Reproduktion der physischen Existenz der
35 Individuen ist. Sie ist vielmehr schon eine bestimmte Art der Thätigkeit die-ser Individuen, eine bestimmte Art, ihr Leben zu äußern, eine bestimmte *Lebensweise* derselben. Wie die Individuen ihr Leben äußern, so sind sie.

Was sie sind, fällt also zusammen mit ihrer Produktion, sowohl damit, *was* sie produziren, als auch damit, *wie* sie produziren. Was die Individuen also sind, das hängt ab von den materiellen Bedingungen ihrer Produktion.

Diese Produktion tritt erst ein mit der *Vermehrung der Bevölkerung*. Sie setzt selbst wieder einen *Verkehr* der Individuen unter einander voraus. Die 5 Form dieses Verkehrs ist wieder durch die Produktion bedingt. |

| I. Feuerbach.

Wie deutsche Ideologen melden, hat Deutschland in den letzten Jahren eine Umwälzung ohne Gleichen durchgemacht. Der Verwesungsprozeß des Hegelschen Systems, der mit Strauß begann, hat sich zu einer Weltgährung ent-
5 wickelt, in welche alle „Mächte der Vergangenheit" hineingerissen sind. In dem allgemeinen Chaos haben sich gewaltige Reiche gebildet, um alsbald wieder unterzugehen, sind Heroen momentan aufgetaucht, um von kühneren & mächtigeren Nebenbuhlern wieder in die Finsterniß zurückgeschleudert zu werden. Es war eine Revolution, wogegen die französische ein Kinderspiel
10 ist, ein Weltkampf, vor dem die Kämpfe der Diadochen kleinlich erscheinen. Die Prinzipien verdrängten, die Gedankenhelden überstürzten einander mit unerhörter Hast, & in den drei Jahren 1842–45 wurde in Deutschland mehr aufgeräumt als sonst in drei Jahrhunderten.

Alles dies soll sich im reinen Gedanken zugetragen haben.

15 Es handelt sich allerdings um ein interessantes Ereigniß: um den Verfaulungsprozeß des absoluten Geistes. Nach Erlöschen des letzten Lebensfunkens traten die verschiedenen Bestandtheile dieses Caput mortuum in Dekomposition, gingen neue Verbindungen ein & bildeten neue Substanzen. Die philosophischen Industriellen, die bisher von der Exploitation des absoluten
20 Geistes gelebt hatten, warfen sich jetzt auf die neuen Verbindungen. Jeder betrieb den Verschleiß des ihm zugefallene[n] ‖ [A]ntheils mit möglichster Emsigkeit. Es konnte dies nicht abgehen ohne Konkurrenz. Sie wurde anfangs ziemlich bürgerlich & solide geführt. Später als der deutsche Markt überführt war & die Waare trotz aller Mühe auf dem Weltmarkt keinen An-
25 klang fand, wurde das Geschäft nach gewöhnlicher deutscher Manier verdorben durch fabrikmäßige & Scheinproduktion, Verschlechterung der Qualität, Sophistikation des Rohstoffs, Verfälschung der Etiquetten, Scheinkäufe, Wechselreiterei & ein aller reellen Grundlage entbehrendes Creditsystem. Die Konkurrenz lief in einen erbitterten Kampf aus, der uns jetzt als welthisto-
30 rischer Umschwung, als Erzeuger der gewaltigsten Resultate & Errungenschaften angepriesen & konstruirt wird.

Um diese philosophische Marktschreierei, die selbst in der Brust des ehrsamen deutschen Bürgers ein wohlthätiges Nationalgefühl erweckt, richtig zu

würdigen, um die Kleinlichkeit, die lokale Bornirtheit dieser ganzen jung-
hegelschen Bewegung, um namentlich den tragikomischen Kontrast zwischen den wirklichen Leistungen dieser Helden & den Illusionen über diese
Leistungen anschaulich zu machen, ist es nöthig sich den ganzen Spektakel
einmal von einem Standpunkte anzusehen, der außerhalb Deutschland liegt. 5

|3| Die Beziehungen verschiedener Nationen unter einander hängen davon ab,
wie weit jede von ihnen ihre Produktivkräfte, die Theilung der Arbeit, & den
innern Verkehr entwickelt hat. Dieser Satz ist allgemein anerkannt. Aber
nicht nur die Beziehung einer Nation zu anderen, sondern auch die ganze innere Gliederung dieser Nation selbst hängt von der Entwicklungsstufe ihrer
Produktion & ihres innern & äußern Verkehrs ab. Wie weit die Produktionskräfte einer Nation entwickelt sind, zeigt am augenscheinlichsten der Grad,
bis zu dem die Theilung der Arbeit entwickelt ist. Jede neue Produktivkraft,
sofern sie nicht eine bloß quantitative Ausdehnung der bisher schon bekann-
ten Produktivkräfte ist (z. B. Urbarmachung von Ländereien), hat eine neue
Ausbildung der Theilung der Arbeit zur Folge.

Die Theilung der Arbeit innerhalb einer Nation führt zunächst die Trennung der industriellen & commerziellen von der ackerbauenden Arbeit, & damit die Trennung von *Stadt* & *Land* & den Gegensatz der Interessen Beider
herbei. Ihre weitere Entwicklung führt zur Trennung der kommerziellen Arbeit von der industriellen. Zu gleicher Zeit entwickeln sich durch die Theilung der Arbeit innerhalb dieser verschiednen Branchen wieder verschiedene
Abtheilungen unter den zu bestimmten Arbeiten zusammenwirkenden Individuen. Die Stellung dieser einzelnen Abtheilungen gegen einander ist bedingt durch die Betriebsweise der ackerbauenden, industriellen & kommerziellen Arbeit (Patriarchalismus, Sklaverei, Stände, Klassen.) Dieselben Verhältnisse zeigen sich bei entwickelterem Verkehr in ‖ den Beziehungen ver-
schiedner Nationen zu einander.

Die verschiedenen Entwicklungsstufen der Theilung der Arbeit sind eben
soviel verschiedene Formen des Eigenthums; d. h. die jedesmalige Stufe der
Theilung der Arbeit bestimmt auch die Verhältnisse der Individuen zu einander in Beziehung auf das Material, Instrument, & Produkt der Arbeit.

Die erste Form des Eigenthums ist das Stammeigenthum. Es entspricht der
unentwickelten Stufe der Produktion, auf der ein Volk von Jagd & Fischfang,
von Viehzucht oder höchstens vom Ackerbau sich nährt. Es setzt in diesem
letzteren Falle eine große Masse unbebauter Ländereien voraus. Die Theilung
der Arbeit ist auf dieser Stufe noch sehr wenig entwickelt, & beschränkt sich
auf eine weitere Ausdehnung der in der Familie gegebenen naturwüchsigen

Theilung der Arbeit. Die gesellschaftliche Gliederung beschränkt sich daher auf eine Ausdehnung der Familie: patriarchalische Stammhäupter, unter ihnen die Stammmitglieder, endlich Sklaven. Die in der Familie latente Sklaverei entwickelt sich erst allmählig mit der Vermehrung der Bevölkerung & der Bedürfnisse & mit der Ausdehnung des äußern Verkehrs, sowohl des 5
Kriegs wie des Tauschhandels.

Die zweite Form ist das antike Gemeinde- & Staatseigenthum, das namentlich aus der Vereinigung mehrerer Stämme zu einer *Stadt* durch Vertrag oder Eroberung hervorgeht & bei dem die Sklaverei fortbestehen bleibt. Neben dem Gemeindeeigenthum entwickelt sich schon das mobile & später auch das 10
immobile Privateigenthum, aber als eine abnorme, dem Gemeindeeigenthum untergeordnete Form. Die Staatsbürger besitzen nur in ihrer Gemein‖schaft die Macht über ihre arbeitenden Sklaven, & sind schon deßhalb an die Form des Gemeindeeigenthums gebunden. Es ist das gemeinschaftliche Privateigenthum der aktiven Staatsbürger, die den Sklaven gegenüber gezwungen 15
sind in dieser naturwüchsigen Weise der Association zu bleiben. Daher verfällt die ganze hierauf basirende Gliederung der Gesellschaft & mit ihr die Macht des Volks in demselben Grade, in dem namentlich das immobile Privateigenthum sich entwickelt. Die Theilung der Arbeit ist schon entwickelter. Wir finden schon den Gegensatz von Stadt & Land, später den Gegensatz 20
zwischen Staaten die das städtische, & die das Land-Interesse repräsentiren, & innerhalb der Städte selbst den Gegensatz zwischen Industrie & Seehandel. Das Klassenverhältniß zwischen Bürgern & Sklaven ist vollständig ausgebildet. Mit der Entwicklung des Privateigenthums treten hier zuerst dieselben Verhältnisse ein, die wir beim modernen Privateigenthum, nur in ausgedehn- 25
terem Maßstabe, wiederfinden werden: Einerseits die Konzentration des Privateigenthums, die in Rom sehr früh anfing (Beweis das licinische Ackergesetz) seit den Bürgerkriegen & namentlich unter den Kaisern sehr rasch vor sich ging; andrerseits im Zusammenhange hiermit die Verwandlung der plebejischen kleinen Bauern in ein Proletariat, das aber bei seiner halben Stel- 30
lung zwischen besitzenden Bürgern & Sklaven zu keiner selbstständigen Entwicklung kam.

Die dritte Form ist das feudale oder ständische Eigenthum. Wenn das Alterthum von der *Stadt* & ihrem kleinen Gebiet ausging, so ging das Mittelalter vom *Lande* aus. Die vorgefundene dünne, über eine große Bodenfläche 35
zersplitterte Bevölkerung, die durch die Eroberer keinen großen Zuwachs erhielt, bedingte diesen veränderten Ausgangspunkt. Im Ge‖gensatz zu Griechenland & Rom beginnt die feudale Entwicklung daher auf einem viel ausgedehnteren, durch die römischen Eroberungen & die Anfangs damit verknüpfte Ausbreitung der Agrikultur vorbereiteten Terrain. Die letzten Jahr- 40
hunderte des verfallenden römischen Reichs & die Eroberung durch die Bar-

baren selbst zerstörten eine Masse von Produktivkräften; der Ackerbau war gesunken, die Industrie aus Mangel an Absatz verfallen, der Handel eingeschlafen oder gewaltsam unterbrochen, die ländliche & städtische Bevölkerung hatte abgenommen. Diese vorgefundenen Verhältnisse & die dadurch
5 bedingte Weise der Organisation der Eroberung entwickelten unter dem Einflusse der germanischen Heerverfassung das feudale Eigenthum. Es beruht, wie das Stamm- & Gemeinde-Eigenthum, wieder auf einem Gemeinwesen, dem aber nicht wie dem antiken, die Sklaven, sondern die leibeignen kleinen Bauern als unmittelbar produzirende Klasse gegenüber stehen. Zugleich mit
10 der vollständigen Ausbildung des Feudalismus tritt noch der Gegensatz gegen die Städte hinzu. Die hierarchische Gliederung des Grundbesitzes & die damit zusammenhangenden bewaffneten Gefolgschaften gaben dem Adel die Macht über die Leibeignen. Diese feudale Gliederung war ebensogut wie das antike Gemeindeeigenthum eine Association gegenüber der beherrschten pro-
15 duzirenden Klasse; nur war die Form der Association & das Verhältniß zu den unmittelbaren Produzenten verschieden, weil verschiedene Produktionsbedingungen vorlagen.

Dieser feudalen Gliederung des Grundbesitzes entsprach in den *Städten* das korporative Eigenthum, die feudale Organisation des Handwerks. Das Ei-
20 genthum bestand ‖ hier hauptsächlich in der Arbeit jedes Einzelnen. Die Nothwendigkeit der Association gegen den associirten Raubadel, das Bedürfniß gemeinsamer Markthallen in einer Zeit, wo der Industrielle zugleich Kaufmann war, die wachsende Konkurrenz der den aufblühenden Städten zuströmenden entlaufnen Leibeignen, die feudale Gliederung des ganzen
25 Landes führten die *Zünfte* herbei; die allmählig ersparten kleinen Kapitalien einzelner Handwerker, & ihre stabile Zahl bei der wachsenden Bevölkerung entwickelten das Gesellen- & Lehrlingsverhältniß, das in den Städten eine ähnliche Hierarchie zu Stande brachte wie die auf dem Lande.

Das Haupteigenthum bestand während der Feudalepoche also in Grund-
30 eigenthum mit daran geketteter Leibeignenarbeit einerseits, & eigner Arbeit mit kleinem, die Arbeit von Gesellen beherrschendem Kapital andrerseits. Die Gliederung von Beiden war durch die bornirten Produktionsverhältnisse – die geringe & rohe Bodenkultur & die handwerksmäßige Industrie – bedingt. Theilung der Arbeit fand in der Blüthe des Feudalismus wenig Statt. Jedes
35 Land hatte den Gegensatz von Stadt & Land in sich; die Ständegliederung war allerdings sehr scharf ausgeprägt, aber außer der Scheidung von Fürsten, Adel, Geistlichkeit & Bauern auf dem Lande, & Meistern, Gesellen, Lehrlingen & bald auch Taglöhnerpöbel in den Städten fand keine bedeutende Theilung statt. Im Ackerbau war sie durch die parzellirte Bebauung erschwert,
40 neben der die Hausindustrie der Bauern selbst aufkam, in der Industrie war die Arbeit in den einzelnen Handwerken selbst gar nicht, unter ihnen sehr

wenig getheilt. Die Theilung von Industrie & Handel wurde in älteren Städten vorgefunden, entwickelte sich in den neueren erst später, als die Städte unter sich in Beziehung ‖ traten.

Die Zusammenfassung größerer Länder zu feudalen Königreichen war für den Grundadel wie für die Städte ein Bedürfniß. Die Organisation der herrschenden Klasse, des Adels, hatte daher überall einen Monarchen an der Spitze.‖ 5

|5| Die Thatsache ist also die: bestimmte Individuen die auf bestimmte Weise produktiv thätig sind gehen diese bestimmten gesellschaftlichen & politischen Verhältnisse ein. Die empirische Beobachtung muß in jedem einzelnen Fall den Zusammenhang der gesellschaftlichen & politischen Gliederung mit
5 der Produktion empirisch & ohne alle Mystifikation & Spekulation aufweisen. Die gesellschaftliche Gliederung & der Staat gehen beständig aus dem Lebensprozeß bestimmter Individuen hervor; aber dieser Individuen nicht wie sie in der eignen oder fremden Vorstellung erscheinen mögen, sondern wie sie *wirklich* sind, d. h. wie sie wirken, materiell produziren, also wie sie
10 unter bestimmten materiellen & von ihrer Willkühr unabhängigen Schranken, Voraussetzungen & Bedingungen thätig sind. /

/ Die Produktion der Ideen, Vorstellungen, des Bewußtseins ist zunächst unmittelbar verflochten in die materielle Thätigkeit & den materiellen Verkehr der Menschen, Sprache des wirklichen Lebens. Das Vorstellen, Denken,
15 der geistige Verkehr der Menschen erscheinen hier noch als direkter Ausfluß ihres materiellen Verhaltens. Von der geistigen Produktion, wie sie in der Sprache der Politik, der Gesetze, der Moral, der Religion, Metaphysik usw. eines Volkes sich darstellt, gilt dasselbe. Die Menschen sind die Producenten ihrer Vorstellungen, Ideen pp aber die wirklichen, wirkenden Menschen, wie
20 sie bedingt sind durch eine bestimmte Entwicklung ihrer Produktivkräfte & des denselben entsprechenden Verkehrs bis zu seinen weitesten Formationen hinauf. Das Bewußtsein kann nie etwas Andres sein als das bewußte Sein, & das Sein der Menschen ist ihr wirklicher Lebensprozeß. Wenn in der ganzen Ideologie die Menschen u. ihre Verhältnisse, wie in einer Camera obscura,
25 auf den Kopf gestellt erscheinen, so geht dies Phänomen ebensosehr aus ihrem historischen Lebensprozeß hervor, wie die Umdrehung der Gegenstände auf der Netzhaut aus ihrem unmittelbar physischen. |

| Ganz im Gegensatz zur deutschen Philosophie, welche vom Himmel auf die Erde herabsteigt, wird hier von der Erde zum Himmel gestiegen. D. h. es
30 wird nicht ausgegangen von dem was die Menschen sagen, sich einbilden, sich vorstellen, auch nicht von den gesagten, gedachten, eingebildeten, vorgestellten Menschen, um davon aus bei den leibhaftigen Menschen anzukommen; es wird von den wirklich thätigen Menschen ausgegangen & aus ihrem

wirklichen Lebensprozeß auch die Entwicklung der ideologischen Reflexe & Echos dieses Lebensprozesses dargestellt. Auch die Nebelbildungen im Gehirn der Menschen sind nothwendige Sublimate ihres materiellen, empirisch konstatirbaren, & an materielle Voraussetzungen geknüpften Lebensprozesses. Die Moral, Religion, Metaphysik & sonstige Ideologie & die ihnen entsprechenden Bewußtseinsformen behalten hiermit nicht länger den Schein der Selbstständigkeit. Sie haben keine Geschichte, sie haben keine Entwicklung, sondern die ihre materielle Produktion & ihren materiellen Verkehr entwickelnden Menschen ändern mit dieser ihrer Wirklichkeit auch ihr Denken & die Produkte ihres Denkens. Nicht das Bewußtsein bestimmt das Leben, sondern das Leben bestimmt das Bewußtsein. In der ersten Betrachtungsweise geht man von dem Bewußtsein als dem lebendigen Individuum aus in der zweiten, dem wirklichen Leben entsprechenden, von den wirklichen lebendigen Individuen selbst & betrachtet das Bewußtsein nur als *ihr* Bewußtsein.

Diese Betrachtungsweise ist nicht voraussetzungslos. Sie geht von den wirklichen Voraussetzungen aus, sie verläßt sie keinen Augenblick. Ihre Voraussetzungen sind die Menschen nicht in irgend einer phantastischen Abgeschlossenheit & Fixirung, sondern in ihrem wirklichen ‖ empirisch anschaulichen Entwicklungsprozeß unter bestimmten Bedingungen. Sobald dieser thätige Lebensprozeß dargestellt wird, hört die Geschichte auf, eine Sammlung todter Fakta zu sein, wie bei den selbst noch abstrakten Empirikern, oder eine eingebildete Aktion eingebildeter Subjekte, wie bei den Idealisten.

Da wo die Spekulation aufhört, beim wirklichen Leben, beginnt also die wirkliche, positive Wissenschaft, die Darstellung der praktischen Bethätigung, des praktischen Entwicklungsprozesses der Menschen. Die Phrasen vom Bewußtsein hören auf, wirkliches Wissen muß an ihre Stelle treten. Die selbstständige Philosophie verliert mit der Darstellung der Wirklichkeit ihr Existenzmedium. An ihre Stelle kann höchstens eine Zusammenfassung der allgemeinsten Resultate treten, die sich aus der Betrachtung der historischen Entwicklung der Menschen abstrahiren lassen. Diese Abstraktionen haben für sich, getrennt von der wirklichen Geschichte, durchaus keinen Werth. Sie können nur dazu dienen, die Ordnung des geschichtlichen Materials zu erleichtern, die Reihenfolge seiner einzelnen Schichten anzudeuten. Sie geben aber keineswegs, wie die Philosophie, ein Recept oder Schema, wonach die geschichtlichen Epochen zurechtgestutzt werden können. Die Schwierigkeit beginnt im Gegentheil erst da, wo man sich an die Betrachtung & Ordnung des Materials, sei es einer vergangnen Epoche oder der Gegenwart, an die wirkliche Darstellung gibt. Die Beseitigung dieser Schwierigkeiten ist durch Voraussetzungen bedingt, die keineswegs hier gegeben werden können, sondern die erst aus dem Studium des wirklichen Lebensprozesses & der Aktion der Individuen jeder Epoche sich ergeben. Wir nehmen hier einige dieser Abstraktionen heraus, die wir gegenüber der Ideologie gebrauchen & werden sie an historischen Beispielen erläutern. |

|Das Leipziger Konzil.

Im dritten Bande der Wigand'schen Vierteljahrsschrift für 1845 ereignet sich
die von Kaulbach prophetisch gemalte Hunnenschlacht wirklich. Die Geister
der Erschlagenen, deren Grimm auch im Tode sich nicht beruhigt, erheben
ein Getöse & Heulen in der Luft, wie von Kriegen & Kriegsgeschrei, von
Schwertern, Schilden & eisernen Wagen. Aber es handelt sich nicht um irdische Dinge. Der heilige Krieg wird geführt, nicht um Schutzzölle, Kon-
stitution, Kartoffelkrankheit, Bankwesen & Eisenbahnen, sondern um die hei-
ligsten Interessen des Geistes, um die „Substanz", das „Selbstbewußtsein",
die „Kritik", den „Einzigen" & den „wahren Menschen". Wir befinden uns
auf einem Konzil von Kirchenvätern. Da sie die letzten Exemplare ihrer Art
sind & hier hoffentlich zum letzten Mal in Sachen des Allerhöchsten, alias
Absoluten, plaidirt wird, so lohnt es sich, über die Verhandlungen procès-
verbal aufzunehmen.

Da ist zuerst *der heilige Bruno,* der an seinem *Stock* leicht zu erkennen ist
(„werde Sinnlichkeit, werde ein *Stock*", Wigand p 130). Er trägt um sein
Haupt die Glorie der „reinen Kritik" & hüllt sich weltverachtend in sein
„Selbstbewußtsein" ein. Er hat „die Religion in ihrer Totalität & den Staat in
seinen Erscheinungen *gebrochen*" (p 138) indem er den Begriff der „Substanz" im Namen des allerhöchsten Selbstbewußtseins genothzüchtigt. Die
Trümmer der Kirche & die „Bruch"-stücke des Staats liegen zu seinen Füßen,
während sein Blick „die Masse" in den Staub „niedermetzelt". Er ist wie
Gott, er hat weder Vater noch Mutter, er ist „sein eignes Geschöpf, sein eignes Machwerk" (p 136). Mit Einem Wort: er ist der „Napoleon" des Geistes –
im Geist „Napoleon". Seine geistlichen Übungen bestehen darin, daß er stets
„sich ver[nim]mt & in diesem Selbstvernehmen ‖ den Antrieb zur Selbstbe-
stimmung findet" (p 136); in Folge welches anstrengenden Selbstprotokolli-
rens er sichtlich abmagert. Außer sich selbst „vernimmt" er, wie wir sehen
werden, von Zeit zu Zeit auch das *westphälische Dampfboot.*

Ihm gegenüber steht *der heilige Max,* dessen Verdienste um das Reich
Gottes darin bestehen, daß er seine Identität nunmehr auf circa 600 Druck-
seiten konstatirt & bewiesen zu haben behauptet, wie er nicht Dieser & Jener,
nicht „Hans oder Kunz", sondern eben der heilige Max & kein andrer sei.

Von seiner Glorie & seinen sonstigen Abzeichen läßt sich nur sagen, daß sie „sein Gegenstand und darum sein Eigenthum", daß sie „einzig" & „unvergleichlich" sind & daß „Namen sie nicht nennen" (p 148.) Er ist zu gleicher Zeit die „Phrase" & der „Phraseneigner", zu gleicher Zeit Sancho Panza und
5 Don Quijote. Seine ascetischen Übungen bestehen in sauren Gedanken über die Gedankenlosigkeit, in bogenlangen Bedenken über die Unbedenklichkeit, in der Heiligsprechung der Heillosigkeit. Im Übrigen brauchen wir nicht viel von ihm zu rühmen, da er die Manier hat, von allen ihm zugeschriebenen Eigenschaften, und wären ihrer mehr als der Namen Gottes bei den Muha-
10 medanern, zu sagen: Ich bin das Alles und noch etwas mehr, Ich bin das Alles von diesem Nichts & das Nichts von diesem Allen. Er unterscheidet sich dadurch vortheilhaft von seinem düstern Nebenbuhler, daß er einen gewissen feierlichen „Leichtsinn" besitzt, & von Zeit zu Zeit seine ernsten Meditationen durch ein „kritisches Juchhe°" unterbricht.
15   Vor diese beiden Großmeister der heiligen Inquisition wird der Häretiker Feuerbach citirt, um sich wegen einer schweren Anklage des Gnosticismus zu verantworten. Der Ketzer Feuerbach, „donnert" der [h]eilige Bruno, ist im Besitz der ‖ Hyle, der Substanz, & verweigert sie herauszugeben, auf daß sich mein unendliches Selbstbewußtsein nicht darin spiegle. Das Selbstbewußt-
20 sein muß solange wie ein Gespenst umgehen, bis es alle Dinge die von ihm & zu ihm sind, in sich zurückgenommen hat. Nun hat es bereits die ganze Welt verschluckt, außer dieser Hyle, der Substanz, die der Gnostiker Feuerbach unter Schloß u. Riegel hält & nicht herausgeben will.
    Der heilige Max klagt den Gnostiker an, das durch seinen Mund geoffen-
25 barte Dogma zu bezweifeln, daß „jede Gans, jeder Hund, jedes Pferd" der „vollkommene, ja wenn man einen Superlativ gerne hört, der vollkommenste Mensch" sei. (Wig. p 187: „Dem PP. fehlt auch nicht ein Titelchen von dem was den Menschen zum Menschen macht. Freilich ist das auch derselbe Fall mit jeder Gans, jedem Hunde, jedem Pferde.")
30   Außer der Verhandlung dieser wichtigen Anklagen wird noch ein Prozeß der beiden Heiligen gegen Moses Heß u. des heiligen Bruno gegen die Verfasser der „heiligen Familie" entschieden. Da diese Inkulpaten sich indeß unter den „Dingen dieser Welt" herumtreiben, und deßhalb nicht vor der Santa Casa erscheinen, werden sie in Kontumaz verurtheilt zu ewiger Verbannung
35 aus dem Reiche des Geistes für die Dauer ihres natürlichen Lebens.
    Schließlich verführen die beiden Großmeister wieder absonderliche Intriguen unter- & gegeneinander.

—————————— |

|1| II. Sankt Bruno.

1. *„Feldzug" gegen Feuerbach.*

Ehe wir der feierlichen Auseinandersetzung des Bauerschen Selbstbewußtseins mit sich selbst & der Welt folgen müssen wir ein Geheimniß verrathen. 5
Der heilige Bruno hat nur darum Krieg & Kriegsgeschrei erregt weil er sich
selbst & seine abgestandene, sauer gewordene Kritik vor der undankbaren
Vergeßlichkeit des Publikums „sicher stellen", weil er zeigen mußte daß auch
unter den veränderten Verhältnissen des Jahres 1845 die Kritik stets sich
selbst gleich & unveränderlich blieb. Er schrieb den zweiten Band der „guten 10
Sache & seiner eignen Sache"; er behauptet sein eignes Terrain, er kämpft pro
aris et focis. Echt theologisch aber verdeckt er diesen Selbstzweck unter dem
Schein, als wolle er Feuerbach „charakterisiren". Man hatte den guten Mann
gänzlich vergessen, wie die Polemik zwischen Feuerbach & Stirner, in der er
gar nicht berücksichtigt wurde, am besten bewies. Ebendarum klammert er 15
sich an diese Polemik an, um sich als Gegensatz der Entgegengesetzten zu
ihrer höheren Einheit, zum heiligen Geist proklamiren zu können.

Der heilige Bruno eröffnet seinen „Feldzug" mit einer Kanonnade gegen
Feuerbach, c'est-à-dire mit dem verbesserten & vermehrten Abdruck eines
bereits in den „norddeutschen Blättern" figurirenden Aufsatzes. Feuerbach 20
wird zum Ritter der „*Substanz*" geschlagen, um dem Bauerschen „*Selbstbewußtsein*" größeren Relief zu verleihen. Bei dieser Transsubstantiation
Feuerbachs, die angeblich durch sämmtliche Schriften Feuerbachs bewiesen
wird, hüpft der heilige Mann von Feuerbachs Schriften über Leibnitz und
Bayle sogleich ‖ auf das „Wesen des Christenthums" & überspringt den Auf- 25
satz gegen die „positiven Philosophen" in den Hallischen Jahrbüchern. Dies
„Versehen" ist „an der Stelle". Feuerbach enthüllte hier nämlich den positiven
Vertretern der „Substanz" gegenüber die ganze Weisheit vom „Selbstbewußtsein" zu einer Zeit wo der heilige Bruno noch über die unbefleckte Empfängniß spekulirte. 30

Es bedarf kaum der Erwähnung daß Sankt Bruno sich noch immer auf seinem althegelschen Schlachtroß herumtummelt. Man höre gleich den ersten
Passus seiner neuesten Offenbarungen aus dem Reiche Gottes:

„Hegel hatte die Substanz Spinozas & das Fichtesche Ich in eins zusam-
mengefaßt; die Einheit von Beiden, die Verknüpfung dieser entgegengesetzten Sphären pp bilden das eigenthümliche Interesse, aber auch zugleich die
Schwäche der Hegelschen Philosophie. Dieser Widerspruch, in dem sich das
5 Hegelsche System hin & her bewegte, mußte gelöst & vernichtet werden. Er
konnte es aber nur dadurch, daß die Aufstellung der Frage: wie verhält sich
das *Selbstbewußtsein* zum *absoluten Geiste,* ... für immer unmöglich gemacht wurde. Es war nach zwei Seiten möglich. Entweder muß das Selbstbewußtsein wieder in der Glut der Substanz verbrennen, d. h. das reine Sub-
10 stantialitätsverhältniß feststehen & bestehen, oder es muß aufgezeigt werden,
daß die Persönlichkeit der Urheber ihrer Attribute & ihres Wesens ist, daß es
im *Begriffe* der Persönlichkeit *überhaupt* liegt, sich selbst" (den „Begriff"
oder die „Persönlichkeit"?) „beschränkt zu setzen, & diese Beschränkung, die
sie durch ihr *allgemeines Wesen* setzt, wieder auf||zuheben, da eben dieses
15 Wesen *nur das Resultat* ihrer – *innern Selbstunterscheidung,* ihrer Thätigkeit
ist." Wigand p 87, 88.

Die Hegelsche Philosophie war in der „*heiligen Familie*" p 220 als Einheit
von Spinoza & Fichte dargestellt & zugleich der Widerspruch der darin liegt,
hervorgehoben. Dem heiligen Bruno gehört eigenthümlich, daß er nicht, wie
20 die Verfasser der „heiligen Familie" die Frage vom Verhältniß des Selbstbewußtseins zur Substanz für eine „Streitfrage *innerhalb* der Hegelschen
Spekulation" hält, sondern für eine welthistorische, ja für eine absolute Frage.
Es ist die einzige Form, in welcher er die Kollisionen der Gegenwart ausspre-
chen kann. Er glaubt wirklich daß der Sieg des Selbstbewußtseins über die
25 Substanz nicht nur vom wesentlichsten Einfluß auf das europäische Gleich-
gewicht, sondern auch auf die ganze zukünftige Entwicklung der Oregon-
frage sei. Inwiefern dadurch die Abschaffung der Korngesetze in England bedingt ist, darüber ist bis jetzt wenig verlautet.

Der abstrakte & verhimmelte Ausdruck, wozu eine wirkliche Kollision
30 sich bei Hegel verzerrt, gilt diesem „kritischen" Kopf für die wirkliche Kollision. Er acceptirt den *spekulativen* Widerspruch & behauptet den einen
Theil desselben dem andern gegenüber. Die philosophische *Phrase* der wirklichen Frage ist für ihn die wirkliche Frage selbst. Er hat also auf der einen
Seite statt der wirklichen Menschen & ihres wirklichen Bewußtseins von ih-
35 ren, ihnen scheinbar selbstständig gegenüberstehenden gesellschaftlichen
Verhältnissen, die bloße abstrakte Phrase: *das Selbstbewußtsein* wie statt der
wirklichen Produktion die *verselbstständigte Thätigkeit dieses Selbstbewußt-
seins;* & auf der andern Seite || statt der wirklichen Natur & der wirklich be-
stehenden sozialen Verhältnisse die philosophische Zusammenfassung aller
40 philosophischen Kategorieen oder Namen dieser Verhältnisse in der Phrase:
die *Substanz* da er mit allen Philosophen & Ideologen die Gedanken, Ideen,

den verselbstständigten Gedankenausdruck der bestehenden Welt für die Grundlage dieser bestehenden Welt versieht. Daß er nun mit diesen beiden sinnlos & inhaltslos gewordenen Abstraktionen allerlei Kunststücke machen kann, ohne von den wirklichen Menschen & ihren Verhältnissen etwas zu wissen, liegt auf der Hand. (Siehe übrigens über die Substanz, was bei Feuer- 5 bach, bei Sankt Max über den „humanen Liberalismus" & über das „Heilige" gesagt ist.) Er verläßt also nicht den spekulativen Boden, um die Wider- sprüche der Spekulation zu lösen; er manövrirt von diesem Boden aus & steht selbst so sehr noch auf speciell Hegelschen Boden, daß das Verhältniß „des Selbstbewußtseins" zum „absoluten Geist" ihm immer noch den Schlaf raubt. 10 Mit einem Wort, wir haben hier die in der „Kritik der Synoptiker" angekün- digte, im „Entdeckten Christenthum" ausgeführte & leider in der Hegelschen Phänomenologie längst anticipirte *Philosophie des Selbstbewußtseins*. Diese neue Bauersche Philosophie hat in der „heiligen Familie" p 220 seqq. und 304–7 ihre vollständige Erledigung gefunden. Sankt Bruno bringt es indeß 15 hier fertig sich selbst noch zu karrikiren, indem er die „Persönlichkeit" her- einschmuggelt, um mit *Stirner* den Einzelnen als sein „eignes Machwerk", & um *Stirner* als *Bruno's Machwerk* darstellen zu können. Dieser Fortschritt verdient eine kurze Notiz.

Zunächst vergleiche der Leser diese Karrikatur mit ihrem Original, der 20 Erklärung des Selbstbe‖2‖wußtseins im „Entdeckten Christenthum" p 113, u. diese Erklärung wieder mit ihrem Ur-Original, Hegels Phänomenologie p 574, 575, 582, 583 u. anderwärts. (Beide Stellen sind abgedruckt heil. Fam. 221, 223, 224). Nun aber die Karrikatur! „Persönlichkeit überhaupt"! „Be- griff!" „allgemeines Wesen"! „Sich selbst beschränkt setzen & diese Be- 25 schränkung wieder aufheben"! „innere Selbstunterscheidung"! Welche ge- waltigen „Resultate"! „Persönlichkeit überhaupt" ist entweder „überhaupt" Unsinn oder der abstrakte Begriff der Persönlichkeit. Es liegt also „im Be- griff" des Begriffs der Persönlichkeit „sich selbst beschränkt zu setzen". Die- se Beschränkung, die im „Begriff" ihres Begriffs liegt, setzt sie gleich darauf 30 „durch ihr allgemeines Wesen". Und nach dem sie diese Beschränkung wie- der aufgehoben hat, zeigt sich, daß „eben dieses Wesen" erst „das *Resultat* ihrer innern Selbstunterscheidung ist". Das ganze großmächtige Resultat die- ser verzwickten Tautologie läuft also auf das altbekannte Hegelsche Kunst- stück der Selbstunterscheidung des Menschen im Denken heraus, welche uns 35 der unglückliche Bruno beharrlich als die einzige Thätigkeit der „Persönlich- keit überhaupt" predigt. Daß mit einer „Persönlichkeit" deren Thätigkeit sich auf diese trivial gewordenen logischen Sprünge beschränkt, nichts anzufan- gen ist, hat man dem heiligen Bruno schon vor längerer Zeit bemerklich ge- macht. Zugleich enthält dieser Passus das naive Geständniß, daß das Wesen 40 der Bauerschen „Persönlichkeit" der Begriff eines Begriffs, die Abstraktion von einer Abstraktion ist.

Die Kritik Feuerbachs durch Bruno, soweit sie neu ist, beschränkt sich darauf, Stirners Vorwürfe gegen Feuerbach *und Bauer* heuchlerischer Weise als Bauers Vorwürfe gegen Feuerbach darzustellen. So z. B. daß „das Wesen des Menschen Wesen überhaupt & etwas Heiliges" sei, daß „der ‖ Mensch

5 der Gott des Menschen" sei, daß die Menschengattung „das Absolute" sei, daß Feuerbach den Menschen „in ein wesentliches & unwesentliches Ich" spalte (obwohl Bruno stets das Abstrakte für das Wesentliche erklärt & in seinem Gegensatz von Kritik & Massen sich diese Spaltung noch viel ungeheuerlicher vorgestellt als Feuerbach), daß der Kampf gegen „die Prädikate

10 Gottes" geführt werden müsse etc. Über eigennützige & uneigennützige Liebe schreibt Bruno den Stirner, dem Feuerbach gegenüber, auf drei Seiten (p 133–135) fast wörtlich ab, wie er auch die Phrasen von Stirner: „jeder Mensch sein eigenes Geschöpf", „Wahrheit ein Gespenst" usw sehr ungeschickt kopirt. Bei Bruno verwandelt sich das „Geschöpf" noch dazu in ein

15 „Machwerk". Wir werden zurückkommen auf die Exploitation Stirners durch Sankt Bruno.

Das Erste was wir also bei Sankt Bruno fanden, war seine fortwährende Abhängigkeit von Hegel. Wir werden auf seine aus Hegel kopirten Bemerkungen natürlich nicht weiter eingehen, sondern nur noch einige Sätze zu-

20 sammenstellen, aus denen hervorgeht, wie felsenfest er an die Macht der Philosophen glaubt & wie er ihre Einbildung theilt, daß ein verändertes Bewußtsein, eine neue Wendung der Interpretation der existirenden Verhältnisse die ganze bisherige Welt umstürzen könne. In diesem Glauben läßt sich Sankt Bruno auch durch einen Schüler Heft IV der Wigandschen Quartalschrift pag.

25 327 das Attest ausstellen, daß seine obigen, in Heft III proklamirten Phrasen über Persönlichkeit „weltumstürzende Gedanken" seien. |

| Sankt Bruno sagt p 95 Wigand: „Die Philosophie ist nie etwas Anderes gewesen als die auf ihre allgemeinste Form reduzirte, auf ihren vernünftigsten Ausdruck gebrachte Theologie." Dieser *gegen* Feuerbach gerichtete Pas-

30 sus ist fast wörtlich abgeschrieben aus Feuerbachs Philos. der Zukunft pag. 2: „Die spekulative Philosophie ist die wahre, die konsequente, die *vernünftige* Theologie." Bruno fährt fort: „Die Philosophie hat selbst im Bunde mit der Religion stets auf die absolute Unselbstständigkeit des Individuums hingearbeitet & *dieselbe wirklich vollbracht*, indem *sie* das Einzelleben in dem

35 allgemeinen Leben, das Accidens in der Substanz, den Menschen im absoluten Geist aufgehen hieß & ließ." Als ob „die Philosophie" Brunos „im Bunde mit der" Hegelschen u. seinem noch fortdauernden verbotenen Umgang mit der Theologie „den Menschen" nicht in der Vorstellung eines seiner „Accidentien", des Selbstbewußtseins, als der „Substanz" „aufgehen hieße",

40 wenn auch nicht „ließe"! Man ersieht übrigens aus dem ganzen Passus, mit welcher Freudigkeit der „kanzelberedtsamkeitliche" Kirchenvater noch im-

mer seinen „weltumstürzenden" Glauben an die geheimnißschwangre Macht der heiligen Theologen & Philosophen bekennt. Natürlich im Interesse „der guten Sache der Freiheit & seiner eignen Sache".

p 105 hat der gottesfürchtige Mann die Unverschämtheit, Feuerbach vorzuwerfen: „Feuerbach hat aus dem Individuum, aus dem entmenschten Menschen des Christenthums nicht den Menschen, den wahren (!) wirklichen (!!) persönlichen (!!!) Menschen", ‖ (durch die „heilige Familie" u. Stirner veranlaßte Prädikate) „sondern den entmannten Menschen, den Sklaven *gemacht*" – & damit u. A. den Unsinn zu behaupten, daß er, der heilige Bruno, mit dem *Kopfe* Menschen *machen* könne.

Ferner heißt es ibid.: „Bei Feuerbach muß sich das Individuum der Gattung unterwerfen, ihr dienen. Die Gattung Feuerbachs ist das Absolute Hegels, auch sie existirt nirgends." Hier wie in allen andern Stellen, ermangelt Sankt Bruno nicht des Ruhmes, die wirklichen Verhältnisse der Individuen von der philosophischen Interpretation derselben abhängig zu machen. Er ahnt nicht in welchem Zusammenhang die Vorstellungen des Hegelschen „absoluten Geistes" & der Feuerbachschen „Gattung" zur existirenden Welt stehen.

Der heilige Vater skandalisirt sich p 104 erschrecklich über die Ketzerei womit Feuerbach die göttliche Dreieinigkeit von Vernunft, Liebe & Wille zu etwas macht, das „*in* den Individuen *über* den Individuen ist"; als ob heutzutage nicht jede Anlage, jeder Trieb, jedes Bedürfniß als eine Macht „in dem Individuum *über* dem Individuum" sich behauptete, sobald die Umstände deren Befriedigung verhindern. Wenn der heilige Vater Bruno zB Hunger verspürt ohne die Mittel ihn zu befriedigen, so wird sogar sein Magen zu einer Macht, „*in* ihm *über* ihm". Feuerbachs Fehler besteht nicht darin dies Faktum ausgesprochen zu haben, sondern darin daß er es in idealisirender Weise verselbstständigte, statt es als das Produkt einer bestimmten & überschreitbaren |
|3| historischen Entwicklungsstufe aufzufassen.

P. 111: „Feuerbach ist ein Knecht, & seine knechtische Natur erlaubt ihm nicht das Werk eines *Menschen* zu vollbringen, das Wesen der Religion zu erkennen" (schönes „Werk eines Menschen"!) ... „er erkennt das Wesen der Religion nicht, weil er die *Brücke* nicht kennt, auf der er zum Q u e l l der Religion kommt." Sankt Bruno glaubt alles Ernstes noch, daß die Religion ein eignes „Wesen" habe. Was die „Brücke" betrifft, „*auf der*" man zum „*Quell* der Religion" kommt, so muß diese Eselsbrücke nothwendig ein *Aquadukt* sein. Sankt Bruno etablirt sich zugleich als wunderlich modernisirter & durch die Brücke in Ruhestand versetzter Charon, indem er als tollkeeper an der Brücke zum Schattenreich der Religion jedem Passirenden seinen Halfpenny abverlangt.

P. 120 bemerkt der Heilige: „Wie könnte Feuerbach existiren wenn es keine *Wahrheit* gäbe & die Wahrheit nichts als ein *Gespenst*" (Stirner hilf!)

„wäre, vor dem sich der Mensch bisher fürchtete." Der „Mensch" der sich vor dem „Gespenst" der „Wahrheit" fürchtet, ist Niemand anders als der ehrwürdige Bruno selbst. Bereits zehn Seiten vorher, p 110, stieß er vor dem „Gespenst" Wahrheit folgenden welterschütternden Angstschrei aus: „Die Wahrheit, die nirgends für sich als fertiges Objekt zu finden ist, & nur in der Entfaltung der Persönlichkeit *sich* entwickelt & zur Einheit zusammenfaßt." So haben wir hier also nicht nur die Wahrheit, ‖ dieses Gespenst, in eine Person verwandelt, die sich entwickelt u. zusammenfaßt, sondern dies Kunststück noch obendrein nach Art der Bandwürmer in einer dritten Persönlichkeit außer ihr vollzogen. Über des heiligen Mannes früheres Liebesverhältniß zur Wahrheit, da er noch jung war & des Fleisches Lüste stark in ihm siedeten, siehe heil. Fam. p 115 seqq.

Wie gereinigt von allen fleischlichen Lüsten & weltlichen Begierden der heilige Mann derzeit dasteht, zeigt seine heftige Polemik gegen Feuerbachs *Sinnlichkeit.* Bruno greift keineswegs die höchst bornirte Weise an, worin Feuerbach die *Sinnlichkeit* anerkennt. Der verunglückte Versuch Feuerbachs gilt ihm schon als Versuch, der Ideologie zu entspringen, für – *Sünde.* Natürlich! Sinnlichkeit – Augenlust, Fleischeslust & hoffärtiges Wesen, Scheuel & Greuel vor dem Herrn! Wisset Ihr nicht, daß fleischlich gesinnet sein ist der Tod, aber geistlich gesinnet sein ist Leben & Friede; denn fleischlich gesinnet sein ist eine Feindschaft wider die Kritik, & alles so da fleischlich ist das ist von dieser Welt, & wisset Ihr auch was geschrieben steht: Offenbar sind aber die Werke des Fleisches, als da sind Ehebruch, Hurerei, Unreinigkeit, Unzucht, Abgötterei, Zauberei, Feindschaft, Hader, Neid, Zorn, Zank, Zwietracht, Rotten, Haß, Mord, Saufen, Fressen & dergleichen; von welchen ich Euch habe zuvor gesagt & sage noch zuvor, daß die solches thun, werden das Reich der Kritik nicht ererben; sondern wehe ihnen, denn sie gehen den Weg Kains u. fallen in den Irrthum Balaams, um Genusses willen, & kommen um in dem Aufruhr Korah. Diese Unfläter prassen von Euren Almosen ohne Scheu, weiden sich selbst, sie sind Wolken ohne Wasser, von dem Winde umgetrieben, kahle unfruchtbare ‖ Bäume, zweimal erstorben & ausgewurzelt, wilde Wellen des Meers, die ihre eigne Schande ausschäumen, irrige Sterne, welchen behalten ist das Dunkel der Finsterniß in Ewigkeit. Denn wir haben gelesen daß in den letzten Tagen werden gräuliche Zeiten kommen, Menschen die von sich selbst halten, Schänder, Unkeusch, die mehr lieben Wollust als die Kritik, die da Rotten machen, kurz, Fleischliche. Diese verabscheut Sankt Bruno, der da geistlich gesinnet ist & hasset den befleckten Rock des Fleisches; & so verdammt er Feuerbach, den er für den Korah der Rotte hält, draußen zu bleiben wo da sind die Hunde u. die Zauberer & die Hurer & die Todtschläger. „Sinnlichkeit" – pfui Teufel, das bringt den heiligen Kirchenvater nicht nur in die ärgsten Krämpfe u. Verzuckungen, das bringt ihn sogar zum Singen & er singt p 121 „das Lied vom Ende & das Ende vom Liede". Sinnlichkeit, weißt du auch wohl was Sinnlichkeit ist, Unglückseliger? Sinnlichkeit ist – „ein Stock" p 130. In seinen Krämpfen ringt der heilige Bruno auch einmal mit Einem seiner Sätze, wie weiland Jakob mit Gott, nur mit dem Unterschiede daß Gott dem Jakob die Hüfte verrenkte, während der heilige Epileptiker seinem Satze alle Glieder & Bänder verrenkt, & so die Identität von Subjekt & Objekt an mehreren schlagenden Exempeln klar macht:

„Mag darum Feuerbach immerhin sprechen ... er *vernichtet* (!) dennoch *den Menschen* ... weil er das *Wort* Mensch zur bloßen *Phrase* macht ... weil er *nicht den Menschen ganz macht* (!) ‖ & *schafft* (!) *sondern* die ganze Menschheit zum Absoluten erhebt, weil er *auch nicht* die Menschheit, *vielmehr* den Sinn zum Organ des Absoluten, & als das Absolute, das Unbezweifelbare, das unmittelbar Gewisse, das Objekt des Sinnes, der Anschauung, der Empfindung – das Sinnliche stempelt." Womit Feuerbach – dies ist die Meinung des heiligen Bruno „wohl Luftschichten erschüttern, aber nicht *Erscheinungen des menschlichen Wesens zerschmettern* kann, weil sein *innerstes* (!) Wesen & seine belebende Seele schon den *äußern* (!) Klang zerstört *und* hohl *und* schnarrend macht". p 121.

Der heilige Bruno gibt uns selbst über die Ursachen seiner Widersinnlichkeit zwar geheimnißvolle, aber entscheidende Aufschlüsse: „Als ob mein Ich nicht auch dieses bestimmte, *vor allen Andern* e i n z i g e *Geschlecht* & diese bestimmten einzigen Geschlechtsorgane hätte!" (außer seinen „einzigen Geschlechtsorganen" hat der Edle noch ein apartes „einziges Geschlecht"!) Dieses einzige Geschlecht wird p 121 dahin erläutert, daß „die Sinnlichkeit wie ein Vampyr alles Mark u. Blut dem Menschen*leben* aussaugt, die unüberschreitbare Schranke ist, an der sich der Mensch den Todes-*Stoß* geben muß".

Aber auch der Heiligste ist nicht rein! Sie sind allzumal Sünder & mangeln des Ruhms den sie vor dem „Selbstbewußtsein" haben sollen. Der heilige Bruno, der um Mitternacht sich im einsamen Kämmerlein mit der „Substanz" herumschlägt, wird von den lockeren Schriften des Ketzers Feuerbach auf das Weib & die weibliche Schönheit aufmerksam ‖4‖ gemacht. Plötzlich verdunkelt sich sein Blick; das reine Selbstbewußtsein wird befleckt, & die verwerfliche sinnliche Phantasie umgaukelt mit lasciven Bildern den geängstigten Kritiker. Der Geist ist willig, aber das Fleisch ist schwach. Er strauchelt, er fällt, er vergißt daß er die Macht ist, die „mit ihrer Kraft bindet & löst & die Welt beherrscht", daß diese Ausgeburten seiner Phantasie „Geist von seinem Geiste" sind, er verliert alles „Selbstbewußtsein" u. stammelt berauscht einen Dithyrambos auf die weibliche Schönheit „im Zarten, im Weichlichen, im Weiblichen", auf die „schwellenden, abgerundeten Glieder" u. den „wogenden, wallenden, siedenden, brausenden & zischenden, wellenförmigen

Körperbau" des Weibes. Aber die Unschuld verräth sich stets, selbst wo sie sündigt. Wer wüßte nicht, daß ein *„wogender, wallender,* wellenförmiger Körperbau" ein Ding ist, das kein Auge je gesehen noch ein Ohr gehöret hat? Darum stille liebe Seele, der Geist wird gar bald die Oberhand über das
5 rebellische Fleisch bekommen & den übersiedenden Lüsten eine unüberwindliche „Schranke" in den Weg setzen, „an der" sie sich bald „den Todesstoß" geben.

  „Feuerbach – dahin ist endlich der Heilige mittelst eines kritischen Verständnisses der heiligen Familie gekommen – ist der mit Humanismus versetzte & zersetzte Materialist, d. h. der Materialist der es nicht auf der Erde
10 und ihrem Sein auszuhalten vermag" (St. Bruno kennt ein von der Erde unterschiednes Sein der Erde, & weiß wie man es anfangen muß, um es *„auf dem Sein* ‖ der Erde *auszuhalten"*!) „sondern sich vergeistigen & in den Himmel einkehren will, und der Humanist, der nicht denken & eine geistige Welt
15 aufbauen kann, sondern der sich mit Materialismus schwängert pp" p 123. Wie hiernach bei St. Bruno der Humanismus im „Denken" u. „Aufbauen einer geistigen Welt" besteht, so der Materialismus in Folgendem: „Der Materialist erkennt nur das gegenwärtige, wirkliche Wesen an, die *Materie"* (als wenn der Mensch mit allen seinen Eigenschaften, auch dem Denken, nicht
20 ein *„gegenwärtiges wirkliches Wesen"* wäre) „u. *sie* als thätig *sich* in die Vielheit ausbreitend u. verwirklichend, die *Natur."* p 123. Die *Materie* ist zuerst ein gegenwärtiges wirkliches Wesen, aber nur an sich, verborgen; erst wenn sie „thätig sich in die Vielheit ausbreitet & verwirklicht" (ein „gegenwärtiges *wirkliches* Wesen" *„verwirklicht* sich"!!) erst dann wird sie *Natur.*
25 Zuerst existirt der *Begriff* der Materie, das Abstraktum, die Vorstellung, & diese verwirklicht sich in der wirklichen Natur. Wörtlich die Hegelsche Theorie von der Präexistenz der schöpferischen Kategorieen. Von diesem Standpunkt aus versteht es sich dann auch, daß St. Bruno die philosophischen Phrasen der Materialisten über die Materie für den wirklichen Kern & Inhalt
30 ihrer Weltanschauung versieht.

---

2. St. Bruno's Betrachtungen über den Kampf zwischen Feuerbach & Stirner.

Nachdem Sankt Bruno Feuerbach also einige gewichtige Worte ans Herz gelegt hat, sieht er sich den Kampf zwischen diesem ‖ & dem Einzigen an. Das
35 Erste wodurch er sein Interesse an diesem Kampf bezeugt, ist ein methodisches, dreimaliges Lächeln.

„Der Kritiker geht unaufhaltsam, siegsgewiß & siegreich seines Weges. Man verläumdet ihn: er *lächelt*. Man verketzert ihn: er *lächelt*. Die alte Welt macht sich auf in einem Kreuzzug gegen ihn: er *lächelt.*"

Der heilige Bruno das ist also konstatirt, geht seiner Wege, aber er geht sie nicht wie andre Leute, er geht einen kritischen Gang, er vollzieht diese wich- 5 tige Handlung mit *Lächeln* – „Er lächelt mehr Linien in sein Gesicht hinein als auf der Weltkarte mit beiden Indien stehen. Das Fräulein wird ihm Ohrfeigen geben & wenn sie's thut wird er lächeln & es für eine große Kunst halten", wie Malvoglio bei Shakspeare.

Sankt Bruno selbst rührt keinen Finger um seine beiden Gegner zu wider- 10 legen, er weiß ein besseres Mittel sie loszuwerden, er überläßt sie – divide et impera – ihrem eignen Streit. Dem Stirner stellt er den Menschen Feuerbachs, p 124, & dem Feuerbach den Einzigen Stirners p 126 seqq. gegenüber; er weiß daß sie so erbittert auf einander sind wie die beiden Katzen von Kilkenny in Irland, die einander so vollständig auffraßen, daß zuletzt nur die 15 Schwänze übrigblieben. Über diese Schwänze spricht nun Sankt Bruno das Urtheil aus, daß sie *„Substanz"*, also auf ewig verdammt seien.

Er wiederholt in seiner Gegenüberstellung von Feuerbach & Stirner dasselbe was Hegel über Spinoza & Fichte sagte, wo bekanntlich das punktuelle Ich als die eine & zwar härteste Seite ‖ der Substanz dargestellt wird. So sehr 20 er früher gegen den Egoismus polterte, der sogar als odor specificus der Massen galt, acceptirt er p 129 von Stirner den Egoismus, nur soll dieser „nicht der von Max Stirner", sondern natürlich der von Bruno Bauer sein. Den Stirnerschen brandmarkt er mit dem moralischen Makel, „daß sein Ich zur Stützung seines Egoismus der Heuchelei, des Betrugs, der äußeren Gewalt be- 25 darf". Im Übrigen glaubt er (siehe p 124) an die kritischen Wunderthaten des heiligen Max & sieht in dessen Kampf p 126 „ein wirkliches Bemühen die Substanz von Grund aus zu vernichten". Statt auf Stirners Kritik der Bauerschen „reinen Kritik" einzugehen, behauptet er p 124, Stirners Kritik könne ihm ebensowenig wie jede andre etwas anhaben, „weil *er der Kritiker selber*" 30 sei.

Schließlich widerlegt S! Bruno Beide, Sankt Max & Feuerbach, indem er eine Antithese, die Stirner zwischen dem Kritiker Bruno Bauer, & dem Dogmatiker zieht, ziemlich wörtlich auf Feuerbach & Stirner anwendet.

Wigand p 138. „Feuerbach stellt sich & *steht hiermit* (!) dem Einzigen ge- 35 genüber. Er ist & will sein *Kommunist*, dieser ist & soll sein *Egoist*; er der *Heilige*, dieser der *Profane*, er der *Gute* dieser der *Böse*; er der Gott dieser der Mensch. Beide – *Dogmatiker*." Also die Pointe ist daß er Beiden Dogmatismus vorwirft.

„Der Einzige u. sein Eigenthum", p 194: „Der Kritiker fürchtet ‖5‖ sich 40 dogmatisch zu werden oder Dogmen aufzustellen. Natürlich, er würde dadurch zum Gegensatz des Kritikers, zum Dogmatiker, er würde, wie er als Kritiker *gut* ist, nun *böse*, oder würde aus einem *Uneigennützigen*" (Kommunisten) „ein *Egoist* usw. Nur kein Dogma – das ist sein Dogma."

---

5   *3. Sankt Bruno contra die Verfasser der „heiligen Familie".*

Sankt Bruno, der auf die angegebene Weise mit Feuerbach & Stirner fertig geworden ist, der dem „Einzigen jeden Fortschritt abgeschnitten" hat, wendet sich nun gegen die angeblichen Konsequenzen Feuerbachs, die deutschen
10 Kommunisten & speziell die Verf. der „heiligen Familie". Das Wort „realer Humanismus", das er in der Vorrede dieser Streitschrift fand, bildet die Hauptgrundlage seiner Hypothese. Er wird sich einer Bibelstelle erinnern: „Und ich, lieben Brüder, konnte nicht mit Euch reden als mit Geistlichen, sondern als mit Fleischlichen" (in unsrem Falle war es gerade umgekehrt)
15 „wie mit jungen Kindern in Christo. Milch habe ich Euch zu trinken gegeben und nicht Speise denn Ihr konntet noch nicht." 1 Kor. 3,1–2. /
    / Der erste Eindruck den die „heilige Familie" auf den ehrwürdigen Kirchenvater macht, ist der einer tiefen Betrübniß & einer ernsten, biedermännischen Wehmuth. Die einzige gute Seite des Buchs – daß es „zeigte, was
20 Feuerbach werden *mußte* & wie sich seine Philosophie stellen *kann,* wenn sie gegen die Kritik kämpfen *will*" p 138, daß es also auf eine ungezwungene Weise das „Wollen" mit dem „Können" & „Müssen" vereinigte, wiegt dennoch die vielen betrübenden Seiten nicht auf. Die Feuerbachsche, hier komischer Weise vorausgesetzte Philosophie „*darf & kann* den Kritiker nicht
25 verstehen – sie *darf & kann* die Kritik in ihrer Entwicklung nicht kennen & erkennen – sie *darf & kann* ‖ es nicht wissen daß die Kritik aller Transcendenz gegenüber ein immerwährendes Kämpfen & Siegen, ein fortdauerndes Vernichten & Schaffen, das *einzig* (!) Schöpferische & Produzirende ist. Sie *darf & kann* nicht wissen wie der Kritiker gearbeitet hat & noch arbeitet, um
30 die transcendenten Mächte, die bisher die Menschheit niederhielten & nicht zum Athmen & zum Leben kommen ließen, als das zu setzen & zu dem zu *machen* (!) was sie *wirklich sind*, als Geist vom Geist, als Inneres aus dem Innern, als Heimathliches (!) aus & in der Heimath, als Produkte u. Geschöpfe des Selbstbewußtseins. Sie *darf & kann* nicht wissen, wie einzig &
35 allein der Kritiker die Religion in ihrer Totalität, den Staat in seinen verschiednen Erscheinungen gebrochen hat pp" p 138, 139. Ist es nicht auf ein Haar der alte Jehovah, der seinem durchgebrannten Volk, das an den lustigen Göttern der Heiden mehr Spaß findet, nachläuft & schreit: „Höre mich Israel

& verschließe dein Ohr nicht Juda! Bin ich nicht der Herr dein Gott der dich
aus Egyptenland geführet hat in das Land da Milch & Honig fleußt, und siehe, ihr habt von Jugend auf gethan das mir übel gefällt & habet mich erzürnet
durch ihrer Hände Werk, & habt mir den Rücken & nicht das Angesicht zu-
gekehret, wiewohl ich sie stets lehren ließ; und haben mir ihre Gräuel in mein 5
Haus gesetzt, daß sie es verunreinigten, & haben die Höhen des Baals gebaut
im Thale Ben Hinnom davon ich ihnen nichts befohlen habe, u. ist mir nicht
in den ‖ Sinn gekommen daß sie solche Gräuel thun sollten; und habe zu euch
gesandt meinen Knecht Jeremiam, zu dem mein Wort geschehen ist, von dem
dreizehnten Jahr des Königs Josiah, des Sohnes Amon, bis auf diesen Tag, u. 10
derselbige hat euch nun dreiundzwanzig Jahr mit Fleiß gepredigt, aber ihr
habt nie hören wollen. Darum spricht der Herr Herr: Wer hat je dergleichen
gehöret, daß die Jungfrau Israel so gar gräuliches Ding thut? Denn das Re-
genwasser verschießt nicht sobald, als mein Volk meiner vergißt. O Land,
Land, Land, höre des Herrn Wort!" 15

Sankt Bruno behauptet also in einer langen Rede über Dürfen & Können,
daß seine kommunistischen Gegner ihn mißverstanden hätten. Die Art u.
Weise, wie er in dieser Rede die Kritik neuerdings schildert, wie er die bisherigen Mächte, die das „Leben der Menschheit" niederhielten, in „transcen-
dente", & diese transcendenten Mächte in „Geist vom Geist" verwandelt, wie 20
er „die Kritik" für den einzigen Produktionszweig ausgibt, beweist zugleich,
daß das angebliche Mißverständniß nichts ist als ein mißliebiges Verständniß.
Wir bewiesen, daß die Bauersche Kritik unter aller Kritik ist, wodurch wir
nothwendig Dogmatiker werden. Ja er wirft uns alles Ernstes den unver-
schämten Unglauben an seine althergebrachten Phrasen vor. Die ganze My- 25
thologie der selbstständigen Begriffe, mit dem Wolkensammler Zeus, dem
Selbstbewußtsein, an der Spitze, paradirt hier ‖6| wieder mit „dem Schellen-
spiel von Redensarten einer ganzen Janitscharenmusik gangbarer Kategorie-
en". (Lit. Ztg , vgl. heil. Familie p 234) Zuerst natürlich die Mythe von der
Weltschöpfung, nämlich von der sauren „Arbeit" des Kritikers, die das „ein- 30
zig Schöpferische & Produzirende, ein immerwährendes Kämpfen & Siegen,
ein fortdauerndes Vernichten & Schaffen", ein „Arbeiten" & „Gearbeitet Haben" ist. Ja der ehrwürdige Vater wirft der „heiligen Familie" sogar vor, daß
sie „die Kritik" so verstanden hat, wie er selbst sie in der gegenwärtigen Re-
plik versteht. Nachdem er die „Substanz" „in ihr Geburtsland, das Selbstbe- 35
wußtsein, den kritisirenden & (seit der heiligen Familie auch) kritisirten Menschen zurückgenommen & verworfen hat" (das Selbstbewußtsein scheint hier
die Stelle einer ideologischen Rumpelkammer einzunehmen), fährt er fort:
„Sie" (die angebliche Feuerbachsche Philosophie) „darf nicht wissen, daß die
Kritik & die Kritiker, solange sie sind (!), die Geschichte gelenkt & gemacht 40
haben, daß sogar ihre Gegner & alle Bewegungen & Regungen der Gegen-

wart ihre Geschöpfe sind, daß sie allein es sind, die die *Gewalt in ihren Hän-den* haben, *weil die Kraft in ihrem Bewußtsein,* & weil sie die Macht *aus sich selber,* aus ihren Thaten, *aus der Kritik,* aus ihren Gegnern, aus ihren Ge-schöpfen schöpfen; daß erst mit dem Akte der Kritik der Mensch befreit wird,
5 & damit *die* Menschen, der Mensch *geschaffen* (!) wird, & damit die Men-schen."

Also die Kritik *und* die Kritiker ‖ sind zuerst zwei ganz verschiedene, au-ßer einander stehende & handelnde Subjekte. Der Kritiker ist ein andres Sub-jekt als die Kritik, & die Kritik ein andres Subjekt als der Kritiker. Diese
10 personifizirte Kritik, die Kritik als Subjekt ist ja eben die „kritische Kritik", gegen die die „heilige Familie" auftrat. „Die Kritik & die Kritiker haben, so-lange sie sind, die Geschichte gelenkt & gemacht." Daß sie dies nicht thun konnten, „solange sie" nicht „sind", ist klar, & daß sie „solange sie sind", in ihrer Weise „Geschichte gemacht" haben, ist ebenfalls klar. Sankt Bruno
15 kommt endlich soweit, uns einen der tiefsten Aufschlüsse über die staats-brecherische Macht der Kritik geben zu „dürfen & können", den Aufschluß nämlich, daß „die Kritik & die Kritiker die *Gewalt in ihren Händen* haben, weil" (schönes Weil!) *„die Kraft in ihrem Bewußtsein",* & zweitens daß diese großen Geschichtsfabrikanten „die Gewalt in ihren Händen haben" weil sie
20 „die Macht aus sich selber & aus der Kritik" (also noch einmal aus sich sel-ber) „schöpfen" – wobei leider noch immer nicht bewiesen, daß da drinnen, in „sich selber", in „der Kritik", irgend etwas zu „schöpfen" ist. Wenigstens sollte man nach der eignen Aussage der Kritik glauben daß es schwer sein müßte dort etwas andres zu „schöpfen" als die dorthin „verworfene" Ka-
25 tegorie der „Substanz". Schließlich „schöpft" die Kritik noch „die Kraft" zu einem höchst ungeheuerlichen Orakelspruch „aus ‖ der Kritik". Sie enthüllt uns nämlich das Geheimniß, so da verborgen war unsern Vätern & ver-schlossen unsern Großvätern, daß „erst mit dem Akte der Kritik der Mensch geschaffen wird & damit die Menschen", während man bisher die Kritik für
30 einen Akt der durch ganz andre Akte präexistirenden Menschen versah. Der heilige Bruno selbst scheint hiernach durch „die Kritik", also durch generatio aequivoca „in die Welt, von der Welt & zu der Welt" gekommen zu sein. Vielleicht indeß ist dies Alles bloß eine andre Interpretation der Stelle aus der Genesis: Und Adam *erkannte*, id est kritisirte, sein Weib Hevam & sie ward
35 schwanger pp.

Wir sehen hier also die ganze altbekannte kritische Kritik, die schon in der heiligen Familie hinreichend signalisirt, nochmals & als ob gar nichts passirt wäre, mit ihren sämmtlichen Schwindeleien auftreten. Wundern dürfen wir uns nicht darüber, denn der heilige Mann jammert ja selbst p 140, daß die
40 heilige Familie „der Kritik jeden Fortschritt abschneide". Mit der größten Entrüstung wirft Sankt Bruno den Verfassern der heiligen Familie vor, daß

sie die Bauersche Kritik vermittelst eines chemischen Prozesses aus ihrem *„flüssigen"* Aggregatzustande zu einer *„krystallinischen"* Formation abgedampft habe.

Also die „Institutionen des Bettlerthums", das „Taufzeugniß der Mündigkeit", die „Region || des Pathos & donnerähnlicher Aspekten", die „moslemitische Begriffsaffektion", (Heil. Familie p 2, 3, 4 nach der kritischen Lit. Ztg) sind nur Unsinn, wenn man sie „krystallinisch" auffaßt; die acht&zwanzig geschichtlichen Schnitzer, die man der Kritik in ihrem Exkurse über „englische Tagesfragen" nachgewiesen hat sind, „flüssig" betrachtet, keine Schnitzer? Die Kritik besteht darauf daß sie, flüssig betrachtet, die Nauwercksche Kollision, nachdem sie längst vor ihren Augen passirt, a priori phrophezeit, nicht post festum konstruirt habe? sie besteht noch darauf, daß maréchal, „krystallinisch" betrachtet, ein *Hufschmied* heißen könne, aber „flüssig" betrachtet, jedenfalls ein *Marschall* sein müsse? daß, wenn auch für die „krystallinische" Auffassung un fait physique „eine physische Thatsache" sein dürfe, die wahre, „flüssige" Übersetzung davon „eine Thatsache der Physik" laute? daß la malveillance de nos bourgeois juste-milieux im „flüssigen" Zustande noch immer „die Sorglosigkeit unsrer guten Bürger" bedeute? daß „flüssig" betrachtet, „ein Kind das nicht wieder Vater oder Mutter wird, *wesentlich Tochter* ist"? daß Jemand die Aufgabe haben kann, „gleichsam die letzte Wehmuthsthräne der Vergangenheit darzustellen"? Daß die verschiedenen Portiers, Lions, Grisetten, Marquisen, Spitzbuben & hölzernen Thüren von Paris in ihrer „flüssigen" Form weiter nichts sind als Phasen des Geheimnisses, „in dessen Begriff es überhaupt ||7| liegt, sich selbst beschränkt zu setzen, & diese Beschränkung, die es durch sein allgemeines Wesen setzt, wieder aufzuheben, da eben dieses Wesen nur das Resultat seiner innern Selbstunterscheidung, seiner Thätigkeit ist"? Daß die kritische Kritik im „flüssigen" Sinne „unaufhaltsam, siegreich & siegsgewiß ihres Weges geht" wenn sie bei einer Frage zuerst behauptet, ihre „wahre & allgemeine Bedeutung" enthüllt zu haben, alsdann zugibt, daß sie „über die Kritik nicht hinausgehen wollte & durfte", & schließlich bekennt, „daß sie noch einen Schritt hätte thun müssen, der aber unmöglich war, weil – er unmöglich war"? (p 184 der heil. Familie) daß „flüssig" betrachet, „die Zukunft noch immer das Werk" der Kritik ist, wenn auch „das Schicksal *entscheiden mag wie es will*"; daß flüssig betrachtet, die Kritik nichts Übermenschliches beging wenn sie „mit ihren *wahren Elementen* in einen *Widerspruch* trat, der *in jenen Elementen bereits* seine *Auflösung* gefunden *hatte*"?

Allerdings begingen die Verfasser der heil. Familie die Frivolität, alle diese & hundert andre Sätze als Sätze aufzufassen, die einen festen, „krystallinischen" *Unsinn* ausdrücken – aber man muß die Synoptiker „flüssig", d. h. im Sinne ihrer Verfasser, & bei Leibe nicht „krystallinisch", d. h. nach ihrem wirklichen Unsinn lesen, um zu dem wahren Glauben zu kommen u. die Harmonie des kritischen Haushalts ‖ zu bewundern.

„Engels & Marx kennen daher auch nur die Kritik der Literaturzeitung" – eine wissentliche Lüge die beweist wie „flüssig" der heilige Mann ein Buch
5 gelesen hat, worin seine letzten Arbeiten nur als die Krone seines ganzen „Gearbeitet Habens" dargestellt werden. Aber der Kirchenvater ermangelte der Ruhe, krystallinisch zu lesen, da er in seinen Gegnern Konkurrenten fürchtet, die ihm die Kanonisation streitig machen, ihn „aus seiner Heiligkeit herausziehen wollen, um *sich* heilig zu machen".

10 Konstatiren wir noch im Vorbeigehen die eine Thatsache, daß nach der jetzigen Aussage des heiligen Bruno seine Literaturzeitung keineswegs die „gesellschaftliche Gesellschaft" zu stiften, oder „gleichsam die letzte Wehmuthsthräne" der deutschen Ideologie „darzustellen" bezweckte noch den Geist in dem schärfsten Gegensatz zur Masse zu stellen & die kritische Kritik
15 in ihrer vollen Reinheit zu entwickeln, sondern – „den Liberalismus & Radikalismus des Jahres 1842 & deren Nachklänge in ihrer Halbheit & Phrasenhaftigkeit darzulegen", also die „Nachklänge" eines bereits Verschollenen zu bekämpfen. Tant de bruit pour une omelette! Übrigens zeigt sich gerade hierin wieder die Geschichtsauffassung der deutschen Theorie in ihrem „rein-
20 sten" Licht. Das Jahr 1842 gilt für die Glanzperiode des Li‖beralismus in Deutschland, weil sich die Philosophie damals an der Politik betheiligte. Der Liberalismus verschwindet für den Kritiker mit dem Aufhören der Deutschen Jahrbücher & der Rheinischen Zeitung, den Organen der liberalen & radikalen Theorie. Er läßt nur noch „Nachklänge" zurück, während erst jetzt, wo
25 das deutsche Bürgerthum das wirkliche durch ökonomische Verhältnisse erzeugte Bedürfniß der politischen Macht empfindet & zu verwirklichen strebt, während erst jetzt der Liberalismus in Deutschland eine praktische Existenz & damit die Chance eines Erfolgs hat.

Die tiefe Betrübniß Sankt Brunos über die „heilige Familie" erlaubte ihm
30 nicht diese Schrift „aus sich selbst & durch sich selbst & mit sich selbst" zu kritisiren. Um seinen Schmerz bemeistern zu können, mußte er sie sich erst in einer „flüssigen" Form verschaffen. Diese flüssige Form fand er in einer konfusen & von Mißverständnissen wimmelnden Recension im „westphälischen Dampfboot", Maiheft p 206–214. Alle seine Citate sind aus den im west-
35 phälischen Dampfboot citirten Stellen citirt & ohne dasselbige ist Nichts citirt was citirt ist.

Auch die Sprache des heiligen Kritikers ist durch die Sprache des westphälischen Kritikers bedingt. Zuerst werden sämmtliche Sätze, die der Westphale (Dpfb. p 206) aus der *Vorrede* anführt, in die Wigandsche Vierteljschr.
40 p 140, 141 übertragen. Diese Übertragung bildet den Haupttheil der Bauerschen Kritik, nach dem alten schon von Hegel empfohlenen Prinzip:

„Sich auf den gesunden Menschenverstand zu verlassen, und ‖ um übrigens auch mit der Zeit & der Philosophie fortzuschreiten, *Recensionen* von philosophischen Schriften, etwa gar die *Vorreden* & ersten Paragraphen derselben zu lesen; denn diese geben die allgemeinen Grundsätze, worauf Alles ankommt, & jene neben der historischen Notiz noch die Beurtheilung, die sogar, weil sie Beurtheilung ist, über das Beurtheilte hinaus ist. Dieser gemeine Weg macht sich im Hausrocke; aber im hohenpriesterlichen Gewande schreitet das Hochgefühl des Ewigen, Heiligen, Unendlichen einher, ein Weg", den Sankt Bruno auch wie wir sahen, „niedermetzelnd" zu „gehen" weiß. – Hegel Phän. p 54.

Der *westphälische* Kritiker fährt nach einigen Citaten aus der Vorrede fort: „So durch die Vorrede selbst auf den *Kampfplatz* des Buches geführt" usw p 206.

Der *heilige* Kritiker, nachdem er diese Citate in die Wigandsche Viertelj.schr. übertragen, distinguirt feiner & sagt: „Das ist das *Terrain* und der *Feind,* den sich E. und M. zum *Kampfe* geschaffen haben."

Der *westphälische* Kritiker setzt aus der Erörterung des kritischen Satzes: „der Arbeiter schafft Nichts", nur den zusammenfassenden *Schluß* hin.

Der *heilige* Kritiker glaubt wirklich dies sei Alles was über den Satz gesagt worden, schreibt p 141 das westphälische Citat ab, & freut sich der Entdeckung, daß man der Kritik nur „Behauptungen" entgegengesetzt habe.

Aus der Beleuchtung der kritischen Expektorationen über die Liebe schreibt sich der *westphälische* Kritiker p 209 erst das corpus delicti theilweise, & dann aus der Widerlegung einige Sätze ohne allen ‖8‖ Zusammenhang heraus, die er als Autorität für seine schwammige, liebesselige Sentimentalität hinstellen möchte.

Der *heilige* Kritiker schreibt ihm p 141, 142 alles buchstäblich ab, Satz für Satz in der Ordnung wie sein Vorgänger citirt.

Der *westphälische* Kritiker ruft über der Leiche des Herrn Julius Faucher aus: „Das ist das Loos des Schönen auf der Erde!"

Der *heilige* Kritiker darf seine „saure Arbeit" nicht vollenden ohne diesen Ausruf p 142 bei unpassender Gelegenheit sich anzueignen.

Der *westphälische* Kritiker gibt p 212 eine angebliche Zusammenfassung der in der heil. Fam. gegen Sankt Bruno selbst gerichteten Entwicklungen.

Der *heilige* Kritiker kopirt diese Siebensachen getrost & wörtlich mit allen westphälischen Exclamationen. Er denkt nicht im Traum daran, daß ihm *nirgends* in der ganzen Streitschrift vorgeworfen wird, er „verwandle die Frage der politischen Emancipation in die der menschlichen", er „wolle die Juden todtschlagen", er „verwandle die Juden in Theologen", er „verwandle Hegel in Herrn Hinrichs" pp Gläubig plappert der *heilige* Kritiker dem *westphälischen* die Angabe nach, als erbiete sich *Marx* in der heiligen Familie zur

Lieferung eines gewissen scholastischen Traktätleins „als Erwiederung auf die *alberne Selbstapotheose* Bauers". Nun kommt die vom heiligen Bruno als *Citat* angeführte „alberne Selbstapotheose" in der ganzen heiligen Familie nirgends, wohl aber bei dem westphälischen Kritiker vor. Ebensowenig wird
5 das Traktätlein als Erwiederung auf die „Selbst*apologie*" ‖ der Kritik, heil. Fam. p 150–163, angeboten, sondern erst im folgenden Abschnitt p 165 bei Gelegenheit der weltgeschichtlichen Frage: „warum Herr Bauer politisiren *mußte?"*

Schließlich läßt Sankt Bruno p 143 *Marx* als *„ergötzlichen Komödianten"*
10 auftreten, nachdem sein westphälisches Vorbild bereits „das welthistorische Drama der kritischen Kritik" sich in die *„ergötzlichste Komödie"* p 213 hat auflösen lassen.

Siehe, so „dürfen & können" die Gegner der kritischen Kritik es „wissen, *wie der Kritiker gearbeitet hat und noch arbeitet"*!

15 _____

4. Nachruf an „M. Heß".

_____

„Was Engels & Marx *noch nicht* konnten, das vollendet M. Heß."

Großer, göttlicher Übergang, der dem heiligen Manne durch das relative
20 „Können" & „Nichtkönnen" der Evangelisten so fest in den Fingern sitzen geblieben ist, daß er in jedem Aufsatze des Kirchenvaters passend oder unpassend seine Stelle finden muß.

„Was E. & M. noch nicht konnten, das vollendet M. Heß." – Und was ist das „Was", das „E. & M. noch nicht konnten"? Nun, nichts mehr & nichts
25 weniger, als – Stirner kritisiren. Und warum „konnten" E. & M. Stirner *„noch nicht"* kritisiren? Aus dem zureichenden Grunde, weil – Stirners Buch *noch nicht erschienen war,* als sie die „heilige Familie" schrieben.

Dieser spekulative Kunstgriff, Alles zu konstruiren, & das Disparateste in einen vorgeblichen Kausalzusammenhang zu bringen, ist unsrem Heiligen
30 wirklich aus dem Kopf in die Finger gefahren. Er erreicht bei ihm die ‖ gänzliche Inhaltslosigkeit & sinkt herab zu einer burlesken Manier, Tautologieen mit wichtiger Miene zu sagen. ZB. schon in der allg. Literat. Ztg I, 5: „Der Unterschied zwischen meiner Arbeit & den Blättern, die z. B. ein Philippson vollschreibt" (also den *leeren* Blättern auf die „z. B. ein Philippson" schreibt)
35 *„muß dann auch so beschaffen sein wie er in der That beschaffen ist"*!!!

„M. Heß" für dessen Schriften E. u. M. durchaus keine Verantwortlichkeit übernehmen, ist dem heiligen Kritiker eine so merkwürdige Erscheinung, daß er weiter nichts thun kann, als lange Stellen aus den „letzten Philosophen" abschreiben, & das Urtheil fällen, daß „diese Kritik in einzelnen Punkten den Feuerbach nicht kapirt hat *oder auch* (o Theologie!) das Gefäß sich gegen den Töpfer empören will". Vergl. Römer 9,20–21. Nach einer erneuerten „sauren Arbeit" des Citirens kommt unser heiliger Kritiker dann schließlich zu dem Resultate, daß Heß, weil er die beiden Worte: „Vereinigt" u. „Ent- 5 wicklung" gebraucht, *Hegel* abschreibt. Sankt Bruno mußte natürlich den in der heiligen Familie gelieferten Nachweis seiner totalen Abhängigkeit von Hegel durch einen Umweg auf Feuerbach zurückzuwerfen suchen.

„Siehe so mußte Bauer enden! Er hat gegen alle Hegelschen Kategorieen", mit Ausnahme des Selbstbewußtseins, „gekämpft wie & was er nur konnte" 10 speziell in dem famosen Literaturzeitungskampf gegen Herrn Hinrichs. Wie er sie bekämpft & besiegt hat, haben wir gesehen. Zum Überfluß citiren wir noch Wigand p 110, wo er behauptet, daß die „wahre (1) *Auflösung* (2) *der Gegensätze* (3) in Natur und ‖ Geschichte (4) die *wahre Einheit* (5) der ge- trennten Relationen (6) der wahrhafte (7) Grund (8) und Abgrund (9) der 15 Religion, die wahre *unendliche* (10) unwiderstehliche, selbstschöpferische (11) Persönlichkeit (12) noch nicht gefunden ist". In drei Zeilen nicht zwei zweifelhafte wie bei Heß, sondern ein volles Dutzend „wahrer, unendlicher unwiderstehliche" und durch „die wahre Einheit der getrennten Relationen" sich als solche beweisende Hegelsche Kategorieen – „siehe, so mußte Bauer 20 enden"! Und wenn der heilige Mann in Heß einen gläubigen Christen zu ent- decken meint, nicht weil Heß „hofft" wie Bruno sagt sondern weil er *nicht* hofft & weil er von „Auferstehen" spricht, so setzt uns der große Kirchen- vater in den Stand ihm aus eben derselben pagina 110 das prononcirteste J u- d e n t h u m nachzuweisen. Er erklärt dort „daß der *wirkliche, lebende & leib-* 25 *haftige Mensch noch nicht geboren ist*"!!! (Neuer Aufschluß über die Bestim- mung des „einzigen Geschlechts".) „und die erzeugte Zwittergestalt" (*Bruno Bauer* ?!?) „noch nicht im Stande ist, aller *dogmatischen Formeln* Herr zu werden" pp – d. h. daß der *Messias* noch nicht geboren ist, daß *des Menschen Sohn* erst in die Welt kommen soll, & diese Welt, als Welt des alten Bundes 30 noch unter der Zuchtruthe des *Gesetzes*, „der dogmatischen Formeln" steht.

In derselben Weise, wie Sankt Bruno oben „Engels & Marx" zu einem Übergange zu Heß benutzte, dient ihm hier Heß dazu, Feuerbach schließlich wieder in ei‖9‖nen Kausalnexus mit seinen Exkursen über Stirner, die „heil. Familie" & die „letzten Philosophen" zu bringen: 35

„Siehe so mußte Feuerbach enden!" „Die Philosophie mußte *fromm* enden" pp Wigand p 145.

Der wahre Kausalnexus ist aber der, daß diese Exklamation eine Nachahmung einer u. A. gegen Bauer gerichteten Stelle aus Heß „letzten Philosophen", Vorrede p 4 ist: „So & nicht anders mußten die letzten Nachkommen der christlichen Asceten Abschied von der Welt nehmen."

5

Sankt Bruno schließt sein Plaidoyer gegen Feuerbach & angebliche Konsorten mit einer Anrede an Feuerbach, worin er ihm vorwirft er könne nur „ausposaunen", „Posaunenstöße erlassen", während Monsieur B. Bauer oder Madame la critique, „die erzeugte Zwittergestalt", des unaufhörlichen „Vernich
10 tens" nicht zu erwähnen, „*auf seinem Triumphwagen fährt & neue Triumphe sammelt*" (p 125), „vom Throne stößt" (p 119) „niedermetzelt" (p 111) „niederdonnert" (p 115) „ein für alle Mal zu Grunde richtet" (p 126) „zerschmettert" (p 121) der Natur nur zu „vegetiren" erlaubt (p 120) „straffere (!) Gefängnisse" baut (p 104) & endlich mit „niedermetzelnder" Kanzelbered
15 samkeit frischfromm-fröhlichfrei das „Fixfirmfestbestehende" p 105 entwikkelt, Feuerbach p 110 „das Felsige und den Felsen" an den Kopf wirft, & schließlich mit einer Seitenwendung auch Sankt Max überwindet, indem er die „Kritische Kritik", die „gesellschaftliche Gesellschaft", „das Felsige und den Felsen" noch durch „die abstrakteste || Abstraktheit" & „härteste Härte"
20 p 124 ergänzt.

Alles dieses hat Sankt Bruno vollbracht „durch sich selbst & in sich selbst & mit sich selbst" denn er ist „Er selber", ja er ist „stets & selbst der Größeste & kann der Größeste sein" (*ist* es & *kann* es sein!) „durch sich selbst & in sich selbst & mit sich selbst" (p 136) Sela.
25 Sankt Bruno wäre für das weibliche Geschlecht allerdings gefährlich, da er die „unwiderstehliche Persönlichkeit" ist, fürchtete er nicht „auf der andern Seite ebensosehr" „die Sinnlichkeit als die Schranke an der sich der Mensch den Todes-*Stoß* geben muß". Er wird daher „durch sich selbst & in sich selbst & mit sich selbst" wohl keine Blumen brechen, sondern sie verwelken lassen
30 in unbegränzter Sehnsucht & schmachtender Hysterie nach der „unwiderstehlichen Persönlichkeit", die „dieses einzige Geschlecht & diese einzigen, bestimmten Geschlechtsorgane besitzt".

——————————— /

II
35 **Bruno Bauer**
1845/46

ANHANG

Joseph Weydemeyer
unter Mitwirkung von Karl Marx
Bruno Bauer und sein Apologet

Das Westphälische Dampfboot.
2. Jg. April 1846

|178| Bruno Bauer und sein Apologet.

Die Leistungen des großen Kritikers, der von seinem erhabenen Standpunkte
5 mit Verachtung auf das Treiben der gewöhnlichen Menschen herabsieht, welche für ihn nur als eine erlösungsbedürftige Masse existiren, haben zu verschiedenen Malen ihre verdiente Würdigung gefunden. Zu schwach zu einer
wirklichen Vertheidigung, wollte er doch diese Schwäche den Augen der ver-
achteten Masse verbergen und versuchte sie durch einen Scheinangriff auf
10 seine gefährlichen Gegner zu täuschen. Den deutsch-französischen Jahrbüchern, welche ihm seine Irrthümer in der Judenfrage nachgewiesen hatten,
antwortete er nur durch einige Ausrufungen in seiner hingeschiedenen Literaturzeitung. Er fühlte sich noch fest und sicher genug auf seinem Throne,
um den Gegner, den er nicht widerlegen konnte, mit Geringschätzung ab-
15 zuweisen. Der „H. Familie" gegenüber hielt er solches wohl nicht mehr für
ausreichend, und nahm seine Zuflucht zu einem neuen, allgemein empfeh-
lenswerthen Verfahren. Statt die Schrift selbst anzugreifen, griff er eine Kritik
derselben an, welche an einer nicht ganz richtigen Auffassung laborirte und
verschiedene falsche Zitate enthielt. Er baute auf die Unwissenheit der „Mas-
20 se", welche dieses Taschenspielerkunststück nicht merken sollte. In wie weit
er hierin richtig gerechnet hat, können wir freilich nicht wissen, nur darüber
wundern wir uns, daß der große Kritiker nicht bedacht zu haben scheint, daß
dieser Unterschleif leicht aufzudecken sei, und er dadurch in eine noch nach-
theiligere Stellung gerathen müßte. –
25 Doch Herr Bruno steht nicht allein; er hat einen treuen Mitarbeiter gefunden an dem großen Werke, der „Masse" die Ohnmacht seiner Gegner vor-
zuspiegeln, um hinter diesem Trugbilde die eigene besser verbergen zu können. In Nro. 87 der „Trierschen Zeitung" verkündet eine Stimme „T. O. aus
Oberschlesien" das Lob des großen Kritikers und gibt der „Masse" wieder so
30 *überzeugende* Beweise von der „wirklich bedauerlichen Ohnmacht" seiner
Gegner, daß sich wohl Niemand mehr den leisesten Zweifel daran erlauben

wird. „Die Geschichte der französischen Revolution unter der Herrschaft Napoleons", heißt es dort, „zeigt wieder eine solche Kraft und Freiheit des Geistes, eine so mächtige und vollkommene Beherrschung seines Gegenstandes, eine so klassische Reinheit der Darstellung, einen so glänzenden Sieg über jeden „Cultus des Genies", „hero-worship" oder wie ihr es sonst nennen 5 mögt, daß dem gegenüber alle die Angriffe, die man gegen den Kritiker richtete und „vernichtende" zu nennen beliebte, ||179| in wirklich bedauerlicher Ohnmacht erscheinen, als die Produkte eines kleinlichen Egoismus, der sich aufs empfindlichste von cincm Mann gekränkt fühlte, der es wagen konnte, auszusprechen: *„ich brauche keine Freunde!"*" – Also, weil Herr Bruno 10 Bauer dies große Wagniß begangen, ist seine Judenfrage in den deutsch-französischen Jahrbüchern besprochen, ist die „H. Familie" geschrieben. O, großer Beobachter, tiefer Menschenkenner! Dürfen wir fragen, woher diese genaue Bekanntschaft mit den innersten Gedanken jener Leute, deren „kleinlichen Egoismus" Du hier zu beantworten denkst? – Es ist allerdings eine gro- 15 ße That, auszurufen, die Gegner sind zu ohnmächtig, um sich mit ihnen weiter zu befassen, eine That, die man jedem Ausrufer übertragen kann. Habt Ihr der Kritik nichts Anderes mehr entgegenzustellen, als Verdächtigung der Personen, denen Ihr unedle Motive unterzuschieben sucht, so zeigt Ihr dadurch eben selbst am besten, daß die Kritik eine *„vernichtende"* war, und es ist 20 nicht der Mühe werth, daß man sich weiter mit Euch einläßt, als um Eure Verdächtigungen im rechten Lichte darzustellen. –

Ehe wir zur *freien Geschichtsauffassung* Bauer's übergehen, wollen wir noch einen Passus unsres Apologeten zitiren, welcher beweist, wie weit derselbe selbst vom Geiste Bruno's durchdrungen ist. Man vergleiche des letz- 25 teren Aufsatz, „Die Kritik und die Masse", in der Literaturzeitung. „Zu keiner Zeit war die Nothwendigkeit geschichtlicher Kritik gebieterischer, als gerade jetzt. Die atomistisch zerfallene Masse spreizt sich unter der Herrschaft von Mächten, von denen sie nicht weiß, daß sie ihre geschichtliche Kritik längst erfahren und sie selber – die Masse – hervorgerufen haben (*Die* Kritik hat 30 allerdings die „Masse" hervorgerufen, aber nur im Kopfe *Des* Kritikers), zum Heldenmuthe der Phrase auf (die Masse spreizt sich zum Heldenmuthe der Phrase auf!) und bringt sich in den Taumel eines nichtigen *Kreisbewegungs-Einerlei,* das ihr am Ende so unerträglich werden muß, daß sie sich genöthigt sehen wird, die Reaction um ein entschieden zugedonnertes: Stillgestanden! 35 förmlich zu bitten. Bruno Bauer war es, der zuerst zum klaren Bewußtsein dieser „grenzenlosen Verstimmung" und ihrer Ursachen gelangte; er war es, der zuerst mit heroischer Anstrengung ihrer Herr zu werden strebte, zuerst ihrer wirklich Herr ward und das neue Prinzip sich eroberte, das siegesgewiß und ohne Wiederkehr aus dieser zum Tode verstimmten, ablebenden Welt 40 hinausführt. Bruno Bauer hat zuerst „den denkenden Menschengeist zum

Herrn und Richter über die Mächte der Vergangenheit gesetzt" (wofür ihm „der denkende Menschengeist" gewiß sehr dankbar sein wird). Durch das volle und starke Bewußtsein *seiner weltgeschichtlichen Bedeutung* zu rastloser Thätigkeit gespornt, läßt er in rascher Folge seine Arbeiten erscheinen."

5 – Nun, man muß gestehen, unser Apologet hat sich zu einem sehr bedeutenden „Heldenmuthe der Phrase aufgespreizt", oder besser, er hat sie seinem Meister, über dessen weltgeschichtliche Bedeutung er sich in harmlose Träumereien verliert, trefflich nachzubilden gelernt. Die „grenzenlose Verstimmung" der Masse, welche sie zur unterthänigen Bitte an die Reaktion um ein

10 „zugedonnertes Stillgestanden!" treibt, hat er auf Treu und Glauben in den Kauf genommen, und sieht nicht, daß die eigentliche Verstimmung nur im Kopfe seines Meisters existirt und zwar als eine Verstimmung zwischen seiner *gemachten* und der *wirklichen* Geschichte, hauptsächlich aber ||180| zwischen der eigenen Werthschätzung und der Anerkennung der Welt. Dieses

15 „neue Prinzip", die Geschichte nach seinen Illusionen zuzustutzen, führt allerdings „aus dieser zum Tode verstimmten, ablebenden Welt" hinaus zu einer Welt der Ideen, welche mit der wirklichen Welt nichts mehr, als einen zufälligen Anknüpfungspunkt gemein hat, nämlich den Bruno Bauer, der auch die eigentliche Idee dieser Welt ist.

20 Aus dem angeführten Buche Bauers zitirt der Apologet eine Charakteristik Napoleons, welche wieder einen neuen Beleg bietet für die Art, wie Herr Bruno Geschichte *macht:* „Weder in gewöhnlicher (!) Weise gütig noch heftig, weder mild noch grausam, weder freundschaftliche Sympathien fühlend, noch sie erweckend, *keiner persönlichen Erregung fähig, ruhig,* einfach und

25 durch die Kraft seines Willens imponirend, *schrecklich in den Ausbrüchen seiner Leidenschaften* und sie im *Hintergrunde seines Ich* leitend und ihren Eindruck berechnend – dabei vom Hause aus ein Fremder, schien es ihm zu klein zu sein, sich allein mit Frankreich und dessen verfallenen Parteien zu beschäftigen. Die *Kälte* und *Leidenschaftlichkeit* seines Geistes schienen ihn

30 zum Kampf mit der *Welt,* der *Menschheit,* der G a t t u n g bestimmt zu haben und ganz Frankreich vergaß oder wollte es sich nicht einmal gestehen, daß er durch eine Lüge sich die Herrschaft erobert hatte, in deren Besitz er sich am Abend des 19. Brümaire sah." – Das ist also der Mann, der „dem scharfen, durchdringenden Blick Bruno Bauer's, den er nicht niederblitzen, nicht blen-

35 den konnte, seinen großen Egoismus und seine ganze egoistische Größe wohl zum ersten Mal wahr und aufrichtig enthüllen mußte"; ein wahres Zwitterding, das *„ruhig"* und *„keiner persönlichen Erregung fähig"* und doch zugleich „schrecklich in den *Ausbrüchen seiner Leidenschaften*" sein konnte, „sie im Hintergrunde seines Ich leitend", ein wahres Gespenst, das *frei* von

40 allen Leidenschaften doch Anderen durch seine Leidenschaften fürchterlich werden konnte. Und dieser Zwitter, dieses Gespenst soll Frankreich be-

herrscht haben, ohne sich um dessen „verfallene Parteien" zu bekümmern. Solche Fabeln kann man freilich nur noch in Deutschland vorzubringen wagen, ohne allgemeines Gelächter befürchten zu müssen, nur dort kann man es den Leuten noch aufbinden wollen, daß es von der Laune Napoleon's abgehangen habe, sich mit dem übrigen Europa (was Herr Bruno gleich zur „Welt", „Menschheit" und „Gattung" ausdehnt) in Krieg einzulassen, während er diesen Kampf schon vorfand und durch diesen Kampf allein seine Herrschaft möglich war. Napoleon, der nach Herrn Bruno sich nicht um Frankreichs Parteien bekümmerte, war durch den Kampf der Parteien selbst zur Herrschaft gelangt, organisirte eine treffliche Polizei und strenge Preßgesetze, um die Parteien niederzuhalten, und wurde gestürzt, als eine der Parteien, die Bourgeoisie, mächtig genug geworden war, das ihr unbequeme Joch des Eroberers abzuschütteln. Daß Frankreich nicht lange und tiefsinnig darüber nachgegrübelt hat, daß Napoleon's Gewissen nicht zart genug war, um vor einer Lüge zurückzubeben, mag unsern großen Kritiker immer verdrießen, daß er uns aber glauben machen will, Napoleon sei *„durch eine Lüge"* zur Herrschaft gekommen, beweist uns, daß seine Geschichtsschreibung wieder in die Kindheit zurückkehrt, wo es auch erlaubt ist, zu sagen, daß die ganze französische Revolution nicht entstanden sei, wenn Ludwig XVI. die Notabeln nicht zusammenberufen hätte, oder daß wenn ‖181‖ Adam und Eva grade nicht bei Laune gewesen wären, heut zu Tage weder Geschichte noch Geschichtsschreiber existirten.

Da thut es freilich Noth, daß der große Mann seine Knappen in die Welt hinaussendet, um seinen Ruhm mit Trompetengeschmetter zu verkünden und das Organ des doktrinären Sozialismus war für diesen Zweck schon durch das Phrasengeklingel seines Pariser Korrespondenten hinlänglich vorbereitet.

J. Weydemeyer. ‖

附录二：
《马克思恩格斯全集》（*MEGA2*）
试行版（1972）

德意志意识形态

Ⅰ.费尔巴哈

英格·陶伯特　主编
约翰娜·德内特　协助编辑

编辑符号说明

编者对马克思或恩格斯文本的补充   〔 〕

原文不是德语的词句的译文，或译文注解   〔 〕

手稿页的开始 |

手稿页的结束 |

页的开始，有作者或其他人所编的页码 |2| |[2]|

编辑文本的开始（不是手稿页的开始）   /24/

页 码 表

图例：

第1页	第2页	第3页	第4页
前半张		后半张	

所用纸张尺寸：Nr.1   198 mm×313 mm
              Nr.2   198 mm×315 mm
              Nr.3   199 mm×319 mm
              Nr.4   218 mm×345 mm

无　　＝没有马克思或恩格斯编的页码

$^e3^e$　＝恩格斯编的纸张号

$^m1^m$　＝马克思编的页码

$[^x1^x]$　＝可能是伯恩斯坦编的页码，现在一般认为是恩格斯编的

满　　＝写满的页

部分　＝写了一部分的页

空　　＝空白页

删　　＝该页全文用竖线删除了

誊　　＝有草稿的抄件

手稿由以下几部分组成：

第 1 部分

章开始部分的异文

"Ⅰ. 费尔巴哈

1. 一般意识形态，特别是德意志的"

"德国的批判……"

无[ˣ2ˣ]	无	无	无
满	满	满	部分
Nr. 2	Nr. 2	Nr. 2	Nr. 2

第 2 部分

章开始部分的异文（2a）和导言的誊清稿（2b）

"Ⅰ. 费尔巴哈"

"正如德国的玄想家们所宣告的……"

(2a)

无	无	无	无
满	满	满	满
删	删		
Nr. 2	Nr. 2	Nr. 2	Nr. 2
无	无	无	无
部分	空	空	空
Nr. 2	Nr. 2	Nr. 2	Nr. 2

(2b)

无[ˣ1ˣ]	无
满	部分
誊	誊
Nr. 3	Nr. 3

第 3 部分

"费尔巴哈"章草稿，论分工和所有制形式的历史

"各民族之间的相互关系……"

ᵉ3ᵉ	无	无	无
满	满	满	满
Nr. 3	Nr. 3	Nr. 3	Nr. 3

无[$^x4^x$] 满 Nr. 3	无 部分 Nr. 3	无 空 Nr. 3	无 空 Nr. 3

第 4 部分

《费尔巴哈》章草稿,论社会意识依赖于社会存在

"由此可见,事情是这样的:……"

$^e5^e$ 满 Nr. 3	无 满 Nr. 3	无 满 Nr. 3	无 部分 Nr. 3

第 5 部分

原是批判鲍威尔文章《论路德维希·费尔巴哈》的草稿(草稿未留传下来)的一部分,根据马克思编的页码归于"费尔巴哈"章。

"当然,我们不想……"

$^m1^m$ 满 Nr. 2	$^m2^m$ 满 Nr. 2

〈$^e6^e$〉 〈$^m6b^m$〉 $^m8^m$ 满 Nr. 2	〈$^m6c^m$〉$^m9^m$ 满 Nr. 2	〈$^m6d^m$〉$^m10^m$ 满 Nr. 2	〈$^m6e^m$〉$^m11^m$ 满 Nr. 2
〈$^e7^e$〉 $^m12^m$ 满 Nr. 2	$^m13^m$ 满 Nr. 2	$^m14^m$ 满 Nr. 2	$^m15^m$ 满 Nr. 2
〈$^e8^e$〉 $^m16^m$ 满 Nr. 2	$^m17^m$ 满 Nr. 2	$^m18^m$ 满 Nr. 2	$^m19^m$ 部分 Nr. 2
〈$^e9^e$〉$^m20^m$ 满 Nr. 2	$^m21^m$ 满 Nr. 2	$^m22^m$ 满 Nr. 2	$^m23^m$ 满 Nr. 2

⟨ᵉ10ᵉ⟩ 满 删 Nr. 2	ᵐ24ᵐ 满 Nr. 2	ᵐ25ᵐ 满 Nr. 2	ᵐ26ᵐ 满 Nr. 2
⟨ᵉ11ᵉ⟩ᵐ27ᵐ 满 Nr. 3	ᵐ28ᵐ 满 Nr. 3	ᵐ29ᵐ 满 Nr. 3	无 满 删 Nr. 3

第6部分

原是"圣麦克斯"章"教阶制"一节的一部分,根据马克思编的页码归于"费尔巴哈"章

"统治阶级的思想……"

⟨ᵉ20ᵉ⟩ [ᵉ29ᵉ] 满 删 Nr. 3	ᵐ30ᵐ 满 Nr. 3	ᵐ31ᵐ 满 Nr. 3	ᵐ32ᵐ 满 Nr. 3
⟨ᵉ21ᵉ⟩ m33ᵐ 满 Nr. 3	ᵐ34ᵐ 满 Nr. 3	无 满 删 Nr. 3	ᵐ35ᵐ 满 Nr. 3

第7部分

原是"圣麦克斯"章"作为资产阶级社会的社会"一节的一部分,根据马克思编的页码归于"费尔巴哈"章

"[…]从前者……"

⟨ᵉ84ᵉ⟩ ᵐ40ᵐ 满 Nr. 4	ᵐ41ᵐ 满 Nr. 4	ᵐ42ᵐ 满 Nr. 4	ᵐ43ᵐ 满 Nr. 4
⟨ᵉ84ᵉ⟩ ⟨ᵉ85ᵉ⟩ ᵐ44ᵐ 满 Nr. 4	ᵐ45ᵐ 满 Nr. 4	ᵐ46ᵐ 满 Nr. 4	ᵐ47ᵐ 满 Nr. 4

〈ᵉ86ᵉ〉 ᵐ48ᵐ 满 Nr. 4	ᵐ49ᵐ 满 Nr. 4	ᵐ50ᵐ 满 Nr. 4	ᵐ51ᵐ 满 Nr. 4
〈ᵉ87ᵉ〉 ᵐ52ᵐ 满 Nr. 4	ᵐ53ᵐ 满 Nr. 4	ᵐ54ᵐ 满 Nr. 4	ᵐ55ᵐ 满 Nr. 4
〈ᵉ88ᵉ〉 ᵐ56ᵐ 满 Nr. 4	ᵐ57ᵐ 满 Nr. 4	ᵐ58ᵐ 满 Nr. 4	ᵐ59ᵐ 满 Nr. 4
〈ᵉ89ᵉ〉 ᵐ60ᵐ 满 Nr. 1	ᵐ61ᵐ 满 Nr. 1	ᵐ62ᵐ 满 Nr. 1	ᵐ63ᵐ 满 Nr. 1
〈ᵉ90ᵉ〉 ᵐ64ᵐ 满 Nr. 1	ᵐ65ᵐ 满 Nr. 1	ᵐ66ᵐ 满 Nr. 1	ᵐ67ᵐ 满 Nr. 1
〈ᵉ91ᵉ〉 ᵐ68ᵐ 满 Nr. 1	ᵐ69ᵐ 满 Nr. 1	ᵐ70ᵐ 满 Nr. 1	ᵐ71ᵐ 满 Nr. 1
〈ᵉ92ᵉ〉 ᵐ72ᵐ 满 Nr. 1	无 部分 Nr. 1		

马克思、恩格斯

德意志意识形态

第 1 卷　第 1 章
费尔巴哈。唯物主义和唯心主义观点的对立
介于 1845 年 10 月中旬至 1846 年 8 月中旬之间

I.

费尔巴哈

A. 一般意识形态，特别是德意志的

德国的批判，直至它最近所作的种种努力，都没有离开过哲学的基地。这个批判虽然没有研究过自己的一般哲学前提，但是它谈到的全部问题终究是在一定的哲学体系即黑格尔体系的基地上产生的。不仅是它的回答，而且连它所提出的问题本身，都包含着神秘主义。对黑格尔的这种依赖关系正好说明了为什么在这些新出现的批判家中甚至没有一个人试图对黑格尔体系进行全面的批判，尽管他们每一个人都断言自己已经超出了黑格尔哲学。他们和黑格尔的论战以及他们相互之间的论战，只局限于他们当中的每一个人都抓住黑格尔体系的某一方面，用它来反对整个体系，也反对别人所抓住的那些方面。起初他们还是抓住纯粹的、未加伪造的黑格尔的范畴，如"实体"和"自我意识"，但是后来却用一些比较世俗的名称如"类"、"唯一者"、"人"，等等，使这些范畴世俗化。

从施特劳斯到施蒂纳的整个德国哲学批判都局限于对**宗教**观念的批判。/

他们的出发点是现实的宗教和真正的神学。至于什么是宗教意识,什么是宗教观念,他们后来下的定义各有不同。其进步在于:所谓占统治地位的形而上学观念、政治观念、法律观念、道德观念以及其他观念也被归入宗教观念或神学观念的领域;还在于:政治意识、法律意识、道德意识被宣布为宗教意识或神学意识,而政治的、法律的、道德的人,总而言之,"**一般人**",则被宣布为宗教的人。宗教的统治被当成了前提。一切占统治地位的关系逐渐地都被宣布为宗教的关系,继而被转化为迷信——对法的迷信,对国家的迷信,等等。到处涉及的都只是教义和对教义的信仰。世界在越来越大的规模内被圣化了,直到最后可尊敬的圣麦克斯完全把它宣布为圣物,从而一劳永逸地把它葬送为止。

老年黑格尔派认为,只要把一切归入黑格尔的逻辑范畴,他们就**理解**了一切。青年黑格尔派则通过以宗教观念代替一切或者宣布一切都是神学上的东西来**批判**一切。青年黑格尔派同意老年黑格尔派的这样一个信念,即认为宗教、概念、普遍的东西统治着现存世界。不过一派认为这种统治是篡夺而加以反对,另一派则认为这种统治是合法的而加以赞扬。|

| 既然这些青年黑格尔派认为,观念、思想、概念,总之,被他们变为某种独立东西的意识的一切产物,是人们的真正枷锁,就像老年黑格尔派把它们看作人类社会的真正镣铐一样,那么不言而喻,青年黑格尔派只要同意识的这些幻想进行斗争就行了。既然根据青年黑格尔派的设想,人们之间的关系、他们的一切举止行为、他们受到的束缚和限制,都

是他们意识的产物，那么青年黑格尔派完全合乎逻辑地向人们提出一种道德要求，要用人的、批判的或利己的意识来代替他们现在的意识，从而消除束缚他们的限制。这种改变意识的要求，就是要求用另一种方式来解释存在的东西，也就是说，借助于另外的解释来承认它。青年黑格尔派玄想家们尽管满口讲的都是所谓"震撼世界的"词句，却是最大的保守派。如果说，他们之中最年轻的人宣称只为反对"**词句**"而斗争，那就确切地表达了他们的活动。不过他们忘记了：他们只是用词句来反对这些词句，既然他们仅仅反对这个世界的词句，那么他们就绝对不是反对现实的现存世界。这种哲学批判所能达到的唯一结果，‖是从宗教史上对基督教作一些说明，而且还是片面的说明；至于他们的全部其他论断，只不过是进一步修饰他们的要求：想用这样一些微不足道的说明作出具有世界历史意义的发现。

这些哲学家没有一个想到要提出关于德国哲学和德国现实之间的联系问题，关于他们所作的批判和他们自身的物质环境之间的联系问题。‖

‖ I.
费尔巴哈

正如德国的玄想家们所宣告的，德国在最近几年里经历了一次空前的变革。从施特劳斯开始的、黑格尔体系的解体过程发展为一种席卷一切"过去的力量"的世界性骚动。在普遍的混乱中，一些强大的王国产生了，又匆匆消逝了，瞬息之间出现了许多英雄，但是马上又因为出现了更勇敢更强悍的对手而销声匿迹。

这是一次革命,法国革命同它相比只不过是儿戏。这是一次世界斗争,狄亚多希的斗争在它面前简直微不足道。一些原则为另一些原则所代替,一些思想勇士为另一些思想勇士所歼灭,其速度之快是前所未闻的。在 1842 至 1845 这三年中间,在德国进行的清洗比过去三个世纪都要彻底得多。

据说这一切都是在纯粹的思想领域中发生的。

然而,不管怎么样,我们涉及的是一个有意义的事件:绝对精神的瓦解过程。在最后一个生命的火星熄灭之后,这个 Caput mortuum〔残骸〕的各个组成部分就分解了,它们重新化合,构成新的物质。那些以哲学为业,一直以经营绝对精神为生的人们,现在都扑向这种新的化合物,每个人都不辞劳苦地兜售他所得到[的]‖[那]一份。竞争在所难免。起初这种竞争还相当体面,具有市民的循规蹈矩的性质,后来,当商品充斥德国市场,而在世界市场上尽管竭尽全力也无法找到销路的时候,按照通常的德国方式,生意都因搞批量的和虚假的生产,因质量降低、原料掺假、伪造商标、买空卖空、空头支票以及没有任何现实基础的信用制度而搞糟了。竞争变成了激烈的斗争,而这个斗争现在却被吹嘘和构想成一种具有世界历史意义的变革,一种产生了十分重大的结果和成就的因素。

为了正确地评价这种甚至在可敬的德国市民心中唤起怡然自得的民族感情的哲学叫卖,为了清楚地表明整个青年黑格尔派运动的渺小卑微、地域局限性,特别是为了揭示这些英雄们的真正业绩和关于这些业绩的幻想之间的令人啼笑

皆非的显著差异,就必须站在德国以外
的立场上来考察一下这些喧嚣吵嚷。

———————|

/1. 一般意识形态,特别是德国哲学。

———————

A.

我们开始要谈的前提不是任意提出的,
不是教条,而是一些只有在想象中才能
撇开的现实前提。这是一些现实的个
人,是他们的活动和他们的物质生活条
件,包括他们已有的和由他们自己的活
动创造出来的物质生活条件。因此,这
些前提 ‖ 可以用纯粹经验的方法来
确认。

全部人类历史的第一个前提无疑是
有生命的个人的存在。因此,第一个需
要确认的事实就是这些个人的肉体组织
以及由此产生的个人对其他自然的关
系。当然,我们在这里既不能深入研究
人们自身的生理特性,也不能深入研究
人们所处的各种自然条件——地质条
件、山岳水文地理条件、气候条件以及其
他条件任何历史记载都应当从这些自然
基础以及它们在历史进程中由于人们的
活动而发生的变更出发。

可以根据意识、宗教或随便别的什
么来区别人和动物。一当人开始**生产**自
己的生活资料的时候,这一步是由他们
的肉体组织所决定的,人本身就开始把
自己和动物区别开来。人们生产自己的
生活资料,同时间接地生产着自己的物
质生活本身。

人们用以生产自己的生活资料的方
式,首先取决于他们已有的和需要再生
产的生活资料本身的特性。‖ 这种生产
方式不应当只从它是个人肉体存在的再

生产这方面加以考察。它在更大程度上是这些个人的一定的活动方式，是他们表现自己生活的一定方式、他们的一定的**生活方式**。个人怎样表现自己的生活，他们自己就是怎样。因此，他们是什么样的，这同他们的生产是一致的——既和他们生产**什么**一致，又和他们**怎样**生产一致。因而，个人是什么样的，这取决于他们进行生产的物质条件。

这种生产第一次是随着**人口的增长**而开始的。而生产本身又是以个人彼此之间的**交往**为前提的。这种交往的形式又是由生产决定的。|

|3|各民族之间的相互关系取决于每一个民族的生产力、分工和内部交往的发展程度。这个原理是公认的。然而不仅一个民族与其他民族的关系，而且这个民族本身的整个内部结构也取决于自己的生产以及自己内部和外部的交往的发展程度。一个民族的生产力发展的水平，最明显地表现于该民族分工的发展程度。任何新的生产力，只要它不是迄今已知的生产力单纯的量的扩大（例如，开垦土地），都会引起分工的进一步发展。

一个民族内部的分工，首先引起工商业劳动同农业劳动的分离，从而也引起**城市和乡村**的分离和城乡利益的对立。分工的进一步发展导致商业劳动同工业劳动的分离。同时，由于这些不同部门内部的分工，共同从事某种劳动的个人之间又形成不同的分工。这种种分工的相互关系取决于农业劳动、工业劳动和商业劳动的经营方式（父权制、奴隶制、等级、阶级）。在交往比较发达的条件下，同样的情况也会在∥各民族间的相互关系中出现。

分工发展的各个不同阶段,同时也就是所有制的各种不同形式;这就是说,分工的每一个阶段还决定个人与劳动材料、劳动工具和劳动产品有关的相互关系。

第一种所有制形式是部落所有制。它与生产的不发达阶段相适应,当时人们靠狩猎、捕鱼、牧畜,或者最多靠耕作为生。在后一种情况下,它是以有大量未开垦的土地为前提的。在这个阶段,分工还很不发达,仅限于家庭中现有的自然形成的分工的进一步扩大。因此,社会结构只限于家庭的扩大:父权制的部落首领,他们管辖的部落成员,最后是奴隶。潜在于家庭中的奴隶制,是随着人口和需求的增长,随着战争和交易这种外部交往的扩大而逐渐发展起来的。

第二种所有制形式是古典古代的公社所有制和国家所有制。这种所有制是由于几个部落通过契约或征服联合为一个**城市**而产生的。在这种所有制下仍然保存着奴隶制。除公社所有制以外,动产私有制以及后来的不动产私有制已经发展起来,但它们是作为一种反常的、从属于公社所有制的形式发展起来的。公民仅仅共‖同享有支配自己那些做工的奴隶的权力,因此受公社所有制形式的约束。这是积极公民的一种共同私有制,他们面对着奴隶不得不保存这种自然形成的联合方式。因此,建筑在这个基础上的整个社会结构,以及与此相联系的人民权力,随着私有制,特别是不动产私有制的发展而逐渐趋向衰落。分工已经比较发达。城乡之间的对立已经产生,后来,一些代表城市利益的国家同另一些代表乡村利益的国家之间的对立出现了。在城市内部存在着工业和海外贸

324

易之间的对立。公民和奴隶之间的阶级关系已经充分发展。随着私有制的发展,这里第一次出现了这样的关系,这些关系我们在考察现代私有制时还会遇见,不过规模更为巨大而已。一方面是私有财产的集中,这种集中在罗马很早就开始了(李奇尼乌斯土地法就是证明),从内战发生以来,尤其是在王政时期,发展得非常迅速;另一方面是由此而来的平民小农向无产阶级的转化,然而,后者由于处于有产者公民和奴隶之间的中间地位,并未获得独立的发展。

第三种形式是封建的或等级的所有制。古代的起点是**城市**及其狭小的领域,中世纪的起点则是**乡村**。地旷人稀,居住分散,而征服者也没有使人口大量增加——这种情况决定了起点有这样的变化。因此,与‖希腊和罗马相反,封建制度的发展是在一个宽广得多的、由罗马的征服以及起初就同征服联系在一起的农业的普及所准备好了的地域中开始的。趋于衰落的罗马帝国的最后几个世纪和蛮族对它的征服本身,使得生产力遭到了极大的破坏;农业衰落了,工业由于缺乏销路而一蹶不振,商业停滞或被迫中断,城乡居民减少了。这些情况以及受其制约的进行征服的组织方式,在日耳曼人的军事制度的影响下,发展了封建所有制。这种所有制像部落所有制和公社所有制一样,也是以一种共同体为基础的。但是作为直接进行生产的阶级而与这种共同体对立的,已经不是与古典古代的共同体相对立的奴隶,而是小农奴。随着封建制度的充分发展,也产生了与城市对立的现象。土地占有的等级结构以及与此相联系的武装扈从制度使贵族掌握了支配农奴的权力。这种封建结构同古典古代的公社所有制一样，是一种联合，其目的在于对付被统治的生产者阶级；只是联合的形式和对于直接生产者的关系有所不同，因为出现了不同的生产条件。

在**城市**中与这种土地占有的封建结构相适应的是同业公会所有制，即手工业的封建组织。在这里财产主要在于‖个人的劳动。联合起来反对成群搭伙的掠夺成性的贵族的必要性，在实业家同时又是商人的时期对公共商场的需要，流入当时繁华城市的逃亡农奴的竞争的加剧，全国的封建结构，所有这一切产生了**行会**；个别手工业者逐渐积蓄起少量资本，而且在人口不断增长的情况下他们的人数没有什么变动，这就使得帮工制度和学徒制度发展起来，而这种制度在城市里产生了一种和农村等级制相似的等级制。

这样，封建时代的所有制的主要形式，一方面是土地所有制和束缚于土地所有制的农奴劳动，另一方面是拥有少量资本并支配着帮工劳动的自身劳动。这两种所有制的结构都是由狭隘的生产关系——小规模的粗陋的土地耕作和手工业式的工业——决定的。在封建制度的繁荣时代，分工是很少的。每一个国家都存在着城乡之间的对立；等级结构固然表现得非常鲜明，但是除了在乡村里有王公、贵族、僧侣和农民的划分，在城市里有师傅、帮工、学徒以及后来的平民短工的划分之外，就再没有什么大的分工了。在农业中，分工因土地的小块耕作而受到阻碍，与这种耕作方式同时产生的还有农民自己的家庭工业；在工业中，各业手工业内部根本没有实行分工，而各业手工业之间的分工也是非常少的。在比较老的城市中，工业和商业早就分工了；而在比较新的城市中，只是在后来当这些城市彼此发生了关系的时候，这样的分工才发展‖起来。

比较广大的地区联合为封建王国，无论对于土地贵族或城市来说，都是一种需要。因此，统治阶级的组织即贵族的组织到处都在君主的领导之下。｜

｜5｜由此可见，事情是这样的：以一定的方式进行生产活动的一定的个人，发生一定的社会关系和政治关系。经验的观察在任何情况下都应当根据经验来揭示社会结构和政治结构同生产的联系，而不应当带有任何神秘和思辨的色彩。社会结构和国家总是从一定的个人的生活过程中产生的。但是，这里所说的个人不是他们自己或别人想象中的那种个人，而是**现实中的**个人，也就是说，这些个人是从事活动的，进行物质生产的，因而是在一定的物质的、不受他们任意支配的界限、前提和条件下活动着的。

／思想、观念、意识的生产最初是直接与人们的物质活动，与人们的物质交往，与现实生活的语言交织在一起的。人们的想象、思维、精神交往在这里还是人们物质行动的直接产物。表现在某一民族的政治、法律、道德、宗教、形而上学等的语言中的精神生产也是这样。人们是自己的观念、思想等的生产者，但这里所说的人们是现实的、从事活动的人们，他们受自己的生产力和与之相适应的交往的一定发展——直到交往的最遥远的形态——所制约。意识在任何时候都只能是被意识到了的存在，而人们的存在就是他们的现实生活过程。如果在全部意识形态中，人们和他们的关系就像在照相机中一样是倒立成像的,那么这种现象也是从人们生活的历史过程中产生的,正如物体在视网膜上的倒影是直接从人们生活的生理过程中产生的一样。‖

‖德国哲学从天国降到人间,和它完全相反,这里我们是从人间升到天国。这就是说,我们不是从人们所说的、所设想的、所想象的东西出发,也不是从口头说的、思考出来的、设想出来的、想象出来的人出发,去理解有血有肉的人;我们的出发点是从事实际活动的人,而且从他们的现实生活过程中还可以描绘出这一生活过程在意识形态上的反射和反响的发展。甚至人们头脑中的模糊幻象也是他们的可以通过经验来确认的、与物质前提相联系的物质生活过程的必然升华物。因此,道德、宗教、形而上学和其他意识形态,以及与它们相适应的意识形式便不再保留独立性的外观了。它们没有历史,没有发展,而发展着自己的物质生产和物质交往的人们,在改变自己的这个现实的同时也改变着自己的思维和思维的产物。不是意识决定生活,而是生活决定意识。前一种考察方法从意识出发,把意识看作有生命的个人。后一种符合现实生活的考察方法则从现实的、有生命的个人本身出发,把意识仅仅看作**他们的**意识。

这种考察方法不是没有前提的。它从现实的前提出发,它一刻也不离开这种前提。它的前提是人,但不是处在某种虚幻的离群索居和固定不变状态中的人,而是处在现实的‖可以通过经验观察到的、在一定条件下进行的发展过程中的人。只要描绘出这个能动的生活过程,历史就不再像那些本身还是抽象的经验论者所认为的那样，是一些僵死的事实的汇集，也不再像唯心主义者所认为的那样，是想象的主体的想象活动。

在思辨终止的地方，在现实生活面前，正是描述人们实践活动和实际发展过程的真正的实证科学开始的地方。关于意识的空话将终止，它们一定会被真正的知识所代替。对现实的描述会使独立的哲学失去生存环境，能够取而代之的充其量不过是从对人类历史发展的考察中抽象出来的最一般的结果的概括。这些抽象本身离开了现实的历史就没有任何价值。它们只能对整理历史资料提供某些方便，指出历史资料的各个层次的顺序。但是这些抽象与哲学不同，它们绝不提供可以适用于各个历史时代的药方或公式。相反，只是在人们着手考察和整理资料——不管是有关过去时代的还是有关当代的资料——的时候，在实际阐述资料的时候，困难才开始出现。这些困难的排除受到种种前提的制约，这些前提在这里是根本不可能提供出来的，而只能从对每个时代的个人的现实生活过程和活动的研究中产生。这里我们只举出几个我们用来与意识形态相对照的抽象，并用历史的例子来加以说明。|

/1/ 当然，我们不想花费精力去启发我们的聪明的哲学家，使他们懂得，如果他们把哲学、神学、实体和一切废物消融在"自我意识"中，如果他们把"人"从这些词句的统治下——而人从来没有受过这些词句的奴役——解放出来，那么"人"的"解放"也并没有前进一步；只有在现实的世界中并使用现实的手段才能实现真正的解放，没有蒸汽机和珍妮走锭精

费尔巴哈。

哲学的和真正的解放。
一般人。唯一者。个人。

纺机就不能消灭奴隶制；没有改良的农业就不能消灭农奴制；当人们还不能使自己的吃喝住穿在质和量方面得到充分保证的时候，人们就根本不能获得解放。"解放"是一种历史活动，不是思想活动，"解放"是由历史的关系，是由工业[状]况、商[业]状况、[农]业状况、交[往]状况促成的‖2‖。其次，还要根据它们的不同发展阶段，清除实体、主体、自我意识和纯批判等无稽之谈，正如同清除宗教的和神学的无稽之谈一样，而且在它们有了更充分的发展以后再次清除这些无稽之谈。当然，在像德国这样一个具有微不足道的历史发展的国家里，这些思想发展，这些被捧上了天的、毫无作用的卑微琐事弥补了历史发展的不足，它们已经根深蒂固，必须同它们进行斗争，但这是具有**地域性**意义的斗争。

[…]‖8‖实际上，而且对**实践的**唯物主义者即**共产主义者**来说，全部问题都在于使现存世界革命化，实际地反对并改变现存的事物。如果在费尔巴哈那里有时也遇见类似的观点，那么它们始终不过是一些零星的猜测，而且对费尔巴哈的总的观点的影响微乎其微，以致只能把它们看作具有发展能力的萌芽。费尔巴哈对感性世界的"理解"一方面仅仅局限于对这一世界的单纯的直观，另一方面仅仅局限于单纯的感觉。费尔巴哈设定的是"**一般人**"，而不是"现实的历史的人"。"**一般人**"实际上是"德国人"。在前一种情况下，在对感性世界的**直观**中，他不可避免地碰到与他的意识和他的感觉相矛盾的东西，这些东西扰乱了他所假定的感性世界的一切部分的和谐，特别是人与自然界的和谐。为了排除这些东西，他不得不求助于某种二重

地质、水文等等条件。
人体。需要和劳动。

词句的和现实的运动。
词句对德国的意义。

费尔巴哈。

注意：费尔巴哈的错误不在于他使眼前的东西即感性**外观**从属于通过对感性事实作比较精确的研究而确认的感性现实，而在于他要是不用哲学家的"眼睛"，就是说，要是不戴**哲学家**的"眼镜"来观察感性，最终会对感性束手无策。

330

性的直观，这种直观介于仅仅看到"眼前"的东西的普通直观和看出事物的"真正本质"的高级的哲学直观之间。他没有看到，他周围的感性世界决不是某种开天辟地以来就直接存在的、始终如一的东西，而是工业和社会状况的产物，是历史的产物，是世世代代活动的结果，其中每一代都立足于前一代所达到的基础上，继续发展前一代的工业和交往，并随着需要的改变而改变它的社会制度。甚至连最简单的"感性确定性"的对象也只是由于社会发展、由于工业和商业交往才提供给他的。大家知道，樱桃树和几乎所有的果树一样，只是在数世纪以前由于商业才移植到我们这个地区。由此可见，樱桃树只是 ‖9| **由于**一定的社会在一定时期的这种活动才为费尔巴哈的

费尔巴哈。

"感性确定性"所感知。此外，只要这样按照事物的真实面目及其产生情况来理解事物，任何深奥的哲学问题——后面将对这一点作更清楚的说明——都可以十分简单地归结为某种经验的事实。人对自然的关系这一重要问题（或者如布鲁诺所说的（第 110 页）"自然和历史的对立"，好像这是两种互不相干的"事物"，好像人们面前始终不会有历史的自然和自然的历史），就是一个例子，这是一个产生了关于"实体"和"自我意识"的一切"高深莫测的创造物"的问题。然而，如果懂得在工业中向来就有那个很著名的"人和自然的统一"，而且这种统一在每一个时代都随着工业或慢或快的发展而不断改变，就像人与自然的"斗争"促进其生产力在相应基础上的发展一样，那么上述问题也就自行消失了。工业和商业、生活必需品的生产和交换，一方面制约着分配，不同社会阶级的划

费尔巴哈。

分,同时它们在自己的运动形式上又受着后者的制约。这样一来,打个比方说,费尔巴哈在曼彻斯特只看见一些工厂和机器,而100年以前在那里只能看见脚踏纺车和织布机;或者,他在罗马的坎帕尼亚只发现一些牧场和沼泽,而在奥古斯都时代在那里只能发现罗马资本家的葡萄园和别墅。费尔巴哈特别谈到自然科学的直观,提到一些只有物理学家和化学家的眼睛才能识破的秘密,但是如果没有工业和商业,哪里会有自然科学呢? 甚至这个"纯粹的"自然科学也只是由于商业和工业,由于人们的感性活动才达到自己的目的和获得自己的材料的。这种活动、这种连续不断的感性劳动和创造、这种生产,正是整个现存的感性世界的基础,它哪怕只中断一年,费尔巴哈就会看到,不仅在自然界将发生巨大的变化,而且整个人类世界以及他自己的直观能力,甚至他本身的存在也会很快就没有了。当然,在这种情况下,外部自然界的优先地位仍然会保持着,而整个这一点当然不‖10|适用于原始的、通过自然发生的途径产生的人们。但是,这种区别只有在人被看作某种与自然界不同的东西时才有意义。此外,先于人类历史而存在的那个自然界,不是费尔巴哈生活其中的自然界;这是除去在澳洲新出现的一些珊瑚岛以外,今天在任何地方都不再存在的、因而对于费尔巴哈来说也是不存在的自然界。/9/——诚然,费尔巴哈‖10|比"纯粹的"唯物主义者有很大的优点:他承认人也是"感性对象"。但是,他把人只看作"感性对象",而不是"感性活动",因为他在这里也仍然停留在理论的领域内,没有从人们现有的社会联系,从那些使人们成为现

在这种样子的周围生活条件来观察人们——这一点且不说，他还从来没有看到现实存在着的、活动的人，而是停留于抽象的"人"，并且仅仅限于在感情范围内承认"现实的、单个的、肉体的人"，也就是说，除了爱与友情，而且是观念化了的爱与友情以外，他不知道"人与人之间"还有什么其他的"人的关系"。他没有批判现在的爱的关系。可见，他从来没有把感性世界理解为构成这一世界的个人的全部活生生的感性**活动**，因而比方说，当他看到的是大批患瘰疬病的、积劳成疾的和患肺痨的穷苦人而不是健康人的时候，他便不得不求助于"最高的直观"和观念上的"类的平等化"，这就是说，正是在共产主义的唯物主义者看到改造工业和社会结构的必要性和条件的地方，他却重新陷入唯心主义。

当费尔巴哈是一个唯物主义者的时候，历史在他的视野之外；当他去探讨历史的时候，他不是一个唯物主义者。在他那里，唯物主义和历史是彼此完全脱离的。这一点从上面所说的看来已经非常明显了。/11/ 我们谈的是一些没有任何前提的德国人，因此我们首先应当确定一切人类生存的第一个前提，也就是一切历史的第一个前提。这个前提是：人们为了能够"创造历史"，必须能够生活。但是为了生活，首先就需要吃喝住穿以及其他一些东西。因此第一个历史活动就是生产满足这些需要的资料，即生产物质生活本身，而且这是这样的历史活动，一切历史的一种基本条件，人们单是为了能够生活就必须每日每时去完成它，现在和几千年前都是这样。即使感性在圣布鲁诺那里被归结为像一根棍子那样微不足道的东西，它仍然必须以生

费。

费尔巴哈。

历史。

黑格尔。

地质、水文等等的条件。人体。需要，劳动。

333

产这根棍子的活动为前提。因此,任何历史观的第一件事情就是必须注意上述基本事实的全部意义和全部范围,并给予应有的重视。大家知道,德国人从来没有这样做过,所以他们从来没有为历史提供**世俗**基础,因而也从来没有过一个历史学家。法国人和英国人尽管对这一事实同所谓的历史之间的联系了解得非常片面——特别是因为他们受政治思想的束缚——但毕竟作了一些为历史编纂学提供唯物主义基础的初步尝试,首次写出了市民社会史、商业史和工业史。—— 第二个事实是,|12|已经得到满足的第一个需要本身、满足需要的活动和已经获得的为满足需要而用的工具又引起新的需要,而这种新的需要的产生是第一个历史活动。从这里立即可以明白,德国人的伟大历史智慧是谁的精神产物。德国人认为,凡是在他们缺乏实证材料的地方,凡是在神学、政治和文学的谬论不能立足的地方,就没有任何历史,那里只有"史前时期";至于如何从这个荒谬的"史前历史"过渡到真正的历史,他们却没有对我们作任何解释。不过另一方面,他们的历史思辨所以特别热衷于这个"史前历史",是因为他们认为在这里他们不会受到"粗暴事实"的干预,而且还可以让他们的思辨欲望得到充分的自由,创立和推翻成千上万的假说。—— 一开始就进入历史发展过程的第三种关系是:每日都在重新生产自己生命的人们开始生产另外一些人,即繁殖。这就是夫妻之间的关系,父母和子女之间的关系,也就是**家庭**。这种家庭起初是唯一的社会关系,后来,当需要的增长产生了新的社会关系,而人口的增多又产生了新的需要的时候,这种家庭

便成为从属的关系了（德国除外）。这时就应该根据现有的经验材料来考察和阐明家庭，而不应该像通常在德国所做的那样，根据"家庭的概念"来考察和阐明家庭。此外，不应该把社会活动的这三个方面看作三个不同的阶段，而只应该看作三个方面，或者，为了使德国人能够了解，把它们看作三个"因素"。从历史的最初时期起，从第一批人出现时，这三个方面就同时存在着，而且现在也还在历史上起着作用。——这样，生命的生产，无论是通过劳动而达到的自己生命的生产，或是通过生育而达到的他人生命的生产，就立即表现为双重‖13｜关系——一方面是自然关系，另一方面是社会关系——社会关系的含义在这里是指许多个人的共同活动，至于这种活动在什么条件下、用什么方式和为了什么目的而进行，则是无关紧要的。由此可见，一定的生产方式或一定的工业阶段始终是与一定的共同活动方式或一定的社会阶段联系着的，而这种共同活动方式本身就是"生产力"；由此可见，人们所达到的生产力的总和决定着社会状况，因而，始终必须把"人类的历史"同工业和交换的历史联系起来研究和探讨。但是，这样的历史在德国是写不出来的，这也是很明显的，因为对于德国人来说，要做到这一点不仅缺乏理解能力和材料，而且还缺乏"感性确定性"；而在莱茵河彼岸之所以不可能有关于这类事情的任何经验，是因为那里再没有什么历史。由此可见，一开始就表明了人们之间是有物质联系的。这种联系是由需要和生产方式决定的，它和人本身有同样长久的历史；这种联系不断采取新的形式，因而就表现为"历史"，它不需要有专门把人们

联合起来的任何政治的或宗教的呓语。——只有现在,在我们已经考察了原初的历史的关系的四个因素、四个方面之后,我们才发现:人还具有"意识"。但是这种意识并非一开始就是"纯粹的"意识。"精神"从一开始‖14|就很倒霉,受到物质的"纠缠",物质在这里表现为振动着的空气层、声音,简言之,即语言。语言和意识具有同样长久的历史;语言是一种实践的、既为别人存在因而也为我自身而存在的、现实的意识。语言也和意识一样,只是由于需要,由于和他人交往的迫切需要才产生的。因而,意识一开始就是社会的产物,而且只要人们存在着,它就仍然是这种产物。当然,意识起初只是对**直接的**可感知的环境的一种意识,是对处于开始意识到自身的个人之外的其他人和其他物的**狭隘**联系的一种意识。同时,它也是对自然界的一种意识,自然界起初是作为一种完全异己的、有无限威力的和不可制服的力量与人们对立的,人们同自然界的关系完全像动物同自然界的关系一样,人们就像牲畜一样慑服于自然界,因而,这是对自然界的一种纯粹动物式的意识(自然宗教)。但是,另一方面,意识到必须和周围的个人来往,也就是开始意识到人总是生活在社会中的。这个开始,同这一阶段的社会生活本身一样,带有动物的性质;这是纯粹的畜群意识,这里,人和绵羊不同的地方只是在于:他的意识代替了他的本能,或者说他的本能是被意识到了的本能。由于生产效率的提高,需要的增长以及作为两者基础‖15|的人口的增多,这种绵羊意识或部落意识获得了进一步的发展和提高。与此同时分工也发展起来了。分工起初只是性

336

人们之所以有历史,是因为他们必须**生产**自己的生活,而且必须

用**一定的**方式来进行:这是受他们的肉体组织制约的,人们的意识也是这样受制约的。

凡是有某种关系存在的地方,这种关系都是为我而存在的;动物不对什么东西发生"**关系**",而且根本没有"关系"。对于动物来说,它对他物的关系不是作为关系存在的。

这正是因为自然界几乎还没有被历史的进程所改变。

这里立即可以看出,这种自然宗教或对自然界的这种特定关系,是由社会形式决定的,反之亦然。这里,自然和人的同一性也表现在:人们对自然的狭隘关系决定着他们之间的狭隘关系,他们之间的狭隘关系又决定着他们对自然的狭隘关系。

行为方面的分工,后来是由于天赋(例如体力)、需要、偶然性等才自发地或"自然形成"分工。分工只是从物质劳动和精神劳动分离的时候起才真正成为分工。从这时候起意识才能现实地想象:它是和现存实践的意识不同的某种东西;它不用想象某种现实的东西就能现实地想象某种东西。从这时候起,意识才能摆脱世界而去构造"纯粹的"理论、神学、哲学、道德,等等。但是,如果这种理论、神学、哲学、道德等和现存的关系发生矛盾,那么,这仅仅是因为现存的社会关系和现存的生产力发生了矛盾。不过,在一定民族的各种关系的范围内,这也可能不是因为现在该民族范围内出现了矛盾,而是因为在该民族意识和其他民族的实践之间,亦即在某一民族的民族意识和普遍意识之间出现了矛盾(就像目前德国的情形那样)——既然这个矛盾似乎只表现为民族意识范围内的矛盾,那么在这个民族看来,斗争也就限于这种民‖16|族废物,因为这个民族就是废物本身。但是,意识本身究竟采取什么形式,这是完全无关紧要的。我们从这一大堆赘述中只能得出一个结论:上述三个因素即生产力、社会状况和意识,彼此之间可能而且一定会发生矛盾,因为分工不仅使精神活动和物质活动、享受和劳动、生产和消费由不同的个人来分担这种情况成为可能,而且成为现实,而要使这三个因素彼此不发生矛盾,则只有再消灭分工。此外,不言而喻,"怪影"、"枷锁"、"最高存在物"、"概念"、"疑虑"显然只是孤立的个人的一种唯心的、思辨的、精神的表现,只是他的观念,即关于真正经验的束缚和界限的观念;生活的生产方式以及与此相联系的交往形

与此相适应的是玄想家的、**僧侣**的最初形式。

11,12,13,14,15,16。

式就在这些束缚和界限的范围内运动着。

分工包含着所有这些矛盾，而且又是以家庭中自然形成的分工和以社会分裂为单个的、互相对立的家庭这一点为基础的。与这种分工同时出现的还有**分配**，而且是劳动及其产品的**不平等的分配**（无论在数量上或质量上）；因而产生了所有制，‖17‖它的萌芽和最初形式在家庭中已经出现，在那里妻子和儿女是丈夫的奴隶。家庭中这种诚然还非常原始和隐蔽的奴隶制，是最初的所有制，但就是这种所有制也完全符合现代经济学家所下的定义，即所有制是对他人劳动力的支配。——其实，分工和私有制是相等的表达方式，对同一件事情，一个是就活动而言的，另一个是就活动的产品而言的。——其次，随着分工的发展也产生了单个人的利益或单个家庭的利益与所有互相交往的个人的共同利益之间的矛盾；而且这种共同利益不是仅仅作为一种"普遍的东西"存在于观念之中，而首先是作为彼此有了分工的个人之间的相互依存关系存在于现实之中。最后，分工立即给我们提供了第一个例证，说明只要人们还处在自然形成的社会中，就是说，只要特殊利益和共同利益之间还有分裂，也就是说，只要分工还不是出于自愿，而是自然形成的，那么人本身的活动对人来说就成为一种异己的、同他对立的力量，这种力量压迫着人，而不是人驾驭着这种力量。原来，当分工一出现之后，任何人都有自己一定的特殊的活动范围，这个范围是强加于他的，他不能超出这个范围：他是一个猎人、渔夫或牧人，或者是一个批判的批判者，只要他不想失去生活资料，他就始终应该是这

正是由于特殊利益和共同利益之间的这种矛盾，共同利益才采取**国家**这种与实际的单个利益和全体利益相脱离的独立形式，同时采取虚幻的共同体的形式，而这始终是在每一个家庭集团或部落集团中现有的骨肉联系、语言联系、较大规模的分工联系以及其他利益的联系的现实基础上——特别是在我们以后将要阐明的已经由分工决定的阶级的基础上产生的，这些阶级是通过每一个这样的人群分离开来的，其中一个阶级统治着其他一切阶级。从这里可以看出，国家内部的一切斗争，民主政体、贵族政体和君主政体相互之间的斗争，争取选举权的斗争，等等，不过是一些虚幻的形式——普遍的东西一般说来是一种虚幻的共同体的形式——在这些形式下进行着各个不同阶级间的真正的斗争（德国的理论家们对此一窍不通，尽管在《德法年鉴》和

样的人。而在共产主义社会里，任何人都没有特殊的活动范围，而是都可以在任何部门内发展，社会调节着整个生产，因而使我有可能随自己的兴趣今天干这事，明天干那事，上午打猎，下午捕鱼，傍晚从事畜牧，晚饭后从事批判，这样就不会使我老是一个猎人、渔夫、牧人或批判者。‖18｜社会活动的这种固定化，我们本身的产物聚合为一种统治我们、不受我们控制、使我们的愿望不能实现并使我们的打算落空的物质力量，这是迄今为止历史发展的主要因素之一。受分工制约的不同个人的共同活动产生了一种社会力量，即扩大了的生产力。因为共同活动本身不是自愿的而是自然形成的，所以这种社会力量在这些个人看来就不是他们自身的联合力量，而是某种异己的、在他们之外的强制力量。关于这种力量的起源和发展趋向，他们一点也不了解；因而他们不再能驾驭这种力量，相反地，这种力量现在却经历着一系列独特的、不仅不依赖于人们的意志和行为，反而支配着人们的意志和行为的发展阶段。否则，例如财产一般怎么能够具有某种历史，采取各种不同的形式，例如地产怎么能够像今天实际生活中所发生的那样，根据现有的不同前提而发展呢？——在法国，从小块经营发展到集中于少数人之手，在英国，则是从集中于少数人之手发展到小块经营。或者贸易——它终究不过是不同个人和不同国家的产品交换——怎么能够通过供求关系而统治全世界呢？用一位英国经济学家的话来说，这种关系就像古典古代的命运之神一样，遨游于寰球之上，用看不见的手把幸福和灾难分配给人们，把一些王国创造出来，‖19｜又把它们毁掉，

《神圣家族》中已经十分明确地向他们指出过这一点），从这里还可以看出，每一个力图取得统治的阶级，即使它的统治要求消灭整个旧的社会形式和一切统治，就像无产阶级那样，都必须首先夺取政权，以便把自己的利益又说成是普遍的利益，而这是它在初期不得不如此做的。正因为各个人所追求的**仅仅是**自己的特殊的——对他们来说是同他们的共同利益不相符合的利益——所以他们认为，这种共同利益是"异己的"和‖18｜"不依赖"于他们的，即仍旧是一种特殊的独特的"普遍"利益，或者说，他们本身必须在这种不一致的状况下活动，就像在民主制中一样。另一方面，这些始终**真正地**同共同利益和虚幻的共同利益相对抗的特殊利益所进行的**实际**斗争，使得通过国家这种虚幻的"普遍"利益来进行实际的干涉和约束成为必要。

这种"**异化**"（用哲学家易懂的话来说）当然只有在具备了两个**实际**前提之后才会消灭。要使这种异化成为一种"不堪忍受的"力量，即成为革命所要反对的力量，就必须让它把人类的大多数变成完全"没有财产的"人，同时这些人又同现存的有钱有教养的世界相对立，而这两个条件都是以生产力的巨大增长和高度发展为前提的。另一方面，生产力的这种发展（随着这种发展，人们的**世界历史性的**而不是地域性的存在同时已经是经验的存在了）之所以是绝对必需的实际前提，还因为如果没有这种发展，那就只会有**贫穷**，极端贫困的普遍化；而在**极端贫困**的情况下，必须重新开始争取必需品的斗争，全部陈腐污浊的东西又要死灰

339

使一些民族产生，又使它们衰亡；但随着基础即随着私有制的消灭，随着对生产实行共产主义的调节以及这种调节所带来的人们对于自己产品的异己关系的消灭，供求关系的威力也将消失，人们将使交换、生产及他们发生相互关系的方式重新受自己的支配？

——

在过去一切历史阶段上受生产力制约同时又制约生产力的交往形式，就是**市民社会**。从前面已经可以得知，这个社会是以简单的家庭和复杂的家庭，即所谓部落制度作为自己的前提和基础的。关于市民社会的比较详尽的定义已经包括在前面的叙述中了。从这里已经可以看出，这个市民社会是全部历史的真正发源地和舞台，可以看出过去那种轻视现实关系而局限于言过其实的历史事件的历史观何等荒谬。

复燃。其次，生产力的这种发展之所以是绝对必需的实际前提，还因为：只有随着生产力的这种普遍发展，人们的**普遍交往**才能建立起来；普遍交往，一方面，可以产生一切民族中同时都存在着"没有财产的"群众这一现象（普遍竞争），使每一民族都依赖于其他民族的变革；最后，地域性的个人为**世界历史性的**、经验上普遍的个人所代替。不这样，1）共产主义就只能作为某种地域性的东西而存在；2）交往的**力量**本身就不可能发展成为一种**普遍的**因而是不堪忍受的力量：它们会依然处于地方的、笼罩着迷信气氛的"状态"；3）交往的任何扩大都会消灭地域性的共产主义。共产主义只有作为占统治地位的各民族"一下子"同时发生的行动，在经验上才是可能的，而这是以生产力的普遍发展和与此相联系的世界交往为前提的。

共产主义对我们来说不是应当确立的**状况**，不是现实应当与之相适应的**理想**。我们所称为共产主义的是那种消灭现存状况的**现实的**运动。这个运动的条件是由现有的前提产生的。

|19|**共产主义**。

此外，许许多多人**仅仅**依靠自己劳动为生——大量的劳力与资本隔绝或甚至连有限地满足自己的需要的可能性都被剥夺——从而由于竞争，他们不再是暂时失去作为有保障的生活来源的工作，他们陷于绝境，这种状况是以**世界市场**的存在为前提的。因此，无产阶级只有在**世界历史意义**上才能存在。就像共产主义——它的事业——只有作为"世界历史性的"存在才有可能实现一样。而各个人的世界历史性的存在，也就是与世界历史直接相联系的各个人的存在。

到现在为止，我们主要只是考察了人类活动的一个方面——**人改造自然**。另一方面，是**人改造人**——

国家起源和国家同市民社会的关系。|

交往和生产力。

|20| 历史不外是各个世代的依次交替。每一代都利用以前各代遗留下来的材料、资金和生产力；由于这个缘故，每一代一方面在完全改变了的环境下继续从事所继承的活动，另一方面又通过完全改变了的活动来变更旧的环境。然而，事情被思辨地扭曲成这样：好像后期历史是前期历史的目的，例如，好像美洲的发现的根本目的就是要促使法国大革命的爆发。于是历史便具有了自己特殊的目的并成为某个与"其他人物"（像"自我意识"、"批判"、"唯一者"，等等）"并列的人物"。其实，前期历史的"使命"、"目的"、"萌芽"、"观念"等词所表示的东西，终究不过是从后期历史中得出的抽象，不过是从前期历史对后期历史发生的积极影响中得出的抽象。——各个相互影响的活动范围在这个发展进程中越是扩大，各民族的原始封闭状态由于日益完善的生产方式、交往以及因交往而自然形成的不同民族之间的分工消灭得越是彻底，历史也就越是成为世界历史。例如，如果在英国发明了一种机器，它夺走了印度和中国的无数劳动者的饭碗，并引起这些国家的整个生存形式的改变，那么，这个发明便成为一个世界历史性的事实；同样，砂糖和咖啡是这样来表明自己在 19 世纪具有的世界历史意义的：拿破仑的大陆体系所引起的这两种产品的匮乏推动了德国人|/21/起来反抗拿破仑，从而就成为光荣的 1813 年解放战争的现实基础。由此可见，历史向世界

历史的转变，不是"自我意识"宇宙精神或者某个形而上学怪影的某种纯粹的抽象行动，而是完全物质的、可以通过经验证明的行动，每一个过着实际生活的、需要吃、喝、穿的个人都可以证明这种行动。——单个人随着自己的活动扩大为世界历史性的活动，越来越受到对他们来说是异己的力量的支配（他们把这种压迫想象为所谓宇宙精神等等的圈套）受到日益扩大的、归根结底表现为世界市场的力量的支配，这种情况在迄今为止的历史中当然也是经验事实。但是，另一种情况也具有同样的经验根据，这就是：随着现存社会制度被共产主义革命所推翻（下面还要谈到这一点）以及与这一革命具有同等意义的私有制的消灭，这种对德国理论家们来说是如此神秘的力量也将被消灭；同时，每一个单个人的解放的程度是与历史完全转变为世界历史的程度一致的。至于个人的真正的精神财富完全取决于他的现实关系的财富，根据上面的叙述，这已经很清楚了。只有这样，单个人才能摆脱种种民族局限和地域局限而同整个世界的生产（也同精神的生产）发生实际联系，才能获得利用全球的这种全面的生产（人们的创造）的能力。各个人的**全面的**依存关系、他们的这种自然形成的**世界历史性的**共同活动的最初形式，‖22‖由于这种共产主义革命而转化为对下述力量的控制和自觉的驾驭，这些力量本来是由人们的相互作用产生的，但是迄今为止对他们来说都作为完全异己的力量威慑和驾驭着他们。这种观点仍然可以被思辨地、唯心地、即幻想地解释为"类的自我产生"（"作为主体的社会"），从而把所有前后相继、彼此相联的个人想象为从

关于意识的生产。

事自我产生这种神秘活动的唯一的个人。这里很明显,尽管人们在肉体上和精神上**互相**创造着,但是他们既不像圣布鲁诺胡说的那样,也不像"唯一者"、"被创造的"人那样创造自己本身。

最后,我们从上面所阐述的历史观中还可以得出以下的结论:1)生产力在其发展的过程中达到这样的阶段,在这个阶段上产生出来的生产力和交往手段在现存关系下只能造成灾难,这种生产力已经不是生产的力量,而是破坏的力量(机器和货币)—— 与此同时还产生了一个阶级,它必须承担社会的一切重负,而不能享受社会的福利,它被排斥于社会之外,‖23‖因而不得不同其他一切阶级发生最激烈的对立;这种阶级形成全体社会成员中的大多数,从这个阶级中产生出必须实行彻底革命的意识,即共产主义的意识,这种意识当然也可以在其他阶级中形成,只要它们认识到这个阶级的状况;2)那些使一定的生产力能够得到利用的条件,是社会的一定阶级实行统治的条件,这个阶级的由其财产状况产生的社会权力,每一次都在相应的国家形式中获得**实践的**观念的表现,因此一切革命斗争都是针对在此以前实行统治的阶级的;3)迄今为止的一切革命始终没有触动活动的性质,始终不过是按另外的方式分配这种活动,不过是在另一些人中间重新分配劳动,而共产主义革命则针对活动迄今具有的**性质**,消灭**劳动**,并消灭任何阶级的统治以及这些阶级本身,因为完成这个革命的是这样一个阶级,它在社会上已经不算是一个阶级,它已经不被承认是一个阶级,它已经成为现今社会的一切阶级、民族等的解体的表现;4)无论为了使这种共

这些人所关心的是维持现在的生产状况。

产主义意识普遍地产生还是为了实现事业本身,使人们普遍地发生变化是必需的,这种变化只有在实际运动中,在**革命**中才有可能实现。因此,革命之所以必需,不仅是因为没有任何其他的办法能够推翻**统治**阶级,而且还因为**推翻统治阶级的那个阶级**,只有在革命中才能抛掉自己身上的一切陈旧的肮脏东西,才能成为社会的新基础。|

/24/由此可见,这种历史观就在于:从直接生活的物质生产出发阐述现实的生产过程,把同这种生产方式相联系的、它所产生的交往形式即各个不同阶段上的市民社会理解为整个历史的基础,从市民社会作为国家的活动描述市民社会,同时从市民社会出发阐明意识的所有各种不同理论的产物和形式,如宗教、哲学、道德等,而且追溯它们产生的过程。这样当然也能够完整地描述事物(因而也能够描述事物的这些不同方面之间的相互作用)。这种历史观和唯心主义历史观不同,它不是在每个时代中寻找某种范畴,而是始终站在现实历史的**基础**上,不是从观念出发来解释实践,而是从物质实践出发来解释观念的形成,由此还可得出下述结论:意识的一切形式和产物不是可以通过精神的批判来消灭的,不是可以通过把它们消融在"自我意识"中或化为"幽灵"、"怪影"、"怪想"等来消灭的,而只有通过实际地推翻这一切唯心主义谬论所由产生的现实的社会关系,才能把它们消灭;历史的动力以及宗教、哲学和任何其他理论的动力是革命,而不是批判。这种观点表明:历史不是作为"产生于精神的精神"消融在"自我意识"中而告终的,而是历史的每一阶段都遇到一定的物质结果,一定的

费尔巴哈。

生产力总和，人对自然以及个人之间历史形成的关系，都遇到前一代传给后一代的大量生产力、资金和环境，尽管一方面这些生产力、资金和环境为新的一代所改变，但另一方面，它们也预先规定新的一代本身的生活条件，使它得到一定的发展和具有特殊的性质。由此可见，这种观点表明：人创造环境，同样，‖25‖环境也创造人。每个个人和每一代所遇到的现成的东西：生产力、资金和社会交往形式的总和，是哲学家们想象为“实体”和“人的本质”的东西的现实基础，是他们神化了的并与之斗争的东西的现实基础，这种基础尽管遭到以“自我意识”和“唯一者”的身份出现的哲学家们的反抗，但它对人们的发展所起的作用和影响却丝毫也不因此而受到干扰。各代所遇到的这些生活条件还决定着这样的情况：历史上周期性地重演的革命动荡是否强大到足以摧毁现存一切的基础；如果还没有具备这些实行全面变革的物质因素，就是说，一方面还没有一定的生产力，另一方面还没有形成不仅反抗旧社会的个别条件，而且反抗旧的“生活生产”本身、反抗旧社会所依据的“总和活动”的革命群众，那么，正如共产主义的历史所证明的，尽管这种变革的观念已经表述过千百次，但这对于实际发展没有任何意义。

迄今为止的一切历史观不是完全忽视了历史的这一现实基础，就是把它仅仅看成与历史过程没有任何联系的附带因素。因此，历史总是遵照在它之外的某种尺度来编写的；现实的生活生产被看成是某种非历史的东西，而历史的东西则被看成是某种脱离日常生活的东西，某种处于世界之外和超乎世界之上的东西。这样,就把人对自然界的关系从历史中排除出去了,因而造成了自然界和历史之间的对立。因此,这种历史观只能在历史上看到政治历史事件,看到宗教的和一般理论的斗争,而且在每次描述某一历史时代的时候,它都不得不**赞同这一时代的幻想**。例如,某一时代想象自己是由纯粹"政治的"或"宗教的"动因所决定的——尽管"宗教"和"政治"只是时代的现实动因的形式——那么它的历史编纂学家就会接受这个意见。这些特定的人关于自己的真正实践的"想象"、"观念"变成一种唯一起决定作用的和积极的力量,支配和决定这些人的实践。印度人和埃及人借以实现分工的粗陋形式在这些民族的国家和宗教中产生了等级制度,所以历史学家便认为似乎等级制度‖26‖是产生这种粗陋的社会形式的力量。法国人和英国人至少抱着一种毕竟是同现实最接近的政治幻想,而德国人却在"纯粹精神"的领域中兜圈子,把宗教幻想推崇为历史的动力。黑格尔的历史哲学是整个这种德国历史编纂学的最终的、达到自己"最纯粹的表现"的成果。对于德国历史编纂学来说,问题完全不在于现实的利益,甚至不在于政治的利益,而在于纯粹的思想。这种历史哲学后来在圣布鲁诺看来也一定是一连串的"思想",其中一个吞噬一个,最终消失于"自我意识"中。圣麦克斯·施蒂纳更加彻底,他对全部现实的历史一窍不通,他认为历史进程必定只是"骑士"、强盗和怪影的历史,他当然只有借助于"不信神"才能摆脱这种历史的幻觉而得救。这种观点实际上是宗教的观点:它把宗教的人假设为全部历史起点的原人,它在自己的想象中用宗教的

所谓**客观的**历史编纂学正是脱离活动来考察历史关系的。
反动的性质。

346

幻想生产代替生活资料和生活本身的现实生产。整个这样的历史观及其解体和由此产生的怀疑和顾虑，仅仅是德国人**本民族的**事情，而且对德国来说也只有**地域性**的意义。例如，近来不断讨论着如何能够"从神的王国进入人的王国"这样一个重要问题：似乎这个"神的王国"除了存在于想象之中，还在其他什么地方存在过，而学识渊博的先生们不是一直生活在（他们自己并不知道）他们目前想要找到去路的那个"人的王国"之中——似乎旨在说明这个理论上的空中楼阁的奇妙性的科学娱乐（因为这不过是一种娱乐）恰恰不在于证明这种空中楼阁是从现实的尘世关系中产生的。通常这些德国人总是只关心把既有的一切无意义的论调**变为** ‖ 27 ‖ 某种别的胡说八道，就是说，他们假定，所有这些无意义的论调都具有某种需要揭示的特殊意义，其实全部问题只在于从现存的现实关系出发来说明这些理论词句。如前所说，要真正地、实际地消灭这些词句，从人们意识中消除这些观念，就要靠改变了的环境而不是靠理论上的演绎来实现。对于人民大众即无产阶级来说，这些理论观念并不存在，因而也不用去消灭它们。如果这些群众曾经有过某些理论观念，如宗教，那么现在这些观念也早已被环境消灭了。——

上述问题及其解决方法所具有的纯粹民族的性质还表现在：这些理论家们郑重其事地认为，像"神人"、"人"等这类幻象，支配着各个历史时代；圣布鲁诺甚至断言：只有"批判和批判者创造了历史"——而当这些理论家亲自虚构历史时，他们会急匆匆地越过先前的一切，一下子从"蒙古人时代"转到真正"内容丰富的"历史,即《哈雷年鉴》和《德国年鉴》的历史,转到黑格尔学派退化为普遍争执不休的历史。所有其他民族和所有现实事件都被遗忘了,世界舞台局限于莱比锡的书市,局限于"批判"、"人"和"唯一者"的相互争吵。如果这些理论家们一旦着手探讨真正的历史主题,例如 18世纪,那么他们也只是提供观念的历史,这种历史是和构成这些观念的基础的事实和实际发展过程脱离的,而他们阐述这种历史的目的也只是把所考察的时代描绘成一个真正历史时代,即 1840—1844 年德国哲学斗争时代的不完善的预备阶段、尚有局限性的前奏时期。他们抱的目的是为了使某个非历史性人物及其幻想流芳百世而编写前期的历史,与这一目的相适应的是:他们根本不提一切真正历史的事件,甚至不提政治对历史进程的真正历史干预,为此他们的叙述不是以研究而是以虚构和文学闲篇为根据,如像圣布鲁诺在他那本已被人遗忘的 18 世纪历史一书中所做的那样。这些唱高调、爱吹嘘的思想贩子以为他们无限地超越于任何民族偏见之上,其实他们比梦想德国统一的啤酒店庸人带有更多的民族偏见。他们根本不承认其他民族的业绩是历史的;他们生活在德国,依靠德国‖28│和为着德国而生活;他们把莱茵河颂歌变为圣歌并征服阿尔萨斯和洛林,其办法不是剽窃法兰西国家,而是剽窃法兰西哲学,不是把法兰西省份德国化,而是把法兰西思想德国化。费奈迭先生,同打着理论的世界统治这面旗帜而宣布德国的世界统治的圣布鲁诺和圣麦克斯相比较,是一个世界主义者。

从这些分析中还可以看出,费尔巴 **费尔巴哈。**

哈是多么错误,他(《维干德季刊》1845年第2卷)竟借助于"共同人"这一规定宣称自己是共产主义者,把这一规定变成**"一般"**人的谓语,以为这样一来又可以把表达现存世界中特定革命政党的拥护者的"共产主义者"一词变成一个纯范畴。费尔巴哈关于人与人之间的关系的全部推论无非是要证明:人们是互相需要的,而且**过去一直是互相需要的**。他希望确立对这一事实的理解,也就是说,和其他的理论家一样,只是希望确立对**存在**的事实的正确理解,然而一个真正的共产主义者的任务却在于推翻这种存在的东西。不过,我们完全承认,费尔巴哈在力图理解这一事实的时候,达到了理论家一般所能达到的地步,他还是一位理论家和哲学家。然而值得注意的是:圣布鲁诺和圣麦克斯立即用费尔巴哈关于共产主义者的观念来代替真正的共产主义者,这样做的目的多少是为了使他们能够像同"产生于精神的精神"、同哲学范畴、同势均力敌的对手作斗争那样来同共产主义作斗争,而就圣布鲁诺我们举出《未来哲学》中的一个地方作为例子,说明既承认存在的东西同时又不了解存在的东西——这也还是费尔巴哈和我们的对手的共同之点。[一般]来说,这样做也还是为了实际的利益。费尔巴哈在那里阐述道:某物或某人的存在同时也就是某物或某人的本质;一个动物或一个人的一定生存条件、生活方式和活动,就是使这个动物或这个人的"本质"感到满意的东西。任何例外在这里都被肯定地看作不幸的偶然事件,是不能改变的反常现象。这样说来,如果千百万无产者根本不满意他们的生活条件,如果他们的**"存在"**同他们的 ‖ 29 |

"本质"完全不符合，那么，根据上述论点，这是不可避免的不幸，应当平心静气地忍受这种不幸。可是，这千百万无产者或共产主义者所想的完全不一样，而且这一点他们将在适当时候，在实践中，即通过革命使自己的"存在"同自己的"本质"协调一致的时候予以证明。因此，在这样的场合费尔巴哈从来不谈人的世界，而是每次都求救于**外部**自然界，而且是尚未置于人的统治之下的自然界。但是，每当有了一项新的发明，每当工业前进一步，就有一块新的地盘从这个领域划出去，而能用来说明费尔巴哈这类论点的事例借以产生的基地，也就越来越小了。现在我们只来谈谈一个论点：鱼的"本质"是它的"存在"，即水。河鱼的"本质"是河水。但是，一旦这条河归工业支配，一旦它被染料和其他废料污染，河里有轮船行驶，一旦河水被引入只要简单地把水排出去就能使鱼失去生存环境的水渠，这条河的水就不再是鱼的"本质"了，对鱼来说它将不再是适合生存的环境了。把所有这类矛盾宣布为不可避免的反常现象，实质上，同圣麦克斯·施蒂纳对不满者的安抚之词没有区别，施蒂纳说，这种矛盾是他们自己的矛盾，这种恶劣环境是他们自己的恶劣环境，而且他们可以或者安于这种环境，或者忍住自己的不满，或者以幻想的方式去反抗这种环境——同样，这同圣布鲁诺的责难也没有区别，布鲁诺说，这些不幸情况的发生是由于那些当事人陷入"实体"这堆粪便之中，他们没有达到"绝对自我意识"，也没有认清这些恶劣关系产生于自己精神的精神。|

/30/统治阶级的思想在每一时代都

350

是占统治地位的思想。这就是说，一个
阶级是社会上占统治地位的**物质力量**，
同时也是社会上占统治地位的**精神力
量**。支配着物质生产资料的阶级，同时
也支配着精神生产资料，因此，那些没有
精神生产资料的人的思想，一般是隶属
于这个阶级的。占统治地位的思想不过
是占统治地位的物质关系在观念上的表
现，不过是以思想的形式表现出来的占
统治地位的物质关系；因而，这就是那些
使某一个阶级成为统治阶级的关系在观
念上的表现，因而这也就是这个阶级的
统治的思想。此外，构成统治阶级的各
个人也都具有意识，因而他们也会思维；
既然他们作为一个阶级进行统治，并且
决定着某一历史时代的整个面貌，那么
不言而喻，他们在这个历史时代的一切
领域中也会这样做，就是说，他们还作为
思维着的人，作为思想的生产者进行统
治，他们调节着自己时代的思想的生产
和分配；而这就意味着他们的思想是一
个时代的占统治地位的思想。例如，在
某一国家的某个时期，王权、贵族和资产
阶级为夺取统治而争斗，因而，在那里统
治是分享的，那里占统治地位的思想就
会是关于分权的学说，于是分权就被宣
布为"永恒的规律"。——我们在上面
（页 ）已经说明分工是迄今为止历史的主
要力量之一，现在，分工也以精神劳动和
物‖31‖质劳动的分工的形式在统治阶
级中间表现出来，因此在这个阶级内部，
一部分人是作为该阶级的思想家出现
的，他们是这一阶级的积极的、有概括能
力的玄想家，他们把编造这一阶级关于
自身的幻想当作主要的谋生之道，而另
一些人对于这些思想和幻想则采取比较
消极的态度，并且准备接受这些思想和

幻想,因为在实际中他们是这个阶级的积极成员,很少有时间来编造关于自身的幻想和思想。在这一阶级内部,这种分裂甚至可以发展成为这两部分人之间的某种程度的对立和敌视,但是一旦发生任何实际冲突,即当阶级本身受到威胁的时候,当占统治地位的思想好像不是统治阶级的思想而且好像拥有与这一阶级的权力不同的权力这种假象也趋于消失的时候,这种对立和敌视便会自行消失。一定时代的革命思想的存在是以革命阶级的存在为前提的,关于这个革命阶级的前提所必须讲的,在前面(页)已经讲过了。

然而,在考察历史进程时,如果把统治阶级的思想和统治阶级本身分割开来,使这些思想独立化,如果不顾生产这些思想的条件和它们的生产者而硬说该时代占统治地位的是这些或那些思想,也就是说,如果完全不考虑这些思想的基础——个人和历史环境,那就可以这样说:例如,在贵族统治时期占统治地位的概念是荣誉、忠诚,等等,而在资产阶级统治时期占统治地位的概念则是自由、平等,等等。总之,统治阶级自己为自己编造出诸如此类的幻想。所有历史编纂学家,主要是 18 世纪以来的历史编纂学家所共有的这种历史观,必然会‖32│碰到这样一种现象:占统治地位的将是越来越抽象的思想,即越来越具有普遍性形式的思想。因为每一个企图取代旧统治阶级的新阶级,为了达到自己的目的不得不把自己的利益说成是社会全体成员的共同利益,就是说,这在观念上的表达就是:赋予自己的思想以普遍性的形式,把它们描绘成唯一合乎理性的、有普遍意义的思想。进行革命的阶级,(普遍性符合于:1) 与等级相对的阶级;2) 竞争、世界交往等;3) 统治阶级的人数众多;4) 共同利益的幻想。起初这种幻想是真实的;5) 玄想家的欺骗和分工。)

352

仅就它对抗另一个**阶级**而言，从一开始就不是作为一个阶级，而是作为全社会的代表出现的；它俨然以社会全体群众的姿态反对唯一的统治阶级。它之所以能这样做，是因为它的利益在开始时的确同其余一切非统治阶级的共同利益还有更多的联系，在当时存在的那些关系的压力下还不能够发展为特殊阶级的特殊利益。因此，这一阶级的胜利对于其他未能争得统治地位的阶级中的许多个人来说也是有利的，但这只是就这种胜利使这些个人现在有可能升入统治阶级而言。当法国资产阶级推翻了贵族的统治之后，它使许多无产者有可能升到无产阶级之上，但是只有当他们变成资产者的时候才达到这一点。由此可见，每一个新阶级赖以实现自己统治的基础，总比它以前的统治阶级所依赖的基础要宽广一些；可是后来，非统治阶级和正在进行统治的阶级之间的对立也发展得更尖锐和更深刻。这两种情况使得非统治阶级反对新统治阶级的斗争在否定旧社会制度方面，又要比过去一切‖33│争得统治的阶级所作的斗争更加坚决、更加彻底。

只要阶级的统治完全不再是社会制度的形式，也就是说，只要不再有必要把特殊利益说成是普遍利益，或者把"普遍的东西"说成是占统治地位的东西，那么，一定阶级的统治似乎只是某种思想的统治，这整个假象当然就会自行消失。

把占统治地位的思想同进行统治的个人分割开来，主要是同生产方式的一定阶段所产生的各种关系分割开来，并由此作出结论说，历史上始终是思想占统治地位，这样一来，就很容易从这些不同的思想中抽象出"一般思想"、观念等，在这种情况下，从人的概念、想象中的人、人的本质、一般人中能引伸出人们的一切关系，也就很自然了。

并把它们当作历史上占统治地位的东西,从而把所有这些个别的思想和概念说成是历史上发展着的一般概念的"自我规定"。思辨哲学就是这样做的。黑格尔本人在《历史哲学》的结尾承认,他"所考察的仅仅是一般概念的前进运动",他在历史方面描述了"真正的神正论"(第446页)。现在又可以重新回复到"概念"的生产者,回复到理论家、玄想家和哲学家,并作出结论说:哲学家、思维着的人本身自古以来就是在历史上占统治地位的。这个结论,如我们所看到的,早就由黑格尔表述过了。这样,证明精神在历史上的最高统治(施蒂纳的教阶制)的全部戏法,可以归结为以下三个手段。/

/34/ 第一,必须把进行统治的个人——而且是由于种种经验的原因、在经验的条件下和作为物质的个人进行统治的个人——的思想同这些进行统治的个人本身分割开来,从而承认思想或幻想在历史上的统治。

第二,必须使这种思想统治具有某种秩序,必须证明,在一个承继着另一个而出现的占统治地位的思想之间存在着某种神秘的联系,而要做到这一点就得把这些思想看作"概念的自我规定"(所以能这样做,是因为这些思想凭借自己的经验的基础,彼此确实是联系在一起的,还因为它们被仅仅当作思想来看待,因而就变成自我差别,变成由思维产生的差别)。

第三,为了消除这种"自我规定着的概念"的神秘外观,便把它变成某种人物——"自我意识";或者,为了表明自己是真正的唯物主义者,又把它变成在历史上代表着"概念"的许多人物——"思

354

维着的人"、"哲学家"、玄想家，而这些人又被看作历史的制造者、"监护人会议"、统治者。这样一来，就把一切唯物主义的因素从历史上消除了，就可以任凭自己的思辨之马自由奔驰了。

/35/在日常生活中任何一个小店主都能精明地判别某人的假貌和真相，然而我们的历史编纂学却还没有获得这种平凡的认识，不论每一时代关于自己说了些什么和想象了些什么，它都一概相信。

[…]|40|从前者产生了发达分工和广泛贸易的前提，从后者产生了地域局限性。在前一种情况下，各个人必须聚集在一起，在后一种情况下，他们本身已作为生产工具而与现有的生产工具并列在一起。因此，这里出现了自然形成的生产工具和由文明创造的生产工具之间的差异。**耕地**（水，等等）可以看作自然形成的生产工具。在前一种情况下，即在自然形成的生产工具的情况下，各个人受自然界的支配，在后一种情况下，他们受劳动产品的支配。因此，在前一种情况下，财产（地产）也表现为直接的、自然形成的统治，而在后一种情况下，则表现为劳动的统治，特别是积累起来的劳动即资本的统治。前一种情况的前提是，各个人通过某种联系——家庭、部落或者甚至是土地本身，等等——结合在一起；后一种情况的前提是，各个人互不依赖，仅仅通过交换集合在一起。在前一种情况下，交换主要是人和自然之间的交换，即以人的劳动换取自然的产品，而在后一种情况下，主要是人与人之间进行的交换。在前一种情况下，只要具备普通常识就够了，体力活动和脑力活

一般人："思维着的人的精神"。

要说明这种曾经在德国占统治地位的历史方法，以及说明它为什么主要在德国占统治地位的原因，就必须从它与一切玄想家的幻想，例如，与法学家、政治家（包括实际的国务活动家）的幻想的联系出发，必须从这些家伙的独断的玄想和曲解出发。而从他们的实际生活状况、他们的职业和分工出发，是很容易说明这些幻想、玄想和曲解的。

动彼此还完全没有分开；而在后一种情况下，脑力劳动和体力劳动之间实际上应该已经实行分工。在前一种情况下，所有者对非所有者的统治可以依靠个人关系，依靠这种或那种形式的共同体；在后一种情况下，这种统治必须采取物的形式，通过某种第三者，即通过货币。在前一种情况下，存在着小工业，但这种工业决定于自然形成的生产工具的使用，因此这里没有不同的个人之间的分工；在后一种情况下，工业只有在分工的基础上和依靠分工才能存在。|

|41|到现在为止我们都是以生产工具为出发点的，这里已经表明了在工业发展的一定阶段上必然会产生私有制。在采掘工业中私有制和劳动还是完全一致的；在小工业以及到目前为止的整个农业中，所有制是现存生产工具的必然结果；在大工业中，生产工具和私有制之间的矛盾才是大工业的产物，这种矛盾只有在大工业高度发达的情况下才会产生。因此，只有随着大工业的发展才有可能消灭私有制。——

物质劳动和精神劳动的最大的一次分工，就是城市和乡村的分离。城乡之间的对立是随着野蛮向文明的过渡、部落制度向国家的过渡、地域局限性向民族的过渡而开始的，它贯穿着文明的全部历史直至现在（反谷物法同盟）。——随着城市的出现，必然要有行政机关、警察、赋税等，一句话，必然要有公共的政治机构，从而也就必然要有一般政治。在这里，居民第一次划分为两大阶级，这种划分直接是以分工和生产工具为基础的。城市已经表明了人口、生产工具、资本、享受和需求的集中这个事实；而在乡村则是完全相反的情况：隔绝和分散。

356

城乡之间的对立只有在私有制的范围内才能存在。城乡之间的对立是个人屈从于分工、屈从于他被迫从事的某种活动的最鲜明的反映，这种屈从把一部分人变为受局限的城市动物，把另一部分人变为受局限的乡村动物，并且每天都重新产生两者利益之间的对立。在这里，劳动仍然是最主要的，是**凌驾于**个人之上的力量；只要这种力量还存在，私有制也就必然会存在下去。消灭城乡之间的对立，是共同体的首要条‖42｜件之一，这个条件又取决于许多物质前提，而且任何人一看就知道，这个条件单靠意志是不能实现的（这些条件还须详加探讨）。城市和乡村的分离还可以看作资本和地产的分离，看作资本不依赖于地产而存在和发展的开始，也就是仅仅以劳动和交换为基础的所有制的开始。

在中世纪，有一些城市不是从前期历史中现成地继承下来的，而是由获得自由的农奴重新建立起来的。在这些城市里，每个人的唯一财产，除开他随身带着的几乎全是最必需的手工劳动工具构成的那一点点资本之外，就只有他的特殊的劳动。不断流入城市的逃亡农奴的竞争；乡村反对城市的连绵不断的战争，以及由此产生的组织城市武装力量的必要性；共同占有某种手艺而形成的联系；在手工业者同时又是商人的时期，必须有在公共场所出卖自己的商品以及与此相联的禁止外人进入这些场所的规定；各业手工业间利益的对立；保护辛苦学来的手艺的必要性；全国性的封建组织。——所有这些都是各行各业的手艺人联合为行会的原因。这里我们不打算详细地谈论以后历史发展所引起的行会制度的多种变化。在整个中世纪，农奴

不断地逃入城市。这些在乡村遭到自己
主人迫害的农奴是只身流入城市的,他
们在这里遇见了有组织的团体,对于这
种团体他们是没有力量反对的,在它的
范围内,他们只好屈从于由他们那些有
组织的城市竞争者对他们劳动的需要以
及由这些竞争者的利益所决定的处境。
这些只身流入城市的劳动者根本不可能
成为一种力量,因为,如果他们的劳动带
有行会的性质并需要培训,那么行会师
傅就会使他们从属于自己,并按照自己
的利益来组织他们;或者,如果这种劳动
不需要培训,因而不带有行会的性质,而
是日工,那么劳动者就根本组织不起来,
始终是无组织的平民。城市对日工的需
要造成了平民。这些城市是真正的"联
盟",这些"联盟"的产生是由于直接的‖
43│需要,由于对保护财产、增加各成员
的生产资料和防卫手段的关心。这些城
市的平民是毫无力量的,因为他们都是
只身流入城市的彼此素不相识的个人,
他们无组织地同有组织、有武装配备并
用忌妒的眼光监视着他们的力量相抗
衡。每一行业中的帮工和学徒都以最适
合于师傅的利益组织起来;他们和师傅
之间的宗法关系使师傅具有双重力量:
第一,师傅对帮工的全部生活有直接的
影响;第二,帮工在同一师傅手下做工,
对这些帮工来说这是一根真正的纽带,
它使这些帮工联合起来反对其他师傅手
下的帮工,并使他们与后者分隔开来;最
后,帮工由于关心自己也要成为师傅而
与现存制度结合在一起了。因此,平民
至少还举行暴动来反对整个城市制度,
不过由于他们软弱无力而没有任何结
果,而帮工们只在个别行会内搞一些与
行会制度本身的存在有关的小冲突。中

358

世纪所有的大规模起义都是从乡村爆发起来的，但是由于农民的分散性以及由此而来的不成熟，这些起义也毫无结果。————

这些城市中的资本是自然形成的资本；它是由住房、手工劳动工具和自然形成的世代相袭的主顾组成的，并且由于交往不发达和流通不充分而没有实现的可能，只好父传子，子传孙。这种资本和现代资本不同，它不是以货币计算的资本——用货币计算，资本体现为哪一种物品都一样——而是直接同占有者的特定的劳动联系在一起、同它完全不可分割的资本，因此就这一点来说，它是**等级**资本。————

在城市中各行会之间的分工 ‖ 44 | 还是非常少的，而在行会内部，各劳动者之间则根本没有什么分工。每个劳动者都必须熟悉全部工序，凡是用他的工具能够做的一切，他必须都会做；各城市之间的有限交往和少量联系、居民稀少和需求有限，都妨碍了分工的进一步发展，因此，每一个想当师傅的人都必须全盘掌握本行手艺。正因为如此，中世纪的手工业者对于本行专业劳动和熟练技巧还是有兴趣的，这种兴趣可以达到某种有限的艺术感。然而也是由于这个原因，中世纪的每一个手工业者对自己的工作都是兢兢业业，安于奴隶般的关系，因而他们对工作的屈从程度远远超过对本身工作漠不关心的现代工人。

————

分工的进一步扩大是生产和交往的分离，是商人这一特殊阶级的形成。这种分离在随历史保存下来的城市（其中有住有犹太人的城市）里被继承下来，并很快就在新兴的城市中出现了。这样就

产生了同邻近地区以外的地区建立贸易联系的可能性,这种可能性之变为现实,取决于现有的交通工具的情况,取决于政治关系所决定的沿途社会治安状况(大家知道,整个中世纪,商人都是结成武装商队行动的)以及取决于交往所及地区内相应的文化水平所决定的比较粗陋或比较发达的需求。——随着交往集中在一个特殊阶级手里,随着商人所促成的同城市近郊以外地区的通商的扩大,在生产和交往之间也立即发生了相互作用。城市**彼此**建立了联系,新的劳动工具从一个城市运往另一个城市,生产和交往间的分工随即引起了各城市 ‖ 45|间在生产上的新的分工,不久每一个城市都设立一个占优势的工业部门。最初的地域局限性开始逐渐消失。

————

某一个地域创造出来的生产力,特别是发明,在往后的发展中是否会失传,完全取决于交往扩展的情况。当交往只限于毗邻地区的时候,每一种发明在每一个地域都必须单独进行;一些纯粹偶然的事件,例如蛮族的入侵,甚至是通常的战争,都足以使一个具有发达生产力和有高度需求的国家处于一切都必须从头开始的境地。在历史发展的最初阶段,每天都在重新发明,而且每个地域都是独立进行的。发达的生产力,即使在通商相当广泛的情况下,也难免遭到彻底的毁灭。关于这一点,腓尼基人的例子就可以说明。由于这个民族被排挤于商业之外,由于它被亚历山大征服以及继之而来的衰落,腓尼基人的大部分发明都长期失传了。再如中世纪的玻璃绘画术也有同样的遭遇。只有当交往成为世界交往并且以大工业为基础的时候,只有当一切民族都卷入竞争斗争的时候，保持已创造出来的生产力才有了保障。

不同城市之间的分工的直接结果就是工场手工业的产生，即超出行会制度范围的生产部门的产生。工场手工业的初期繁荣——先是在意大利，然后是在佛兰德——的历史前提，是同外国各民族的交往。在其他国家，例如在英国和法国，工场手工业最初只限于国内市场。除上述前提外，工场手工业还以人口——特别是乡村人口——的不断集中和资本的不断积聚为前提。资本开始积聚到个人手里，一部分违反行会法规积聚到行会中，一部分积聚到商人手里。|

|46|那种一开始就以机器，尽管还是以具有最粗陋形式的机器为前提的劳动，很快就显出它是最有发展能力的。过去农民为了得到自己必需的衣着而在乡村中附带从事的织布业，是由于交往的扩大才获得了动力并得到进一步发展的第一种劳动。织布业是最早的工场手工业，而且一直是最主要的工场手工业。随着人口增长而增长的对衣料的需求，由于流通加速而开始的自然形成的资本的积累和运用，以及由此引起的并由于交往逐渐扩大而日益增长的对奢侈品的需求——所有这一切都推动了织布业在数量上和质量上的发展，使它脱离了旧有的生产形式。除了为自身需要而一直在继续从事纺织的农民外，在城市里产生了一个新的织工阶级，他们所生产的布匹被指定供应整个国内市场，而且大部分还供给国外市场。织布是一种多半不需要很高技能并很快就分化成无数部门的劳动，由于自己的整个特性，它抵制行会的束缚。因此，织布业多半在没有

行会组织的乡村和小市镇上经营,这些地方逐渐变为城市,而且很快就成为每个国家最繁荣的城市。——随着摆脱了行会束缚的工场手工业的出现,所有制关系也立即发生了变化。越过自然形成的等级资本而向前迈出的第一步,是受商人的出现所制约的,商人的资本一开始就是活动的,如果针对当时的情况来讲,可以说是现代意义上的资本。第二步是随着工场手工业的出现而迈出的,工场手工业又运用了大量自然形成的资本,并且同自然形成的资本的数量比较起来,一般是增加了活动资本的数量。——同时,工场手工业还成了农民摆脱那些不雇用他们或付给他们极低报酬的行会的避难所,就像在过去行会城市是农民‖47‖摆脱土地占有者的避难所一样。

随着工场手工业的产生,同时也就开始了一个流浪时期,这个时期的形成是由于:取消了封建侍从,解散了拼凑起来并效忠帝王、镇压其诸侯的军队,改进了农业以及把大量耕地变为牧场。从这里已经可以清楚地看出,这种流浪现象是和封建制度的瓦解密切联系着的。早在13世纪就曾出现过的个别类似的流浪时期,只是在15世纪末和16世纪初才成为普遍而持久的现象。这些流浪者人数非常多,其中单单由英王亨利八世下令绞死的就有72 000人,只有付出最大的力量,只有在他们穷得走投无路而且经过长期反抗之后,才能迫使他们去工作。迅速繁荣起来的工场手工业,特别是在英国,渐渐地吸收了他们。——

随着工场手工业的出现,工人和雇主的关系也发生了变化。在行会中,帮工和师傅之间的宗法关系继续存在,而

随着工场手工业的出现,各国进入竞争的关系,展开了商业斗争,这种斗争是通过战争、保护关税和各种禁令来进行的,而在过去,各国只要彼此有了联系,就互相进行和平的交易。从此以后商业便具有了政治意义。

在工场手工业中,这种关系由工人和资本家之间的金钱关系代替了;在乡村和小城市中,这种关系仍然带有宗法色彩,而在比较大的、真正的工场手工业城市里,则早就失去了几乎全部宗法色彩。

随着美洲和通往东印度的航线的发现,交往扩大了,工场手工业和整个生产运动有了巨大的发展。从那里输入的新产品,特别是进入流通的大量金银完全改变了阶级之间的相互关系,并且沉重地打击了封建土地所有制和劳动者;冒险的远征,殖民地的开拓,首先是当时市场已经可能扩大为而且日益扩大为世界市场——所有这一切产生了历史发展的一个新阶段,‖48│关于这个阶段的一般情况我们不准备在这里多谈。新发现的土地的殖民地化,又助长了各国之间的商业斗争,因而使这种斗争变得更加广泛和更加残酷了。

商业和工场手工业的扩大,加速了活动资本的积累,而在那些没有受到刺激去扩大生产的行会里,自然形成的资本却始终没有改变,甚至还减少了。商业和工场手工业产生了大资产阶级,而集中在行会里的是小资产阶级,现在它已经不再像过去那样在城市里占统治地位了,而是必须屈从于大商人和手工工场主的统治。由此可见,行会一跟工场手工业接触,就衰落下去了。

在我们所谈到的这个时代里,各国在彼此交往中建立起来的关系具有两种不同的形式。起初,由于流通的金银数量很少,这些金属是出口的;另一方面,工业,即由于必须给不断增长的城市人口提供就业机会而不可或缺的、大部分是从国外引进的工业,没有特权不行,当然,这种特权不仅可以用来对付国内的

小资产者
中间等级
大资产阶级。

竞争,而且主要是用来对付国外的竞争。通过这些最初的禁令,地方的行会特权便扩展到全国。关税产生于封建主对其领地上的过往客商所征收的捐税,即客商交的免遭抢劫的买路钱。后来各城市也征收这种捐税,在现代国家出现之后,这种捐税便是国库进款的最方便的手段。——美洲的金银在欧洲市场上的出现,工业的逐步发展,贸易的迅速高涨以及由此引起的不受行会束缚的资产阶级的兴旺发达和货币的活跃流通——所有这一切都使上述各种措施具有另外的意义。国家日益不可缺少货币,为充实国库起见,它现在仍然禁止输出金银;资产者对此完全满意,因为这些刚刚投入市场的大量货币,成了他们进行投机买卖的主要对象;过去的特权成了政府收入的来源,并且可以用来卖钱;在关税法中有了出口税,这种税只是阻碍了工业的发展,‖ 49 ‖纯粹是以充实国库为目的。——

第二个时期开始于 17 世纪中叶,它几乎一直延续到 18 世纪末。商业和航运比那种起次要作用的工场手工业发展得更快;各殖民地开始成为巨大的消费者;各国经过长期的斗争,彼此瓜分了已开辟出来的世界市场。这一时期是从航海条例和殖民地垄断开始的。各国间的竞争尽可能通过关税率、禁令和各种条约来消除,但是归根结底,竞争的斗争还是通过战争(特别是海战)来进行和解决的。最强大的海上强国英国在商业和工场手工业方面都占据优势。这里已经出现商业和工场手工业集中于一个国家的现象。对工场手工业一直是采用保护的办法:在国内市场上实行保护关税,在殖民地市场上实行垄断,而在国外市场上

则尽量实行差别关税。本国生产的原料
的加工受到鼓励(英国的羊毛和亚麻,法
国的丝)国内出产的原料禁止输出(英国
的羊毛),而进口原料的[加工]仍受到歧
视或压制(如棉花在英国)。在海上贸易
和殖民实力方面占据优势的国家,自然
能保证自己的工场手工业在数量和质量
上得到最广泛的发展。工场手工业一般
离开保护是不行的,因为只要其他国家
发生任何最微小的变动都足以使它失去
市场而遭到破产。只要在稍微有利的条
件下,工场手工业就可以很容易地在某
个国家建立起来,正因为这样,它也很容
易被破坏。同时,它的经营方式,特别是
18世纪在乡村里的经营方式,使它和广
大的个人的生活条件结合在一起,以致
没有一个国家敢于不顾工场手工业的生
存而允许自由竞争。因此,工场手工业
就它能够输出自己的产品来说,完全依
赖于商业的扩大或收缩,而它对商业的
反作用,相对来说是很微小的。这就决
定了工场手工业的次要作用和18世纪
商人的影响。‖50│正是这些商人,特别
是船主最迫切地要求国家保护和垄断;
诚然,手工工场主也要求保护并且得到
了保护,但是从政治意义上来说,他们始
终不如商人。商业城市,特别是沿海城
市已达到了一定的文明程度,并带有大
资产阶级性质,而在工厂城市里仍然是
小资产阶级势力占统治。18世纪是商业
的世纪。平托关于这一点说得很明确:
"贸易是本世纪的嗜好。"他还说:"从某
个时期开始,人们就只谈论经商、航海和
船队了。"————

虽然资本的运动已大大加速了,但
相对来说总还是缓慢的。世界市场分割
成各个部分,其中每一部分都由单独一

个国家来经营；各国之间的竞争的消除；生产本身的不灵活以及刚从最初阶段发展起来的货币制度——所有这一切都严重地妨碍了流通。这一切造成的结果就是当时一切商人和一切经商方式都具有斤斤计较的卑鄙的小商人习气。当时的商人同手工工场主，特别是同手工业者比较起来当然是大市民——资产者，但是如果同后一时期的商人和工业家比较起来，他们仍旧是小市民。见亚·斯密。————

这一时期还有这样一些特征：禁止金银外运法令的废除，货币经营业、银行、国债和纸币的产生，股票投机和有价证券投机，各种物品的投机倒把等现象的出现以及整个货币制度的发展。资本又有很大一部分丧失了它原来还带有的那种自然性质。

在17世纪，商业和工场手工业不可阻挡地集中于一个国家——英国。这种集中逐渐地给这个国家创造了相对的世界市场，因而也造成了对这个国家的工场手工业产品的需求，这种需求是旧的工业生产力所不能满足的。这种超过了生产力的需求正是引起中世纪以来私有制发展的第三个时期‖51│的动力，它产生了大工业——把自然力用于工业目的，采用机器生产以及实行最广泛的分工。这一新阶段的其他条件——国内的自由竞争，理论力学的发展（牛顿所完成的力学在18世纪的法国和英国都是最普及的科学），等等——在英国都已具备了（国内的自由竞争到处都必须通过革命的手段争得——英国1640年和1688年的革命，法国1789年的革命）。竞争很快就迫使每一个不愿丧失自己的历史作用的国家为保护自己的工场手工业而采取新的关税措施（旧的关税已无力抵制大工业了），并随即在保护关税之下兴办大工业。尽管有这些保护措施，大工业仍使竞争普遍化了（竞争是实际的贸易自由；保护关税在竞争中只是治标的办法，是贸易自由**范围内**的防卫手段），大工业创造了交通工具和现代的世界市场，控制了商业，把所有的资本都变为工业资本，从而使流通加速（货币制度得到发展）、资本集中。它首次开创了世界历史，因为它使每个文明国家以及这些国家中的每一个人的需要的满足都依赖于整个世界，因为它消灭了各国以往自然形成的闭关自守的状态。它使自然科学从属于资本，并使分工丧失了自己自然形成的性质的最后一点假象。它把自然形成的性质一概消灭掉，只要在劳动的范围内有可能做到这一点，它并且把所有自然形成的关系变成货币的关系。它建立了现代的大工业城市——它们的出现如雨后春笋——来代替自然形成的城市。凡是它渗入的地方，它就破坏手工业和工业的一切旧阶段。它使城市最终战胜了乡村。它的［……］是自动化体系。［它造］成了大量的生产力，对于这些生产力来说，私有制成了它们发展的桎梏，‖52｜正如行会成为工场手工业的桎梏和小规模的乡村生产成为日益发展的手工业的桎梏一样。在私有制的统治下，这些生产力只获得了片面的发展，对大多数人来说成了破坏的力量，而许多这样的生产力在私有制下根本得不到利用。一般说来，大工业到处造成了社会各阶级间相同的关系，从而消灭了各民族的特殊性。最后，当每一民族的资产阶级还保持着它的特殊的民族利益的时候，大工业却创造了这样一个阶级，这个

大工业通过普遍的竞争迫使所有个人的全部精力处于高度紧张状态。它尽可能地消灭意识形态、宗教、道德等，而在它无法做到这一点的地方，它就把它们变成赤裸裸的谎言。

阶级在所有的民族中都具有同样的利益,在它那里民族独特性已经消灭,这是一个真正同整个旧世界脱离而同时又与之对立的阶级。大工业不仅使工人对资本家的关系,而且使劳动本身都成为工人不堪忍受的东西。当然,在一个国家里,大工业不是在一切地域都达到同样的发展水平的。但这并不能阻碍无产阶级的阶级运动,因为大工业产生的无产者领导着这个运动并且引导着所有的群众,还因为没有卷入大工业的工人,被大工业置于比在大工业中做工的工人更糟的生活境遇。同样,大工业发达的国家也或多或少影响着非工业的国家,因为非工业国家由于世界交往而被卷入普遍竞争的斗争中。

这些不同的形式同时也是劳动组织的形式,从而也是所有制的形式。在每一个时期都发生现存的生产力相结合的现象,因为需求使这种结合成为必要的。

————

生产力和交往形式之间的这种矛盾——正如我们所见到的,它在迄今为止的历史中曾多次发生过,然而并没有威胁交往形式的基础——每一次都不免要爆发为革命,同时也采取各种附带形式,如冲突的总和,不同阶级之间的冲突,意识的矛盾,思想斗争,政治斗争,等等。从狭隘的观点出发,可以从其中抽出一种附带形式,把它看作这些革命的基础,而且因为从革命出发的各个人都根据他们的文化水平和历史发展的阶段对他们自己的活动本身产生了种种幻想,这样做就更容易了。————

因此,按照我们的观点,一切历史冲突都根源于生产力和交往‖53│形式之间的矛盾。此外,不一定非要等到这种矛盾在某一国家发展到极端尖锐的地步，才导致这个国家内发生冲突。由广泛的国际交往所引起的同工业比较发达的国家的竞争，就足以使工业比较不发达的国家内产生类似的矛盾（例如，英国工业的竞争使德国潜在的无产阶级显露出来了）。

————

尽管竞争把各个人汇集在一起，它却使各个人，不仅使资产者，而且更使无产者彼此孤立起来。因此，这会持续很长时间，直到这些个人能够联合起来，更不用说，为了这种联合——如果它不仅仅是地域性的联合——大工业应当首先创造出必要的手段，即大工业城市和廉价而便利的交通。因此只有经过长期的斗争才能战胜同这些孤立的、生活在每天都重复产生着孤立状态的条件下的个人相对立的一切有组织的势力。要求相反的东西，就等于要求在这个特定的历史时代不要有竞争，或者说，就等于要求各个人从头脑中抛掉他们作为被孤立的人所无法控制的那些关系。

————

住宅建筑。不言而喻，野蛮人的每一个家庭都有自己的洞穴和茅舍，正如游牧人的每一个家庭都有独自的帐篷一样。这种单个分开的家庭经济由于私有制的进一步发展而成为更加必需的了。在农业民族那里，共同的家庭经济也和共同的耕作一样是不可能的。城市的建造是一大进步。但是，在过去任何时代，消灭单个分开的经济——这是与消灭私有制分不开的——是不可能的，因为还没有具备这样做的物质条件。组织共同的家庭经济的前提是发展机器，利用自然力和许多其他的生产力，例如自来水、‖54

|煤气照明、蒸汽采暖等,以及消灭城乡之间的[对立]。没有这些条件,共同的经济本身将不会再成为新生产力,将没有任何物质基础,将建立在纯粹的理论基础上,就是说,将是一种纯粹的怪想,只能导致寺院经济。——还可能有什么呢?——这就是城市里的集中和为了各个特定目的而进行的公共房舍(监狱、兵营等)的兴建。不言而喻,消灭单个分开的经济是和消灭家庭分不开的。

————

[在圣桑乔那里常见的一个说法是:每个人通过国家才完全成其为人。这实质上等于说,资产者只是资产者这个类的一个标本;这种说法的前提是:资产者这个阶级在构成该阶级的个人尚未存在之前就已经存在了。]在中世纪,每一城市中的市民为了自卫都不得不联合起来反对农村贵族;商业的扩大和交通道路的开辟,使一些城市了解到有另一些捍卫同样利益、反对同样敌人的城市。从各个城市的许多地域性市民团体中,只是非常缓慢地产生出市民阶级。各个市民的生活条件,由于同现存关系相对立并由于这些关系所决定的劳动方式,便成了对他们来说全都是共同的和不以每一个人为转移的条件。市民创造了这些条件,因为他们挣脱了封建的联系;同时他们又是由这些条件所创造的,因为他们是由自己同既存封建制度的对立所决定的。随着各城市间的联系的产生,这些共同的条件发展为阶级条件。同样的条件、同样的对立、同样的利益,一般说来,也应当在一切地方产生同样的风俗习惯。资产阶级本身只是逐渐地随同自己的生存条件一起发展起来,由于分工,它又重新分裂为各种不同的集团,最后,随

在哲学家们看来,阶级是预先存在的。

资产阶级首先吞并直接隶属于国家的那些劳动部门,接着又吞并了一切±〔或多或少的〕思想等级。

370

着一切现有财产被变为工业资本或商业资本,它吞并了在它以前存在过的一切有财产的阶级(同时资产阶级把以前存在过的没有财产的阶级的大部分和原先有财产的阶级的一部分变为新的阶级——无产阶级)。单个人所以组成阶级,只是因为‖55‖他们必须为反对另一个阶级进行共同的斗争;此外,他们在竞争中又是相互敌对的。另一方面,阶级对各个人来说又是独立的,因此,这些人可以发现自己的生活条件是预先确定的:各个人的社会地位,从而他们个人的发展是由阶级决定的,他们隶属于阶级。这同单个人隶属于分工是同类的现象,这种现象只有通过消灭私有制和消灭劳动本身才能消除。至于个人隶属于阶级怎样同时发展为隶属于各种各样的观念,等等,我们已经不只一次地指出过了。—

个人的这种发展是在历史的前后相继的等级和阶级的共同生存条件下产生的,也是在由此而强加于他们的普遍观念中产生的,如果用哲学的观点来考察这种发展,当然就很容易设想,在这些个人中,类或人得到了发展,或者这些个人发展了人;这样设想,是对历史的莫大侮辱。这样一来,就可以把各种等级和阶级看作普遍表达方式的一些类别,看作类的一些亚种,看作人的一些发展阶段。

个人隶属于一定阶级这一现象,在那个除了反对统治阶级以外不需要维护任何特殊的阶级利益的阶级形成之前,是不可能消灭的。

———

个人力量(关系)由于分工而转化为物的力量这一现象,不能靠人们从头脑里抛开关于这一现象的一般观念的办法来消

(费尔巴哈:存在和本质)

灭，而是只能靠个人重新驾驭这些物的力量，靠消灭分工的办法来消灭。没有共同体，这是不可能实现的。只有在共同体中，个人‖56｜才能获得全面发展其才能的手段，也就是说，只有在共同体中才可能有个人自由。在过去的种种冒充的共同体中，如在国家等等中，个人自由只是对那些在统治阶级范围内发展的个人来说是存在的，他们之所以有个人自由，只是因为他们是这一阶级的个人。从前各个人联合而成的虚假的共同体，总是相对于各个人而独立的；由于这种共同体是一个阶级反对另一个阶级的联合，因此对于被统治的阶级来说，它不仅是完全虚幻的共同体，而且是新的桎梏。在真正的共同体的条件下，各个人在自己的联合中并通过这种联合获得自己的自由。——各个人的出发点总是他们自己，不过当然是处于既有的历史条件和关系范围之内的自己，而不是玄想家们所理解的"纯粹的"个人。然而在历史发展的进程中，而且正是由于在分工范围内社会关系的必然独立化，在每一个人的个人生活同他的屈从于某一劳动部门以及与之相关的各种条件的生活之间出现了差别。这不应当理解为，似乎像食利者和资本家等等已不再是有个性的个人了。而应当理解为，他们的个性是由非常明确的阶级关系决定和规定的，上述差别只是在他们与另一阶级的对立中才出现，而对他们本身来说，上述差别只是在他们破产之后才产生。在等级中（尤其是在部落中）这种现象还是隐蔽的。例如，贵族总是贵族，平民总是平民，不管他的其他关系如何；这是一种与他的个性不可分割的品质。有个性的个人与阶级的个人的差别，个人生活条件的偶然性,只是随着那本身是资产阶级产物的阶级的出现才出现。只有个人相互之间的竞争和斗争才产生和发展了‖57│这种偶然性本身。因此,各个人在资产阶级的统治下被设想得要比先前更自由些,因为他们的生活条件对他们来说是偶然的;事实上,他们当然更不自由,因为他们更加屈从于物的力量。等级的差别特别显著地表现在资产阶级与无产阶级的对立中。当市民等级、同业公会等起来反对农村贵族的时候,它们的生存条件,即在它们割断了封建的联系以前就潜在地存在着的动产和手艺,表现为一种与封建土地所有制相对立的积极的东西,因此起先也具有一种特殊的封建形式。当然,逃亡农奴认为他们先前的农奴地位对他们的个性来说是某种偶然的东西。但是,在这方面,他们只是做了像每一个挣脱了枷锁的阶级所做的事,此外,他们不是作为一个阶级解放出来的,而是零零散散地解放出来的。其次,他们并没有越出等级制度的范围,而只是形成了一个新的等级,在新的处境中也还保存了他们过去的劳动方式,并且使它摆脱已经和他们所达到的发展阶段不相适应的桎梏,从而使它得到进一步的发展。—— 相反地,对于无产者来说,他们自身的生活条件、劳动,以及当代社会的全部生存条件都已变成一种偶然的东西,单个无产者是无法加以控制的,而且也没有任何**社会**组织能够使他们加以控制。单个无产者的个性和强加于他的生活条件即劳动之间的矛盾,对无产者本身是显而易见的,特别是因为他从早年起就成了牺牲品,因为他在本阶级的范围内没有机会获得使他转为另一个阶级的各种条件。——

|58|注意。不要忘记，单是维持农奴生存的必要性和大经济的不可能性（包括把小块土地分给农奴），很快就使农奴对封建主的赋役降低到中等水平的代役租和徭役地租，这样就使农奴有可能积累一些动产，便于逃出自己领主的领地，并使他有希望上升为市民，同时还引起了农奴的分化。可见逃亡农奴已经是半资产者了。由此也可以清楚地看到，掌握了某种手艺的农奴获得动产的可能性最大。——

由此可见，逃亡农奴只是想自由地发展他们已有的生存条件并让它们发挥作用，因而归根结底只达到了自由劳动；而无产者，为了实现自己的个性，就应当消灭他们迄今面临的生存条件，消灭这个同时也是整个迄今为止的社会的生存条件，即消灭劳动。因此，他们也就同社会的各个人迄今借以表现为一个整体的那种形式即同国家处于直接的对立中，他们应当推翻国家，使自己的个性得以实现。

从上述一切可以看出，某一阶级的各个人所结成的、受他们的与另一阶级相对立的那种共同利益所制约的共同关系，总是这样一种共同体，这些个人只是作为普通的个人隶属于这种共同体，只是由于他们还处在本阶级的生存条件下才隶属于这种共同体；他们不是作为个人而是作为阶级的成员处于这种共同关系中的。而在控制了自己的生存‖59|条件和社会全体成员的生存条件的革命无产者的共同体中，情况就完全不同了。在这个共同体中各个人都是作为个人参

加的。它是各个人的这样一种联合（自然是以当时发达的生产力为前提的），这种联合把个人的自由发展和运动的条件置于他们的控制之下。而这些条件从前是受偶然性支配的，并且是作为某种独立的东西同单个人对立的。这正是由于他们作为个人是分散的，是由于分工使他们有了一种必然的联合，而这种联合又因为他们的分散而成了一种对他们来说是异己的联系。过去的联合决不像《社会契约》中所描绘的那样是任意的，而只是关于这样一些条件的必然的联合（参阅例如北美合众国和南美诸共和国的形成），在这些条件下，各个人有可能利用偶然性。这种在一定条件下不受阻碍地利用偶然性的权利，迄今一直称为个人自由。—— 这些生存条件当然只是现存的生产力和交往形式。—

共产主义和所有过去的运动不同的地方在于：它推翻一切旧的生产关系和交往关系的基础，并且第一次自觉地把一切自发形成的前提看作前人的创造，消除这些前提的自发性，使它们受联合起来的个人的支配。因此，建立共产主义实质上具有经济的性质，这就是为这种联合创造各种物质条件，把现存的条件变成联合的条件。共产主义所造成的存在状况，正是这样一种现实基础，它使一切不依赖于个人而存在的状况不可能发生，因为这种存在状况只不过是各个人之间迄今为止的交往的产物。这样，共产主义者实际上把迄今为止的生产和交往所产生的条件看作无机的条件。然而他们并不以为过去世世代代的意向和使命就是给他们提供资料，也不认为这些条件对于创造它们的个人来说是无机的。‖60‖有个性的个人与偶然的个人之间的差别，不是概念上的差别，而是历史事实。在不同的时期，这种差别具有不同的含义，例如，等级在 18 世纪对于个人来说就是某种偶然的东西，家庭或多或少地也是如此。这种差别不是我们为每个时代划定的，而是每个时代本身在它所发现的各种不同的现成因素之间划定的，而且不是根据概念而是在物质生活冲突的影响下划定的。一切对于后来时代来说是偶然的东西，对于先前时代来说则相反，亦即在先前时代所传下来的各种因素中的偶然的东西，是与生产力发展的一定水平相适应的交往形式。生产力与交往形式的关系就是交往形式与个人的行动或活动的关系（这种活动的基本形式当然是物质活动，一切其他的活动，如精神活动、政治活动、宗教活动等取决于它。当然，物质生活的这样或那样的形式，每次都取决于已经发达的需求，而这些需求的产生，也像它们的满足一样，本身是一个历史过程，这种历史过程在羊或狗那里是没有的，这是施蒂纳顽固地提出来反对人的主要论据，尽管羊或狗的目前形象无疑是历史过程的产物——诚然，不以它们的意愿为转移）。个人相互交往的条件，在上述这种矛盾产生以前，是与他们的个性相适合的条件，对于他们来说不是什么外部的东西；它们是这样一些条件，在这些条件下，生存于一定关系中的一定的个人独立生产自己的物质生活以及与这种物质生活有关的东西，因而这些条件是个人的自主活动的条件，并且是由这种自主活动产生出来的。这样，‖61‖在矛盾产生以前，人们进行生产的一定条件是同他们的现实的局限状态，同他们的

交往形式本身的生产。

片面存在相适应的,这种存在的片面性只是在矛盾产生时才表现出来,因而只是对于后代才存在。这时人们才觉得这些条件是偶然的桎梏,并且把这种视上述条件为桎梏的意识也强加给先前的时代。————

这些不同的条件,起初是自主活动的条件,后来却变成了它的桎梏,它们在整个历史发展过程中构成一个有联系的交往形式的序列,交往形式的联系就在于:已成为桎梏的旧交往形式被适应于比较发达的生产力,因而也适应于进步的个人自主活动方式的新交往形式所代替;新的交往形式又会成为桎梏,然后又为别的交往形式所代替。由于这些条件在历史发展的每一阶段都是与同一时期的生产力的发展相适应的,所以它们的历史同时也是发展着的、由每一个新的一代承受下来的生产力的历史,从而也是个人本身力量发展的历史。

由于这种发展是自发进行的,就是说它不服从自由联合起来的个人的共同计划,所以它是以各个不同的地域、部落、民族和劳动部门等为出发点的,其中的每一个起初都与别的不发生联系而独立地发展,后来才逐渐与它们发生联系。其次,这种发展非常缓慢;各种不同的阶段和利益从来没有被完全克服,而只是屈从于获得胜利的利益,并在许多世纪中和后者一起延续下去。由此可见,甚至在一个民族内,各个人,即使撇开他们的财产关系不谈,都有各种完全不同的发展;较早时期的利益,在它固有的交往形式已经为属于较晚时期的利益的交往形式排挤之后,仍然在长时间内拥有一种相对于个人而独立的虚假共同体(国家、法)的传统权力,一种归根结底只有通过革命才能被打倒的权力。由此也就说明：为什么在某些可以进行更一般的概括的问题上，‖62‖意识有时似乎可以超过同时代的经验关系，以致人们在以后某个时代的斗争中可以依靠先前时代理论家的威望。——相反地，有些国家，例如北美的发展是在已经发达的历史时代起步的，在那里这种发展异常迅速。在这些国家中，除了移居到那里去的个人而外没有任何其他的自发形成的前提，而这些个人之所以移居那里，是因为他们的需要与老的国家的交往形式不相适应。可见，这些国家在开始发展的时候就拥有老的国家的最进步的个人，因而也就拥有与这些个人相适应的、在老的国家里还没有能够实行的最发达的交往形式。这符合于一切殖民地的情况，只要它们不仅仅是一些军用场所或交易场所。迦太基、希腊的殖民地以及 11 世纪和 12 世纪的冰岛可以作为例子。类似的关系在征服的情况下也可以看到，如果在另一块土地上发展起来的交往形式被现成地搬到被征服国家的话。这种交往形式在自己的祖国还受到以前时代遗留下来的利益和关系的牵累，而它在这些地方就能够而且应当充分地和不受阻碍地确立起来，尽管这是为了保证征服者有持久的政权（英格兰和那不勒斯在被诺曼人征服之后，获得了最完善的封建组织形式）————

〔征服这一事实看起来好像是同整个这种历史观矛盾的。到目前为止，暴力、战争、掠夺、抢劫等被看作历史的动力。这里我们只能谈谈主要之点，因此，我们举一个最显著的例子：古老文明被蛮族破坏，以及与此相联系重新开始形成一种新的社会结构（罗马和蛮人，封建

制度和高卢人,东罗马帝国和土耳其人)。||63|对进行征服的蛮族来说,正如以上所指出的,战争本身还是一种通常的交往形式;在传统的、对该民族来说唯一可能的粗陋生产方式下,人口的增长越来越需要新的生产资料,因而这种交往形式越来越被加紧利用。相反地,在意大利,由于地产日益集中(这不仅是由购买和负债引起的,而且还是由继承引起的,当时一些古老的氏族由于生活放荡和很少结婚而逐渐灭亡,他们的财产转入少数人手里),由于耕地变为牧场(这不仅是由通常的、至今仍然起作用的经济原因引起的,而且也是由掠夺来的和进贡的谷物的输入以及由此造成的意大利谷物没有买主的现象引起的),自由民几乎完全消失了,就是奴隶也在不断地死亡,而不得不经常代之以新的奴隶。奴隶制仍然是整个生产的基础。介于自由民与奴隶之间的平民,始终不过是流氓无产阶级。总之,罗马始终只不过是一个城市,它与各行省之间的联系几乎仅仅是政治上的联系,因而这种联系自然也就可能为政治事件所破坏。

———— ———— ————

再没有比认为迄今历史上的一切似乎都可以归结于占领这一观念更普通的了。蛮人占领了罗马帝国,这种占领的事实通常被用来说明从古代世界向封建制度的过渡。但是在蛮人的占领下,一切都取决于被占领国家此时是否已经像现代国家那样发展了工业生产力,或者它的生产力主要是否只是以它的联合和共同体为基础。其次,占领是受占领的对象所制约的。如果占领者不依从被占领国家的生产条件和交往条件,就完全无法占领银行家的体现于证券中的财产。对

于每个现代工业国家的全部工业资本来说,情况也是这样。最后,无论在什么地方,占领都是很快就会结束的,已经不再有东西可供占领时,必须开始进行生产。从这种很快出现的生产的必要性中可以作出如下结论,‖64|定居下来的征服者所采纳的共同体形式,应当适应于他们面临的生产力发展水平,如果起初情况不是这样,那么共同体形式就应当按照生产力来改变。这也就说明了民族大迁移后的时期到处可见的一件事实,即奴隶成了主人,征服者很快就接受了被征服民族的语言、教育和风俗。封建制度决不是现成地从德国搬去的。它起源于征服者在进行征服时军队的战时组织,而且这种组织只是在征服之后,由于在被征服国家内遇到的生产力的影响才发展为真正的封建制度的。这种形式到底在多大程度上受生产力的制约,这从企图仿效古罗马来建立其他形式的失败尝试(查理大帝,等等)中已经得到证明。

待续——

————————

在大工业和竞争中,各个人的一切 **制约性,片面性**
生存条件都融合为两种最简单的形式——私有制和劳动。货币使任何交往形式和交往本身成为对个人来说是偶然的东西。因此,货币就是产生下述现象的根源:迄今为止的一切交往都只是在一定条件下个人的交往,而不是作为个人的个人的交往。这些条件可以归结为两点:积累起来的劳动,或者说私有制,以及现实的劳动。如果两者缺一,交往就会停止。现代的经济学家,如西斯蒙第、舍尔比利埃等人,自己就把个人的联合同资本的联合对立起来。但是,另一方面,个人本身完全屈从于分工,因此他们完全被置于相互依赖的关系之中。私有制，就它在劳动的范围内同劳动相对立来说，是从积累的必然性中发展起来的。起初它大部分仍旧保存着共同体的形式，但是在以后的发展中越来越接近私有制的现代形式。分工从最初起就包含着劳动条件、劳动工具和材料的分配，也包含着积累起来的资本在各个所有者之间的"劈分"，从而也包含着资本和劳动之间的分裂以及所有制本身的各种不同的形式。分工越发‖65｜达，积累越增加，这种分裂也就发展得越尖锐。劳动本身只能在这种分裂的前提下存在。

————

（各个民族——德国人和美国人——的个人能力，已经通过种族杂交而产生的能力，——因此德国人是白痴式的；在法、英等国是异族人移居于已经发达的土地上，在美国是异族人移居于一块全新的土地上，而在德国，土著居民安居不动。）

————

因此，这里显露出两个事实。第一，生产力表现为一种完全不依赖于各个人并与他们分离的东西，表现为与各个人同时存在的特殊世界，其原因是，各个人（他们的力量就是生产力）是分散的和彼此对立的，而另一方面，这些力量只有在这些个人的交往和相互联系中才是真正的力量。因此，一方面是生产力的总和，生产力好像具有一种物的形式，并且对个人本身来说它们已经不再是个人的力量，而是私有制的力量，因此，生产力只有在个人是私有者的情况下才是个人的力量。在以前任何一个时期，生产力都没有采取过这种对于**作为**个人的个人的交往完全无关的形式，因为他们的交往

西斯蒙第

本身还是受限制的。另一方面是同这些生产力相对立的大多数个人，这些生产力是和他们分离的，因此这些个人丧失了一切现实的生活内容，成了抽象的个人，然而正因为这样，他们才有可能作为个人彼此发生联系。他们同生产力并同他们自身的存在还保持着的唯一联系，即劳动，在他们那里已经失去了任何自主活动的假象，而且只能用摧残生命的方式来维持他们的 ‖ 66 ∣ 生命。而在以前各个时期，自主活动和物质生活的生产是分开的，这是因为它们是由不同的人承担的，同时，物质生活的生产由于各个人本身的局限性还被认为是自主活动的从属形式，而现在它们竟互相分离到这般地步，以致物质生活一般都表现为目的，而这种物质生活的生产即劳动（它现在是自主活动的唯一可能的形式，然而正如我们看到的，也是自主活动的否定形式）则表现为手段。

这样一来，现在情况就变成了这样：各个人必须占有现有的生产力总和，这不仅是为了实现他们的自主活动，而且就是为了保证自己的生存。这种占有首先受所要占有的对象的制约，即受发展成为一定总和并且只有在普遍交往的范围里才存在的生产力的制约。因此，仅仅由于这一点，占有就必须带有同生产力和交往相适应的普遍性质。对这些力量的占有本身不外是同物质生产工具相适应的个人才能的发挥。仅仅因为这个缘故，对生产工具一定总和的占有，也就是个人本身的才能的一定总和的发挥。其次，这种占有受进行占有的个人的制约。只有完全失去了整个自主活动的现代无产者，才能够实现自己的充分的、不再受限制的自主活动，这种自主活动就

382

是对生产力总和的占有以及由此而来的才能总和的发挥。过去的一切革命的占有都是有限制的；各个人的自主活动受到有局限性的生产工具和有局限性的交往的束缚，他们所占有的是这种有局限性的生产‖67∣工具，因此他们只是达到了新的局限性。他们的生产工具成了他们的财产，但是他们本身始终屈从于分工和自己的生产工具。在迄今为止的一切占有制下，许多个人始终屈从于某种唯一的生产工具；在无产阶级的占有制下，许多生产工具必定归属于每一个个人，而财产则归属于全体个人。现代的普遍交往，除了归全体个人支配，不可能归各个人支配。—— 其次，占有还受实现占有所必须采取的方式的制约。占有只有通过联合才能实现，由于无产阶级本身固有的本性，这种联合又只能是普遍性的，而且占有也只有通过革命才能得到实现，在革命中，一方面迄今为止的生产方式和交往方式的权力以及社会结构的权力被打倒，另一方面无产阶级的普遍性质以及无产阶级为实现这种占有所必需的能力得到发展，同时无产阶级将抛弃它迄今的社会地位遗留给它的一切东西。

只有在这个阶段上，自主活动才同物质生活一致起来，而这又是同各个人向完全的个人的发展以及一切自发性的消除相适应的。同样，劳动向自主活动的转化，同过去受制约的交往向个人本身的交往的转化，也是相互适应的。随着联合起来的个人对全部生产力的占有，私有制也就终结了。在迄今为止的历史上，一种特殊的条件总是表现为偶然的，而现在，各个人本身的独自活动，即每一个人本身特殊的个人职业，才是偶然的。

哲学家们在不再屈从于‖68∣分工的个人身上看到他们名之为"人"的那种理想,他们把我们所阐述的整个发展过程看作"人"的发展过程,从而把"人"强加于迄今每一历史阶段中所存在的个人,并把他描述成历史的动力。这样,整个历史过程被看成是"人"的自我异化的过程,实质上这是因为,他们总是把后来阶段的普通个人强加于先前阶段的个人并且以后来的意识强加于先前的个人。由于这种本末倒置的做法,即一开始就撇开现实条件,所以就可以把整个历史变成意识的发展过程了。——————

市民社会包括各个人在生产力发展的一定阶段上的一切物质交往。它包括该阶段的整个商业生活和工业生活,因此它超出了国家和民族的范围,尽管另一方面它对外仍必须作为民族起作用,对内仍必须组成为国家。"市民社会"这一用语是在18世纪产生的,当时财产关系已经摆脱了古典古代的和中世纪的共同体。真正的市民社会,只是随同资产阶级发展起来的;但是市民社会这一名称始终标志着直接从生产和交往中发展起来的社会组织,这种社会组织在一切时代都构成国家的基础以及任何其他的观念的上层建筑的基础。————

国家和法同所有制的关系。—— 所有制的最初形式,无论是在古典古代世界或中世纪,都是部落所有制,这种所有制在罗马人那里主要是由战争决定的,而在‖69∣日耳曼人那里则是由畜牧业决定的。在古典古代民族中,一个城市里聚居着几个部落,因此部落所有制就具有国家所有制的形式,而个人的权利则局限于简单的占有,但是这种占有也

自我异化

384

和一般部落所有制一样，仅仅涉及地产。无论在古代或现代民族中，真正的私有制只是随着动产的出现才开始的。——（奴隶制和共同体）（古罗马公民的合法的所有权）。在起源于中世纪的民族那里，部落所有制经过了几个不同的阶段——封建地产，同业公会的动产，工场手工业资本——才发展为由大工业和普遍竞争所引起的现代资本，即变为抛弃了共同体的一切外观并消除了国家对所有制发展的任何影响的纯粹私有制。现代国家是与这种现代私有制相适应的。现代国家由于税收而逐渐被私有者所操纵，由于国债而完全归他们掌握；现代国家的存在既然受到交易所内国家证券行市涨落的调节，所以它完全依赖于私有者即资产者提供给它的商业信贷。因为资产阶级已经是一个阶级，不再是一个等级了，所以它必须在全国范围内而不再是在一个地域内组织起来，并且必须使自己通常的利益具有一种普遍的形式。由于私有制摆脱了共同体，国家获得了和市民社会并列并且在市民社会之外的独立存在；实际上国家不外是资产者为了在国内外相互保障各自的财产和利益所必然要采取的一种组织形式。目前国家的独立性只有在这样的国家里才存在：在那里，等级还没有完全发展成为阶级，在那里，比较先进的国家中已被消灭的等级还起着某种作用，并且那里存在某种混合体，因此在这样的国家里居民的任何一部分也不可能对居民的其他部分进行统治。德国的情况就正是这样。现代国家的最完善的例子就是北‖70│美。法国、英国和美国的一些近代作家都一致认为，国家只是为了私有制才存在的，可见，这种思想也渗入日常的意识了。

因为国家是统治阶级的各个人借以实现其共同利益的形式，是该时代的整个市民社会获得集中表现的形式，所以可以得出结论：一切共同的规章都是以国家为中介的，都获得了政治形式。由此便产生了一种错觉，好像法律是以意志为基础的，而且是以脱离其现实基础的意志即自由意志为基础的。同样，法随后也被归结为法律。

私法和私有制是从自然形成的共同体的解体过程中同时发展起来的。在罗马人那里，私有制和私法的发展没有在工业和商业方面引起进一步的结果，因为他们的整个生产方式没有改变。在现代民族那里，工业和商业瓦解了封建的共同体，随着私有制和私法的产生，开始了一个能够进一步发展的新阶段。在中世纪进行了广泛的海上贸易的第一个城市阿马尔菲也制定了海商法。当工业和商业——起初在意大利，随后在其他国家——进一步发展了私有制的时候，详细拟定的罗马私法便又立即得到恢复并取得威信。后来，资产阶级力量壮大起来，君主们开始照顾它的利益，以便借助资产阶级来摧毁封建贵族，这时候法便在所有国家中——法国是在 16 世纪——开始真正地发展起来了，‖71|除了英国以外，这种发展在所有国家中都是以罗马法典为基础的。即使在英国，为了私法（特别是其中关于动产的那一部分）的进一步完善，也不得不参照罗马法的原则。——（不应忘记，法也和宗教一样是没有自己的历史的。）

在私法中，现存的所有制关系是作为普遍意志的结果来表达的。仅仅使用和滥用的权利就一方面表明私有制已经完全不依赖于共同体，另一方面表明了

（放高利贷！）

386

一个错觉,仿佛私有制本身仅仅是以个人意志即以对物的任意支配为基础的。实际上,滥用对于私有者具有极为明确的经济界限,如果他不希望他的财产从而他滥用的权利转入他人之手的话;因为仅仅从私有者的意志方面来考察的物,根本不是物;物只有在交往中并且不以权利为转移时,才成为物,即成为真正的财产(一种**关系**,哲学家们称之为观念)。这种把权利归结为纯粹意志的法律上的错觉,在所有制关系进一步发展的情况下,必然会造成这样的现象:某人在法律上可以对某物享有权利,但实际上并不拥有某物。例如,假定由于竞争,某一块土地不再提供地租,虽然这块土地的所有者在法律上享有权利,包括享有使用和滥用的权利。但是这种权利对他毫无用处:只要他还未占有足够的资本来经营自己的土地,他作为土地所有者就一无所有。法学家们的这种错觉说明:在法学家们以及任何法典看来,各个人相互之间的关系,例如缔结契约这类事情,一般都是偶然的;他们认为这些关系‖72│可以随意建立或不建立,它们的内容完全依据缔约双方的个人意愿。——每当工业和商业的发展创造出新的交往形式,例如保险公司等,法便不得不承认它们都是获得财产的方式。

分工对科学的影响。

国家、法、道德等等中的,**镇压**。

资产者之所以必须在法律中使自己得到普遍表现,正因为他们是作为阶级进行统治的。

自然科学和历史。

没有政治史、法律史、科学史等等,艺术史、宗教史等等。

在哲学家们看来关系＝观念。

他们只知道"**一般人**"对自身的关系,因此,在他们看来,一切现实的关系都成了观念。

意志,但意志是**现实的**,等等。

同表现为古典古代国家、封建制度、君主专制的"共同体"相适应的,同这种联系相适应的,尤其是宗教观念"。

为什么玄想家使一切本末倒置。

笃信宗教者、法学家、政治家。

法学家、政治家（一般的国务活动家）、伦理学家、笃信宗教者。

关于一个阶级内的这种意识形态划分，1）**职业由于分工而独立化**；每个人都认为他的手艺是真的。他们之所以必然产生关于自己的手艺和现实相联系的错觉，是手艺本身的性质所决定的。关系在法律学、政治学中——在意识中——成为概念；因为他们没有超越这些关系，所以这些关系的概念在他们的头脑中也成为固定概念。例如，法官运用法典，因此法官认为，立法是真正的积极的推动者。尊重自己的商品，因为他们的职业是和公众打交道。

法的观念。国家的观念。在**通常的**意识中事情被本末倒置了。

———

宗教从一开始就是**超验性的意识**，这种意识是从**现实的**力量中产生的。这一点要更通俗。

— — —
———

法、宗教等领域中的传统。

————|

|各个人过去和现在始终是从自己出发的。他们的关系是他们的现实生活过程的关系。为什么会发生这样的情况：他们的关系会相对于他们而独立？他们自己生命的力量会成为压倒他们的力量？总之：**分工**，分工的阶段依赖于当时生产力的发展水平。

土地所有制。公社所有制，封建的。现代的。

等级的所有制。手工工场所有制。工业资本。|

I

费尔巴哈

唯物主义和唯心主义观点的对立

《当代学术棱镜译丛》已出书目

媒介文化系列

第二媒介时代 ［美］马克·波斯特

电视与社会 ［英］尼古拉斯·阿伯克龙比

思想无羁 ［美］保罗·莱文森

媒介建构：流行文化中的大众媒介 ［美］格罗斯伯格 等

全球文化系列

认同的空间——全球媒介、电子世界景观与文化边界 ［英］戴维·莫利

全球化的文化 ［美］弗雷德里克·杰姆逊三好将夫

全球化与文化 ［英］约翰·汤姆林森

后现代转向 ［美］斯蒂芬·贝斯特 道格拉斯·科尔纳

文化地理学 ［英］迈克·克朗

文化的观念 ［英］特瑞·伊格尔顿

主体的退隐 ［德］彼得·毕尔格

反"日语论" ［日］莲实重彦

酷的征服——商业文化、反主流文化与嬉皮消费主义的兴起 ［美］托马斯·弗兰克

超越文化转向 ［美］理查德·比尔纳其 等

全球现代性：全球资本主义时代的现代性 ［美］阿里夫·德里克

通俗文化系列

解读大众文化 ［美］约翰·菲斯克

文化理论与通俗文化导论（第二版） ［英］约翰·斯道雷

通俗文化、媒介和日常生活中的叙事 ［美］阿瑟·阿萨·伯格

文化民粹主义 ［英］吉姆·麦克盖根

消费文化系列

消费社会 ［法］让·鲍德里亚

消费文化——20世纪后期英国男性气质和社会空间 ［英］弗兰克·莫特

消费文化 ［英］西莉娅·卢瑞

大师精粹系列

麦克卢汉精粹 ［加］埃里克·麦克卢汉 弗兰克·秦格龙

卡尔·曼海姆精粹 ［德］卡尔·曼海姆

沃勒斯坦精粹 ［美］伊曼纽尔·沃勒斯坦

哈贝马斯精粹 ［德］尤尔根·哈贝马斯

赫斯精粹 ［德］莫泽斯·赫斯

社会学系列

孤独的人群 ［美］大卫·理斯曼

世界风险社会 ［德］乌尔里希·贝克

权力精英 ［美］查尔斯·赖特·米尔斯

科学的社会用途——写给科学场的临床社会学 ［法］皮埃尔·布尔迪厄

文化社会学——浮现中的理论视野 ［美］戴安娜·克兰

白领:美国的中产阶级 ［美］C. 莱特·米尔斯

论文明、权力与知识 ［德］诺贝特·埃利亚斯

解析社会:分析社会学原理 ［瑞典］彼得·赫斯特洛姆

局外人:越轨的社会学研究 ［美］霍华德·S. 贝克尔

新学科系列

后殖民理论——语境 实践 政治 ［英］巴特·穆尔－吉尔伯特

趣味社会学 ［芬］尤卡·格罗瑙

跨越边界——知识学科 学科互涉 ［美］朱丽·汤普森·克莱恩

世纪学术论争系列

"索卡尔事件"与科学大战 ［美］艾伦·索卡尔 ［法］雅克·德里达 等

沙滩上的房子 ［美］诺里塔·克瑞杰

被困的普罗米修斯 ［美］诺曼·列维特

科学知识:一种社会学的分析 ［英］巴里·巴恩斯 大卫·布鲁尔 约翰·亨利

实践的冲撞——时间、力量与科学 ［美］安德鲁·皮克林

爱因斯坦、历史与其他激情——20 世纪末对科学的反叛 ［美］杰拉尔德·霍尔顿

广松哲学系列

物象化论的构图 ［日］广松涉

事的世界观的前哨 ［日］广松涉

文献学语境中的《德意志意识形态》 ［日］广松涉

存在与意义(第一卷) ［日］广松涉

存在与意义(第二卷) ［日］广松涉

唯物史观的原像 ［日］广松涉

哲学家广松涉的自白式回忆录 ［日］广松涉

资本论的哲学 ［日］广松涉

国外马克思主义与后马克思思潮系列

图绘意识形态 ［斯洛文尼亚］斯拉沃热·齐泽克 等

自然的理由——生态学马克思主义研究 ［美］詹姆斯·奥康纳

景观社会 ［法］居伊·德波

希望的空间 ［美］大卫·哈维

甜蜜的暴力——悲剧的观念 ［英］特里·伊格尔顿

晚期马克思主义 ［美］弗雷德里克·杰姆逊

符号政治经济学批判 ［法］让·鲍德里亚

世纪 ［法］阿兰·巴迪欧

列宁、黑格尔和西方马克思主义：一种批判性研究 ［美］凯文·安德森

经典补遗系列

卢卡奇早期文选 ［匈］格奥尔格·卢卡奇

胡塞尔《几何学的起源》引论 ［法］雅克·德里达

科学、信仰与社会 ［英］迈克尔·波兰尼

黑格尔的幽灵——政治哲学论文集［Ⅰ］ ［法］路易·阿尔都塞

语言与生命 ［法］沙尔·巴依

意识的奥秘 ［美］约翰·塞尔

论现象学流派［法］保罗·利科

先锋派系列

先锋派散论——现代主义、表现主义和后现代性问题

［英］理查德·墨菲

诗歌的先锋派：博尔赫斯、奥登和布列东团体

［美］贝雷泰·E.斯特朗

情境主义国际系列

日常生活实践 1.实践的艺术 ［法］米歇尔·德·塞托

日常生活实践 2.居住与烹饪

［法］米歇尔·德·塞托 吕斯·贾尔 皮埃尔·梅约尔

日常生活的革命 ［法］鲁尔·瓦纳格姆

居伊·德波——诗歌革命［法］樊尚·考夫曼

当代文学理论系列

怎样做理论 ［德］沃尔夫冈·伊瑟尔

21 世纪批评述介 ［英］朱利安·沃尔弗雷斯

后现代主义诗学：历史·理论·小说 ［加］琳达·哈琴

大分野之后：现代主义、大众文化、后现代主义 ［美］安德列亚斯·胡伊森

理论的幽灵——文学与常识 ［法］安托万·孔帕尼翁

反抗的文化：拒绝表征 ［美］贝尔·胡克斯

戏仿：古代、现代与后现代 ［英］玛格丽特·A.罗斯

理论入门［英］彼得·巴里

核心概念系列

文化 ［英］弗雷德・英格利斯

学术研究指南系列

美学指南 ［美］彼得・基维

文化研究指南 ［美］托比・米勒

文化社会学指南 ［美］马克・D. 雅各布斯 南希・韦斯・汉拉恩

《德意志意识形态》与文献学系列

梁赞诺夫版《德意志意识形态・费尔巴哈》 ［苏］大卫・鲍里索维奇・梁赞诺夫

《德意志意识形态》与*MEGA* 文献研究 ［韩］郑文吉

巴加图利亚版《德意志意识形态・费尔巴哈》 ［俄］巴加图利亚

MEGA：陶伯特版《德意志意识形态・费尔巴哈》 ［德］英格・陶伯特

当代美学理论系列

今日艺术理论 ［美］诺埃尔・卡罗尔

艺术与社会理论——美学中的社会学论争 ［英］奥斯汀・哈灵顿

现代日本学术系列

带你踏上知识之旅 ［日］中村雄二郎 山口昌男

反・哲学入门 ［日］高桥哲哉

现代思想史系列

现代化的先驱——20 世纪思潮里的群英谱 ［美］威廉・R. 埃弗德尔

现代哲学简史 ［英］罗杰・斯克拉顿

视觉文化与艺术史系列

可见的签名［美］弗雷德里克・詹姆逊

图书在版编目（CIP）数据

MEGA：陶伯特版《德意志意识形态·费尔巴哈》/
（德）陶伯特编；李乾坤，毛亚斌，鲁婷婷等编译. —南
京：南京大学出版社，2014.1
（当代学术棱镜译丛 / 张一兵主编）
书名原文：Marx—Engels—Jahrbuch 2003
ISBN 978-7-305-07405-9

Ⅰ.①M… Ⅱ.①陶…②李…③毛…④鲁… Ⅲ.①
《德意志意识形态》—马恩著作研究 Ⅳ.①A811.21

中国版本图书馆 CIP 数据核字（2014）第 013492 号

The original edition was published under the title
Marx-Engels-Jahrbuch 2003
2004 by Akademie Verlag GmbH，Berlin
Simplified Chinese edition copyright：
2014 Nanjing University Press Co.，Ltd.
Through HERCULES Business & Culture GmbH
All rights reserved

江苏省版权局著作权合同登记 图字：10-2008-176 号

出 版 者　南京大学出版社
社　　址　南京市汉口路 22 号　　　邮　编　210093
网　　址　http://www.NjupCo.com
出 版 人　左　健
丛 书 名　当代学术棱镜译丛
书　　名　*MEGA*：陶伯特版《德意志意识形态·费尔巴哈》
编　　者　［德］英格·陶伯特
编 译 者　李乾坤　毛亚斌　鲁婷婷 等
审 订 者　张一兵
责任编辑　孟庆生　李　亭
照　　排　南京紫藤制版印务中心
印　　刷　南京爱德印刷有限公司
开　　本　787×1092　1/16　印张 26　字数 500 千
版　　次　2014 年 1 月第 1 版　2014 年 1 月第 1 次印刷
ISBN　978-7-305-07405-9
定　　价　58.00 元

发行热线　025-83594756　83686452
电子邮箱　Press@NjupCo.com
　　　　　Sales@NjupCo.com（市场部）